Künstliche Intelligenz –
Programmierte Vernunft?

42,- 26028¹

Künstliche Intelligenz -
Programmierte Vernunft?

John Haugeland

McGraw-Hill Book Company GmbH

Hamburg · *New York* · *St. Louis* · *San Francisco* · *Auckland* · *Bogotá*
Guatemala · *Lissabon* · *London* · *Madrid* · *Mailand* · *Mexico* · *Montreal*
New Delhi · *Panama* · *Paris* · *San Juan* · *São Paulo* · *Singapur* · *Sydney*
Tokio · *Toronto*

Titel der Originalausgabe:
Artificial Intelligence: The Very Idea
by John Haugeland
© Copyright 1985 by The MIT Press

CIP-Kurztitelaufnahme der Deutschen Bibliothek

Haugeland, John:

Künstliche Intelligenz - Programmierte Vernunft? /
von John Haugeland. [Aus dem Amerikanischen übers. von
Waltraud Hüsmert]. Hamburg ; New York [u. a.]: McGraw-Hill, 1987

    Einheitssacht.: Artificial Intelligence: The Very Idea <dt..>

    ISBN 3-89028-085-4

Umschlaggestaltung: Dieter Hoffmann, Hannover
Übersetzung: Waltraud Hüsmert, Berlin
Satz, Druck und Bindung: Felgentreff & Goebel, Buch- und Offsetdruckerei, Berlin

Printed in Germany
ISBN 3-89028-085-4

Meiner Mutter und dem
Andenken meines Vaters gewidmet
Carol und John Haugeland

Inhalt

Danksagungen

Für die zahlreichen Kommentare und Vorschläge zum gesamten Manuskript bin ich besonders Dan Dennett, Bert Dreyfus, Drew McDermott und Al Newell zu Dank verpflichtet. Für weitere Hilfeleistungen der unterschiedlichsten Art danke ich außerdem Pedro Amaral, Joe Baim, Bob Brandom, Rob Cummins, Pat Hayes, Peter King, Wendy Lehnert, Bob Moore, Zenon Pylyshyn und Betty und Harry Stanton. Jeder, der all diese Menschen oder auch nur viele von ihnen kennt, weiß, daß ich nicht jeden ihrer Vorschläge hätte akzeptieren können; dennoch ist dieses Buch viel besser, als es ohne ihre vereinte Unterstützung geworden wäre. Schließlich würde ich gern für die geopferten zahllosen Stunden und späten Abende (tatsächlich mehr als jeder außer mir) meinem unermüdlichen, immer loyalen, sich nie beklagenden, handgestrickten Computer danken - ich habe ihn jedoch verkauft.

Es gibt eine Reihe von Themen, die ich gern behandelt hätte, aber nicht behandelt habe, darunter vor allem Behaviorismus, Parallelverarbeitung, nichtlineares Denken und den "Hintergrund" der Alltagspraxis; es tut mir jedoch nicht leid, Flip-Flops, Maschinensprache, den Gödelschen Unvollständigkeitssatz, Eliza, Phänomenologie oder die fünfte Generation vernachlässigt zu haben.

Pittsburgh
März 1985

John Haugeland
**Künstliche Intelligenz –
Programmierte Vernunft?**

Einleitung

Von links im Uhrzeigersinn: Galileo Galilei, Nikolaus Kopernikus, Thomas Hobbes,
René Descartes, David Hume, Charles Babbage, Alan Turing, John von Neumann, John
McCarthy, Allen Newell.

Verstand: Künstlich und Natürlich

Was ist Verstand? Was ist Denken? Was ist es, das dem Menschen seine Sonderstellung im ganzen uns bekannten Universum verleiht? Von Fragen wie diesen werden die Philosophen seit Jahrtausenden gequält; ihre Fortschritte waren jedoch (jedenfalls nach wissenschaftlichen Maßstäben) eher gering - bis vor kurzem. Denn die heutige Generation hat ein plötzliches und brillantes Aufblühen der Philosophie und der Wissenschaft des Verstandes erlebt; inzwischen befinden sich nicht nur die Psychologie, sondern auch eine Fülle verwandter Disziplinen in den Geburtswehen einer großartigen geistigen Revolution. Der Inbegriff dieser dramatischen Entwicklung ist die *Künstliche Intelligenz*, jene aufregende und neuartige Anstrengung, Computern das Denken beizubringen. Das grundlegende Ziel dieser Forschung ist nicht etwa nur, Intelligenz zu simulieren oder irgendeine raffinierte Imitation hervorzubringen. Nein, "KI" will die Sache selbst: *Maschinen mit Verstand*, im vollen und wörtlichen Sinne.[1] Das ist keine Science-fiction, sondern reale Wissenschaft. Sie beruht auf einem theoretischen Konzept, das ebenso tiefgreifend wie gewagt ist: Im Grunde genommen sind wir *selbst Computer*. Dieser Gedanke - der Gedanke, daß Denken und die Tätigkeit eines Computers im Prinzip dasselbe sind - ist das Thema diese Buches.

Wir alle haben schon nervös über die Karikatur gekichert, in der ein Computer "Ich denke, also bin ich" oder ähnlich Tiefsinniges über seinen Bildschirm flimmern läßt. An der Frage aber, ob Künstliche Intelligenz ernstzunehmen ist, scheiden sich die Geister, und es besteht die Tendenz, sich entweder dem Lager der "Spötter" oder dem der "Jubler" anzuschließen. Die Spötter finden die ganze Idee völlig absurd - nicht nur falsch, sondern einfach lächerlich - vergleichbar etwa der Vorstellung, das eigene Auto würde einen (wirklich) hassen oder der Forderung, eine tödliche Kugel ins Gefängnis zu sperren. Dagegen behaupten die Jubler mit der gleichen Sicherheit, daß es nur noch eine Frage der Zeit sei - Computer mit Verstand seien ebenso unvermeidlich wie interplanetare Reisen und Bildtelefon im Taschenformat. Bemerkenswert ist, mit welch unerschütterlicher Überzeugung beide Seiten ihre Ansichten vertreten: "Es liegt einfach auf der Hand," sagen sie (und hauen dabei auf den Tisch), "nur ein *Fanatiker* würde dem widersprechen." Nun gut, wir werden hier keine Fanatiker sein, weder der einen noch der anderen Richtung, egal, wer uns widerspricht. Künstliche Intelligenz ist weder absurd noch unvermeidlich. Vielmehr basiert sie auf einer kraftvollen Idee, die ebensogut sehr richtig (oder in gewisser Hinsicht richtig) als auch falsch sein kann.

Genauer gesagt haben wir uns ein dreifaches Ziel gesteckt: Zuallererst möchten wir verständlich und unvoreingenommen erklären, was KI eigentlich ist; zweitens wollen wir die philosophischen und wissenschaftlichen Zeugnisse ihrer außerordentlichen Anziehungskraft vorlegen; und schließlich werden wir uns einen Überblick verschaffen, was die KI bisher erreicht hat und wo ihre Schwächen liegen. Zu diesem Zweck werden wir eine abstrakte Erklärung entwickeln müssen, was Computer sind; uns mit verzwickten metaphysischen Problemen hinsichtlich der "Bedeutung" in einem materiellen Universum konfrontiert sehen; einige ziemlich verworrene Vorstellungen des gesunden Menschenverstandes in bezug auf Sprache, Wissen, Persönlichkeit und sogar gesunden Menschenverstand selbst entwirren; und, ganz allgemein, uns durch einen ganzen Berg vertrackter und strittiger Fragen wühlen. Da dies eine nicht gerade alltägliche Anhäufung von

Problemen ist, wird manches von dem nun folgenden neu sein, sogar für Wissenschaftler und Philosophen. Dennoch ist die Diskussion im ganzen bewußt auf Nichtspezialisten zugeschnitten; fachliches Vorwissen auf irgendeinem Gebiet wird nicht vorausgesetzt.

Fiktion, Technologie und Theorie

Der Begriff der Künstlichen Intelligenz ist natürlich weder aus dem Nichts entstanden noch im Zusammenhang mit Computern aufgekommen. Seine eigentlichen geistigen Wurzeln werden im ersten Kapitel behandelt; zunächst wollen wir jedoch zwischen zwei aus der Sciencefiction wohlbekannten und dort auch weitgehend ausgearbeiteten Grundmustern intelligenter Artefakte unterscheiden. Da ist einmal das Genre der "künstlichen Kreaturen", der Monster oder Androiden, die wir z.B. aus Filmen kennen. Sie ähneln im wesentlichen natürlichen Tieren, sind jedoch von Menschenhand geschaffen (und deshalb irgendwie absonderlich, den Menschen überlegen oder scheußlich entstellt). Hierzu gehören die legendären Geschöpfe des Hephaistos und des Dr. Frankenstein ebenso wie die diversen antropoiden Sklaven, die abgesehen von Seriennummern oder emotionalen Eigenarten von gewöhnlichen Menschen nicht zu unterscheiden sind. In dem anderen Genre tummeln sich die mechanischen "Roboter": meistens blinkende, rasselnde Automaten mit Federn und Seilrollen statt Muskeln, Drähten statt Nerven und nicht selten Rädern statt Beinen - und mit emotionalen Schranken, die noch schwerwiegender als die der Androiden sind.

Während der Monster-Stoff in vielen Fällen Mysterien und schwarze Magie beschwört, sind Roboter mehr Fortschreibungen dessen, was jeweils als neuester Stand der Technik angesehen wird. Den ersten Konstruktionen lagen die ausgeklügelten feinmechanischen Räderwerke zugrunde, die Europa so begeisterten, als Uhrwerke etwas Neues waren; in späteren Jahren haben dann Dampfmaschinen, automatische Webstühle, hydraulische Steuerungen und die Stöpselfelder der Telefonvermittlung phantastische Zukunftsbilder beflügelt. So ist es nicht verwunderlich, daß die heutige Künstliche Intelligenz auf hochkomplizierter, programmierbarer Elektronik beruht; keines der gegenwärtigen Projekte basiert auf chemischer Hexerei oder Biotechnik (IBM ist im Spiel und nicht du Pont oder Genentech). KI gehört also direkt in die Entwicklungslinie der Automaten, allerdings mit einem entscheidenden Unterschied: Während nur wenige angesehene Gelehrte jemals versucht haben, intelligente Uhrwerke oder Schalttafeln zu konstruieren (und schon gar keine Androiden), ist die Forschung auf dem Gebiet der intelligenten Computer en vogue. Warum?

Das eigentliche Thema hat nichts mit fortgeschrittener Technik (oder damit verbundenen Spezialgebieten) zu tun, sondern mit tiefgreifenden theoretischen Prämissen. Einer zentralen Tradition der abendländischen Philosophie zufolge *ist* Denken (Verstandestätigkeit) im wesentlichen die rationale Manipulation geistiger Symbole (nämlich Ideen). Uhren und Schaltborde leisten aber auf keinen Fall so etwas wie rationale Symbolmanipulation. Computer dagegen können beliebige "Zeichen" in praktisch jeder spezifizierbaren Art und Weise verarbeiten; wir brauchen offenbar nur dafür zu sorgen, daß diese Zeichen Symbole und die Manipulationen als rational spezifizierbar sind, um eine Maschine zu erhalten, die *denkt*. Mit anderen Worten, KI ist neu und anders, weil Computer tatsächlich etwas tun, das eine große Ähnlichkeit mit dem aufweist, was Gehirne vermutlich tun. Sollte diese traditionelle Theorie gültig sein, müßte ein Computer, so wie wir ihn uns vorstellen, tatsächlich auch "einen eigenen Verstand" haben: einen (echten) künstlichen Verstand.

Etwas als Symbol oder Manipulation zu bezeichnen, heißt, es in ziemlich abstrakter Weise zu beschreiben. Daraus folgt jedoch nicht, daß die Beschreibung verschwommen, formlos oder gar schwer verständlich ist, sondern vielmehr, daß auf unwesentliche Einzelheiten verzichtet wird. Betrachten wir beispielsweise zwei Möglichkeiten, den Motor für ein Gerät zu spezifizieren. Der eine Ingenieur könnte ihn in allen Einzelheiten beschreiben, die genaue Form jedes noch so kleinen Teils angeben, das Material, aus dem er herzustellen ist, die Art der Befestigung usw. (Dies wäre das Gegenteil einer abstrakten, nämlich eine "konkrete" Charakterisierung.) Ein anderer Ingenieur würde dagegen vielleicht nur die erforderliche Minimalleistung, den Raum, den der Motor einnehmen darf, und die zulässige Geräuschentwicklung vorgeben - und die Einzelheiten dem Konstrukteur überlassen. Der daraus resultierende Motor könnte aus Metall oder Kunststoff sein, rund oder eckig, auf dem einen oder anderen physikalischen Prinzip beruhen und dennoch die abstrakten Spezifikationen exakt erfüllen.

Nach der Theorie der Symbolmanipulation hängt Intelligenz lediglich von der Organisation und Funktionsweise eines Systems als Symbolmanipulator ab - eine Auffassung, die sogar in noch stärkerem Maße von konkreten Einzelheiten wie Leistung und Geräuschpegel abstrahiert. Folglich sind Spezifikationen auf niedriger Ebene wie z.B. das Material, aus dem die Symbole bestehen oder ihre genauen Formen, für die Möglichkeit der Intelligenz des Systems unerheblich; die Symbole brauchen lediglich abstrakten Spezifikationen einer höheren Ebene zu entsprechen. Mit anderen Worten: Verschiedene "Details", z.B. ob die Grundstruktur elektronisch oder physiologisch ist (oder hydraulisch oder glasfaseroptisch oder was auch immer), sind völlig belanglos. Aus dem gleichen Grunde ist die heutige Computertechnologie nur in wirtschaftlicher Hinsicht für die KI-Forschung relevant: Elektronische Schaltkreise sind eben (momentan) zufällig die billigste Möglichkeit, flexible Systeme zur Symbolmanipulation zu bauen.

Und die Erkenntnis ist noch tiefgreifender: Wenn Künstliche Intelligenz tatsächlich wenig mit Computertechnologie und viel mehr mit abstrakten Prinzipien der geistigen Organisation zu tun hat, dann scheinen die Unterscheidungen zwischen KI-Psychologie und sogar Philosophie des Geistes gegenstandslos zu werden. Um diese Grundprinzipien zu studieren, kann man die Werkzeuge und Techniken der Informatik benutzen, die Methoden der Experimentalpsychologie oder die traditionellen philosophischen Kategorien - der Gegenstand aber ist immer der gleiche. Es scheint also, daß eine großartige interdisziplinäre Vereinigung bevorsteht, und tatsächlich haben bereits einige Enthusiasten diese Entscheidung für sich getroffen. Für ihr neues "vereintes" Gebiet haben sie den Begriff *Kognitionswissenschaft* geprägt. Will man den Exegeten Glauben schenken, so sind Künstliche Intelligenz und Psychologie ebenso wie Bereiche der Philosophie, Linguistik und Anthropologie heute nur "Unterdisziplinen" einer zusammenhängenden Forschungsrichtung, die sich mit dem Studium der kognitiven Fähigkeiten, der Intelligenz und des Verstandes - d.h., mit Symbolmanipulation befaßt.

Nur dieser Bereich der Künstlichen Intelligenz (KI als Zweig der Kognitionswissenschaft) soll hier erörtert werden. Wir werden uns z.B. nicht mit kommerziellen Anwendungen (sogenannten "Expertensystemen" usw.) befassen, die keinen Anspruch darauf erheben, psychologische Prinzipien zu entwickeln oder zu verwenden. Ebensowenig werden wir uns der Frage zuwenden, ob Computer vielleicht irgendeine außerirdische oder außermenschliche Form von Intellekt besitzen könnten (wie Marsmenschen oder Riesenkraken?). Ich habe in der Tat den Verdacht, daß anthropomorphe Vorurteile, "menschlicher Chauvinismus", in unseren Intelligenzbegriff eingeflossen sind. Natürlich könnte dieser Intelligenzbegriff trotzdem auf alle Arten von Kreaturen zutreffen; das Problem ist eben nur, daß es der einzige Intelligenzbegriff ist, den wir haben - würden wir unser "Vorurteil" ablegen, so wüßten wir nicht mehr, wovon wir reden.

Wie dem auch sei, der einzige *theoretische* Grund, die heutige Künstliche Intelligenz ernster zu nehmen als die feinmechanischen Wunderautomaten früherer Zeiten, ist die machtvolle Vorstellung, daß unser Verstand nach "komputationalen" Prinzipien arbeitet. Anders gesagt, unser eigentliches Interesse an der KI gilt ihr als Teil der Theorie, daß Menschen Computer sind - und für Menschen interessieren wir uns schließlich alle.

Was ist Intelligenz?

Wie soll nun Intelligenz definiert werden? Ist das nicht der Punkt, um den sich alles dreht? Erstaunlicherweise scheint dies nicht so sehr der Fall zu sein. Ein Kriterium, das Alan Turing (1950) vorgeschlagen hat, ist sehr praktisch und überzeugt fast jeden. Turing, verärgert über die fruchtlosen Diskussionen in bezug auf Wortbedeutungen, war der Ansicht, daß man niemals etwas Interessantes über die Fähigkeiten von Maschinen herausfinden würde, wenn man sich mit theoretischer Philosophiererei über das, was wir unter "denken" und "intelligent" verstehen, begnügte. So schlug er vor, das Begriffsproblem beiseitezulassen und einen einfachen Test, den er sich ausgedacht hatte, einzuführen; dann könne man sich auf den Bau und die Beobachtung der Maschinen selbst konzentrieren. Für das Jahr 2000 prophezeite er Computersysteme, die eine gemäßigte Version seines Tests bestehen würden; anderslautende "Definitionen" würden seiner Ansicht nach schließlich nur noch albern wirken (und ohne großes Aufheben verschwinden).

Turings Test basiert auf einem sogenannten "Imitationsspiel". Es wird von drei Teilnehmern gespielt, die sich gegenseitig nicht kennen. Zwei von ihnen, ein Mann und eine Frau, sind "Zeugen"; der dritte Spieler, der "Fragesteller", soll nun lediglich durch Fragen erraten, wer der Mann und wer die Frau ist. Der Trick dabei ist, daß einer der Zeugen (sagen wir, der Mann) versucht, den Fragesteller zu täuschen (indem er systematisch so tut, als ob er die Frau wäre), während der andere (die Frau) alles daransetzt, dem Fragesteller zu helfen. Wenn der Fragesteller richtig rät, hat die Frau, im anderen Falle hat der Mann gewonnen. Um alle äußeren Anhaltspunkte (wie z.B. Klang der Stimme) auszuschließen, werden die Fragen und Antworten per Fernschreiber übermittelt. Bis jetzt sind also keine Computer im Spiel. Turings Idee aber war es, den männlichen "Zeugen" durch einen Computer zu ersetzen, um herauszufinden, ob der Computer, wenn er gegen durchschnittliche Gegnerinnen antritt, einen durchschnittlichen (menschlichen) Fragesteller genauso oft täuschen kann wie ein durchschnittlicher Mann. Wenn ihm das gelingt, "besteht" er den Test.[2]

Warum sollte aber solch ein seltsames Spiel ein Test für das Vorhandensein allgemeiner (menschenähnlicher) Intelligenz sein? Das ganze Drum und Dran mit dem Fernschreiber, der Täuschung des Fragestellers usw. ist im Grunde nur Augenwischerei, um der Sache,

Kasten 1
Warum der IQ irrelevant ist

Es mag den Anschein haben, daß wir bereits einen vollkommen angemessenen Maßstab für Intelligenz besitzen, nämlich die Ergebnisse
eines Intelligenztests. An dieser Vermutung stimmt jedoch zweierlei nicht.
Zum einen sollen IQ-Tests lediglich den Grad der Intelligenz messen,
wobei vorausgesetzt wird, daß die Versuchsperson eine gewisse
meßbare Intelligenz aufweist. Gerade dies ist aber bei Computern das
Problem; bevor wir danach fragen können, wie intelligent ein Computer
ist, müßten wir wissen, ob es überhaupt sinnvoll ist, ihm Intelligenz
zuzuschreiben. Zum anderen sind IQ-Tests auf Menschen zugeschnitten, so daß sie wahrscheinlich von Indikatoren abhängen, die nur für
diesen Sonderfall gelten.

Das läßt sich anhand eines einfachen Beispiels illustrieren: Man könnte
vielleicht feststellen, daß eine besondere Fertigkeit, z.B. das Lösen logischer Probleme oder das Vergleichen graphischer Darstellungen in
verläßlicher Weise mit der Gescheitheit eines Menschen korrelieren; ein
solcher Test würde sich diese Korrelation zunutze machen, um eine
geeignete Meßmethode zu erhalten. Das heißt jedoch nicht, daß die
Lösung einer solchen Aufgabe tatsächlich Intelligenz erfordert; es wäre
durchaus möglich, daß ein offenkundig unintelligentes Gerät die Aufgabe
durch Zufall oder mit Hilfe eines Tricks glänzend lösen könnte. (Die
Tatsache, daß viele Menschen vergessen haben, wie man Qua-
dratwurzeln zieht, bedeutet nicht, daß sie unintelligenter als Taschenrechner sind.) Was wir brauchen, ist ein allgemeiner Test, ob ein Ding
überhaupt intelligent ist (natürlich im menschlichen Sinne), und keine
speziell für den Schul- oder Militärgebrauch entworfenen Meßmethoden.

wie es sich gehört, einen streng "experimentellen" Anstrich zu geben. Worauf es im Test wirklich ankommt, ist das *Reden*: Redet die Maschine wie ein Mensch? Selbstverständlich ist damit nicht gemeint, daß sie eine menschliche Stimme haben muß, sondern daß sie das sagt, was Menschen in entsprechenden Situationen sagen würden. Aber nochmals, warum sollte das ein Zeichen von allgemeiner Intelligenz sein? Wieso ist Reden so etwas besonderes? Turing sagt: "Die Methode des Fragens und Antwortens scheint geeignet zu sein, fast jeden Bereich menschlichen Bestrebens einzubringen, den wir einzubeziehen wünschen." Das heißt, daß wir so ziemlich über alles reden können.

Darüber hinaus, und das ist noch wichtiger, muß man in einem Gespräch, das über die allerseichteste Ebene hinausgeht, wissen, wovon man redet. Es genügt also nicht, nur die Wörter zu verstehen; man muß auch über das Thema Bescheid wissen. Turing legt dar (1950, S. 446), wie sehr sein Imitationsspiel einem mündlichen Quiz ähnelt, und gibt uns ein Beispiel:

Fragesteller: Die erste Zeile Ihres Sonetts lautet: "Soll ich dich einem Sommertag vergleichen." Wäre da nicht "Lenztag" genausogut oder besser?
Zeuge: Es würde nicht ins Versmaß passen.
Fragesteller: Wie wäre es mit "Wintertag"? Dann würde das Versmaß stimmen.
Zeuge: Ja, aber wer möchte schon mit einem Wintertag verglichen werden?
Fragesteller: Würden Sie sagen, daß Mr. Pickwick Sie an Weihnachten erinnert?
Zeuge: In gewisser Hinsicht.
Fragesteller: Aber Weihnachten ist ein Wintertag, und ich glaube nicht, daß Mr. Pickwick etwas gegen den Vergleich hätte.
Zeuge: Ich kann mir nicht vorstellen, daß Sie das im Ernst meinen. Unter einem Wintertag versteht man einen typischen Wintertag und nicht einen bestimmten wie Weihnachten.

Dieser Student hat nicht nur einen kompetenten Umgang mit der englischen Sprache gezeigt, sondern auch ein passables Verständnis für Gedichte, die Jahreszeiten, menschliche Gefühle usw. bewiesen - und all das lediglich in einem Gespräch. Das gleiche wäre für Politik, erlesene Weine, Elektrotechnik, Philosophie oder was auch immer möglich. Was wäre, wenn eine Maschine all diese Prüfungen bestehen würde? Das ist der Grund, warum der Turing-Test so wirkungsvoll und überzeugend ist.

Darüber hinaus eignet er sich sehr gut für die Praxis: An einem Terminal etwas einzutippen und zu lesen sind schließlich die üblichen Wege der Interaktion mit einem Computer. Da also der freundlichen Unterhaltung mit einer Maschine keine physischen Schranken gesetzt sind, kann sich die KI-Forschung darauf konzentrieren, die grundlegenden theoretischen Fragen anzugehen. Wenn Wissenschaftler den Turing-Test akzeptieren (wenn nicht bis ins einzelne, so doch dem Ansatz nach), dann können sie sich fast ausschließlich auf die "kognitiven" Aspekte des Problems richten: Welche innere Struktur und welche Operationen befähigen ein System, zum richtigen Zeitpunkt das Richtige zu sagen? Anders ausgedrückt, sie können auf verwirrende Nebensächlichkeiten verzichten und sich der komputationalen Psychologie zuwenden.

"Sie können nur..."

Viele Menschen zweifeln insbesondere an der "Automatisierung" von Phänomenen wie Kreativität, Freiheit und dergleichen. Kein Computer, so meinen sie, kann jemals wirklich erfinderisch, künstlerisch oder verantwortungsvoll sein, denn "er kann nur das tun, wozu er programmiert worden ist." Nun hängt jedoch alles davon ab, was diese vermeintliche Beschränkung bedeutet. In einem technischen und für uns eher uninteressanten Sinne ist es natürlich völlig richtig, daß Computer immer ihre Programme ausführen, denn ein Programm ist ja weiter nichts als eine sorgfältige Spezifikation aller relevanten Prozesse, die in der Maschine ablaufen. Aber das beweist gar nichts; einen ähnlichen Einwand könnte man auch in bezug auf uns Menschen vorbringen. Vorausgesetzt also, es gäbe eine "sorgfältige Spezifikation" aller relevanten Prozesse in unseren Gehirnen (Gesetze der Neuropsychologie oder etwas ähnliches), könnte man ebensogut sagen: "Wir - oder vielmehr unsere Gehirne - agieren stets immer nur unserer Spezifikation entsprechend."[3] Offensichtlich könnte das aber nicht als Beweis dafür gelten, daß wir nie kreativ oder frei wären - und damit ist auch die entsprechende Forderung in bezug auf Computer nicht mehr haltbar.

Das eigentlich Problematische an diesem Einwand ist, daß er Unterscheidungen auf der *organisatorischen Ebene* unberücksichtigt läßt. So kann man z.B. eine Stereoanlage als ein Gerät zur Wiedergabe aufgezeichneter Musik, als ein kompliziertes Gebilde aus elektronischen Bauelementen oder als eine gigantische Wolke subatomarer Teilchen beschreiben. Was man darüber sagen kann, hängt davon ab, welche Beschreibungsebene man wählt. Folglich könnte kein Bauelement für sich (von den subatomaren Teilchen ganz zu schweigen) zutreffend als "high fidelity" bezeichnet werden, weil dieses Charakteristikum nur auf der Ebene der Musikwiedergabe sinnvoll ist. Ebensowenig läßt sich eine einzelne Gehirnfunktion oder eine einzelne Computeroperation zutreffend als "kreativ" oder "frei" bezeichnen, denn solche Beschreibungen gehören einer völlig anderen Ebene an - einer Ebene, auf der man von dem System oder der Person als Ganzes spricht.[4]

Leider besteht die Verwirrung weiterhin, weil die Wendung "für etwas programmiert sein" vieldeutig ist. Statt wie oben unter Programmierung die detaillierte Spezifikation innerer Prozesse zu verstehen, kann man den Begriff auch weiter fassen und mit seiner Hilfe die Gesamtkonstruktion oder die gewünschten Fähigkeiten eines Systems beschreiben. Ich könnte zum Beispiel sagen, "dieser Computer ist dazu programmiert, die Lohnkonten zu führen", oder "jener Computer ist dazu programmiert, die günstigste Flugroute bei schlechtem Wetter herauszufinden". Diese Beschreibungen beziehen sich auf das System als Ganzes; dennoch hat es sogar auf dieser Ebene noch den Anschein, daß die Systeme "nur das können, wozu sie programmiert sind" - so lange jedenfalls, wie sie störungsfrei funktionieren. Das eigentliche Problem ist hier ein völlig anderes: Es ist nämlich nicht ohne weiteres einsichtig, daß "programmiert" sein (in diesem Sinne) mit kreativ oder frei sein unvereinbar ist. Warum schließlich das System nicht einfach dazu programmieren, kreativ, frei oder was auch immer zu sein? Dann würde es diese Charakteristika aufgrund seiner Konstruktion aufweisen.

Man könnte meinen, "zur Kreativität programmiert sein" sei ein Widerspruch in sich. Daß das nicht so sein kann, können wir sehen, wenn wir noch einmal über uns selbst nachdenken. In gewissem Sinne sind wir zweifellos ausgeklügelte integrierte Systeme, die auf einem Gesamtentwurf basieren - möglicherweise das Ergebnis der Evolution. Wenn wir also gesund (störungsfrei) sind, "tun wir nur das, wozu wir entworfen sind".In diesem Falle aber, und vorausgesetzt, daß Kreativität und Freiheit nicht (immer) krankhaft sind, müssen wir zur Kreativität" etc. entworfen sein. Dies ist kein Widerspruch, weil die relevante Bedeutung des Begriffs "Entwurf" nur die Fähigkeiten und Merkmale in ihrer Gesamtheit umfaßt; in diesem Sinne aber wird hier auch das Wort "Programmierung" benutzt.

Es gibt jedoch noch einen letzten Einwand: Zu sagen, wir seien von der Evolution "entworfen worden", ist nur eine Metapher, weil die Evolution kein realer Konstrukteur, sondern lediglich ein unbeseelter Naturvorgang ist. Computer werden dagegen im wörtlichen Sinne von realen (menschlichen) Programmierern *programmiert.* Wenn wir also kreativ sind, sind wir es aus uns selbst heraus; wenn aber ein Computerausdruck irgend etwas Künstlerisches enthält, handelt es sich im Grunde genommen um die Kunstfertigkeit des Programmierers und nicht der Maschine. Doch halt: Woraus schließen wir das? Warum sollte das Potential an Erfindungsreichtum, das ein Ding besitzt, durch seine Abstammung determiniert sein (wie ein ererbter Titel) und nicht durch seine eigene, manifeste Kompetenz? Was wäre, wenn zum Beispiel genau dasselbe Computersystem aus einer unglaublichen Panne im Labor hervorgegangen wäre; könnte *dies* irgendeine Rolle dafür spielen, ob das resultierende System kreativ wäre? Oder, um den Spieß umzudrehen, was wäre, wenn man Sie oder mich bei irgendeinem Chemiekonzern aus Erdöl-Nebenprodukten zusammengebraut hätte; hieße das, alle unsere späteren Erfindungen und Kunstwerke wären automatisch einem Chemikerteam zuzuschreiben? Ich hoffe doch nicht.

Wenn jene Erfindungen tatsächlich von vornherein von den zuständigen Programmierern oder Chemikern geplant und in der Maschine oder in uns lediglich für ein späteres "Playback" gespeichert worden wären, dann wären sie selbstverständlich deren Verdienst. Gerade dies aber ist nicht die Methode der KI, vor allem heute. Was direkt programmiert wird, ist nur ein Bündel allgemeiner Informationen und Prinzipien, nicht viel anders als das, was Lehrer ihren Schülern einrichten. Was danach geschieht, was also das System mit diesem ganzen Input macht, kann der Konstrukteur (oder der Lehrer oder sonstwer) nicht vorhersagen. Die eindrucksvollsten Beispiele sind Schachcomputer, die besser als ihre Programmierer spielen und mit brillanten Zügen aufwarten, auf die letztere nie gekommen wären. Diese Tatsache finden viele Menschen verblüffend, doch wenn man sich einmal vergegenwärtigt, daß eine Erfindung oftmals nur die (mehr oder weniger tiefgreifende) Neuordnung bereits vorhandener Materialien ist, dann scheint dies nicht mehr so erstaunlich zu sein.

Nichts von alledem beweist, daß Computersysteme wirklich kreativ, frei oder künstlerisch sein können. Es zeigt lediglich, daß wir uns auf unsere spontane Ablehnung dieser Möglichkeit, so gerechtfertigt sie zunächst auch erscheinen mag, nicht verlassen können. Wenn man dasitzt und murmelt: "Ja, ja, aber ich *weiß*, daß es unmöglich ist; es kann einfach nicht möglich sein", dann hat man das Wesentliche nicht begriffen. Niemand weiß es genau. Wie alle grundlegenden Fragen der Kognitionswissenschaft harrt auch diese noch der Beantwortung durch die Ergebnisse sehr viel mehr intensiver Forschung. Vergessen wir nicht: Die eigentliche Frage lautet, ob wir, in einem entsprechend abstrakten Sinn, nicht selbst Computer sind.

Kasten 2
Warum nicht mit Lernen beginnen?

Manchmal scheint es, als sei Lernen für die Psychologie das, was Energie für die Physik oder Fortpflanzung für die Biologie ist: nicht nur ein zentrales Forschungsthema, sondern eine virtuelle Definiton des Fachgebiets. So wie die Physik die Erforschung der Energieumwandlungen und die Biologie die Erforschung der selbstreproduzierenden Organismen ist, so ist die Psychologie die Erforschung lernender Systeme. Sollte das zutreffen, dann wäre das wesentliche Ziel der KI, Systeme zu konstruieren, die lernen. Solche Systeme könnten zudem eine Abkürzung auf dem Weg zum "künstlichen Erwachsenen" ermöglichen: Systeme mit der "Grundbegabung" eines Kindes z.B. könnten für sich allein lernen - aus Erfahrungen, Büchern usw. - und der KI die Probleme mit der Kodifizierung des gesunden Menschenverstandes eines Erwachsenen ersparen. In Wirklichkeit aber ignoriert die KI das Lernen mehr oder weniger. Warum?

Lernen ist die *Aneignung* von Wissen, Fertigkeiten usw. In der Regel wird das Problem folgendermaßen formuliert: Angenommen, ein System ist in der Lage, über Wissen zu verfügen. Wie können wir es in den Stand versetzen, Wissen zu erwerben? Oder: Wenn wir einen statischen Wissenden haben, wie können wir ihn zu einem aufnahmefähigen oder lernfähigen Wissenden machen? Dabei wird stillschweigend vorausgesetzt, daß Wissen als solches die einfachere Sache und der Erwerb oder die Aufnahme das Kompliziertere ist; das aber hat sich als falsch erwiesen. Die KI hat entdeckt, daß schon die Implementierung von Wissen eine außerordentlich komplexe und schwierige Angelegenheit ist - und das in so hohem Maße, daß sogar die allgemeine Struktur eines Systems mit gesundem Menschenverstand bis heute nicht geklärt ist. Entsprechend ist es alles andere als offensichtlich, *was* ein lernendes System sich aneignen sollte; folglich kann das Projekt der Aneignung nicht verwirklicht werden.[5]

Mit anderen Worten, die Künstliche Intelligenz muß als erstes versuchen, Wissen (und Fertigkeiten und was sonst noch erworben wurde) zu verstehen und sich dann auf dieser Grundlage mit dem Lernen zu befassen. Möglicherweise lassen sich sogar dann, wenn die Grundstrukturen einmal herausgearbeitet worden sind, Wissensaneignung und -aufnahme verhältnismäßig leicht einbeziehen. Sicherlich ist die Fähigkeit zu lernen eine Grundvoraussetzung vollentwickelter Intelligenz, so daß die KI ihr Ziel nicht ohne sie erreichen kann. Aber es liegt kein Anhaltspunkt dafür vor, daß das Lernen das eigentliche Problem, geschweige denn eine Abkürzung oder ein natürlicher Ausgangspunkt ist.

Galilei unterweist Milton

1 Die Saga des neuzeitlichen Geistes

Kopernikus und das Ende des Mittelalters

Unser umgangssprachlicher Begriff des "menschlichen Geistes"* ist - für viele überraschend - vergleichsweise jung. Er kam im 17. Jahrhundert auf - nicht von ungefähr zusammen mit der modernen Naturwissenschaft und der modernen Mathematik. Diese historischen Wurzeln verdienen unser Interesse; sie sind nicht nur faszinierend, sondern ermöglichen uns auch ein besseres Verständnis der "Kognitionswissenschaft" (die ja nur die jüngste Theorie in dieser Ahnenreihe ist). Zum Glück ist die Story eher noch interessanter und spannender, als man vielleicht erwartet. Zuvor jedoch ein akademisches Eingeständnis: Um die großen Linien herauszuarbeiten, habe ich das historische Material stark gestrafft und dabei auf einige zweifellos wichtige Denker und auf so manche spitzfindige Unterscheidung verzichtet. So spreche ich zum Beispiel in skandalöser Weise vom "mittelalterlichen Menschen", als wären sie alle gleich gewesen; und viele der Gedanken, die ich z.B. Galilei oder Descartes zuschreibe, waren im Grunde in jener Zeit durchaus verbreitet und wurden von vielen Gelehrten diskutiert. Aber im großen und ganzen stimmt die Story, und darauf kommt es schließlich an.

Obwohl die Sache erst zu Hobbes' und Descartes' Zeiten richtig ins Rollen kam, gerieten die Dinge bereits ein oder zwei Jahrhunderte früher, als das Mittelalter der Renaissance weichen mußte, in Bewegung. Das Weltbild des Mittelalters war weitgehend eine christliche Umgestaltung der altgriechischen Philosophie und Wissenschaft, besonders der Schriften von Platon und Aristoteles. Die wesentliche Änderung bestand darin, daß Gott als Grundlage angesehen wurde, als Schöpfer und Ursache alles (anderen) Seienden. Der Schöpfung voraus gingen jedoch die *Ideen* des Schöpfers von all dem, was sein würde (seine Pläne sozusagen); und diese Ideen spielten für die Philosophen eine wichtige Rolle. In erster Linie waren gewöhnliche irdische Gegenstände offenkundig nur mehr oder weniger verfälschte Materialisationen der ursprünglichen, vollkommenen Ideen Gottes. (Die Verfälschungen mußten natürlich ebenfalls von Gott geplant gewesen sein; aber die mittelalterlichen Erklärungsversuche dafür sind ziemlich verdreht und brauchen uns hier nicht zu interessieren.)

Der Geist bzw. die Seele des Menschen hatte gleichfalls Ideen, die denen Gottes ähnlich waren; ihr Rang und ihre Beziehung zu den Objekten war aber problematischer. So gab es z.B. die reizende (im weitesten Sinne platonisch inspirierte) Vorstellung, daß die Gedanke/Ding-Beziehung die Grundlinie eines Dreiecks sei, dessen Scheitelpunkt vom Geist Gottes gebildet würde. Menschliche Ideen waren insofern *wahr*, als sie mehr oder

---

*Hier und im folgenden wurde das Wort "mind" mit "Geist" übersetzt; dabei ist nicht an den Geistesbegriff des deutschen Idealismus zu denken, sondern an Descartes "res cogitans", bis zu dem Haugeland den Geistesbegriff hier entwickelt. - Anm. d. Üb.

weniger genaue Nachbildungen der Ideen Gottes waren; irdische Objekte wiederum waren gleichfalls wahr, wenn auch in einem anderen Sinn, insofern ihre Konstruktion mehr oder weniger mit den entsprechenden göttlichen Ideen übereinstimmte, die hier als Entwürfe des Konstrukteurs betrachtet wurden. Unsere Gedanken konnten die Dinge also nur dann "wahrhaft" erfassen, wenn sie einen Umweg über die Originalpläne gemacht hatten, denen sie - jeder auf seine Art und Weise unvollkommen - entsprachen.

Verbreiteter (und eher aristotelisch beeinflußt) war eine Betrachtungsweise, die sich den Umweg über den Scheitelpunkt schenkte und eine direkte Beziehung zwischen Gedanke und Ding auf der Grundlinie postulierte. Aber was für eine Beziehung konnte das sein? Worin bestand der eigentliche Zusammenhang zwischen einer Idee im menschlichen Geist und einem irdischen Objekt, wenn das Objekt Gegenstand der Idee war? Eine verbreitete Antwort, die zugleich auch recht einleuchtend erscheint, lautete, daß Ideen Abbilder seien: sie *ähneln* den Objekten, für die sie stehen, und sie stehen für diese Objekte, weil sie ihnen ähneln. Ein Gedanke konnte also deswegen auf ein Ding zutreffen, weil er ihm unmittelbar "konform" war, d.h., weil er mit ihm die gleiche *Form* gemeinsam hatte. Der Geist entsprach gewissermaßen der Welt (nämlich hinsichtlich der "Form"); er war lediglich in einer anderen Substanz realisiert (mental statt materiell). Diese Erklärung der Beziehung zwischen Gedanken und Dingen bot zwei Vorteile: intuitiv erschien sie plausibel, und zudem mangelte es ihr an ernstzunehmender Konkurrenz. Aber wie wir noch sehen werden, sabotierte die aufkommende neuzeitliche Wissenschaft allmählich die bis dahin populäre Abbildtheorie und machte es schließlich unumgänglich, daß die "geistigen Inhalte" mit einem völlig neuen Blick gesehen wurden.

Die mittelalterliche Kosmologie - die Theorie des Universums - beruhte ebenfalls in ihren Grundzügen auf Aristoteles. Die Erde war der Mittelpunkt des Universums; sie war in mehreren rotierenden Sphären von den sichtbaren Himmeln umgeben, die wiederum von Gottes Himmel umgeben waren, der unbeweglich und unsichtbar war.[1] Die sinnlich erfahrbare Welt bestand aus fünf Elementen: Erde, Wasser, Luft, Feuer und der sogenannten Quintessenz (fünftes Element), auch Äther. Jedes von ihnen hatte seinen "natürlichen Ort", auf den es von Natur aus zustrebte, sobald es von ihm entfernt worden war. Die Himmel bestanden ausschließlich aus Quintessenz, und weil sie der Ort waren, an den die Quintessenz gehörte, waren die Himmel unveränderlich (nur die Sphären befanden sich in einer unablässigen Kreisbewegung). Die anderen vier Elemente jedoch wurden in der untersten, der sublunaren Sphäre, durcheinandergeschüttelt; deshalb war diese Sphäre in ständiger Unruhe, und alles in ihr war unaufhörlichem Wandel und Vergehen unterworfen. Holz zum Beispiel war entflammbar, weil das Feuer und die Luft in ihm nach oben und die Erde nach unten "strebten", sobald sie die Gelegenheit dazu bekamen. Die gleichen Bestandteile Feuer und Luft erklärten aber auch, weshalb Holz auf dem Wasser trieb, während Steine und Asche (welche konzentriertere Erde waren) nicht schwammen - der natürliche Ort des Wassers war über der Erde, aber unter Feuer und Luft.

Alles in allem war es ein hübsches Bild; im Spätmittelalter aber brauten sich Probleme zusammen. Aus mehreren praktischen Gründen war die Astronomie die am weitesten fortgeschrittene empirische Wissenschaft. Der Kalender mußte stimmen, damit die kirchlichen Feiertage festgelegt werden konnten; die Seeleute, die sich immer weiter über bekannte Gewässer hinauswagten, brauchten genauere astronomische Tabellen. Je umfangreicher nun die sorgfältigen Beobachtungen wurden, desto schwieriger und komplizierter wurde es, sie mit der allgemein anerkannten geozentrischen Theorie (die Erde als Mittelpunkt des Weltalls) in Einklang zu bringen. Besonders wenn es darum ging, die Planetenpositionen vorherzusagen, war die Lage prekär und auch ärgerlich. Verständlich also, wenn der König von Kastilien, Alfons X.,* im dreizehnten Jahrhundert wetterte, daß er dem Schöpfer wohl einen besseren Plan für das Weltgebäude hätte angeben können, wenn er ihn gefragt hätte.[2]

Das Werk *De revolutionibus orbium coelestium libri VI (Sechs Bücher über die Kreisbewegungen der Weltkörper),* das der Astronom und Frauenburger Domherr Nikolaus Kopernikus (1473 - 1543) in seinem letzten Lebensjahr veröffentlichte, hob die mittelalterliche Welt buchstäblich aus den Angeln. Seine heliozentrische Theorie des Universums (die Sonne als Mittelpunkt des Weltalls) war zweifellos die verwirrendste wissenschaftliche Neuerung aller Zeiten - obwohl Kopernikus' Nachfolger eine sonderbare Trägheit dabei zeigten, sie mit all ihren Konsequenzen zu würdigen.
Die Grundideen waren, daß

1. die täglichen Umdrehungen des Fixsternhimmels nur eine   Sinnestäuschung sind, die durch die Eigendrehung der Erde um ihre Achse bewirkt wird;
   und
2. der jährliche Umlauf der Sonne durch den Tierkreis sowie manche der eigenwillig anmutenden Planetenwanderungen ebenfalls Trugbilder sind, die durch die langsame Bewegung der Erde um die Sonne ausgelöst werden.

Die Erde selbst wurde zu einem Planeten unter mehreren degradiert und im Abstand zur Sonne, die das Zentrum bildete, zwischen Venus und Mars eingeordnet.

Dieser Vorschlag sollte nicht nur die Astronomie grundlegend wandeln, sondern (letztendlich) auch den Rest der anerkannten Wissenschaft über den Haufen werfen. Denn von nun an waren die natürlichen Orte, die die Grundlage für die Erklärung aller irdischen Phänomene der Bewegung und des Verfalls gebildet hatten, drunter und drüber geraten. Wo war "oben" und wo "unten"? Warum sollten sich die vier Elemente des Universums (neben dem Äther) in ihrem natürlichen "Streben" nach einem besonderen Punkt im Innern der sich bewegenden Erde richten? Wo waren Himmel und Hölle nun wirklich? Genauso verwirrend waren die Fragen, die mit der Theorie der Erdbewegung zusammenhingen. Warum wurden lose Gegenstände nicht hochgeschleudert und blieben im Raum zurück, wenn die herumwirbelnde Erde die Sonne umsegelte? Oder warum landete ein fallender Stein nicht wenigstens ein kleines Stückchen "hinter" (westlich von) seinem ursprünglichen Ort, wenn sich die Erde unter ihm weiterdrehte? Dies waren äußerst schwerwiegende Probleme; die Gesetze der Trägheit, der Kräfte und der Gravitation, die sie hätten lösen können, wurden ja erst viele Jahre später ausgearbeitet.

Es war diese wissenschaftliche Aufbruchsstimmung, in der der neuzeitliche *Geist* erfunden wurde ("erfunden" ist das richtige Wort); und seine ersten Impulse erhielt er durch die kopernikanische Unterscheidung zwischen Erscheinung und Wirklichkeit.

---

* Alfons X ("der Weise") hatte alle berühmten Astronomen seiner Zeit nach Toledo berufen, um astronomische Tafeln (die "Alfonsinischen Tafeln") zusammenzustellen, die besser sein sollten als die Ptolemäischen. - Anm. d. Üb.)

Natürlich ist es eine Binsenweisheit, daß die Dinge nicht immer das sind, was sie scheinen; schon in der Antike hatte Platon diesen Gedanken zu einem philosophischen Prinzip erhoben: *nie* sind Dinge *wirklich* das, was sie scheinen. Die gewöhnlichen Objekte der Wahrnehmung, so behauptete er, sind lediglich eine unvollkommene Nachahmung der wahren Realität, nichts weiter als Schatten, die ein tanzendes Feuer an eine Wand wirft. (Für Platon war die wahre Realität das Reich der vollkommenen und unwandelbaren "Formen" - später, in der christlichen Abwandlung, wurde daraus Gottes Geist voller heiliger Ideen).

Kopernikus jedoch suchte nach einer treffenderen Unterscheidung. Der Eindruck, daß die Sonne im Osten aufgeht, ist ja kein unvollkommenes geistiges Abbild der Erdumdrehung - es ist etwas völlig anderes. Das gleiche gilt für den Umlauf der Sonne durch den Tierkreis und in noch stärkerem Maße für die komplizierten Bahnen der Planeten, die sich zwischen den Sternen vor- und zurückbewegen. Nach der neuen Theorie waren astronomische Phänomene der Realität nicht einmal ähnlich. Das eröffnete atemberaubende neue Perspektiven für die Bereiche, in denen die Wissenschaft ihre Entdeckungen mit intelligiblen Methoden macht; zugleich trieb es, indem es das Postulat der Ähnlichkeit untergrub, einen entscheidenden Keil zwischen den menschlichen Geist und die Welt - einen Keil, der schließlich unser gesamtes Verständnis des Denkens und unserer selbst verwandelte.

Galilei und die neue Wissenschaft

Ein letzter Markstein, bevor Hobbes den schicksalhaften komputationalen Schluß zog, ist der große italienische Physiker Galileo Galilei (1564 - 1642), der auf verschiedenen Wegen Eingang in unsere Story findet. Sein größter Ruhm gründet sich vielleicht darauf, daß er das Fernrohr in die Astronomie einführte und dabei u.a. die Monde des Jupiter, die Gebirge auf unserem Erdtrabanten und die Phasen der Venus entdeckte. Alle diese Entdeckungen trugen in bedeutendem Maße zur Durchsetzung der kopernikanischen Astronomie bei. (Für den Aufruhr, den er verursachte, wurde Galilei vor die Inquisition zitiert und für die letzten acht Jahre seines Lebens zu Hausarrest verurteilt.) Am wichtigsten aber für die Geschichte des neuzeitlichen Geistes (und darüber hinaus für die Entwicklung der modernen Physik) war es, daß Galilei die Verfahren der Mathematik auf das Problem der Bewegung anwandte.

Galilei war davon überzeugt, daß der einzige Weg zum Verständnis der physischen Natur über die Betrachtung von mathematischen Beziehungen zwischen quantitativen Variablen führte. Diesen Gedanken drückte er in lebendiger und anschaulicher Weise aus:

"Die Philosophie steht in diesem großen Buche geschrieben, das uns stets aufgeschlagen vor Augen liegt (ich meine das Universum), das man aber nicht begreifen kann, wenn man nicht vorher seine Sprache zu verstehen lernt und die Buchstaben zu erkennen, mit denen es geschrieben ist. Es ist geschrieben in mathematischer Sprache und seine Buchstaben sind Dreiecke, Kreise und andere geometrische Figuren, ohne welche es menschlich unmöglich ist, auch ein einziges Wort zu verstehen; ohne sie dreht man sich ohne Nutzen in einem finsteren Labyrinth herum."[3]

Mathematik war für Galilei im wesentlichen Geometrie (und Arithmetik). Das ist z.B. nicht zu übersehen, wenn man seinen Beweis von Theorem 1 betrachtet (siehe Kasten 1), wo er sich auf Begriffe und Beziehungen aus der Geometrie stützt, um Dinge zu sagen, die wir mit algebraischen Gleichungen ausdrücken würden.

Worauf es jedoch in historischer Sicht ankommt, ist nicht nur die Tatsache, *daß* Galilei die Geometrie benutzte, sondern die Art und Weise, *wie* er sie benutzte. Die Geometrie beschäftigte sich traditionell mit der Untersuchung von Figuren und Beziehungen im Raum. Galilei aber faßte sie abstrakter auf. So stellten beispielsweise Linien in seinen Diagrammen nicht immer Strecken oder nicht einmal Entfernungen im Raum dar, sondern konnten ebensogut Zeiten, Geschwindigkeiten oder jede andere interessierende physikalische Variable repräsentieren. Theorem 1 ist ein einschlägiges Beispiel; obwohl es sich um Körper handelt, die eine gegebene Strecke zurücklegen, stellen die Linien des Diagramms weder die Wege noch die Entfernung dar. (Als wolle er dies hervorheben, zeichnete Galileo CD als seitliche Linie und erwähnte es dann überhaupt nicht mehr.) Statt dessen stellen die Linien in Wirklichkeit Zeiten und Geschwindigkeiten dar. So ist Punkt A zwar der "Ausgangspunkt", aber bezogen auf die Zeit, nicht auf den Raum; Punkte unterhalb von A auf der Linie AB stellen spätere Zeitpunkte dar und nicht spätere Positionen. Die Linien GF und AE repräsentieren gar nichts; praktisch aber bestimmen sie die Geschwindigkeitswerte in Abhängigkeit von der Zeit. Das heißt, daß all die gleichgroßen Linienabschnitte, die von den Punkten auf AB zu GF hinübergezogen sind, gleiche Geschwindigkeitswerte zu all diesen Zeitpunkten darstellen, während die sich von AB zu AE allmählich vergrößernden Abschnitte allmählich ansteigende Geschwindigkeiten (d.h., eine gleichförmig beschleunigte Bewegung) darstellen. Die zurückgelegten Wege werden dann (ausgerechnet!) durch die jeweiligen "Summen" der *Flächeninhalte* dargestellt;[5] damit reduziert sich der Beweis auf das triviale Theorem, daß das Dreieck AEB die gleiche Fläche wie das Parallelogram AGFB einschließt.

Galileis Hauptbeitrag ist zweifellos nicht dieser Beweis selbst, sondern die abstrakte Darstellungsform seiner Beweisführung. Um diesen eigenartigen Weg der Darstellung von Momentangeschwindigkeit, gleichförmig beschleunigter Bewegung, Gesamtweg usw. zu entdecken und seine Gültigkeit zu bestätigen, hat Galilei einige Jahre gerungen. Heute mutet das Ganze simpel oder sogar schwerfällig an; dennoch ist es eine der großen Leistungen des menschlichen Intellekts. Seine eigentliche Bedeutung liegt nicht in irgendeinem Einzelergebnis, sondern darin, daß jetzt alle bekannten Methoden der Geometrie benutzt werden konnten, um alle möglichen Ergebnisse zu beweisen. Euklids gesamtes System der deduktiven Logik konnte von geometrischen Formen abgetrennt und statt dessen auf Bewegungen angewendet werden. So gelang es Galilei beispielsweise, unter Annahme der empirisch gewonnenen Hypothese, daß die Fallbewegung eines Körpers eine gleichförmig beschleunigte Bewegung ist, sein klassisches "Weg-Zeit"-Gesetz zu *beweisen;*[6] und indem er davon ausging, daß die Bewegung eines Geschosses eine Kombination von gleichförmiger horizontaler Bewegung und vertikalem freien Fall sei (schon an sich eine verblüffende Einsicht), konnte er beweisen, daß die tatsächliche Flugbahn eine Parabel sein müsse.

Kasten 1
Galileis Theorem 1

"Die Zeit, in welcher irgend eine Strecke von einem Körper von der
Ruhelage aus mittelst einer gleichförmig beschleunigten Bewegung
zurückgelegt wird, ist gleich der Zeit, in welcher dieselbe Strecke von
demselben Körper zurückgelegt würde mittelst einer gleichförmigen
Bewegung, deren Geschwindigkeit gleich wäre dem halben Betrage des
höchsten und letzten Geschwindigkeitswerthes bei jener ersten
gleichförmig beschleunigten Bewegung.

Es stelle AB die Zeit dar, in welcher der Körper aus
der Ruhelage C bei gleichförmig beschleunigter
Bewegung die Strecke CD zurücklegt; man
verzeichne die während der Zeit AB in einzelnen
Zeittheilchen allmählich vermehrten Geschwindig-
keitsbeträge, zuletzt EB (senkrecht auf AB): man
ziehe AE sowie mehrere zu EB parallele äquidistante
Linien, so werden diese die wachsenden Geschwindigkeitswerthe darstellen. Man halbire EB in F, ziehe
die Parallelen FG zu BA und GA zu FB. Das Paralle-
logramm AGFB wird dem Dreieck AEB gleich sein,
da die Seite GF die Linie AE halbiert im Punkte J:
denn wenn die Parallelen im Dreieck AEB bis nach
GJF verlängert werden, so wird die Summe aller
Parallelen, die im Viereck enthalten sind, gleich
denen im Dreieck AEB sein; denn was in JEF liegt,
ist gleich dem in GJA Enthaltenen; während das Trapez AJFB beiden gemeinsam ist. Da ferner einem jeden Zeittheilchen innerhalb AB eine Linie
entspricht, und alle Punkte von AB, von denen aus in AEB Parallelen
gezogen wurden, die wachsenden Geschwindigkeitswerthe darstellen,
während dieselben Parallelen innerhalb des Parallelogramms e b e n s o
- v i e l Werthe gleichförmiger Geschwindigkeit abbilden: so ist es klar,
dass die sämmtlichen Geschwindigkeitsmomente bei der beschleunigten
Bewegung dargestellt sind in den wachsenden Parallellinien von AEB,
und bei der gleichförmigen Bewegung in denjenigen des Parallelogramms GB: denn was an Bewegungsmomenten in der ersten Zeit der
Bewegung fehlt (d.h. die Werthe von AGJ), wird ersetzt durch die Parallelen in JEF. Folglich werden zwei Körper gleiche Strecken in ein und
derselben Zeit zurücklegen, wenn der eine aus der Ruhe gleichförmig
beschleunigt sich bewegt, der andere mit gleichförmiger Geschwindigkeit
gleich dem halben Betrage des bei beschleunigter Bewegung erreichten
Maximalwerthes, w.z.b.w.⁴"

Wie vor ihm Kopernikus "philosophierte" Galilei nicht viel über Geist oder Seele; obwohl seine umwälzende neue Anwendung der Geometrie wichtige Folgen für die Theorie der geistigen Repräsentation hatte, bedurfte es erst Hobbes und Descartes, um sie herauszuarbeiten. Galileo zog jedoch einen berühmten und einflußreichen Schluß über "Metaphysik" - d.h., darüber, was wirklich real ist:

Ich glaube, daß in den externen Körpern selbst, um in uns Geschmack, Geruch und Töne zu erregen, nichts erforderlich ist außer Umfang, Gestalt und eine Menge von langsamen oder schnellen Bewegungen (nämlich zahlloser "winziger Partikel"). Ich denke, daß dann, wenn Ohren, Zungen und Nasen entfernt wären, Gestalten, Zahlen und Bewegungen durchaus weiterhin vorhanden wären, aber nicht Gerüche, Geschmack oder Töne. Letztere sind, so glaube ich, nichts als Namen, und dem lebenden Tier äußerlich - genauso wie Kitzeln und Prickeln nichts als Namen sind, losgelöst von der Achselhöhle und der Haut um die Nase herum.[7]

In benachbarten Abschnitten bezog Galilei auch Farben und Wärme in die gleichen Kategorien ein: Qualitäten, die in den äußeren Objekten nicht wirklich als solche vorhanden sind, sondern nur in unseren Wahrnehmungen existieren. Obwohl dieser Grundgedanke so alt ist wie der griechische "Atomist" Demokrit (fünftes Jahrhundert v.Chr.), verlieh Galilei ihm eine völlig neue Glaubwürdigkeit. Er vertrat die Ansicht, die Natur selber sei "in mathematischen Buchstaben geschrieben" (d.h., Formen, Größen und Bewegungen) und erhärtete diese Doktrin mit einer bis dahin beispiellosen Ausführlichkeit und Präzision, indem er diese "Buchstaben" in seinen Gesetzen und Beweisen tatsächlich entzifferte.

Die meisten Philosophen seit Galilei haben diese Unterscheidung zwischen Eigenschaften, die den Objekten tatsächlich innewohnen, und Eigenschaften, die wir ihnen nur aufgrund der Natur unseres Wahrnehmungsapparates zuschreiben, in irgendeiner Form anerkannt. Am bekanntesten ist vielleicht John Lockes (1632 - 1704) Erörterung dieses Problems, der die beiden Gruppen als "primäre" und "sekundäre" Qualitäten bezeichnete.[8] Das wichtige daran aus unserer Sicht aber ist, daß diese Unterscheidung den kopernikanischen Keil zwischen der Erscheinung der Dinge und ihrer tatsächlichen Beschaffenheit noch tiefer eintreibt, also die Kluft zwischen Gedanke und Welt noch vergrößert. Aber wie wir bald sehen werden, sollten Galileis Methoden der mathematischen Darstellung sogar einen noch stärkeren Einfluß auf die Entwicklung des neuzeitlichen Geistes haben.

Hobbes - Der Großvater der KI

"Unter rationeller Erkenntnis ... verstehe ich Berechnung", proklamierte der englische Philosoph Thomas Hobbes (1588 - 1679) und war damit um 1650 zugleich ein Prophet und Wegbereiter der Künstlichen Intelligenz.[9] Dieses Motto, so erklärte er, drücke zwei Grundideen aus. Erstens sei Denken "geistiger Diskurs"; d.h., Denken besteht aus *symbolischen Operationen*, genau wie lautes Diskutieren oder Rechnen mit Papier und Bleistift - nur mit dem Unterschied, daß es innerlich stattfindet. Deshalb werden die Gedanken selber nicht durch gesprochene oder geschriebene Symbole ausgedrückt, sondern vielmehr durch spezielle "Denkzeichen", die Hobbes "Merkzeichen" oder "Phantasmen" nannte. Zweitens sei Denken am klarsten und rationalsten, wenn es methodischen Regeln folge - so wie ein Buchhalter die strengen Regeln der numerischen Mathematik einhalte. Mit anderen Worten, rationale Erkenntnis ist ein "mechanischer" Prozeß, den man sich wie die Handhabung eines geistigen Abakus vorstellen kann: alle diese kleinen Teile (die natürlich nicht nur für Zahlen zu stehen brauchen) werden, streng den Regeln des Verstandes entsprechend, hin und her gerissen. In den Fällen, in denen jemand die Regeln nicht beachtet oder von ihnen abweicht, ist er eben einfach verwirrt.

In seinem Hauptwerk, *Leviathan*, arbeitete Hobbes diesen Gedanken folgendermaßen heraus:

"*Denken* heißt nichts anderes als sich eine Gesamtsumme durch *Addition* von Teilen oder einen Rest durch *Subtraktion* einer Summe von einer anderen vorzustellen. ... Diese Rechnungsarten sind nicht nur Zahlen eigen, sondern allen Arten von Dingen, die zusammengezählt oder auseinander entnommen werden können. Denn wie die Arithmetiker lehren, mit *Zahlen* zu addieren und zu subtrahieren, so lehren dies die Geometriker mit *Linien, ... Figuren, Winkeln, Proportionen, Zeiten,* Graden von *Geschwindigkeit, Kraft, Stärke* und Ähnlichem. Dasselbe lehren die Logiker mit *Folgen aus Wörtern,* indem sie zwei *Namen* zusammenzählen, um eine *Behauptung* aufzustellen, zwei *Behauptungen,* um einen *Syllogismus* zu bilden, *viele Syllogismen,* um einen *Beweis* zu führen..."[10]

Daß Hobbes die Metapher "Addition" zweifelsohne überstrapazierte, können wir ihm nach so vielen Jahren verzeihen. Interessanter ist, daß er Zeit, Geschwindigkeit, Kraft etc. in die Domäne der Geometriker einbezieht; offensichtlich denkt er an Galilei.

Hobbes bewunderte Galilei außerordentlich; 1634 nahm er die Strapazen einer Italienreise auf sich, nur um ihn zu treffen. Vor allem die Entdeckung des großen Italieners, daß Physik mit der ganzen methodischen Strenge der geometrischen Beweisführung betrieben werden konnte, regte Hobbes zu seiner allgemeinen Konzeption der intellektuellen Methoden an. So war sein folgenschwerer Vorschlag, daß Denken *als solches* im Grunde Berechnung sei, zweifellos eine Extrapolation aus Galileis Idee, daß das Studium der Bewegung im Grunde Geometrie sei. Und Hobbes' eigenes philosophisches Hauptwerk war (so absurd es scheinen mag) ein Versuch, für die Politik das zu leisten, was Galilei für die Physik geleistet hatte. Natürlich waren seine Definitionen und Beweisführungen nicht ganz so präzise und stringent wie die Galileis (vielleicht leben wir heute aber auch in einer besseren Welt); sein genereller Ansatz jedoch wandelte das Fachgebiet, so daß man ihn oft anerkennend den "Vater der modernen Politikwissenschaft" genannt hat.

Aber bleiben wir bei unserem Thema. Hobbes machte sich außerdem eifrig den Gedanken zu eigen, daß die Realität selbst im wesentlichen "mathematisch" sei: letzten Endes nichts als winzige, sich bewegende Teilchen. So erkannte er bereitwillig an, daß sogenannte sinnliche Qualitäten (Farben, Gerüche, Kitzel und dergleichen) nicht in den Objekten selber sind, sondern nur in demjenigen, der sie wahrnimmt. Hier jedoch übertrumpfte Hobbes seinen Vorgänger Galilei noch; anders als dieser behauptete er nämlich, wenn *jede* Realität lediglich aus sich bewegenden Teilchen bestünde, dann müßte das auch für den Geist und seine Inhalte gelten.

"Alle diese Qualitäten, die *sinnlich* genannt werden, stellen in dem Objekt, das sie verursacht, nichts anderes dar als lauter verschiedene Bewegungen der Materie, durch die es auf unsere Organe verschiedenartig drückt. Sie sind auch in uns, auf die ein Druck ausgeübt wird, nichts anderes als entsprechend viele Bewegungen, denn eine Bewegung bringt nichts anderes hervor als Bewegung."[11]

Wenn ich also von einer farbigen Feder Sinneseindrücke empfange, die ich als "blau" oder "kitzelnd" einstufe, so sind diese Sinneseindrücke in Wirklichkeit nur komplexe Muster winziger Bewegungen in meinen Sinnesorganen und in meinem Gehirn; sie sind genausowenig blau oder kitzelnd an sich, wie es die Feder an sich ist. Oder vielmehr, wenn ich diese Sinneseindrücke "blau" oder "kitzelnd" nenne, so heißt das einfach, daß ich sie anhand bestimmter wiederholbarer Bewegungsmuster in meinem Körper klassifiziere. Hier zeigt sich unter anderem ganz deutlich, daß Hobbes es wörtlich meint, wenn er davon spricht, Gedanken-Teile zusammenzufügen und wieder voneinander zu trennen - zumindest insoweit, als er reale physische Manipulationen winziger physischer Symbole meint.

Hobbes' gesamtes Programm hat aber eine grundlegende Schwäche: Ganz nüchtern betrachtet, kann er nicht sagen (d.h., seine Theorie kann nicht erklären), welcher Unterschied zwischen dem menschlichen Geist und einem Buch besteht. Das aber ist nur die Spitze eines riesigen Eisbergs, der nähere Aufmerksamkeit verdient, weil er für die mögliche Plausibilität Künstlicher Intelligenz äußerst relevant ist. Die Grundfrage lautet: Wie können Gedanken-Teile irgend etwas *bedeuten*? Die Analogie zu gesprochenen oder geschriebenen Symbolen hilft uns hier nicht weiter, da deren Bedeutungen bereits von den Bedeutungen der Gedanken *abgeleitet* sind. Das heißt, der Bedeutungsgehalt von Wörtern hängt von dem vorausgehenden Bedeutungsgehalt unseres Denkens ab: wenn der Klang (oder die Buchstabenfolge) "Pferd" zufällig ein bestimmtes Tier bedeutet, ist das nur deswegen so, weil wir (die Benutzer der deutschen Sprache) dem Begriff diese Bedeutung geben. Das räumt sogar Hobbes ein:

"...denn in welchem anderen Sinne könnte der Schall des Wortes Stein ein Zeichen für den Stein sein, als indem der Hörer hieraus schließt, daß der Sprechende an einen Stein gedacht habe." [12]

Nun läßt sich aber der Bedeutungsgehalt der Gedanken selber offenkundig nicht auf die gleiche Art erklären; das liefe nämlich auf den Zirkelschluß hinaus, daß die Bedeutungen unserer Gedanken von den Bedeutungen unserer Gedanken abgeleitet wären. Wir müssen also eine unabhängige Erklärung finden.

Dieses Problem nenne ich das *Geheimnis der ursprünglichen Bedeutung*. Die Frage lautet nämlich: Was ist der *Ursprung* des *Bedeutungsgehalts*? Manche Bedeutungen lassen sich von anderen herleiten, aber das kann nicht für alle gelten; wenn die Bedeutungen öffentlicher Symbole (z.B. Sprache) von den Bedeutungen innerer Symbole (z.B. Gedanken) abgeleitet sind, dann können die letzteren nicht in ähnlicher Weise abgeleitet, sondern müssen die "Originale" sein. Mit anderen Worten, Hobbes kann Denken nicht erklären, indem er sagt, es sei dem Sprechen oder Schreiben *ähnlich*, nur mit dem Unterschied, daß es innerlich stattfinde. Es muß einen weiteren Unterschied geben, der erklärt, warum

Kasten 2
Kausale Determination von Bedeutung

Angenommen, ich betrachte einen Apfel und mache die Erfahrung dieses Apfels. Wenn wir fragen, warum diese Erfahrung diesen Apfel betrifft (und nicht einen anderen Apfel oder Kalkutta), scheint die Antwort auf der Hand zu liegen: dieser besondere Apfel *verursacht* meine Erfahrung. Wenn ich mich außerdem später an den Apfel erinnere, ist es aufgrund eines Kausalzusammenhangs (durch die erstmalige Wahrnehmung) ebenfalls jener Apfel. Schließlich bezieht sogar mein Begriff "Apfel" seine Bedeutung aus Kausalbeziehungen zu verschiedenen Äpfeln, wie z.B. jenen, mit denen mir dieser Begriff überhaupt erst beigebracht wurde.

"Bedeutung" wird also hier weder durch Ableitung noch durch Ähnlichkeit erklärt. Ist das die Lösung des Mysteriums? Nicht, bevor Fragen wie die folgenden beantwortet sind:

1. **WELCHE URSACHEN?** Übermäßiger Alkoholgenuß verursacht rasende Kopfschmerzen, aber rasende Kopfschmerzen bedeuten nicht (repräsentieren nicht, stehen nicht für) übermäßigen Alkoholgenuß. Beim Anblick des Apfels wird meine Erfahrung auch von den Photonen verursacht, die in meine Augen eindringen, durch den Akt des Augenöffnens und durch die Mikrostruktur der Apfeloberfläche. Warum erzeugen manche Ursachen Bedeutungen und andere nicht?

2. **WELCHE BEDEUTUNGEN?** Beim Betrachten des Apfels sehe ich in ihm (denke ich an, bemerke ich an ihm) vielleicht folgendes: einen Apfel, eine Frucht, das besondere Geschenk eines Studenten, mein Mittagessen, seine rote Farbe, seine Entfernung von mir, usw. Dies alles unterscheidet sich in seiner Bedeutung (seinem Inhalt), obwohl der Kausalzusammenhang zwischen dem Apfel und mir anscheinend genau der gleiche ist.

3. **BEDEUTUNG DURCH SACHKENNTNIS:** Automechaniker und Kunde hören beide den Motor "klingeln"; aber dieses Geräusch "bedeutet" für den Mechaniker mehr, und zwar sowohl für seine Erfahrung (welche Art des "Klingelns") wie auch für seinen Begriff (was "Klingeln" überhaupt ist). Wieder hat es mit "Bedeutung" mehr auf sich, als durch die Ursache determiniert ist.

4. **NICHTKAUSALE OBJEKTE:** Ich kann an die Zahl elf denken und sie meinen; dennoch war die Zahl elf selber nie Ursache von irgend

> etwas. Ebenso kann ich an die Zukunft denken oder an eine verpaßte Gelegenheit, obwohl keines von beiden irgendwelche Auswirkungen hatte. Und was ist mit Abstraktionen: ist die Spezies "Waschbär" die Ursache von irgend etwas, dessen Ursache nicht einzelne Waschbären waren?
>
> Nichts von alledem spricht dafür, daß kausale Faktoren nicht Bestandteil eines ausgefeilteren Ansatzes zur Erklärung der ursprünglichen Bedeutung sein könnten; tatsächlich bewegt sich heute so manche Arbeit in diesen Bahnen, enthält dabei aber Ideen, die Hobbes noch nicht zur Verfügung standen.

Gedanken eine ursprüngliche Bedeutung haben können, während Wortbedeutungen nur abgeleitet sind. Dieser "weitere Unterschied" ist dann offenbar das Kernproblem.

Die verbreitete Abbildtheorie hatte darauf eine Antwort parat: wenn Gedanken, anders als Wörter, ihren Objekten ähnelten oder sie abbildeten, dann konnte diese spezielle Beziehung die grundlegende Quelle (der Ursprung) des Bedeutungsgehalts sein. Mit dieser Antwort konnte Hobbes aber nichts anfangen. Da sein Modell der "rationellen Erkenntnis" auf "geistigem Diskurs" und "Berechnung" beruhte, hatten Gedanken bei ihm die Struktur von Sätzen oder Formeln, die aus einzelnen, beliebigen Symbolen zusammengesetzt waren. Eine solche Struktur besitzen Bilder nicht: das Bild eines dicken, rennenden Mannes setzt sich nicht aus drei getrennten Symbolen für "dick", "Mann" und "rennend" zusammen. Die Regeln zur Manipulation solcher Symbole, die z.B. in Beweisen und Ableitungen effektiv sind, funktionieren also nicht, wenn es um Bilder geht. Hobbes' Ansatz, Denken als Berechnen aufzufassen, bedeutete also notwendigerweise den Verzicht auf die Abbildtheorie.

Ich glaube jedoch nicht, daß er eine Alternative anzubieten hatte - was heißt, daß er weder das Mysterium der ursprünglichen Bedeutung lösen noch den grundlegenden Unterschied zwischen Gedanken und Büchern erklären konnte.

Descartes

Galilei und Kopernikus waren hervorragende Physiker und erstklassige Mathematiker, aber weniger bedeutende Philosophen. Hobbes war ein großer Philosoph, aber als Physiker unbedeutend und als Mathematiker wahrhaft erbärmlich. Der überragende französische Denker René Descartes (1596 - 1650) hingegen war ein Welterschütterer in allem, was er anpackte. Für gewöhnlich als der "Vater der modernen Philosophie" betrachtet, könnte man ihn ebensogut den Vater der modernen Mathematik nennen; und seine Beiträge zur Physik, auch wenn sie schließlich neben denen Newtons verblaßten, bildeten für ein Menschenalter die Grundlage dieser Wissenschaft. Die vielleicht nachhaltigsten Spuren hinterließ sein Wirken jedoch in der Theorie des menschlichen Geistes; denn so ungewöhnlich es scheint, dies ist der Punkt, in dem alle seine Arbeiten zusammenlaufen.

Descartes' Werdegang und Weltanschauung begann mit der Mathematik, für deren Geschichte er durch zwei bahnbrechende Neuerungen berühmt wurde: erstens durch die Grundlegung der analytischen Geometrie und zweitens durch seine staunenswerte Interpretation dieser Leistung. Analytische Geometrie das Teilgebiet der Mathematik, in dem geometrische Punkte, Strecken und Relationen durch Zahlen und algebraische Gleichungen mit Hilfe des Systems dargestellt werden, das wir heute "kartesische Koordinaten" nennen (siehe Schema 1). Natürlich war dieser Gedanke nicht völlig neu; die Astronomen beispielsweise benutzten schon lange eine Form von Koordinatensystem, um den Lauf der Gestirne festzuhalten. Descartes nun entwickelte eine systematische Methode, *geometrische Fragestellungen mit den Mitteln der Algebra zu lösen.* Und da er gerade dabei war, verbesserte er die Algebra seiner Zeit außerordentlich, indem er im Wesentlichen die Schreibweise einführte, die wir noch heute benutzen.

Descartes begann sein berühmtes Werk, *La Geometrie,* mit den Worten:

"Alle Probleme der Geometrie können leicht auf einen solchen Ausdruck gebracht werden, daß es nachher nur der Kenntnis der Länge gewisser gerader Linien bedarf, um diese Probleme zu konstruieren."[13]

Die meisten Mathematiker, die sich zu jener Zeit mit Geometrie auseinandersetzten (auch Galilei und Kepler), drückten quantitative Relationen durch geometrische Proportionen aus, z.B.:

Linie (oder Fläche) A (in einem Diagramm) verhält sich zu B wie C zu D

- was schnell ermüdend und kompliziert wurde. Descartes gelang es nun, den Knoten zu durchschlagen. Er betrachtete geometrische Proportionen und Rechenoperationen wie Multiplikation und Division nur als *andere Formen* einer einzigen, allgemeineren Bezugsstruktur. Statt sich also mit einer Menge komplizierter Proportionen herumzuschlagen, sprach Descartes im Zusammenhang mit seinen Linienabschnitten (Strecken) gelassen von Multiplikation, Division und Ziehen der Quadrat- oder Kubikwurzel - und erhielt als Ergebnisse immer andere Linienabschnitte.

Vom geometrischen Standpunkt mutet diese Idee bizarr an. Was könnte die Quadratwurzel eines Linienabschnitts sein? Überdies sollte das Produkt zweier Strecken nicht eine andere Strecke, sondern eine *Fläche* sein. Descartes Idee war es, eine geeignete Einheitsstrecke zu definieren und dann all diese Relationen als Sonderfälle von Proportionen zu behandeln. Jede gegebene Strecke verhält sich also zu ihrer Quadratwurzel wie die letztere zu 1; oder 1 verhält sich zu einer Strecke, wie sich eine zweite Strecke zum Produkt der beiden verhält. Anders ausgedrückt:

Verhält sich l zu r wie r zu 1, dann ist $l = r^2$
Verhält sich 1 zu a wie b zu c, dann ist a x b = c.

All diese Relationen sind Proportionen zwischen Strecken; dennoch sind die "algebraischen" Operationen völlig korrekt. Andersherum betrachtet können die geometrischen

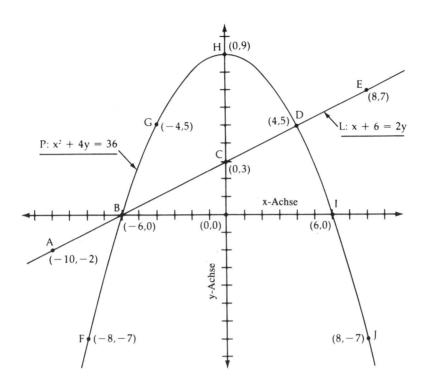

Schema 1 Kartesische Koordinaten

Ein Punkt in der Ebene korrespondiert mit einem Paar reeller Zahlen, die seine "x-Koordinate" und "y-Koordinate" genannt werden. Im obigen Koordinatensystem hat z.B. Punkt D die Koordinaten (4/5), weil er durch 4 Einheiten nach rechts auf der x-Achse und 5 Einheiten nach oben auf der y-Achse definiert ist. Die Werte 4 und 5 (für x und y) erfüllen zufällig auch die Gleichung x + 6 = 2y; und wie man sehen kann, erfüllen auch die Koordinaten für die Punkte A, B, C und E diese Gleichung. In der Tat haben alle und ausschließlich die Punkte auf der Geraden L Koordinaten, die diese Gleichung erfüllen; folglich "definieren" in dem gegebenen Koordinatensystem die Gleichung und die Gerade einander. Solche Gleichungen (ersten Grades) nennt man heute "lineare" Gleichungen.

In ähnlicher Weise erfüllen die Koordinaten von F, B, G, H, D, I und J alle die Gleichung (zweiten Grades) $x^2 + 4y = 36$; diese Punkte (und alle anderen, die durch dieselbe Gleichung definiert sind) liegen auf der Kurve P, die sich als Parabel beschreiben läßt (andere Gleichungen definieren Kreise, Ellipsen usw.). Zum Schluß beachte man noch, daß dann, wenn die beiden obigen Gleichungen für x und y gelöst werden, die einzigen beiden Lösungen (-6/0) und (4/5) sind, welche mit den Punkten B und D korrespondieren, wo sich die beiden Graphen schneiden.

Proportionen selbst als algebraische Gleichungen neu ausgedrückt werden, was wiederum bedeutet (in Anlehnung an das obige Zitat), daß jedes geometrische Problem in die Schreibweise der Algebra "übersetzt" und mit algebraischen Methoden gelöst werden kann.

Als hätte die Vereinigung von Algebra und Geometrie noch nicht gereicht, erkannte Descartes außerdem, daß sich die Physik im selben Boot befand. Wenn physikalische Gesetze geometrisch dargestellt und geometrische Relationen algebraisch ausgedrückt werden konnten, dann konnte auch die Physik in algebraischen Begriffen formuliert werden. Heutzutage erscheint es so offensichtlich, daß physikalische Gesetze *Gleichungen* sein können, daß wir den intellektuellen Sprung vergessen, der zum Erkennen dieser Zusammenhänge notwendig war. Insbesondere vergessen wir, daß Wissenschaft auch ohne Algebra (ganz zu schweigen von Differentialrechnung) mit quantitativer und mathematischer Strenge betrieben werden kann; schließlich hat Galilei (und Kepler etc.) das bewiesen, indem er die Geometrie benutzte.

Die Grundlegung der analytischen Geometrie war Descartes' erster großer Schritt; sein zweiter Schritt bestand im wesentlichen daraus, das Gebiet der Mathematik neu zu definieren. Er erläutert den Grundgedanken in einer halbbiographischen Passage in seinem *Discours de la méthode:*

"Aber ich beabsichtigte deswegen nicht, alle jene Einzeldisziplinen zu erlernen, die man gemeinhin mathematische nennt. Auch sah ich ja, daß diese trotz der Verschiedenheit ihrer Objekte doch alle darin übereinstimmen, daß sie nur die verschiedenen Beziehungen oder Proportionen betrachten, die sich in ihren Objekten finden, und hielt es daher für besser, wenn ich nur diese Proportionen im allgemeinen betrachtete und als ihre Träger nur solche Gegenstände voraussetzte, die helfen konnten, mir ihre Erkenntnis zu erleichtern, sogar ohne sie überhaupt an diese Gegenstände zu binden, damit ich sie nachher um so besser auf alles andere, worauf sie etwa passen mochten, anwenden könnte."[14]

Indem Galilei Euklids Methoden von rein räumlichen Problemen abgetrennt hatte, konnte er sie auf die Physik anwenden; Descartes nun trieb dieses Prinzip zu seinem radikalen Abschluß: Geometrie, Algebra und Physik sind alle gleichermaßen nur "angewandte Mathematik". Die Mathematik *als solche* befaßt sich nicht mit bestimmten Gegenständen (Figuren, Zahlen, Bewegungen oder was auch immer), sondern nur mit den höchst abstrakten Beziehungen, in denen diese oder irgendwelche anderen Objekte vielleicht stehen.

Das Überraschende ist, daß diese Entdeckungen für die Philosophie des Geistes mindestens ebenso revolutionär waren wie für die Mathematik. Die wesentliche Neuerung besteht nämlich in der gewandelten Auffassung der Beziehung zwischen Symbolen und dem, was sie symbolisieren - heute würden wir es die Theorie der Bedeutung nennen. Obwohl mathematische Notationen das Modell für Descartes' neue Ideen abgaben, dehnte er seine Methode bald auf alles aus, was Bedeutungen trug - besonders auf Gedanken. Mit anderen Worten, er betrachtete auch Gedanken als symbolische Darstellungen, im wesentlichen analog den in der Mathematik verwendeten; dadurch war es ihm möglich, seine allgemeinen Schlüsse zum Problem der Darstellung auf den Spezialfall des menschlichen Geistes anzuwenden. Dieses scharfsinnige Manöver und seine aufsehenerregenden Konsequenzen waren im Grunde der Anfang der neuzeitlichen Philosophie.

Der neue Darstellungsansatz hatte zwei Komponenten: die negative Hälfte, die Symbol und Symbolisiertes voneinander trennte, und die positive Hälfte, die sie wieder miteinander verband. Die negative Hälfte manifestiert sich deutlich in seiner mathematischen Arbeit: Der Kernpunkt ist, daß algebraische Formulierungen keine immanenten Zahlen repräsentieren und daß euklidische Formulierungen keine immanenten geometrischen Figuren darstellen. Vielmehr sind Algebra und Geometrie zwei getrennte Notationen, die sich beide gleichermaßen dazu eignen, numerische, räumliche, kinematische (die Bewegung betreffende) oder alle anderen quantitativen Beziehungen auszudrücken. Die beiden Begriffssysteme als solche sind durch nichts mit einem bestimmten Gegenstand verknüpft.

Dehnt man diese negative Erkenntnis auf die Frage der geistigen Darstellungen (Gedanken) aus, so wird man am Ende auf die Trennung zwischen Gedanke und Ding, Geist und Welt schließen, die so harmlos mit der alten Unterscheidung zwischen Erscheinung und Wirklichkeit begann. Plötzlich ist ein Gedanke die eine Sache und sein vermeintlicher Gegenstand eine ganz andere - zwischen ihnen besteht kein immanenter Zusammenhang. Wenn ich an Zahlen denke, dann ist mein Gedanke als solcher nicht enger mit Zahlen verknüpft, als die algebraische Notation als solche mit Zahlen verknüpft ist. Dieselben Gedanken können genausogut räumliche wie auch kinematische Fakten repräsentieren oder sogar überhaupt nichts (und vielleicht wüßte ich es nicht einmal; siehe Kasten 3). Dieses verwirrende Bild ist die Essenz des Geistes der Neuzeit; wir verdanken es voll und ganz Descartes.

Die positive Hälfte - die Symbole zu verwenden, um mit ihnen wieder etwas zu symbolisieren - stellt uns vor größere Probleme. Wenn wir versuchen, bei Descartes zwischen den Zeilen zu lesen, können wir sehen, daß er die Symbole in zwei Stadien unterteilt (wobei die Mathematik wieder das inspirierende Beispiel liefert):

1. Was macht eine Notation dazu geeignet, einen Gegenstand zu symbolisieren (repräsentieren)?
2. Was läßt eine geeignete Notation diesen Gegenstand tatsächlich symbolisieren (repräsentieren)?

Auf die erste Frage geht Descartes so gut wie gar nicht ein; wir können aber versuchen, mit Hilfe unseres kreativen Anachronismus versteckte Andeutungen aufzuspüren und ihm die passenden Worte in den Mund zu legen. Zuerst jedoch werden wir seine wohldurchdachte und leider einflußreiche Antwort auf die zweite Frage in kurzen Zügen darstellen.

Behalten wir im Auge, daß externe Notationssysteme nicht das Problem sind. Wenn externe Symbole tatsächlich etwas repräsentieren, dann tun sie das, weil sie Gedanken ausdrücken, die bereits etwas repräsentieren; die Bedeutungen, die die Symbole tragen, sind also schon abgeleitet. Das Grundproblem sind zweifellos die bereits Bedeutung tragenden Gedanken-Symbole; wir haben es also mit einer Variante unseres alten

Kasten 3
Epistemologischer Skeptizismus

"Skeptisch" zu sein heißt, zu zweifeln, zurückhaltend zu urteilen oder von nichts überzeugt zu sein. "Epistemologisch" heißt, mit Wissen oder mit der Theorie des Wissens (Erkenntnistheorie) zu tun zu haben. Epistemologischer Skeptizismus ist die unpopuläre philosophische Haltung, daran zu zweifeln, daß wir jemals irgend etwas wirklich wissen können. Eine klassische Spielart ist die folgende: Wie können wir in Anbetracht dessen, daß unsere Sinne oft unzuverlässig sind (wir werden durch Illusionen, Halluzinationen, Träume usw. getäuscht) und daß sogar unsere sorgfältigsten Überlegungen zuweilen auf Irrwege geraten, uns in irgendeinem bestimmten Augenblick sicher sein, daß wir nicht genau dann getäuscht werden oder unsere Schlüsse unlogisch sind? Aber wenn wir *das* nie wissen können, dann ist es uns auch nicht möglich, überhaupt irgend etwas zu wissen.

Descartes bediente sich einer Art Skeptizismus wie diesem, um einen Aspekt seiner neuen Konzeption des Geistes (nämlich die Trennung zwischen Gedanke und Gegenstand) einzuführen. Aber wie es seinem Genius geziemte, wandelte er den Beweisgrund zunächst in etwas weitaus Zwingenderes und Finstereres um. Angenommen, sagte er, daß irgendein "böser Geist", der mit göttlicher Macht ausgestattet, aber boshaft ist, alles daransetzt, mich zu täuschen. Er könnte z.B. in meinem Geist Sinneseindrücke und sogar theoretische Konzepte erzeugen, die in absolut keiner Beziehung zur Außenwelt stehen; ferner könnte er sie so geschickt arrangieren, daß sie anscheinend zusammenhängen und mir absolut sinnvoll vorkommen. Mein ganzes Leben könnte dann eine einzige, diabolisch ins Werk gesetzte Halluzination sein. Wie könnte ich das jemals wissen?

Wie konnte Descartes jemals auf so einen Einfall kommen? Schließlich wird die Illusion des Sonnenaufgangs direkt von der realen Erdumdrehung bewirkt; das Kitzeln um Galileis Nase ist noch innig mit der Gestalt und den Bewegungen der Feder verbunden. Aber der böse Geist könnte uns jedweden Kontakts mit der Realität berauben. Descartes konnte auf diesen Einfall kommen, weil er eine neue Vision der Gedanken als bloße Symbole in einem Notationssystem hatte; er war sich völlig bewußt, daß solche Symbole ebensogut den einen wie den anderen oder auch überhaupt keinen Gegenstand repräsentieren können und daß das für das System als solches keinen Unterschied machen würde.

Aus meiner Sicht war der epistemologische Skeptizismus größtenteils innerhalb der Geschichte der Philosophie weitgehend eine Abschweifung und die Ursache vieler verschwendeter Mühe. Für die Künstliche Intelligenz ist das Problem freilich nebensächlich, so daß wir uns damit nicht weiter befassen werden.

Bekannten, des Mysteriums der ursprünglichen Bedeutung, zu tun. Anders als Hobbes war sich Descartes des Problems zumindest bewußt, und er hatte eine verblüffende Lösung anzubieten. Grob umrissen behauptete er, daß er (1) allein aufgrund dessen, daß er diese Idee überhaupt habe, beweisen könne, daß ein freundlicher Gott existiere; und (2) daß es unfreundlich sei, Geschöpfe grundlegend zu täuschen (besonders, wenn sie sich gewissenhaft um Erkenntnis bemühten). Wenn wir also gewissenhaft sind, werden unsere Gedanken Wirklichkeit repräsentieren. Obwohl Descartes' eigene Version lange nicht so grobschlächtig war, bestand ihr hauptsächlicher Einfluß doch darin, andere Philosophen zur Suche nach besseren Antworten anzuregen.

Aber zurück zu unserer ersten Frage: Was macht eine Notation dazu "geeignet", einen Gegenstand zu symbolisieren? Es kann nicht einfach die Tatsache sein, daß für alle relevanten Gegenstände oder Variablen passende Symbole ersonnen werden können - das allein wäre trivial. Schließlich sagte auch Galilei nicht einfach, "die Fläche innerhalb eines Dreiecks repräsentiert die zurückgelegte Entfernung", um es dabei bewenden zu lassen. Ebensowenig ist die analytische Geometrie nicht lediglich die gescheite Idee, Punkte im Raum durch numerische Koordinaten zu identifizieren (das hätte Descartes keine große Mühe gekostet). Nein, was diesen Männern ihren Ruf einbrachte, war ihre Demonstration, wie man durch die Darstellung von Dingen in bestimmter, sehr spezifischer Weise *Probleme lösen* konnte.

Wenn eine Notation dazu benutzt werden kann, Probleme zu lösen, die mit einem Gegenstand zusammenhängen, dann eignet sie sich auch für die Darstellung dieses Gegenstandes. Galilei hatte gezeigt, wie er mit Hilfe seiner geometrischen Darstellungen seine berühmten Gesetze von einigen einfachen Annahmen *ableiten* konnte; und auf diese Weise hatte er auch gezeigt, daß sich das euklidische System zur Darstellung von Bewegungen eignet. Descartes tat das gleiche mit der Algebra und der Geometrie ("Alle Probleme der Geometrie können leicht auf einen solchen Ausdruck gebracht werden,...") und erkannte dann den Kernpunkt: Jedes beliebige Notationssystem kann gleichermaßen dazu geeignet sein, jeden beliebigen Gegenstand zu repräsentieren.

Auf den Aspekt der Problemlösung bezogen folgen daraus zwei spitzfindige, aber wichtige Überlegungen: erstens genügt es nicht, wenn nur einige wenige Probleme gelöst und für andere unsinnige (oder keine) Lösungen gegeben werden, denn dann würden die gelegentlichen Erfolge als Zufallstreffer (oder sogar als Täuschungen) erscheinen. Mit anderen Worten, die Methode, Probleme mit Hilfe eines Notationssystems zu lösen, muß ein *integriertes System* bilden, das systematisch und zuverlässig in einem fest umrissenen Bereich angewendet werden kann. Zweitens umfaßt die Lösung von Problemen offenkundig mehr als nur ihre Repräsentation. Es muß außerdem mehrere zulässige Schritte geben, um von dem Problem (und seiner Repräsentation) zur Lösung (durch Ableitungen, Beweise etc.) zu gelangen. Deshalb muß das integrierte System nicht nur Notationskonventionen, sondern auch *Regeln* enthalten, die festlegen, welche Lösungsschritte erlaubt sind und welche nicht.

Das alles hat Descartes nicht wirklich ausgesprochen. Bahnbrechende Ideen schlummern oft unter der Oberfläche bei jenen, die sie nur noch nicht adäquat formulieren können. (Spätere Autoren werden solche Ideen schließlich explizit machen und sich dafür mit noch neueren schwertun.) Jedenfalls können wir Regeln und Schritte erkennen, die unter

Descartes' Methode schlummern, Menschen von "vernunftlosen" Maschinen zu unterscheiden:

"Wenn es Maschinen mit den Organen und der Gestalt eines Affen oder eines anderen vernunftlosen Tieres gäbe, so hätten wir gar kein Mittel, das uns nur den geringsten Unterschied erkennen ließe zwischen dem Mechanismus dieser Maschinen und dem Lebensprinzip dieser Tiere; gäbe es dagegen Maschinen, die unseren Leibern ähnelten und unsere Handlungen insoweit nachahmten, wie dies für Maschinen wahrscheinlich möglich ist, so hätten wir immer zwei ganz sichere Mittel zu der Erkenntnis, daß sie deswegen keineswegs wahre Menschen sind. Erstens könnten sie nämlich niemals Worte oder andere Zeichen dadurch gebrauchen, daß sie sie zusammenstellen, wie wir es tun, um anderen unsere Gedanken bekanntzumachen. Denn man kann sich zwar vorstellen, daß eine Maschine so konstruiert ist, daß sie Worte und manche Worte sogar bei Gelegenheit körperlicher Einwirkungen hervorbringt, die gewisse Veränderungen in ihren Organen hervorrufen, wie zum Beispiel, daß sie, berührt man sie an irgendeiner Stelle, gerade nach dem fragt, was man ihr antworten will, daß sie, berührt man sie an einer anderen Stelle, schreit, man täte ihr weh und ähnliches; aber man kann sich nicht vorstellen, daß sie die Worte auf verschiedene Weisen zusammenordnet, um auf die Bedeutung alles dessen, was in ihrer Gegenwart laut werden mag, zu antworten, wie es der stumpfsinnigste Mensch kann."[15]

Unglaublich! Im Jahre 1637 konnte sich dieser Mann nicht nur den Lautsprecher vorstellen, sondern auch den sprechenden Toyota; so ist es wohl verzeihlich, daß er sich unter mechanischem Verstand nichts Rechtes hat vorstellen können. Wörter in angemesser Weise als Reaktion auf den Sinn einer vorhergehenden Äußerung zu ordnen, heißt ja nichts anderes, als im gegebenen Kontext etwas "Verständiges" zu sagen. Und was (in Descartes Augen) verständig ist, wird von den "Regeln des Verstandes" bestimmt - d.h., von den Regeln zur Manipulation von Gedankensymbolen im Notationssystem des Geistes.[16] Descartes sagt damit im Grunde, daß Maschinen nicht denken (oder etwas Verständiges sagen können - er hat auch Turings Test antizipiert) - *weil* sie zur rationalen Symbolmanipulation nicht in der Lage sind.

Dies trifft die Künstliche Intelligenz zweifellos in ihrem Lebensnerv. Doch die Frage des "mechanischen Verstandes" ist derart tiefgreifend und provozierend, daß sie einen eigenen Abschnitt verdient.

Das Paradoxon des mechanischen Verstandes

Descartes war ein *Dualist*: er glaubte, daß der menschliche Geist und das physische Universum zwei völlig verschiedene Substanzen seien. In der Natur des Geistes liegt es, daß er Gedanken in sich haben kann - Meinungen, Wünsche, Sorgen, Urteile und dergleichen -, die der Ordnung des Verstandes unterworfen sind. In der Natur des physischen Universums indessen liegt es, daß es Körper in sich haben kann - physische Objekte und Mechanismen - die der Ordnung der physikalischen Gesetze unterworfen sind. Man beachte die zwei grundverschiedenen Bedeutungen von 'in'. Gedanken sind "im" Geist, aber nicht etwa wie in einem dreidimensionalen Behälter, denn der Geist und sein "Inhalt" haben überhaupt keine räumlichen Eigenschaften. Das Universum dagegen *ist* im wesentlichen Raum; alle physischen Objekte sind in ihm räumlich vorhanden und haben immer eindeutig bestimmbare Größen, Formen und Orte. Aus diesem Gegensatz folgt, daß kein Geist jemals ein physisches Objekt in sich haben und ebenso, daß es nie irgendwelche Gedanken im physischen Universum geben kann.

Dieser Dualismus spricht den gesunden Menschenverstand tatsächlich stark an; und da er KI mit einem Streich vom Tisch fegen würde, sollten wir ihm Beachtung schenken. Angenommen, Frank denkt an Frankfurt oder verspürt Heißhunger auf eine Frankfurter. Wie könnte sein Gedanke in *räumlicher* Hinsicht aussehen (der Gedanke selbst, nicht das, worum er kreist)? Ist er einen Zentimeter groß (oder einen Dezimeter oder eine Meile)? Ist er rund wie ein Ball (oder konisch oder hat er die Form einer Brezel)? Solche Fragen wirken irgendwie deplaziert; das Problem liegt ja gerade nicht darin, daß Gedanken verschlungen oder schlecht meßbar sind. Ich kann mir nicht einmal einen Gedanken vorstellen, der die Gestalt einer verschlungenen, zehn Zentimeter großen Brezel hat. Der Ort scheint zunächst problemloser zu sein als die Größe oder die Gestalt: Gedanken sind "in unseren Köpfen", oder etwa nicht? Aber wenn sie weder Größe noch Gestalt haben, wieso kann man sie dann lokalisieren? Und außerdem, wenn Frank an Frankfurt denkt, wie weit ist es dann genau von seinem Gedanken bis, sagen wir, zu seinem linken Ohrläppchen? Vielleicht wird uns die Wissenschaft eines Tages verblüffende Antworten bescheren; auf der Ebene des praktischen Verstandes aber erscheint der Kartesische Dualismus tatsächlich sehr vernünftig.

Leider gibt es ein fundamentales Problem, das kein Dualist je lösen konnte: wenn Gedanke und Materie so total verschieden sind, wie können sie dann etwas miteinander zu tun haben - wie können sie *interagieren?* Es geht also um das wohlbekannte *Geist-Körper-Problem,* das Dualisten zu einigen der verzweifeltesten Windungen des Denkens getrieben hat, die die Philosophie jemals sah (siehe einige Beispiele in Kasten 4). Die Schwierigkeit ist folgende: Die Gesetze der Physik reichen aus, um jede Bewegung jedes materiellen Partikels völlig durch physikalische Kräfte zu erklären; alle diese Kräfte sind durch physikalische Eigenschaften wie Masse, Entfernung, elektrische Ladung und diversen Quanten-Krimskrams spezifiziert. Aber wenn Gedanken weder Größe noch Form oder Lokalisation haben können, so können sie noch weniger Masse, Ladung oder kuriose Quark-Qualitäten aufweisen; also können sie auch keine physikalischen Kräfte auf die Materie ausüben (oder umgekehrt, wie zu vermuten ist). Infolgedessen lassen sich alle Bewegungen materieller Körper voll und ganz ohne jeden Bezug zu irgend etwas Geistigem erklären.

Ein Dualist müßte also die Anerkennung von Geist-Körper-Interaktionen mit dem Verzicht auf die Erkenntnisse der modernen Physik bezahlen, was auch ein reiner Philosoph sich nie erlauben könnte. Andererseits wäre es gleichfalls ziemlich plump, Interaktionen einfach zu leugnen. Wenn ich mich entschließe, meine Hand zu heben, und meine Hand hebt sich daraufhin, scheint doch sicher zu sein, daß mein (geistiger) Entschluß diese (physische) Bewegung *verursacht* hat. Umgekehrt scheint sicher zu sein, daß die (physischen) Lichtstrahlen, die in meine Augen eindringen, meine (geistigen) visuellen Erfahrungen der Welt verursachen. Kurz, Geist-Körper-Interaktion scheint physikalisch unmöglich; dennoch könnten wir ohne sie weder wahrnehmen noch handeln. Auch wenn er zunächst plausibel erscheint, so gibt uns der Dualismus doch manche harte Nuß zu knacken.

Kasten 4
Dualistische Desperados

INTERAKTIONISMUS: Descartes selber behauptete (zur allgemeinen Verwunderung) tatsächlich, es *gäbe* eine Wechselwirkung zwischen Geist und Körper. Diese Ansicht wäre natürlich überaus vernünftig zu nennen, wenn sie nicht unter dem kleinen, aber lästigen Mangel litte, daß sie im Widerspruch zu allem anderen steht, was Descartes geglaubt hat - und zu seinen Begründungen dafür. Er begrenzte die Einwirkung vorsichtig auf feine Nebel in der Zirbeldrüse, einem noch immer mysteriösen Teil im Zwischenhirn; zur Lösung des prinzipiellen Problems trug das jedoch nicht besonders viel bei.

PARALLELISMUS: Dieser raffinierten Idee zufolge sind Geist und Materie miteinander verbunden wie zwei genau gehende Uhren, die bei der Schöpfung gleichzeitig in Gang gesetzt werden. Obwohl jede von ihnen ihren eigenen Gesetzen gehorcht und sie völlig unabhängig voneinander funktionieren, bleiben sie, dank Gottes wunderbarer Planung und Qualitätsarbeit, fehlerlos und für immer im gleichen Takt. Wenn also der Hammer auf meinen Daumen niedersaust und der Schmerz augenblicklich mein Urteilsvermögen trübt, besteht kein kausaler Zusammenhang, sondern nur eine weitere "Koinzidenz", vergleichbar der Tatsache, daß die Mittagssirene und die Kirchenglocken immer um 12.00 Uhr ertönen.

OKKASIONALISMUS: Obwohl Geist und Körper sich niemals gegenseitig beeinflussen können, kann Gott alles beeinflussen. So geht diese charmante Richtung von wachsamer Fügung aus, die bei jeder Gelegenheit (Okkasion) hilfreich eingreift, wo Geist und Körper interagieren würden, wenn sie nur könnten. Nicht jener Hammer z.B. beeinflußt mich (meinen Geist) in Wirklichkeit; vielmehr ist es der aufmerksame Gott, der für mich genau die Qualen erzeugt, die mir meine Daumennerven melden - und der dann auf meinen sinnlichen Lippen unerschrocken jene markigen Worte formt, die ich, kaum ausgesprochen, schon bereue.

EPIPHÄNOMENALISMUS: Und jetzt etwas für Agnostiker. Das Universum ist eine großartig konstruierte Maschine, die reibungslos tickt und surrt und an der alles vollkommen und in Ordnung ist. Geistestätigkeit und bewußte Erfahrungen spielen in dem Mechanismus keine Rolle, sondern sind, wie das Ticken und Surren, zufällige Nebenprodukte ("Epiphänomene"). Dieser eigentümliche Ansatz verhält sich merkwürdig ambivalent zur Frage der Wechselwirkung zwischen Geist und Körper: Materie verursacht Denken oder "bringt es hervor", aber Denken hat keinen Einfluß auf Materie. So können wir den Lauf der Welt betrachten, aber nichts daran ändern (unsere gegenteiligen Eindrücke sind nur ein grausamer Scherz).

Die meisten Alternativen zum Dualismus entpuppen sich als eine Art von *Monismus* - Theorien, die besagen, daß es in Wirklichkeit nur eine Substanz gibt und nicht zwei. Im neunzehnten Jahrhundert war die meistverbreitete Spielart des Monismus der *Idealismus*, für den Geist und Ideen die einzige grundlegende Realität waren; materielle Objekte wurden entweder als rein illusorisch oder als spezielle "Konstruktionen" betrachtet, die auf irgendeine Weise aus Ideen aufgebaut waren. In unserem Jahrhundert erlebt der Idealismus harte Zeiten; der populärste Monismus ist der *Materialismus,* für den die (natürliche) Materie die einzige grundlegende Realität ist. Materialisten vertreten entweder den Standpunkt, daß Gedanken und Ideen rein illusorisch oder aber, daß sie spezielle Konstruktionen sind, die auf irgendeine Weise aus der Materie aufgebaut werden. Die Probleme, die den Idealismus ins Wanken brachten, sind für KI nicht sonderlich wichtig; deshalb erwähnen wir sie nur am Rande und konzentrieren uns auf die materialistische Seite.

Der Materialismus birgt jedoch seine eigenen Probleme in sich. Einmal fällt es Materialisten schwer, irgendwas schrecklich Tröstliches über die Unsterblichkeit der Seele von sich zu geben, doch diesen Punkt wollen wir beiseite lassen. Interessanter ist für uns die Frage, wie man Gedanken einordnen soll, wenn jede Realität letztendlich materiell ist. Die Crux hierbei ist ein tiefgreifendes und traditionelles Rätsel, das ich das *Paradoxon des mechanischen Verstandes* nenne. Der Versuch, es zu lösen, ist die philosophische Grundlage des Aufschwungs der Künstlichen Intelligenz und daneben die derzeit attraktivste Alternative zu hoffnungslosem Dualismus und einfältigem Idealismus (ganz zu schweigen vom vulgären Behaviorismus).

Was also ist das Paradoxon? Vernünftiges Denken (nach dem komputationalen Modell) ist die Manipulation von bedeutungstragenden Symbolen nach rationalen Regeln (in einem integrierten System). Folglich muß eine Art von "Manipulator" vorhanden sein, der diese Manipulationen ausführt. Es scheint zwei Grundmöglichkeiten zu geben: entweder beachtet der Manipulator die *Bedeutung* der Symbole und Regeln, oder er unterläßt es. Wenn er die Bedeutungen tatsächlich beachtet, kann er nicht völlig mechanisch sein - denn Bedeutungen (was immer sie genau sein mögen) üben keine physischen Kräfte aus. Wenn er die Bedeutungen dagegen nicht beachtet, dann kann es sich bei den Manipulationen auch nicht um vernünftiges Denken handeln - denn was vernünftig ist oder nicht, hängt entscheidend von der Bedeutung der Symbole ab.

Mit einem Wort, wenn ein Verfahren oder System mechanisch ist, kann es nicht vernünftig denken; wenn es vernünftig denkt, kann es nicht mechanisch sein. Das ist das Paradoxon des mechanischen Verstandes. Leider ist dieses Problem zu wichtig, um es stillschweigend unter den Tisch fallen zu lassen. So haben die Menschen beherzt mit ihm gerungen; dabei ist eine spannende und kontroversenreiche Geschichte herausgekommen, die noch dazu ziemlich lehrreich ist (zumindest im Rückblick).

Betrachten wir noch einmal die Alternative, bei der die Bedeutungen berücksichtigt werden. Innerhalb des monistischen Materialismus ist das Problem ironischerweise in der Hauptsache eine Neuinszenierung der Schwierigkeiten, die der Dualismus mit den Interaktionen hat, nur daß die mysteriösen Unruhestifter diesmal eher die Bedeutungen als die Gedanken sind. Materialisten versuchen diesem interaktionistischen Dilemma zu entkommen, indem sie behaupten, daß Gedanken eigentlich nur eine spezielle Art von materiellen Objekten seien (bzw. Symbole) und deshalb zweifellos mit Materie "interagieren" könnten. Die *Bedeutungen* dieser Symbole sind jedoch keine materiellen Objekte (sie sind "abstrakt" oder "begrifflich" oder sonstwas). Der Haken ist, daß sie noch immer die Tätigkeit des Mechanismus beeinflussen müssen, damit die Manipulationen vernünftig sind. Und damit wären wir wieder bei dem alten Problem der sich auswirkenden Kräfte, die weder Masse noch elektrische Ladung etc. haben: bloße Bedeutungen reichen nicht aus, um einen physischen Mechanismus zu beeinflussen.

Nehmen wir aber einmal an, dieses Problem könnte gelöst werden. (Ich glaube, viele Philosophen haben es links liegen gelassen, weil sie davon überzeugt waren, daß es auf irgendeine Weise lösbar wäre.) Wäre damit alles geklärt? Nicht ganz; denn die Stellung des Manipulators ist noch immer in verwirrender Weise unbestimmt. Gehen wir einmal davon aus, daß er Gedankensymbole rational manipuliert, indem er die Bedeutungen der Symbole und die Regeln des Verstandes "beachtet". Aber wie funktioniert das genau? Betrachten wir Inge. Wir stellen uns einen Manipulator vor, der die Symbole in ihrem Geist "liest", herausfindet, was sie bedeuten, verschiedene Regeln des Verstandes durchgeht, entscheidet, welche anzuwenden sind, und sie dann korrekt anwendet - was generell heißt, neue geistige Symbole zu "schreiben" (also das, was Inge als nächstes denken wird).

Dieser Manipulator muß also ziemlich schlau sein. Er kann die Symbole, mit denen er arbeitet, und die Regeln, die er befolgt, lesen und verstehen; er kann Sachverhalte herausfinden, Entscheidungen treffen, Regeln auf neue Fälle anwenden, tun, was man ihm sagt, usw. Na und? Ist nicht Inge selber der Manipulator ihrer Gedanken, und versteht sie sie nicht genausogut wie jeder andere? Nein! Dies kann unmöglich richtig sein. Inges Gedanken und Erkenntnisse sind die Symbole, *die manipuliert werden*; wenn die Ausführung der Manipulationen ebenfalls Gedanken und Erkenntnisse erfordert, dann müssen diese letzteren Gedanken und Erkenntnisse sich von denen Inges unterscheiden. Das Ziel der komputationalen Theorie ist es, Inges Denken als rationale Manipulationen ihrer Gedankensymbole zu *erklären*. Ihr Denken selber kann nicht verwendet werden, um die Manipulationen zu erklären, denn dadurch würde sich die Erklärung im Kreis bewegen.

Wie beschämend! Um Denken zu erklären, muß die Theorie einen inneren "Manipulator" erfinden, der ganz von allein denkt, versteht, entscheidet und handelt. Die Philosophie hat sich die verschiedensten beschwichtigenden Namen für diesen unbequemen kleinen Kerl einfallen lassen, z.B. die "Willenskraft" oder das erhabene "transzendentale Ego". Haftengeblieben aber ist der Name, der von spöttischen Gegnern benutzt wird: Es ist der *Homunkulus* (was nur der lateinische Name für "kleines Kerlchen" ist). Aber der Name tut nichts zur Sache. Worauf es ankommt, ist eine einfache und umwerfende Frage: Wenn ein denkender Homunculus nötig ist, um Inges Denken zu erklären, was erklärt dann das Denken des Homunkulus? Ein noch kleinerer Homunkulus?

Wir sollten uns bewußt sein, daß sich dieses Debakel unmittelbar aus der Annahme ergibt, (rationale) Gedankenmanipulationen würden es erforderlich machen, die *Bedeutung* der Gedankensymbole und Regeln zu "beachten"; denn das ist es, was einen Manipulator erfordern würde, der von allein verstehen und denken könnte. Mit anderen Worten: sich an der Verstandes-Seite des Paradoxons des mechanischen Verstandes festzuklammern, führt zum Homunkulus-Desaster. Was geschieht, wenn wir es mit der "mechanischen" Seite versuchen?

Hume - Die Mechanik des Geistes

Schottlands berühmtester Philosoph, David Hume (1711 - 1776), war der erste, der die mechanistische Auffassung des Denkens in stringenter Weise darlegte. Der Untertitel seines monumentalen Werks *Treatise of Human Nature* (Abhandlung über die menschliche Natur), (das er in seinen Zwanzigern schrieb), kündigte das Grundanliegen seiner Philosophie an: "Ein Versuch, die experimentelle Begründungsmethode auf moralische Gegenstände anzuwenden".[17]

Unter "moralischen Gegenständen" verstand Hume nicht nur die Ethik und die Jurisprudenz, sondern alles das, was er "die Wissenschaft vom Menschen" nannte - angefangen bei der Psychologie. Unter der "experimentellen Begründungsmethode" verstand er die Methoden der Naturwissenschaft, vor allem der Physik.

Mit anderen Worten, Hume wollte eine neue Art der Humanwissenschaft begründen, die unübersehbar nach dem Modell der so außerordentlich erfolgreichen Physik geformt war. Genauer noch, er wollte Denken und Fühlen als Funktion verschiedener geistiger Mechanismen erklären oder, wie er es ausdrückte,

"die geheimen Triebfedern und Prinzipien entdecken, durch welche die Vorgänge im menschlichen Geiste ausgelöst werden."

Im selben Abschnitt vergleicht Hume seine eigenen Anstrengungen in eindrucksvoller Weise mit denen des großen englischen Physikers Sir Isaac Newton (1643 - 1727), von dem er sagt, daß er

"durch einen besonders glücklichen Gedankengang anscheinend auch die Gesetze und Kräfte bestimmt hat, durch welche der Umlauf der Planeten beherrscht und gelenkt wird."

Denn dann zieht er den Schluß:

"Das gleiche ist für andere Teile der Natur vollbracht worden. Man hat nun keinen Grund, an einem ebensolchen Erfolge in unseren Untersuchungen über die Kräfte und die Verfassung des Geistes zu verzweifeln, wenn mit gleicher Begabung und Behutsamkeit vorgegangen wird."[18]

Hume wollte also die Gesetze und Kräfte entdecken, durch welche die Vorstellungen beherrscht und gelenkt werden;
er hoffte, als der "Newton der Geisteswissenschaften" in die Geschichte einzugehen.

Das Herzstück der Humeschen Theorie ist das berühmte Prinzip der "Verknüpfung der Vorstellungen", das er ziemlich unverändert von dem englischen Empiriker John Locke (1632 - 1704) übernahm, der wiederum einen Großteil davon Hobbes verdankte. Locke ist der Philosoph, der die Ansicht vertrat, daß der Geist zunächst eine *tabula rasa* (unbeschriebene Tafel) sei, auf die dann die Erfahrung die Sinneseindrücke "schreibt", die allem Wissen zugrundeliegen; dann kombiniert und rekombiniert das dem Geist eigene "Assoziationsvermögen" alle diese grundlegenden "Vorstellungen" zu immer komplexeren und anspruchsvolleren Erkenntnissen. Lockes Hauptanliegen war es, Newtons empirische Methode gegenüber den Kartesianern zu rechtfertigen (die auch für die Physik noch immer auf dem "Intuitionismus" der Mathematik beharrten). Physikalische Erkenntnisse nahm er als eine Art Feuerprobe für philosophische Theorien: für Locke konnte keine Theorie der Erkenntnis richtig sein, wenn sie nicht beweisen konnte, daß Newtonsche Wissenschaft gute Wissenschaft ist.

Hume dagegen wurde von Newton in direkterer Weise beflügelt: seine Theorie sollte Newtons Physik nicht nur in sich aufnehmen, sondern sie nachahmen. Das heißt, daß Hume tatsächlich eine Theorie der "geistigen Mechanik" aufstellte; für ihn waren die "Eindrücke" und "Vorstellungen" nicht so sehr die grundlegenden Beweismittel, auf denen alles Wissen beruhte, sondern vielmehr die grundlegenden Bestandteile, aus denen sich alles Wissen zusammensetzte - oder, besser noch, die grundlegenden "Korpuskel" (Teilchen), auf die sich alle geistigen Kräfte und Operationen bezogen. Die Verknüpfung der Vorstellungen ist nur der Oberbegriff für all diese Kräfte; Hume selber beschreibt sie als

"eine Art Anziehung (...), welche, wie wir sehen werden, in der geistigen Welt ebenso außerordentliche Wirkungen hat, wie in der natürlichen, und sich in ebenso vielen und ebenso verschiedenen Formen darstellt." [19]

Offensichtlich denkt er an das universale Prinzip der Gravitation (und möglicherweise an Magnetismus).

Wichtig ist, sich zu vergegenwärtigen, wie sehr Hume sich nicht nur von Locke unterscheidet, sondern auch von Hobbes. Letzterer teilte Humes "mechanistische" Auffassung sogar bis zu dem Punkt, Gedanken für konkrete Bewegungen der Materie im Gehirn zu halten. Der Unterschied ist, daß für Hobbes Gedanken so etwas wie Zahlen oder Wörter waren: physische Symbole, die nach den Regeln der Mathematik oder eines rationalen Diskurses manipuliert werden. Wie wir sahen, führte das zu der Frage, wie solche Manipulationen möglich sein konnten, da sie anscheinend einen intelligenten Manipulator (den Homunkulus) erfordern. Für Hume jedoch bestand dieses Problem nicht; seine Wissenschaft des Geistes sollte voll und ganz der Physik entsprechen, verbunden eventuell noch mit ein wenig Technik.

Die Crux aber ist, daß sich diese Analogie auf der Erklärungsebene befindet. Anders als Hobbes behauptete Hume nicht, daß Ideen tatsächlich physisch *sind* (anscheinend kümmerte ihn die Materialismus/Dualismus-Frage nicht besonders). Ideen waren für ihn vielmehr *wie* physische Partikel, und zwar insofern, als ihr Zusammenspiel durch Naturkräfte erklärt wurde, die Naturgesetzen unterworfen sind. Diese Erklärung setzt also nicht etwa stillschweigend irgendeine Intelligenz voraus, die hinter den Kulissen die Fäden zieht. Die Frage, "wie" die Vorstellungen den Gesetzen der Verknüpfung gehorchen, ist nicht schwieriger zu beantworten als die Frage, "wie" Planeten die Gesetze der Schwerkraft befolgen; sie tun es eben. Mit anderen Worten, Hume kann wie Newton sagen: "Hypothesen erdenke ich nicht."[20]

Doch indem er dem Homunkulus-Dilemma entging, geriet Hume leider in ein neues: Was macht Ideen zu *Ideen,* und was macht ihre Interaktionen zu *Denken*? Was, kurzum, ist das Geistige am Verstand? Hume hatte Bedeutung und Verstand so gründlich aus seinem Erklärungsansatz verbannt, daß er ebensogut von einer neuen und seltsamen Art der Physik geredet haben könnte. In gewisser Hinsicht war genau das natürlich sein Ziel gewesen; dafür ist er uns nun aber die Erklärung schuldig, wie sich Bedeutung und Verstand wieder in das Bild einfügen; andernfalls hätte er schließlich keine "Mechanik des *Geistes*" geschaffen. Leider hat sich Hume dazu überhaupt nicht geäußert; indirekt, denke ich, erkannte er in der ihm eigenen Spielart des "Skeptizismus" (siehe Kasten 5) dieses Manko sogar an.

Aber gerade das führt uns zum Paradoxon des mechanischen Verstandes zurück: entweder spielen Bedeutungen eine Rolle für die Manipulationen, und in diesem Fall sind die Prozesse nicht wirklich mechanisch (sie setzen einen Homunkulus voraus); oder aber die Bedeutungen spielen keine Rolle, und in diesem Fall sind die Prozesse nicht wirklich rational (sie sind lediglich "maschinenähnliche" Interaktionen ohne inhärente Bedeutungen). Beide Versuche, dem Dilemma zu entgehen, führen also in eine Sackgasse. Hume ist einfach auf dem zweiten Weg steckengeblieben. In historischer Perspektive ist dies der Punkt, an dem der transzendentale Idealismus herangebraust kam, um zu helfen; d.h., Kant, Hegel und ihre Legionen beschritten tapfer den ersten Weg und gaben sich geschlagen, was die Materie betrifft. Doch diese ansonsten bemerkenswerte und diffizile Episode in der Philosophiegeschichte ist eigentlich, wie bereits erwähnt, eine Abschweifung vom Stammbaum der Künstlichen Intelligenz. Wir überspringen sie deshalb und stürzen uns wieder mit dem selbstsicheren und eroberungsfreudigen Materialismus des zwanzigsten Jahrhunderts in unser Thema.

Kasten 5
Semantischer Skeptizismus

In dem Abschnitt des *Traktats*, der den Titel "Vom Skepticismus in Bezug auf die Sinne" trägt, stellt Hume dar, was er als "Theorie der Doppelexistenz" bezeichnet. Dieser Theorie zufolge sind unsere Wahrnehmungen (Perzeptionen) und die Gegenstände, die sie (vermeintlich) repräsentieren, unterschiedliche Entitäten. Die Wahrnehmungen sind flüchtig und vom Menschen abhängig, während die Gegenstände dauerhaft in der Außenwelt existieren; darüber hinaus wird von den Gegenständen angenommen, daß sie diejenigen Wahrnehmungen verursachen, die ihnen entsprechen. Hume nun (wie der Leser vielleicht schon vermutet) hält all dies für Makulatur. Unser Geist verarbeitet nur Wahrnehmungen als solche; d.h., wir haben nie eine "direkte", von unseren Wahrnehmungen unabhänge Erfahrung von Gegenständen. Außerdem kann aus der Existenz von Wahrnehmungen niemals *logisch* geschlossen werden, daß das Wahrgenommene als realer Gegenstand der Außenwelt existiert. Folglich können solche "Gegenstände der Außenwelt" nichts anderes sein als Produkte unserer Einbildung.

Hume hat nun eine spitzfindige und raffinierte Erklärung dafür, warum unsere Einbildungen derart mit uns verfahren, warum die Verwirrung so unvermeidlich ist und warum für die Philosophen keine Hoffnung besteht, hier Klarheit zu schaffen. Der Punkt ist aber nun der, daß nach Humes eigener Theorie geistige Repräsentation von nichtgeistigen Gegenständen unvorstellbar ist. Da aber der Bedeutungsgehalt des Denkens im wesentlichen auf einem "repräsentationalen Inhalt" beruht, hat Hume keinen Platz dafür. Während Descartes also skeptisch fragt: "Wie kann ich wissen, was ich weiß", schlägt sich Humes Skepsis mit der noch grundsätzlicheren Frage herum: "Wie kann ich überhaupt meinen, was ich meine?"

Schach ist Schach, in jeder Größe

2 Automatische formale Systeme

Formale Spiele

Heute, gegen Ende unseres eigenen Jahrhunderts, fällt es schwer, das "Paradoxon" des mechanischen Verstandes noch ebenso ernst zu nehmen. "Daß es denkende Maschinen gibt, ist doch offensichtlich" (wird manch einer ungeduldig behaupten) - "viele von uns tragen sie doch in der Tasche." Nichts ist jedoch für die Philosophie so trügerisch wie das "Offensichtliche". Selbst wenn das Paradoxon inzwischen gelöst sein sollte (was möglich ist), so müssen wir uns dennoch völlige Klarheit darüber verschaffen, *wie* diese Lösung aussieht; wir müssen verstehen, welche neuen Ideen und Entdeckungen es waren, die schließlich dort den Durchbruch schafften, wo Hobbes, Descartes und Hume (ganz zu schweigen von introspektiven Psychologen, Psychoanalytikern und Behavioristen) gescheitert sind. Mit anderen Worten, wir müssen zunächst ganz grundsätzlich verstehen, was ein *Computer* wirklich ist. Die damit verbundenen Überlegungen sind zwar nicht besonders kompliziert, ganz so offenkundig sind sie aber nun auch wieder nicht.

Ein Computer ist ein *interpretiertes automatisches formales System.* Wir werden zwei Kapitel brauchen, um darzulegen, was diese Definition besagt. Um genau zu sein, dieses Kapitel wird erklären, was ein automatisches formales System ist; das nächste Kapitel wird dann einen Schritt weitergehen und diese Systeme interpretieren; hier kommen dann "Bedeutung" und "Vernunft" ins Spiel. Doch bevor wir über Automatisierung sprechen können, ist noch eine Menge zu altmodischen "manuellen" formalen Systemen anzumerken.

Ein *formales System* läßt sich als ein Spiel auffassen, in dem Zeichen nach bestimmten Regeln manipuliert werden, um neue Konfigurationen zu erreichen. Praktisch *sind* viele bekannte Spiele - darunter Schach, Dame, Chinese Checkers, Go und Tick-Tack - nichts anderes als formale Systeme. Andere Spiele hingegen - wie z.B. Murmel, Flohhüpfen, Billard und Baseball - sind (in diesem Sinne) nicht formal.[1] Worin besteht nun der Unterschied? Alle formalen Spiele haben drei charakteristische Merkmale (die sie von anderen Spielen unterscheiden): Sie sind "Zeichenmanipulations"-Spiele; sie sind "digital"; und sie sind "endlich spielbar". Wir werden sehen, was das bedeutet.

Die *Zeichen* in einem formalen Spiel sind schlicht die Spielfiguren oder -steine, mit denen das Spiel gespielt wird. Zum Beispiel sind Schachfiguren, Dame- und Go-Steine die Zeichen, mit denen man Schach, Dame und Go spielt. Diese Zeichen sind zufällig kleine und handliche physische Objekte, die man greifen und mit den Fingern bewegen kann; das heißt aber nicht, daß formale Zeichen dieses Merkmal aufweisen müssen. Die Zeichen beim Tick-Tack sind für gewöhnlich Kreise und Kreuze, die mit Kreide oder Bleistift gezeichnet werden; bei vielen elektronischen Spielen sind die Zeichen sogar Schalterstellungen und farbige Leuchtanzeigen.

Zeichen zu *manipulieren*, umfaßt einen oder mehrere der folgenden Punkte:

1. ihre Stellung zu verändern (d.h., sie auf einem Spielbrett oder Spielfeld hin- und herzubewegen;
2. sie selber zu verändern (oder durch andere zu ersetzen);
3. neue zur Spielkonfiguration hinzuzufügen; und/oder
4. welche zu entfernen.

Bei Schach und Dame zum Beispiel werden die Figuren oder Steine meistens gezogen, manchmal entfernt (geschlagen) und gelegentlich verändert (umgewandelt); neue kommen jedoch nicht hinzu. Beim Go dagegen wird bei jedem Spielzug ein neuer Stein hinzugefügt, und gelegentlich werden auch Steine entfernt; ist aber ein Stein einmal auf dem Spielbrett, wird er nicht mehr versetzt oder verändert. Kreise und Kreuze zu schreiben oder Lichtschalter ein- und auszuschalten kann offenbar (abhängig vom Spiel) auch eine Zeichenmanipulation sein. (In vielen Fällen ist es angebracht, den Begriff *Zug* für jede Art der Zeichenmanipulation zu verwenden, also nicht nur für Ortsveränderungen.)

Um ein bestimmtes Zeichenmanipulations-"Spiel" - ein formales System - vollständig zu definieren, muß man drei Dinge festlegen:

1. die verwendeten Zeichen;
2. die Ausgangsstellung (oder alternative Ausgangsstellungen;) und
3. die Züge (Manipulationen), die in jeder gegebenen Stellung erlaubt sind - also die Regeln.

Eine *Stellung* ist eine Anordnung oder eine Konfiguration von Zeichen (zu einem gegebenen Zeitpunkt). Das Spiel beginnt mit einer Grundstellung und schreitet fort, indem diese Schritt für Schritt geändert wird. Viele formale Spiele (z.B. Schach und Dame) beginnen immer mit der gleichen, festgelegten Aufstellung; beim Go dagegen gibt es, abhängig von der Stärke der Spieler, verschiedene Ausgangsstellungen. Andere Systeme können eine beliebige Zahl möglicher Ausgangsstellungen zulassen.[2]

Eine Konfiguration kann nur (und ausschließlich) durch *erlaubte Züge* geändert werden, d.h. durch Zeichenmanipulationen, die in den Regeln vorgesehen sind. Welche Manipulationen die Regeln zulassen, hängt zu jedem Zeitpunkt des Spiels nur von der aktuellen Konfiguration und von nichts anderem ab. Ein Zug, der in der einen Stellung erlaubt ist, kann also in einer anderen Stellung regelwidrig sein; wenn er aber jemals in einer bestimmten Stellung erlaubt war, dann ist er immer erlaubt, wenn diese Stellung vorkommt. Der letztgenannte Aspekt gewinnt noch größeres Gewicht, wenn man sagt, daß formale Systeme *in sich geschlossen* sind; die "Außenwelt" (alles, was nicht in der aktuellen Konfiguration enthalten ist) ist völlig unerheblich. Zum Beispiel spielt es für ein Schachspiel als solches überhaupt keine Rolle, ob das Brett und die Spielfiguren Diebesgut sind, ob das Haus, in dem die Partie stattfindet, in Flammen steht oder ob das Schicksal ganzer Völker vom Spielausgang abhängt - in der gleichen Konfiguration sind die gleichen Züge erlaubt und damit basta. Auch wenn die Spieler oder Zuschauer möglicherweise weiterreichende Interessen haben: im Spiel selber kommt es einzig und allein auf die gegenwärtige und auf mögliche Konfigurationen an.[3]

Eine entscheidende Konsequenz der Geschlossenheit formaler Systeme ist die Irrelevanz von Bedeutung. Indem wir uns bisher auf Spiele konzentriert haben, sind wir der Frage, ob formale Zeichen Bedeutungen haben, elegant ausgewichen. Aber man braucht kein Hellseher zu sein, um zu wissen, daß uns diese Frage noch beschäftigen wird (im nächsten Kapitel, um genau zu sein). Vorläufig genügt es wohl, zu bemerken, daß Bedeutung keine *formale* Eigenschaft ist - weil sich Bedeutungen (grob gesagt) auf die "Außenwelt" beziehen. Um ein Beispiel zu konstruieren: stellen wir uns ein Spiel vor, in dem die folgende Buchstabenkette Teil der Konfiguration ist: "Die Ratte liegt auf der Matte." (Und, der Klarheit halber, setzen wir außerdem voraus, daß weder Ratten noch Matten Zeichen in diesem Spiel sind). Der springende Punkt ist dann: Nichts, was mit irgendeiner Ratte, Matte oder Ratten/Matten-Beziehung zu tun hat, spielt irgendeine Rolle dafür, welche formalen Züge in jenem Spiel zulässig sind. Selbstverständlich kann die Buchstabenkette sehr wohl etwas bedeuten (sagen wir, in bezug auf irgendeine Ratte oder Matte); aber diese Bedeutung (falls vorhanden) besitzt für das formale System als solches keine Relevanz.

Ein weiteres typisches Merkmal jener formalen Systeme, die wir als Spiele erachten, sind bestimmte Stellungen, die als Ziel- oder "Gewinn"-Stellungen gelten. Der oder die Spieler sind bestrebt, eine solche Stellung zu erreichen, indem sie ihre Züge sorgfältig planen und auswählen; oft wetteifern auch mehrere Spieler miteinander, wer als erster in die Gewinnstellung gelangt. Dennoch gilt, daß nicht alle formalen Systeme auf Wettbewerb eingestellt sind, ja daß nicht einmal alle von ihnen Zielstellungen haben; diese Merkmale sind nur deswegen in *Spielen* gebräuchlich, weil sie für Spaß und Spannung sorgen. Viele wichtige formale Systeme sind aber aus Gründen wichtig, die mit Vergnügen überhaupt nichts zu tun haben (ein herausragender und typischer Fall ist der Computer).

Ein einfaches Beispiel für ein formales System ohne Wettbewerbsaspekt (aber dennoch mit einer Zielkonfiguration) ist das bekannte "Solitair" oder auch "Einsiedlerspiel", das mit Holzstiften auf einem Brett mit kreuzförmig angeordneten Lochreihen gespielt wird. Das folgende Schema zeigt die Grundstellung. Die ausgefüllten Punkte stellen Löcher dar,

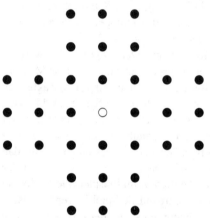

in denen Holzstifte stecken, und der Kreis in der Mitte steht für ein leeres Loch (das einzige in der Grundstellung). Erlaubt ist bei diesem Spiel nur eine einzige Art des Zuges: Wenn sich in einer Reihe oder Spalte zwei Holzstifte direkt nebeneinander befinden und neben einem von ihnen in derselben Reihe oder Spalte ein Loch frei ist, dann kann man den mittleren Stift wegnehmen, nachdem man mit dem anderen zu dem vorher leeren Loch "gesprungen" ist. (Die beiden Löcher, in denen Stifte steckten, sind also anschließend beide leer, während in dem ursprünglich leeren Loch ein Stift steckt). Ziel des Spiels ist es, durch eine Reihe von Sprüngen Stifte zu entfernen, bis nur noch einer übrigbleibt, der in der Mitte stecken muß.

Dieses "Einsiedlerspiel" ist ein einfaches, aber wirkliches formales System. Es ist nicht einfach eine Analogie oder ein ansprechender Vergleich; es *ist* ein formales System. Alle wesentlichen Elemente sind hier enthalten, und wir werden noch öfter auf sie zurückkommen, um verschiedene Punkte zu verdeutlichen. Natürlich mangelt es einem solch einfachen Beispiel an diversen diffizilen und wichtigen Komplikationen; dennoch bietet es einen recht guten Rahmen für anschauliche Vergleiche.

Die erste "wichtige Komplikation" ist freilich sehr grundlegend und sollte deswegen sofort besprochen werden. Beim "Einsiedlerspiel" gibt es nur eine einzige Art von Zeichen: Holzstifte, die sich völlig gleichen und untereinander austauschbar sind. Die meisten interessanten formalen Systeme dagegen enthalten zahlreiche verschiedene Zeichen*typen*. Schach zum Beispiel kennt sechs unterschiedliche Typen von Zeichen (für jede Partei): König, Dame, Turm, Läufer, Springer und Bauer. Formale Zeichen sind uneingeschränkt austauschbar, wenn (und nur wenn) sie zum gleichen Typ gehören. Es macht also keinen Unterschied, welcher weiße Bauer auf ein für weiße Bauern bestimmtes Feld gesetzt wird; aber einen Bauern gegen einen Turm oder einen weißen gegen einen schwarzen Bauern auszutauschen, würde einen großen Unterschied ergeben. Natürlich ist auch ein erlaubter Zug vorstellbar, durch den Zeichen unterschiedlichen Typs gegeneinander ausgetauscht werden; aber das Ergebnis wäre dann eine neue, andere Konfiguration. Zeichen des gleichen Typs auszutauschen ist kein Zug, hat also keinen Einfluß auf die Konfiguration.

Ein Zeichen "umzuwandeln" (eine der oben erwähnten Manipulationsarten) heißt nebenbei bemerkt eigentlich, seinen Typ zu verändern (oder es durch ein Zeichen eines anderen Typs zu ersetzen).

Letztendlich sind es die Regeln, die den Typ der Zeichen bestimmen. Die Regeln legen im einzelnen fest, welche Züge in welcher Konfiguration erlaubt sind. Wenn der Austausch zweier bestimmter Zeichen nichts daran ändert, welche Züge in einer bestimmten Konfiguration zulässig sind, dann hat er auch keinen Einfluß auf das Spiel; beide Zeichen wären dann Zeichen desselben Typs. Um die Tragweite dieses Sachverhalts zu verdeutlichen, denken wir noch einmal an Schach. Es gibt kunstvoll gearbeitete Schachspiele, in denen *jede* Figur einzigartig ist; jeder weiße Bauer zum Beispiel ist eine kleine Figurine, die sich ein wenig von den anderen unterscheidet. Wieso gehören sie dann alle zum selben Typ? Weil in jeder beliebigen Stellung genau die gleichen Spielzüge erlaubt wären, auch wenn zwei von ihnen miteinander vertauscht würden. Jede von ihnen trägt in genau der gleichen Weise zur Konfiguration des Spiels bei, nämlich auf die Weise, wie Bauern es tun. Und genau das ist es, was sie alle zu Bauern macht.

Formale Systeme, so wurde zu Anfang gesagt, sind durch drei wesentliche Merkmale gekennzeichnet: Sie sind Zeichen-Manipulations-Spiele, sie sind digital, und sie sind endlich spielbar. Nachdem wir nun versucht haben, zu klären, was unter "Zeichen-Manipulation" zu verstehen ist, können wir uns den beiden anderen Merkmalen zuwenden, und zwar zuerst den digitalen Systemen.

Digitale Systeme

Das Wort 'digital' läßt einen für gewöhnlich an elektronische Rechner oder vielleicht an Ziffernanzeigen (wie die von Digitaluhren, Stereoanlagen und Thermometern) denken.

Aber digitale Systeme enthalten weit mehr als das - sie beinhalten ein grundsätzliches, nicht an ihre physischen Eigenschaften gebundenes Prinzip. Jedes formale System ist digital, aber nicht alles, was digital ist, ist ein formales System. Digital z.B. sind das Alphabet, moderne Währungen (Geld), Spielkarten und der Funktionsschalter am Radio. Dagegen sind Fotos, Goldbarren, Tonabnehmer und Lautstärkeregler in der Regel nicht digital. Was ist der grundlegende Unterschied?

Ein *digitales System* ist eine Funktionseinheit von positiven und zuverlässigen Techniken (Methoden, Geräten), um Zeichen oder Konfigurationen von Zeichen aus einem zuvor festgelegten Vorrat von Zeichentypen hervorzubringen und wiederzuerkennen. Um hieraus den Grundgedanken zu destillieren, können wir erstens Zeichenkonfigurationen ("komplexe Zeichen") vorläufig beiseitelassen und außerdem die Zuverlässigkeit und die Art der Zeichenfestlegung stillschweigend annehmen; zweitens können wir die Begriffe "Hervorbringen" und "Wiedererkennen" durch die weniger schwerfälligen Wörter "Schreiben" und "Lesen" ersetzen, allerdings mit zwei Einschränkungen: (1) unter *"Schreiben"* verstehen wir nicht nur die Anfertigung von Schriftzeichen mit Tinte oder Bleistift, sondern jede Art von Zeichenmanipulation, die die formale Position ändert (einen Holzstift in das Mittelloch zu stecken, heißt also, ein Zeichen des Typs: "Stift in Mittelloch" zu "schreiben"); und (2) *Lesen* impliziert nichts, was mit "Verstehen" zu tun hätte, sondern nur die Unterscheidung nach Typ und Stellung (ein Fahrstuhl "liest", welcher Knopf gedrückt wurde, und zeigt nicht mehr als das, indem er in dem richtigen Stockwerk hält). Diese Vereinfachungen gestatten uns eine ziemlich elegante Definition: Ein digitales System ist eine Funktionseinheit von positiven Schreib-/Lese-Techniken.

Zweifellos dreht sich alles darum, was unter 'positiv' zu verstehen ist. Eine *positive* Technik ist eine Technik, mit der etwas absolut, total und ohne Einschränkung, d.h., "positiv", gelingen kann. Das Gegenteil davon wären Methoden, mit denen etwas nur relativ, partiell oder mit solchen Einschränkungen wie "nahezu genau", "in fast jeder Hinsicht" oder "für den Hausgebrauch" gelingt. Ob eine bestimmte Technik positiv ist, hängt in starkem Maße davon ab, was man für völlig gelungen hielte. Betrachten wir folgendes Beispiel: wir messen von einem längeren Brett sorgfältig zwei Meter ab, ziehen an dieser Stelle mit Hilfe eines Winkelmaßes einen senkrechten Strich und sägen dann genau an diesem Strich entlang. Ist dies eine positive Technik? Nun, es kommt darauf an. Wenn das festgelegte Ziel darin besteht, ein Brett zu erhalten, das zwischen 1,98 m und 2,02 m lang ist, dann kann die Technik absolut erfolgreich sein; sie wäre also positiv. Ist das Ziel aber ein Brett, das ganz exakt 2 Meter lang ist, dann ist die Methode nicht positiv, denn sie kann auch im günstigsten Fall nur annähernd erfolgreich sein.

Eine positive Technik muß nicht in jedem Fall zum Erfolg führen; Erfolg braucht noch nicht einmal sehr wahrscheinlich zu sein. Die Frage ist nicht, ob (oder wie oft) mit dieser Technik etwas gelingen wird, sondern vielmehr, wie gut es gelingen kann: Bei einer positiven Technik besteht die Möglichkeit, daß etwas perfekt gelingt. Wenn wir statt dessen nach der Wahrscheinlichkeit des Gelingens fragen, so ist dies eine Frage der *Zuverlässigkeit*. Die oben beschriebene Methode zum Zuschneiden eines Brettes von etwa 2 Meter Länge ist also nicht nur positiv, sondern auch zuverlässig, weil sie fast jedes Mal gelingen wird. Wäre das Ziel, beim Zuschneiden des 2 Meter langen Brettes innerhalb einer Toleranz von + / - 2 mm zu bleiben, dann wäre die Methode immer noch positiv, aber nicht mehr in jedem Falle zuverlässig, weil der Erfolg von der Geschicklichkeit des Sägenden abhinge. Wenn aber die Vorschrift nur eine Toleranz von + / - einem Hunderttausendstel Millimeter erlauben würde, dann wäre die Technik weder positiv noch zuverlässig, weil es unmöglich ist, Holz mit einer derartigen Präzision zu sägen.

Es gibt viele Techniken, die positiv und zuverlässig sind. Einen Basketball auf den Korb zu werfen, ist eine positive Methode (um ihn hindurchzubekommen), weil sie absolut und ohne Einschränkung zum Erfolg führen kann; für talentierte Spieler ist sie zudem ziemlich zuverlässig. Um festzustellen, wieviele Bleistifte in einer Schachtel sind, ist Zählen eine positive Technik, und die meisten Menschen beherrschen sie zuverlässig. Einen Schalter zu betätigen ist eine positive Methode, die Heizung anzustellen, und Thermostaten beherrschen sie zuverlässig. Dagegen gibt es keine positive Methode, die Temperatur genau und konstant auf 20^d zu halten: Selbst der beste Thermostat könnte sich diesem Ziel nur annähern. Auch kann keine Technik beispielsweise das genaue Gewicht der Bleistifte in einer Schachtel positiv bestimmen oder einen Ball genau durch die Mitte eines Korbes werfen.

Digitale Techniken sind Schreib-/Lese-Techniken. Ein Zeichen zu "schreiben" heißt, ein (möglicherweise komplexes) Zeichen eines gegebenen, festgelegten Typs hervorzubringen; ein Zeichen zu "lesen" heißt, zu bestimmen, zu welchem Typ es gehört. Ein "Schreib-/Lese-Zyklus" besteht darin, ein Zeichen zu schreiben und es dann (zu einem späteren Zeitpunkt) zu lesen; ein Schreib-/Lese-Zyklus ist *erfolgreich*, wenn der Typ, der von der Lesetechnik ermittelt wurde, der gleiche ist wie der Typ, den die Schreibtechnik hervorgebracht hat. Ein digitales System ist eine Funktionseinheit von Schreib-/Lesetechniken, die entsprechend diesem Maßstab für Schreib-/Leseerfolg (und unter Benutzung eines vordefinierten Vorrats relevanter Zeichen) positiv und zuverlässig ist.

Für die Beurteilung dessen, was als Hervorbringen und anschließendes Identifizieren von Zeichen verstanden werden kann, besteht ein erheblicher Spielraum. So könnte man auf die Idee kommen, daß es sich beim Treffen oder Verfehlen des Korbs beim Basketball um zwei Typen von "Korbball-Zeichen" handelt: den Ball auf den Korb zu zielen, heißt, ein Zeichen zu schreiben, und nachzusehen, ob er durch den Korb hindurchgefallen ist oder nicht, heißt, das Zeichen zu lesen. Wenn man dann noch einen Basketballspieler hätte, der auf Kommando zuverlässig treffen oder danebenwerfen könnte und einen Kampfrichter, der Treffer zuverlässig von Fehlwürfen unterscheiden könnte, hätte man ein einfaches digitales System. Aber ein wenig albern wäre das schon. Nicht ganz so albern ist ein Stufenschalter. Die Typen sind hier die verschiedenen möglichen Stellungen; ein Zeichen zu schreiben, heißt, den Schalter in eine bestimmte Stellung zu bringen; das Lesen der Schalterstellung besteht dann darin, Strom durch den Schalter zu schicken und festzustellen, daß (nur) der relevante Stromkreis geschlossen ist. Dies ist positiv und zuverlässig, weil die verschiedenen Schalterstellungen deutlich voneinander unterschieden werden können, (z.B. durch Einrasten), und weil (für jede Schalterstellung) ganz eindeutig festgelegt ist, welcher Stromkreis leitet.

Die wirkliche Bedeutung digitaler Systeme zeigt sich aber, wenn wir uns komplizierteren Fällen zuwenden. Betrachten wir einen Augenblick die jeweiligen Schicksale von Rembrandts Portraits und Shakespeares Sonetten. Selbst bei der sorgsamsten Behandlung verfallen die Gemälde langsam; auf keinen Fall sind sie heute dieselben wie zur Zeit ihrer

Entstehung. Die Gedichte hingegen hatten die Chance, perfekt erhalten zu bleiben. Natürlich mögen einige verlorengegangen und andere beim Neudruck entstellt worden sein, aber wahrscheinlich haben wir die meisten in *genau* dem Zustand vor uns, wie Shakespeare sie geschrieben hat - ohne jede Veränderung. Der Unterschied besteht ohne Zweifel darin, daß das Alphabet digital ist (den oben definierten Schreib-/Lese-Zyklus aufweist), Farben und Leinwand dagegen nicht.

In der Realität gibt es immer kleine Abweichungen und Fehler. Ein Ball fällt nie zweimal in derselben Art und Weise durch den Korb; der Winkel einer Schalterstellung ist jedesmal, wenn der Schalter gedreht wird, eine Winzigkeit anders; nicht zwei Schreibweisen des Buchstabens A sind genau gleich. "Nichts ist vollkommen", sagen wir oft. Aber digitale Systeme erreichen (manchmal) ungeachtet der realen Welt Perfektion. Wie? In der Hauptsache, indem sie einen bestimmten "Abweichungsspielraum" zulassen, innerhalb dessen alle Leistungen gleichwertig sind und das Gelingen total ist. Es kommt also nicht auf das exakte Zeichen an, so lange es "innerhalb der Toleranzen" bleibt.[4] Ein Korb ist ein Korb ist ein Korb beim Basketball, und ein Fehlwurf ist keiner. Es gibt viele, sich geringfügig voneinander unterscheidende Möglichkeiten, einen Buchstaben zu schreiben, der total und uneingeschränkt ein A ist. Deshalb können zwei Abschriften eines Gedichtes gleichermaßen vollkommen sein, auch wenn sie uns in verschiedenen Handschriften (oder Drucktypen) vorliegen, solange nur jeder Buchstabe eindeutig zu entziffern (und korrekt geschrieben) ist.

Dies ist u.a. deswegen wichtig, weil es einen Grad an Komplexität erlaubt, der sonst schwer oder gar nicht zu handhaben wäre. Das läßt sich gut am Beispiel des Pokerspiels verdeutlichen. Betrachten wir zwei unterschiedliche Gepflogenheiten, sich über die Wetteinsätze in einem Pokerspiel auf dem laufenden zu halten. Bei beiden werden verschiedene Farben für verschiedene Werte benutzt: blau, rot und weiß für einhundert, zehn und eins. Aber in dem einen System ist die Einheit für jeden Wert eine farbige Plastikscheibe (ein "Poker-Chip"), während es in dem anderen System ein Eßlöffel mit feinem farbigem Sand ist. Welche relativen Vorzüge hat jede dieser Vereinbarungen? Nun, das Sandsystem erlaubt, Einsätze zu stückeln, indem weniger als ein voller Eßlöffel mit weißem Sand verwendet wird. Das kann man mit Chips nicht machen. Dafür ist das Chip-System digital: Es gibt eine positive Technik, die Höhe eines Einsatzes festzustellen (indem man die Chips jeder Farbe zählt), und aus diesem Grunde ist jeder Einsatz *genau.*

Der Vorteil der "digitalen" Vereinbarung wird sofort erkennbar, wenn große Einsätze ins Spiel kommen. Da eine Sandmenge nie exakt abgemessen werden kann, würde jeder Einsatz im Sand-System immer eine kleine Abweichung aufweisen - sagen wir, $1/4 +/- 2$ Prozent, um eine Diskussionsgrundlage zu haben. Stellen wir uns nun einmal vor, der Einsatz solle um 914 Einheiten erhöht werden. Mit Chips ist das problemlos: Man zählt neun blaue, einen roten und vier weiße ab, und die Sache stimmt. Mit dem Sand wird es schon schwieriger. Zwei Prozent von 900 Einheiten sind 18 Einheiten; damit hat die vermutliche Abweichung beim blauen Sand (etwa durch Körner, die am Löffel klebenbleiben) einen höheren Wert als der rote und weiße Sand zusammen. Praktisch überschwemmt die Ungenauigkeit bei großen Werten die ganze Bedeutung kleiner Werte und macht diese überflüssig. Auf den Wert der blauen Chips dagegen haben kleine "Unzulänglichkeiten" keinen Einfluß: Selbst wenn sie zerkratzt und abgegriffen sind, sind sie noch immer genau 100 weiße Chips wert; deshalb können zusätzliche weiße Chips nie überflüssig werden.

Natürlich sind zwei Prozent keine sehr genaue Messung, und 914 Einheiten ist sowieso ein merkwürdiger Einsatz. Aber der Unterschied ist prinzipieller Natur: Von einem bestimmten Punkt an ist die Genauigkeit und Flexibilität, die gestaffelte Werteinheiten bieten können, nur in einem System mit positiven Schreib-/Lese-Techniken gewährleistet. Dies gilt für jedes komplexere System, in dem winzige Abweichungen einer Komponente den Einfluß anderer Komponenten aufheben; es muß daher einen Weg geben, zu verhindern, daß die einflußreichen Komponenten die empfindlichen ungewollt erdrücken. Digitale Systeme sind das wirkungsvollste bekannte Mittel, dieses Problem zu bewältigen; und darin liegt ihre große Bedeutung.

Jedes formale System ist per definitionem ein digitales System. Deshalb können formale Systeme außerordentlich verwickelt und komplex sein, ohne außer Kontrolle zu geraten - eine Tatsache, die für die Künstliche Intelligenz in verschiedener Hinsicht wichtig ist. Doch zuerst sollten wir die einfacheren Fälle betrachten, angefangen mit unserem alten "Einsiedlerspiel". Wieso ist es digital? Ein Zeichen zu "schreiben", heißt, eine neue Konfiguration zu schaffen, indem man einen Zug macht (hier, indem man mit einem Stift über einen anderen springt und letzteren entfernt); dieses Zeichen zu "lesen", heißt, die neue Konfiguration zu erkennen (und dabei zu entscheiden, welche Züge als nächstes zulässig sind). Dieser Zyklus ist positiv und zuverlässig, weil man jeden Stift (mühelos) ganz eindeutig in ein bestimmtes Loch des Brettes stecken und wieder herausziehen und jederzeit mit völliger Sicherheit sagen kann, in welchem Loch ein Stift steckt. Ob er etwa ein wenig schief oder nicht genau in der Mitte des Lochs steckt, tut nichts zur Sache: Er ist trotzdem klar und unumstößlich in jenem Loch und nicht in einem anderen, wie jedes Kind sehen kann.

Das gleiche gilt für Schach, wenn auch mit der zusätzlichen Komplikation der verschiedenen Figurentypen. Aber die positive Unterscheidung der Figuren ist (bei jedem anständigen Spiel) genauso trivial wie ihre Zuordnung zu einzelnen Feldern. Wieder ist es der große Abweichungsspielraum, die Tatsache, daß die Figuren ziemlich unterschiedlich aussehen können und nicht genau in der Mitte der Felder zu stehen brauchen, der die positiven Techniken möglich macht. Billard dagegen ist nicht digital: Die genaue Position der Kugeln kann sehr wichtig sein. Der Unterschied wird sofort deutlich, wenn man sich vorstellt, was passiert, wenn jemand unabsichtlich gegen ein Schachbrett oder gegen einen Billardtisch stößt. Schachspieler mit gutem Gedächtnis können die Spielkonfiguration vollständig rekonstruieren (im Grunde, weil die Versetzung der Figuren um einige Millimeter keine Rolle spielt). Die Positionen der Billardkugeln dagegen können nie vollkommen rekonstruiert werden, selbst nicht mit Hilfe von Fotos und den raffiniertesten Instrumenten; ein Freundschaftsspiel kann vielleicht noch hinlänglich rekonstruiert werden, aber einen Turniertisch anzurempeln, wäre ein nicht wiedergutzumachendes Unglück.

Das digitale Prinzip formaler Systeme ist für die Künstliche Intelligenz von höchster Bedeutung. Es macht nicht nur eine enorme Komplexität praktikabel und zuverlässig, sondern liegt zudem einer anderen elementaren Eigenschaft formaler Systeme zugrunde: ihrer Unabhängigkeit von einem bestimmten materiellen Medium. Auch Intelligenz müßte über diese Eigenschaft verfügen, wenn es jemals schlaue Roboter geben soll.

Unabhängigkeit vom Medium und formale Äquivalenz

Formale Systeme sind unabhängig von dem Medium, in dem sie "verkörpert" sind. Anders gesagt: das im Prinzip gleiche formale System kann ohne irgendeinen formal signifikanten Unterschied in beliebig vielen unterschiedlichen Medien realisiert werden. Dies ist ein wichtiges, generelles Merkmal formaler Systeme; ich nenne es *Unabhängigkeit vom Medium.*

Fangen wir mit einem vertrauten Beispiel an: Beim Spielbrett-Solitair ist es offenbar unwichtig, ob die Stifte aus Holz oder Plastik sind, rot oder grün, einen halben oder einen ganzen Zentimeter lang. Wenn man einige oder alle von ihnen austauscht, spielt man noch immer genau das gleiche Spiel: die gleichen Positionen, die gleichen Züge, die gleichen Strategien, der gleiche Schwierigkeitsgrad - nichts hat sich geändert. Und selbstverständlich könnte man noch größere Eingriffe vornehmen: sämtliche Stifte können entfernt und durch Murmeln ersetzt werden, die in kleinen Mulden liegen, durch Kreuze, die mit Kreide in Quadrate gezeichnet werden, oder sogar durch Zwiebelringe, die an Nägeln hängen. Entscheidend wäre nur eine Änderung der Ausgangsstellung oder der Regeln für die Sprünge: dann wäre das Spiel ein anderes.

Genauso ist es mit Schachfiguren, die ja in vielen Ausführungen und Größen vorkommen. Zwar spielt ihre Farbe in der Regel durchaus eine Rolle, weil sie die gegnerischen Seiten unterscheidet, aber wirklich relevant ist auch hier eigentlich nur, daß jede Figur in bezug auf Typ, Seite und Feld positiv zu identifizieren ist. Im Grunde müssen nur diese Bedingungen erfüllt sein; ansonsten sind der Phantasie keine Grenzen gesetzt. Texanische Ölmillionäre zum Beispiel könnten von ihren gegenüberliegenden Penthouses aus Schach spielen, indem sie zweiunddreißig ferngesteuerte Helikopter und vierundsechzig Flachdächer am Ort benutzen. Oder sie könnten, falls sie ein achtstöckiges Hotel mit acht Räumen pro Etage besäßen, mit leuchtenden Farben markierte Rollos benutzen (die von den Hotelangestellten auf Anweisung bewegt würden).

Solche ausgefallenen Beispiele zu bemühen, ist deswegen sinnvoll, weil sie die Unabhängigkeit vom Medium unterstreichen; denn die meisten nicht-formalen Spiele sind mit ihrem Medium untrennbar verbunden. Den Umfang eines Fußballs z.B. zu verdoppeln (oder zu halbieren) würde das Spiel signifikant verändern, besonders, wenn es um Vorlagen oder Pässe geht. Würde man den Ball um das Zwanzigfache vergrößern (oder ihn gar durch einen Hubschrauber ersetzen), wäre kein Spiel mehr möglich, das auch nur entfernt an herkömmlichen Fußball erinnern würde. Billard reagiert ähnlich empfindlich auf die Größe (und das Gewicht und die Gestalt und die Beschaffenheit...) der Billardkugeln. Kleinere Abweichungen würden vielleicht nur wenig ausmachen; undenkbar aber wäre es, statt Billardkugeln kleine Holzstifte oder Zwiebelringe zu verwenden.

Elektronisches Spielzeug veranschaulicht diesen Punkt auf andere Art. Im Dezember quellen die Spielwarenabteilungen über von neuen und noch ausgefilterten Versionen von "Taschenhockey", "Fingerfußball" und ähnlichem sowie von elektronischen Schach- und Damespielen. Aber zwischen diesen Spielen besteht ein gravierender Unterschied. Taschenhockey hat ungefähr so viel mit Hockey zu tun wie Steckfiguren mit Menschen: Man erkennt zwar eine grobe strukturelle Analogie, aber darüber hinaus besteht nicht einmal Ähnlichkeit. Elektronisches Schach dagegen *ist* Schach - vielleicht keine Großmeister-Qualität, aber eben doch Schach. Den Regeln entsprechende Bälle und Pucks durch elektronische Pieptöne zu ersetzen, ist sogar noch gravierender, als nur ihre Größe zu ändern: Ein wirklicher, lebendiger Libero kann einen Piepton nicht annehmen, geschweige denn ihn passen oder kicken. Aber Schachfiguren auf einem Bildschirm tun es genauso gut wie echte, ausgearbeitete Schachfiguren: Sowjetische Schachmeister können sie wie jede andere gegnerische Figur angreifen (und vermutlich schlagen).

Der Unterschied liegt nicht einfach darin, daß manche Spiele intellektuell und andere physisch sind. Zum einen erfordert der Profisport sehr viel Planung und Strategie; zum anderen sind Schachfiguren, Dame- und Go-Steine fraglos ebensogut physische Objekte wie jeder Ball, Schläger oder Billardstock. Vielmehr ist es die Unabhängigkeit vom Medium, die erklärt, warum Schach trotz dieser Tatsache so viel weniger "physisch" zu sein scheint als Fußball oder sogar Billard. Ausschlaggebend ist, daß in einem formalen Spiel absolut nichts von irgendwelchen *spezifischen* Merkmalen seines physischen Mediums abhängt, solange dieselbe Abfolge von erlaubten Zügen und Stellungen beibehalten wird; das Spiel selbst scheint also weniger direkt an eine materielle Verkörperung gebunden zu sein.

Ermöglicht wird diese Unabhängigkeit vom Medium durch das digitale Prinzip. Zurück zum Fall Shakespeare versus Rembrandt: da das Alphabet digital ist, sind Gedichte medienunabhängig. Sie können in Stein gemeißelt, in Blindenschrift geprägt, in einem Computercode aufgezeichnet oder romantisch in den Sand geschrieben werden; wenn die Ordnung der Buchstaben und die Interpunktion gleichbleibt, ist das Gedicht als solches unberührt. Man könnte denken, daß das gleiche für Gemälde gilt: solange die "Ordnung" der Farben, ihre Leuchtkraft, die Struktur der Leinwand etc. genau beibehalten wird, kann ein Porträt unterschiedslos in Öl-, Acryl-, Wasserfarben oder jedem anderen Medium reproduziert werden. Aber das Problem ist, daß die relevanten Eigenschaften von Gemälden im Grunde nicht einmal im selben Medium exakt kopiert werden können, geschweige denn in verschiedenen. Es ist das Digitalprinzip der Alphabete, das die exakte Reproduktion - und damit Medienunabhängigkeit - von Buchstabenfolgen ermöglicht.

Unabhängigkeit vom Medium heißt allerdings nicht, jedes beliebige Medium wäre geeignet. Richtig Schach spielen (oder Gedichte aufzeichnen) könnten wir z.B. nicht mit Rauchwölkchen, da sie nicht besonders manövrierfähig sind und sich außerdem zu rasch auflösen. Das andere Extrem, das genauso große Schwierigkeiten mit sich brächte, wäre ein Schachspiel aus massivem Eisen, bei dem alle Figuren auf ihren Feldern festgeschweißt sind. Offenkundig muß das Medium (die Zeichen) eines formalen Systems erstens ausreichend manipulierbar sein, damit die erlaubten Züge tatsächlich ausgeführt (geschrieben) werden können, und zweitens so dauerhaft, daß Konfigurationen noch positiv erkannt (gelesen) werden können, wenn es Zeit für den nächsten Zug ist. Viele der unterschiedlichsten materiellen Systeme und Verfahren erfüllen diese Bedingungen, viele andere dagegen nicht: es kann eben nicht alles digital sein.

Bis jetzt haben sich unsere Erörterungen auf eine ziemlich intuitive und direkte Auffassung des Begriffs "Gleichheit" beschränkt: das gleiche Spiel, der gleiche Zug, das gleiche Gedicht etc. Aber genaugenommen ist dieser Begriff vielschichtig, und es ergeben sich einige interessante Aspekte, wenn man ihn unter die Lupe nimmt. Betrachten wir einmal das (unbekannte) formale Spiel, das folgendermaßen definiert wird:

1. Die Zeichen bestehen aus dreiunddreißig Plastikchips; auf jedem stehen zwei Buchstaben, einer aus dem Anfangsteil (A-G) und einer aus dem Schlußteil (T-Z) des Alphabets.
2. In der Grundstellung befinden sich alle Chips zusammen in einem weißen Korb, bis auf einen, der mit DW beschriftet ist und für sich allein in einem schwarzen Korb liegt.
3. Ein Zug besteht darin, zwei Chips aus dem weißen Korb gegen einen aus dem schwarzen Korb auszutauschen; dieser Chip-Tausch unterliegt aber folgenden Einschränkungen:
   a. *entweder* müssen alle drei Chips denselben   Anfangsbuchstaben und aufeinanderfolgende Zweitbuchstaben tragen, *oder* sie müssen alle denselben Zweitbuchstaben und aufeinanderfolgende Anfangsbuchstaben tragen;
   b. *und* der mittlere Buchstabe in der Folge darf nicht auf demjenigen Chip stehen, der vom schwarzen in den weißen Korb wechselt.

   Zum Beispiel:
   AX, BX <=> CX und AX, AW <=> AV sind erlaubte Züge;
   aber ET, EV <=> EZ ist unzulässig (keine aufeinanderfolgenden Buchstaben);
   AW, BX <=> CY ist regelwidrig (nicht die gleichen Buchstaben); und
   AX, CX <=> BX ist regelwidrig (mittlerer Buchstabe im schwarzen Korb).

Das Spiel kann nur von einem Spieler gespielt werden. Sein Ziel ist es, zum Schluß alle Chips ausgetauscht zu haben (d.h., alle Chips außer DW befinden sich im schwarzen Korb).

Ohne Zweifel ist dieses Spiel digital und formal und deshalb medienunabhängig. Die Chips könnten aus Holz statt aus Plastik sein, mit Ziffern statt mit Buchstaben gekennzeichnet und/oder zwischen Schachteln statt Körben ausgetauscht werden; und selbstverständlich könnte das Ganze auch mit beschrifteten Helikoptern quer über den Ärmelkanal gespielt werden. Aber wären noch gravierendere Unterschiede als diese denkbar? Eine überraschende Antwort ergibt sich vielleicht, wenn wir die Definition des Spiels vervollständigen; insbesondere müssen wir noch festlegen, mit welchen Buchstabenpaaren diese dreiunddreißig Chips gekennzeichnet werden. Diese Kennzeichnung ist lediglich eine Liste, aber diese Liste kann so angeordnet werden, daß sie die Ausgangsstellung in einem aufschlußreichen Muster offenbart.

		A V	A W	A X			
		B V	B W	B X			
C T	C U	C V	C W	C X	C Y	C Z	
D T	D U	D V		D X	D Y	D Z	DW
E T	E U	E V	E W	E X	E Y	E Z	
		F V	F W	F X			
		G V	G W	G X			

Weißer Korb   *Schwarzer Korb*

Spätestens jetzt fällt sicherlich auf, daß jeder Chip mit einem Loch im Brett unseres altbekannten "Einsiedler-Spiels" korrespondiert. Einen Chip aus dem weißen Korb in den schwarzen zu legen, entspricht der Entfernung eines Stifts vom Brett, während das Zurückholen eines Chips dem Zurückstecken eines Stifts in ein leeres Loch entspricht. Aufgrund dieser Analogie stimmen die ziemlich komplizierten Regeln für den Chip-Austausch genau mit den Regeln für das Umstecken von Stiften überein.

So sind die beiden Spiele in gewissem Sinne "gleich". Aber hier handelt es sich nicht einfach um einen der bereits erörterten Fälle unterschiedlicher Medien. Zwischen den Zeichen, also den Stiften und Chips, besteht *keine* Entsprechung; es gibt zweiunddreißig Stifte, die alle gleichartig sind, dagegen dreiunddreißig Chips, die alle unterschiedlich sind. Zudem gibt es dreiunddreißig verschiedene Plätze, an denen sich ein Stift befinden kann, gegenüber nur zwei relevanten Chip-Orten. Praktisch wurden bestimmte Orte gegen die Bestimmung durch Zeichen eingetauscht; die Zahl der Möglichkeiten insgesamt ist gleich geblieben. Die Entsprechung zwischen den beiden Systemen ist also vollkommen und genau, nur auf einer höheren oder abstrakteren Ebene als der direkten Zeichen-für-Zeichen, Feld-für Feld-Entsprechung bei, sagen wir, Helikopter-Schach.

Diese abstraktere Entsprechung verknüpft vollständige Konfigurationen statt einzelner Zeichen und ihrer Orte. Unter Zügen versteht man dabei Änderungen der Gesamtkonfiguration; so verstanden, bleibt die Übereinstimmung erhalten, auch wenn es vielleicht keine direkte Entsprechung bei den Umsetzungen einzelner Zeichen gibt. Was wir hier intuitiv als "Gleichheit auf höherer Ebene" wahrnehmen, läßt sich in einer klaren Definition ausdrücken. Zwei formale Systeme sind dann und nur dann *formal äquivalent,* wenn

1. für jede einzelne Konfiguration in dem einen System eine genau entsprechende Konfiguration im anderen System existiert;
2. es für jeden Zug, der in dem einen System zulässig ist, einen entsprechenden zulässigen Zug (d.h., von der entsprechenden einen zu der entsprechenden anderen Konfiguration) in dem anderen System gibt; und
3. (alle) Grundstellungen sich gegenseitig entsprechen.

Folglich besteht gleichfalls eine genaue Übereinstimmung der Konfigurationen, die nach den Spielregeln von den Ausgangsstellungen der beiden Systeme aus erreichbar sind: Wenn man in dem einen von hier nach da kommen kann, dann kann man auch in dem anderen von hier nach da kommen.[5] (Wenn die Systeme als Spiele mit Zielkonfigurationen angelegt sind, müssen sich auch diese entsprechen.)

Unsere bisherigen Illustrationen der Unabhängigkeit vom Medium sind natürlich nur Sonderfälle der formalen Äquivalenz: nämlich solche, wo sich die Stellungen und Züge entsprechen, weil sich die einzelnen Zeichen und Zeichenanordnungen entsprechen. Zwischen Helikopter-Schach und Schach, das auf herkömmliche Weise gespielt wird, besteht zweifellos eine formale Äquivalenz. Die gleiche formale Äquivalenz besteht aber auch zwischen diesen beiden Formen des Spiels und dem sogenannten Fernschach, bei dem die Züge durch Notationen (z.B: e 2 - e 4) erfolgen, die man auf Postkarten schreibt, und nicht durch die Umsetzung von physischen Figuren. Wenn man seine Phantasie ein wenig schweifen läßt, wird man entdecken, daß viele ansonsten ziemlich disparaten formalen Systeme dennoch die gleichen Strukturen der Positions-Erreichbarkeit haben können wie Schach und ihm deshalb formal äquivalent sind.[6]

Die Begriffe Unabhängigkeit vom Medium und formale Äquivalenz sind für die Künstliche Intelligenz und für die komputationale Psychologie generell von entscheidender Bedeutung. Obwohl sich ein Teil ihrer Signifikanz erst im weiteren Verlauf unserer Erörterungen herausstellen wird, kann der Kernpunkt vorläufig folgendermaßen umrissen werden: Gehirnzellen und elektronische Schaltkreise sind offenkundig unterschiedliche "Medien"; denkbar wäre aber, daß sie - auf einer angemessenen Abstraktionsebene - möglicherweise die Medien für äquivalente formale Systeme sind. In diesem Falle wäre Computer-Verstand im gleichen Maße wirklicher (echter) Verstand, wie Helikopter-(oder Computer-)Schach echtes Schach ist - lediglich in einem anderen Medium. Natürlich liegt noch ein ganzes Stück Arbeit vor uns, bevor wir daraus mehr als diese aufregende Andeutung machen können.

Endliche Spielbarkeit und Algorithmen

Bis jetzt haben wir die Definitionen formaler Systeme recht salopp (um nicht zu sagen "formlos") angepackt und dabei mathematische Fachausdrücke so weit wie möglich vermieden. Dennoch ist die zentrale Frage der Formalität eine technische Frage: Welche Grenzen sind (falls überhaupt) dem Umfang und der Komplexität formaler Systeme gesetzt? Entscheidend ist dabei, was notwendig ist, um "das Spiel zu spielen" - d.h., Züge zu vollziehen und zu erkennen, die nach den Spielregeln erlaubt sind. Ganz allgemein behaupten wir, daß formale Spiele von endlichen Spielern spielbar sind: Sie erfordern keine unendlichen oder magischen Kräfte. Andererseits sollte unsere theoretische Definition keine kleinlichen Einschränkungen enthalten: Spieler brauchen nicht auf bestimmte Fähigkeiten oder Ressourcen (wie z.B. menschliche oder heute mögliche Fähigkeiten) beschränkt zu werden, solange sie unzweifelhaft endlich sind. Es gilt nun, diesen Gedanken im einzelnen darzulegen.

Die Fähigkeit, ein formales Spiel zu spielen, erfordert die Fähigkeit, seine Regeln zu befolgen. Doch was genau beinhaltet das? "Kompetente" Spieler müssen prinzipiell immer (d.h., in jeder gegebenen Konfiguration)

1. für jeden beabsichtigten Zug sagen können, ob dieser Zug (in dieser Konfiguration) regelgerecht ist; und
2. wenigstens einen regelgerechten Zug machen können (oder zeigen, daß es keine solchen Züge gibt).

Man wäre also nicht gerade ein guter Schachspieler, wenn man nicht zuverlässig beurteilen könnte, ob die Züge des Gegners erlaubt waren oder wenn man nicht selber mit erlaubten Zügen aufwarten könnte. Zu behaupten, daß formale Systeme *endlich spielbar* sind, heißt dann, zu behaupten, daß diese beiden notwendigen Fähigkeiten im Rahmen der Möglichkeiten endlicher Spieler liegen. Als Frage bleibt dann: Was kann von endlichen Spielern erwartet werden?

Manche Operationen liegen offenkundig deswegen im Bereich endlicher Möglichkeiten, weil sie im Grunde trivial sind. So erfordert es z.B. weder magische noch unendliche Fähigkeiten, das Zeichen "A" immer dann, wenn ein bestimmter Kontakt geschlossen wird, auf ein Stück zu Papier zu tippen. Nicht nur, daß dies uns auf den ersten Blick klar ist; wir haben insofern einen unabhängigen Beweis dafür, als (endliche, nichtmagische) elektronische Schreibmaschinen dazu in der Lage sind. Die Fähigkeit, einfache Zeichen aus einem standardisierten Vorrat zu identifizieren, ist im Prinzip eine genauso nüchterne Angelegenheit; das zeigt das Beispiel ganz gewöhnlicher Verkaufsautomaten, die es offensichtlich fertigbringen, die eingeworfenen Münzen zu sortieren. So ist es denn auch kein Problem, z.B. eine Schachfigur, auf die gewiesen wurde, von einem Feld auf ein anderes zu bewegen; ebensowenig erfordert es großes Können, einen Zeiger so zu bewegen, daß er in einer vorher angegebenen Richtung auf ein benachbartes Feld weist, usw. Es ist jedoch müßig, diese offensichtlich endlichen Fähigkeiten zu katalogisieren oder gar vollständig einzugrenzen, solange ihre Existenz unzweifelhaft feststeht. Doch sie geben uns eine Basis, von der wir ausgehen können: Bei einem endlichen Spieler setzen wir voraus, daß er über ein endliches Repertoire bestimmter *primitiver Operationen* verfügt, die er endlich oft positiv und zuverlässig ausführen kann.

Primitive Operationen sind natürlich erst der Anfang. Schachspielen erfordert weit mehr als nur das Identifizieren und Versetzen angewiesener Figuren auf angewiesene Felder; ein Spieler muß außerdem für jeden geplanten Zug feststellen, ob er für diesen Figurentyp zulässig ist, ob er den König gefährden könnte, ob er von dazwischenliegenden Figuren verhindert wird etc. Da solche Prüfungen in der Regel eine Vielzahl von zusammenhängenden Faktoren umfassen, sind sie insgesamt weder einfach noch trivial; deshalb kann man sie nicht als primitiv bezeichnen. Infolgedessen müssen endliche Spieler außerdem imstande sein, Operationen auszuführen, die *nicht* primitiv sind. Dies überrascht kaum; die Aufgabe besteht darin, diese neuen, nichtprimitiven Fähigkeiten in einer Art und Weise zu definieren, die sie unbestreitbar endlich sein läßt.

Spieler können beliebig komplexe Operationen ausführen, indem sie geordnete Kombinationen primitiver Operationen ausführen. Wenn man beispielsweise wissen will, ob ein König im Schach steht, könnte man sich alle gegnerischen Figuren der Reihe nach ansehen und überprüfen, ob eine dieser Figuren den König bedroht (was wiederum möglicherweise eine Kombination noch kleinerer Schritte umfaßt). Offenkundig ist diese Schrittfolge nicht unbedacht oder willkürlich gewählt, sondern ausdrücklich für den vorliegenden Zweck entworfen; sie muß außerdem korrekt ausgeführt werden, wenn sie funktionieren soll. Die spezielle Kombination von Schritten, die für eine komplexe Operation erforderlich sind, muß also durch eine Art Regel oder ein "Rezept" festgelegt werden, welches der Spieler dann bei der Ausführung befolgen muß.

Damit sind wir leider wieder an unserem Ausgangspunkt angelangt: Vier Absätze zuvor haben wir gefragt, was es denn im einzelnen beinhaltet, Regeln zu befolgen, und jetzt finden wir heraus, daß es das Befolgen von Regeln beinhaltet. Na herrlich! Doch noch ist nicht alles verloren, denn manche Regeln sind leichter zu befolgen als andere. Wir müssen also eine besondere Kategorie von Regeln definieren, die zu befolgen nur primitive Fähigkeiten voraussetzt - d.h. Fähigkeiten, die ebenso wie die primitiven Operationen selber im Rahmen endlicher Kompetenz liegen. Mit Hilfe solcher Regeln lassen sich dann sowohl komplexe Operationen als auch ein komplexes System der Regelbefolgung "aufbauen".

Ein *Algorithmus* ist ein unfehlbares Rezept, das Schritt für Schritt zu einem vorher definierten Resultat führt. "Unfehlbar" heißt, daß die Prozedur in einer endlichen Anzahl von Schritten (die korrekte Ausführung jedes Schrittes vorausgesetzt) garantiert erfolgreich ist. Zu beachten ist dabei noch, daß die Zahl der erforderlichen Schritte nicht begrenzt ist; entscheidend ist lediglich, daß sie endlich ist. "Schritt für Schritt" bedeutet drei Dinge: (1) das Rezept schreibt bestimmte Schritte zu bestimmten Zeitpunkten vor, immer einen nach dem anderen; (2) nach jedem Schritt ist der nächste Schritt eindeutig festgelegt (es gibt keine Alternativen oder Unsicherheiten); und (3) nach jedem Schritt ist der nächste Schritt offenkundig (ihn zu entdecken, erfordert weder Scharfblick noch Genialität).

Auf den ersten Blick sind Algorithmen lediglich geistlose, mechanisch abzuarbeitende Routinen, die (früher oder später) immer funktionieren. Wenn man zum Beispiel einen Schlüsselbund hat und einer der Schlüssel in ein bestimmtes Schloß paßt, dann ist das aufeinanderfolgende Ausprobieren der Schlüssel ein Algorithmus zum Öffnen des Schlosses: Es wird garantiert gelingen (egal, wie viele Schlüssel), und es ist "narrensicher". Desgleichen kennen wir Algorithmen zum Sortieren von Listen in alphabetischer Reihenfolge, zum Mattsetzen eines einzelnen Königs mit einem König und einem Turm, zum Transponieren von Songs in andere Tonarten, zur Multiplikation ganzer Zahlen (bei Darstellung im Dezimalsystem) usw. Dabei fällt auf, daß diese Algorithmen als Input/Output-Beziehung definiert sind: Man beginnt mit einem bestimmten Input (einem Schloß und einem Schlüsselbund, einer Liste mit Namen, einem Notenblatt), und das Ziel ist ein Output, der mit dem Input auf bestimmte Weise (jenes Schloß geöffnet, jene Liste in alphabetische Reihenfolge gebracht, jener Song transponiert) verknüpft ist.[7]

Die einfachste Art von Rezept ist ein geradliniger Plan mit Instruktionen: Mache zuerst A, dann B ... und, zum Schluß, mache Z. Es ist nicht schwierig, solch einem Rezept zu "folgen": Der Spieler muß im Grunde nur die gegenwärtige Instruktion lesen, sie befolgen und anschließend zur nächstfolgenden auf der Liste übergehen. Aber so bescheiden die Fähigkeit, einer Aufstellung zu folgen, auch ist, so ist sie doch eine grundlegend andere als die Fähigkeit, die aufgelisteten Operationen selbst auszuführen (zu sagen, was getan werden muß, ist etwas anderes, als es zu tun). Ein Spieler braucht beide Fähigkeiten, um das Rezept ausführen zu können.

Da das Repertoire eines endlichen Spielers auch nur eine endliche Anzahl primitiver Operationen enthält, können wir davon ausgehen, daß es für jede dieser Operationen eine eindeutige primitive Instruktion gibt, die der Spieler zuverlässig befolgen kann. Denken wir z.B. an die einzelnen Tasten für die primitiven Tippoperationen einer elektronischen Schreibmaschine: Das Schließen eines solchen Schalters ist eine primitive Instruktion, die von der Schreibmaschine befolgt werden kann. Genauso offenkundig ist, daß ein endlicher Spieler eine endliche Liste der Reihe nach durchgehen kann; jeder der aufeinanderfolgenden Schritte ist vollständig und eindeutig festgelegt. (Man denke an eine Schreibmaschine, der eine Reihe von primitiven Tipp-Instruktionen, auf einem Lochstreifen chiffriert, eingegeben wird.) Somit haben wir ein Ausgangsrepertoir von primitiven Fähigkeiten, Regeln zu befolgen: (1) primitive Instruktionen auszuführen und (2) zur nächsten Instruktion einer endlichen Liste weiterzugehen. Diese Fähigkeiten sind prinzipiell ausreichend, um jedem geradlinigen Plan zu folgen; deshalb haben wir es immer, wenn solch eine Aufstellung unfehlbar ist, mit einem Algorithmus zu tun.

Das Ärgerliche an solchen geradlinigen Plänen ist jedoch, daß sie völlig unflexibel sind: Ohne Rücksicht auf den Input oder irgendwelche Zwischenergebnisse ist immer genau dieselbe Schrittfolge vorgeschrieben. Deshalb eignet sich ein Rezept mit dieser Struktur noch nicht einmal für den langweiligen Algorithmus: Probiere der Reihe nach jeden Schlüssel, bis du den richtigen findest. Erstens sollte der Algorithmus für Schlüsselbunde jeder Größe (= verschiedene Inputs) funktionieren; aber da ein geradliniger Plan nur eine bestimmte Zahl von Eintragungen hat, kann er auch nur bis zu einem bestimmten Punkt gehen. Zweitens sollte der Algorithmus stoppen, wenn der richtige Schlüssel gefunden ist (=Zwischenergebnis); ein geradliniger Plan aber macht, egal womit, stur weiter.

Beide Unzulänglichkeiten werden durch einen einzigen, anscheinend auf der Hand liegenden Kunstgriff behoben, der sich als erstaunlich wirkungsvoll erweist. Pauschal gesagt läßt man den nächsten Schritt von den Ergebnissen der vorhergehenden Schritte abhängen oder durch sie bedingt sein. Um das zu erreichen, gibt es verschiedene (und für Mathematiker recht interessante) Wege; uns soll jedoch eine Methode zur Illustration genügen. Betrachten wir einmal folgendes Rezept:

1. Fange mit irgendeinem Schlüssel des Schlüsselbundes an und markiere ihn mit einem roten Band.
2. Probiere diesen Schlüssel im Schloß aus.
   LÄSST SICH DAS SCHLOSS ÖFFNEN?
   WENN JA, GEHE NACH ZEILE 4; WENN NEIN, GEHE NACH ZEILE 3.
3. Rücke vor zum nächsten Schlüssel.
   TRÄGT ER EIN ROTES BAND?
   WENN JA, GEHE NACH ZEILE 5; WENN NEIN, GEHE ZURÜCK NACH ZEILE 2.
4. Hör auf, klopf dir auf die Schulter und freu dich.
5. Hör auf, laß die Schultern hängen und schleich dich.

Ein Spieler, der dieses Rezept befolgt, wird die Schritte 2 und 3 solange wiederholen und dabei einen Schlüssel nach dem anderen (egal, wie viele es sind) ausprobieren, bis entweder das Schloß geöffnet ist oder sämtliche Schlüssel durchprobiert wurden; er stimmt also sein Verhalten zweckgerichtet auf den Input und die Zwischenergebnisse ab - und genau das ist es, was wir wollten.

Die Verbesserung liegt offenkundig in den besonderen, in Großbuchstaben geschriebenen Anweisungen. Sie beschreiben nicht einzelne, primitive Operationen (wie es die numerierten Instruktionen tun), sondern dienen vielmehr als explizite Wegweiser, die den Spieler durch das Rezept führen, indem sie genau festlegen, welche Instruktion er, in Abhängigkeit vom letzten Schritt, als nächstes befolgen soll. Um den Algorithmus auszuführen, werden zwei neue Fähigkeiten zum Befolgen von Rezepten benötigt: das Beantworten von Ja/Nein-Fragen in bezug auf den vorhergehenden Schritt und, abhängig von der Antwort, das "Abzweigen" zu einer von zwei festgelegten Instruktionen. Solche bedingten Anweisungen (diese Art nennt man eine bedingte Verzweigung) schaffen die Flexibilität, an der es geradlinigen Instruktionsplänen mangelt. So bewirkt die erste dieser Anweisungen eine Überprüfung der Zwischenergebnisse und verhindert, daß stumpfsinnig weitergesucht wird, nachdem der richtige Schlüssel gefunden wurde. Und die Aufforderung zur "Rückwärts-Schleife" in der zweiten Anweisung (GEHE ZURÜCK NACH ZEILE 2) ermöglicht es, daß mit Hilfe dieses Rezepts eine beliebig große Anzahl von Schlüsseln ausprobiert werden kann, eben weil diese beiden Schritte beliebig oft wiederholt werden können.

Aber welchen Sinn haben das rote Band und die andere Aufforderung in der zweiten Abfrage? Warum nicht einfach den Schlüsselbund Schlüssel für Schlüssel durchgehen, bis einer das Schloß öffnet? Das Problem ist schlicht und einfach der ungünstige Fall, daß keiner der Schlüssel paßt; und das ist schwerwiegender, als es zunächst scheinen mag. Da der Input (die Zahl der Schlüssel) beliebig groß sein kann, muß der Algorithmus so beschaffen sein, daß er mit dem Ausprobieren (durch das Wiederholen der beiden "Schleifen") unbegrenzt fortfährt; erst das gibt ihm seine universelle Anwendbarkeit. Andererseits muß ein Algorithmus letztendlich zum Erfolg führen, denn der Sinn liegt ja nicht darin, daß bis in alle Ewigkeit nach einem nicht vorhandenen Schlüssel gesucht wird. Normalerweise wird die Routine nur beendet, wenn ein passender Schlüssel gefunden worden ist. Da es aber denkbar wäre, daß keiner der Schlüssel paßt, muß es eine andere Bedingung geben, die die Routine anhalten läßt, z.B. den Nachweis, daß keiner der gegebenen Schlüssel das vorhandene Schloß öffnet. Diese Aufgabe erfüllen das rote Band und die Aufforderung, zur Zeile 5 abzuzweigen.

Ohne Zweifel ist es einem endlichen Spieler möglich, Ja/Nein-Fragen positiv und zuverlässig zu beantworten: Der Verkaufsautomat wird Wechselgeld herausgeben, *wenn* man Münzen einwirft, die größer sind als verlangt. Er kann außerdem mühelos "Gehe nach"-Anweisungen befolgen, d.h., abhängig von einer Antwort zu alternativen Unterabschnitten eines endlichen Planes "abzweigen": Wenn er die eingeworfenen Münzen einmal identifiziert hat, wird er (den Instruktionen folgend) das korrekte Wechselgeld herausgeben. So können endliche Spieler im Prinzip jedem *verzweigten Plan* (d.h., einem Plan mit bedingten Verzweigungen) folgen, vorausgesetzt, die Verzweigungs-bedingungen (die Ja/Nein-Fragen) sind entsprechend primitiv. Wenn ein solcher Plan (ein Schritt für Schritt zu befolgendes Rezept) unfehlbar ist, d.h., wenn er mit Sicherheit in einer endlichen Zahl von Schritten ein zuvor festgelegtes Ergebnis hervorbringt (und dann stoppt), dann ist er ein Algorithmus. Wir wollen einen solchen Algorithmus, der aus einem verzweigten Plan mit primitiven Verzweigungsbedingungen und primitiven Instruktionen besteht, einen *primitiven Algorithmus* nennen. Damit sind wir zu folgendem Schluß gekommen: Das (positive und zuverlässige) Ausführen primitiver Algorithmen liegt innerhalb der Möglichkeiten eines endlichen Spielers.

Diese Schlußfolgerung ist außerordentlich wichtig. Zum einen bestätigt sie, daß zum Befolgen von Regeln primitive Fähigkeiten ausreichen. Zum anderen aber, und das ist noch spektakulärer, erweitert sie effektiv den Spielraum dessen, was als "primitiv" gelten kann. Noch ist nichts Konkretes darüber gesagt worden, was primitiv ist und was nicht, solange die positive und zuverlässige Ausführung eindeutig im Rahmen endlicher Kompetenz liegt. Doch wir haben gerade festgestellt, daß das Ausführen primitiver Algorithmen im Rahmen endlicher Kompetenz liegt; folgerichtig könnte ein kompletter primitiver Algorithmus als einzelne "primitive" Anweisung in einem komplexeren Algorithmus dienen. Mit anderen Worten: Wenn wir uns primitive Algorithmen als Grundebene vorstellen, dann können Algorithmen der zweiten Ebene einfache Operationen und Anweisungen benutzen, die aus ganzen Algorithmen der ersten Ebene bestehen; Algorithmen der dritten Ebene könnten solche der zweiten Ebene als ihre Grundelemente benutzen, und so weiter.

Kasten 1
Endlichkeit, Magie und Mechanismus

Angenommen, man bekäme eine einfache mathematische Gleichung vorgelegt und würde gefragt: Welches ist die kleinste natürliche Zahl, die, wenn es eine gibt, die gegebene Bedingung erfüllt? Für manche Aufgaben mag es eine analytische (d.h., algebraische) Lösung des Problems geben. Aber betrachten wir einen Fall, bei dem eine derartige Lösung nicht möglich ist und die einzige Methode in roher Gewalt besteht: Setze die Zahl 1 in die Gleichung ein; wenn sie dann nicht stimmt, versuche es mit 2, usw.

Wenn garantiert wäre, daß wenigstens eine Zahl die Bedingungen erfüllt, dann wäre rohe Gewalt ein Algorithmus, um die kleinste gesuchte Zahl zu finden; denn egal wie groß diese Zahl ist, Zählen muß schließlich zu ihr hinführen. Wenn dagegen keine Zahl die Bedingungen erfüllt, wird "rohe Gewalt" diesen Sachverhalt *nie* beweisen; denn egal wie weit man geht, es gibt immer eine nächsthöhere Zahl, die man noch nicht überprüft hat. Wenn eine Prozedur auf diese Weise immer weitergeht, wird sie *nichtendend* genannt. Die Prozedur(en) in einem formalen Spiel, die feststellen, ob ein beabsichtigter Zug erlaubt ist, müssen immer enden (ja oder nein); das ist das entscheidende Kriterium für endliche Spielbarkeit.

Was aber wäre, wenn wir ein Orakel hätten? Eine Kristallkugel, die die (korrekten) Antworten gibt, auch für Fälle, die auf andere Weise nicht entschieden werden könnten? Würde das Spiel dadurch zu einem endlich spielbaren werden? Nein; und an dieser Stelle muß betont werden, daß für den Spielablauf keine Magie benötigt wird. Wenn Magie erlaubt wäre, dann wäre die Beschränkung auf Endlichkeit (wie jede andere Beschränkung) müßig.[8]

Magie ist ihrem Wesen nach nicht intelligibel. Daraus folgt freilich nicht, daß alles (derzeit) nicht intelligible magisch ist. Die Pioniere der formalen Systeme in der Mathematik beispielsweise waren sich nicht sicher, ob mathematisches "Verständnis" und mathematische "Intuition" etwas Magisches an sich hätten. Nicht, daß sie diese Phänomene wirklich für magisch hielten; aber ganz sicher war sich niemand, weil keiner wirklich begriff, wie sie funktionierten. Der einzige Weg, der Magie abzuschwören, besteht tatsächlich darin, auf Prozeduren zu bestehen, die ganz deutlich intelligibel sind, wie z.B. einfache physikalische Mechanismen. Dies ist der Grund, warum Schreibmaschinen und Verkaufsautomaten so nützliche Beispiele abgeben, aber auch, warum algorithmische Prozeduren immer "geistlos und mechanisch" sind.

So könnte z.B. unser Schlüsselbund-Algorithmus ein einzelner Schritt eines "höheren" Rezeptes zum Ausprobieren aller von außen zu erreichenden Schlösser einer Festung sein:

1. Fange mit irgendeinem Schloß an und markiere es mit einem blauen Fähnchen.
2. Probiere alle Schlüssel in diesem Schloß aus.
    LÄSST SICH DAS SCHLOSS ÖFFNEN?
    WENN JA, GEHE NACH ZEILE 4, WENN NEIN, GEHE NACH ZEILE 3.
3. Rücke zum nächsten Schloß der Festung vor.
    TRÄGT ES EIN BLAUES FÄHNCHEN?
    WENN JA, GEHE NACH LINIE 5; WENN NEIN, GEHE ZURÜCK NACH ZEILE 2.
4. Hör auf, klopf dir auf die Schulter und freu dich.
5. Hör auf, laß die Schultern hängen und schleich dich.

Schritt 2 enthält eine beliebige Zahl von "Unterschritten" (einen für jeden Schlüssel, egal wie viele). Weil wir aber einen Algorithmus dafür haben, können wir ihn ohne weiteres als einen einzelnen Schritt betrachten. Dies zeigt uns übrigens auch, wie wichtig das rote Band im ersten Algorithmus war: hätten wir es weggelassen, dann kämen wir mit dem neuen Rezept nicht über das erste Schloß hinaus - denn wenn es sich nicht öffnen ließe, würde Schritt 2 ohne Ergebnis endlos wiederholt werden.

In ähnlicher Weise läßt sich auf dem Fundament von Grundelementen des Schachspiels (Identifizieren von Figuren, Feldern und dergleichen) ein umfangreiches Gebäude aus Algorithmen errichten. Denn aus diesen Grundelementen lassen sich Algorithmen bilden, mit deren Hilfe man z.B. den potentiellen Spielraum jeder Figur feststellen kann, überprüfen kann, inwieweit dieser Spielraum durch andere Figuren blockiert ist, und dann, welche Züge den König einer Bedrohung aussetzen würden. Hieraus wiederum können wir einen Algorithmus konstruieren, mit dem sich überprüfen läßt, welche beabsichtigten Züge zulässig sind; und auf dieser Grundlage kann dann ein unkomplizierter Algorithmus *alle* erlaubten Züge für jede gegebene Konfiguration auflisten. Selbstverständlich können auch viele andere hochkomplizierte und ausgeklügelte Algorithmen aus allen Arten von simplen Grundelementen konstruiert werden. Dabei spielt es keine Rolle, wie viele Ebenen aufeinandergeschichtet werden, solange es nur - bis ganz nach unten - Algorithmen sind. Entscheidend ist, daß die Fähigkeiten auf der Grundebene wirklich primitiv sind - wenn man sie als Bausteine benutzt und die Algorithmen als Mörtel, dann sind der Höhe des Bauwerks keine Grenzen gesetzt.[9]

Komplexe Zeichen

Bevor wir uns nun den automatischen Systemen zuwenden, müssen wir uns noch mit einer letzten "Komplikation" befassen: mit Systemen, in denen einzelne Zeichen aus einfacheren Zeichen zusammengesetzt oder aufgebaut sind. Der Gedanke selbst ist nicht ungewöhnlich: Sätze, hier als Zeichen betrachtet, setzen sich aus Wort-Zeichen zusammen, und diese wiederum bestehen (in der geschriebenen Sprache) aus Buchstaben-Zeichen; ähnlich verhält es sich mit Dezimalzahlen, die aus aneinandergereihten Ziffern, also Zahl-Zeichen (möglicherweise mit einem Dezimalkomma dazwischen) bestehen.

Diese Vorstellung ist uns derart vertraut, daß wir sie für irrelevant halten. Das wäre jedoch grundfalsch.

Tatsächlich gibt es hier interessante und weniger interessante Fälle. Erstere zeichnen sich dadurch aus, daß der Aufbau der Zeichen bereits eine systematische Anleitung für ihren Gebrauch enthält. Das Morsealphabet z.B. ist unter diesem Aspekt absolut langweilig: Obwohl die einzelnen Buchstaben aus "Punkten" und "Strichen" zusammengesetzt sind, ist ihre spezifische Struktur ohne Belang (wichtig ist lediglich, daß jeder Buchstabentyp eindeutig und unverwechselbar ist.) Das alphabetische Kompositionssystem (die Orthographie) ist komplizierter, weil es eine grobe Richtschnur zur Aussprache enthält. Das Wichtige an Wörtern ist jedoch nicht, wie sie klingen, sondern wie sie gebraucht werden, um mit ihnen etwas auszudrücken; und dafür bietet ihre Schreibweise überhaupt keinen Anhaltspunkt. Abgesehen von der Phonetik ist also die alphabetische Komposition im Grunde genommen genauso trivial wie der Morsecode.

Der Unterschied wird noch deutlicher, wenn wir die Orthographie mit einem ganz entschieden *nicht* trivialen System vergleichen: mit dem Dezimalsystem. Wenn man weiß, wie eine mehrstellige Dezimalzahl aufgebaut ist, weiß man alles, was man über sie wissen muß. Dies veranschaulicht die folgende Gegenüberstellung zweier Listen von zusammengesetzten Zeichen, die aus arabischen Ziffern bzw. lateinischen Buchstaben gebildet wurden:

783	dol
374	edh
662	mho
519	ret
54.912	kylix
99,44	phiz
2.000,2	ootid
0,00043	yagi

Angenommen, wir hätten die einzelnen Ziffernfolgen oder Wörter noch nie zuvor gesehen und wären jetzt aufgefordert, beide jeweils in einer typischen Rechenoperation oder einem Satz fehlerfrei zu benutzen. Welch ein Unterschied! Die Zahlen korrekt zu verwenden, selbst wenn wir sie zum ersten Mal sehen, macht uns überhaupt keine Schwierigkeiten, weil wir an der Art und Weise ihres Aufbaus aus Ziffern erkennen können, wie wir mit ihnen umgehen haben. Wenn aber die Wörter neu für uns sind, haben wir keine Ahnung, wie sie richtig gebraucht werden - die Schreibweise hilft uns hier nicht weiter.

Doch beide Beispiele führen uns leider in die Irre: Sie gehen von der *Bedeutung* der Zeichen aus. So sagt uns die Zusammensetzung einer Ziffernfolge, für welche Zahl sie steht, während die Schreibweise eines Worts nichts über seine Bedeutung aussagt. Da jedoch formale Systeme als solche in sich geschlossen sind, sind Bedeutungen in diesem Zusammenhang irrelevant. Die angeführten Beispiele sagen deshalb in Wirklichkeit überhaupt nichts über formale Systeme aus. Der Ausweg aus diesem Dilemma besteht darin, *den Gebrauch* eines Zeichens als den Beitrag zu betrachten, den es zu der formalen Konfiguration leistet - d.h., seinen Einfluß darauf, ob ein Zug erlaubt ist oder nicht. Wenn die Zusammensetzung von Zeichen so verstanden ihren "Gebrauch" bestimmt, dann ist diese Zusammensetzung formal signifikant.

Kasten 2
Einfach und komplex

Wir benutzen "einfach" und "komplex" hier im striktesten Wortsinn. "Einfach" bedeutet "nur aus einem Teil bestehend; nicht aus mehreren Komponenten zusammengesetzt". "Komplex" bedeutet das Gegenteil: "aus mehreren Komponenten zusammengesetzt oder komponiert; aus mehr als nur einem Teil bestehend". Das klassische Beispiel ist die theoretische Chemie, der zufolge Atome einfach und Moleküle komplex (aus Atomen zusammengesetzt) sind. Dieses Beispiel weist uns außerdem auf eine wichtige Einschränkung hin: ob etwas als einfach oder komplex gilt, hängt von der Betrachtungsweise ab. Unter dem Aspekt chemischer Verbindungen sind Atome einfach; aber vom Standpunkt der Atomphysik sind sie Komplexe, die aus einfachen Kernen und Elektronen bestehen. (Kerne wiederum sind aus der Warte der Nuklearphysik zusammengesetzt; Elektronen haben freilich bisher keine bekannte Struktur.)

Mit dieser Strategie im Hinterkopf und mit Hilfe eines kleinen Taschenspielertricks können wir das Zahlenbeispiel sogar noch unterbringen: Wir stellen uns Rechenoperationen einfach als *Spiel* vor. Konkreter ausgedrückt: Wir nehmen an, jemand würde die Regeln und die Einzelschritte ("Züge") der Multiplikation im Dezimalsystem lernen, noch bevor er irgendeine Ahnung hätte, daß die arabischen Ziffern etwas mit Zahlen zu tun haben. (So gräßlich es klingen mag - ich befürchte, daß manche Kinder Rechnen tatsächlich auf diese Art lernen.) Wie dem auch sei, die Ausgangsstellung besteht aus zwei Zeichen, die - mit einem "x" in der Mitte - nebeneinandergeschrieben und unterstrichen werden:

Ausgangsstellung: 54912   1. Zeichen
                    x   783   2. Zeichen

Der Spieler schreibt nun eines oder mehrere neue Zeichen darunter, und zwar stufenweise von links oben nach rechts unten; unter dem letzten Zeichen zieht er einen zweiten Strich:

```
      54912
    x   783
     164736        (erster Zug)
     439296        (zweiter Zug)
     384384        (dritter Zug)
    42996096       (letzter Zug)
```

Ich bin mir sicher, daß dieser Anblick vertraut ist und ich mir eine nähere Auslegung der Regeln schenken kann.

Eines aber ist im Hinblick auf diese Regeln entscheidend: Ich *könnte* sie darlegen, ohne überhaupt Zahlen (oder irgend etwas anderes "außerhalb" des Systems) zu erwähnen. Ich würde lediglich - und zwar nach ganz formalen Kriterien - beschreiben, welche *Zeichen* in welchen Positionen auf welche Art manipuliert werden. Da auch die Einzelschritte offenkundig digital sind, folgt daraus, daß die Multiplikation von Dezimalzahlen als ein komplettes formales System definiert werden kann; wir wollen dieses System als das *formale Multiplikationsspiel* bezeichnen.

Ein kleines Problem bleibt uns dennoch: Im Dezimalsystem können unendlich viele Zahlen dargestellt werden. Deshalb sind bei formaler Multiplikation unendlich viele verschiedene Stellungen und Züge möglich. Ein endlicher Spieler hat aber per definitionem nur ein festgelegtes, endliches Repertoire primitiver Fähigkeiten. Wie kann formale Multiplikation dann endlich spielbar sein?

Die Antwort ist offenkundig (wenn man erst einmal den Sinn der Frage richtig erkannt hat) und dennoch grundlegend. Nicht nur, daß die einzelnen Zeichen (die Zahlen, von denen jeweils eine in einer Zeile steht) komplex (aus einfachen Ziffern zusammengesetzt) sind; hinzu kommt, und das ist genauso wichtig, daß die Regeln für die Manipulation dieser zusammengesetzten Zeichen als *Rezepte* formuliert sind. Sie sind festgelegte Folgen einfacher Schritte, mit denen die einzelnen Ziffern eine nach der anderen durchgegangen werden. So bestimmt die spezielle Zusammensetzung der Zahlen, welche Schritte zulässig sind; außerdem kann ein kleines Repertoire primitiver Operationen mit beliebig großen Zahlen umgehen (durch die Methode der endlichen, aber unbegrenzten Wiederholung). Es gibt also einen kompletten Algorithmus für das Multiplizieren im Dezimalsystem (Teilprodukte zu erhalten, sie in einer bestimmten Art niederzuschreiben, sie zu addieren, etc.), der mehrere Subalgorithmen zur Ausführung der erforderlichen Schritte (Ziffer für Ziffer) umfaßt und so weiter. Deshalb liegt Multiplikation im Rahmen endlicher Kompetenz.

Hier haben wir also das Beispiel, nach dem wir gesucht hatten. Die Zeichen sind komplex; ihr "Gebrauch" hängt von ihrer Komposition ab (die Komplexität ist also nicht trivial); außerdem sind keine Bedeutungen ins Spiel gekommen - das System ist rein formal. Es veranschaulicht zudem die unglaubliche Wirksamkeit der Kombination komplexer Zeichen mit komplexen Rezepten. Denn obwohl wir hier ein System mit buchstäblich unendlich vielen unterschiedlichen legalen Konfigurationen und legalen Schritten vor uns haben, steht doch außer Zweifel, daß es zu "spielen" voll und ganz im Rahmen endlicher Kompetenz bleibt. Natürlich ist es im Grunde keine große Sache, Multiplikation zu formalisieren; das gleiche Grundprinzip gilt jedoch auch für viel eindrucksvollere Formalisierungen, wie sie beispielsweise in der höheren Mathematik, in der Logik, der Computerwissenschaft oder der Linguistik verwendet werden.

Vor allen Dingen aber gilt es für die Künstliche Intelligenz. Denn wenn Hobbes recht haben sollte, daß Denken "Berechnen" ist, dann ist es freilich außerordentlich komplexes Berechnen - noch weitaus komplexer, als Hobbes es jemals hätte ermessen können. Wie wir noch sehen werden (zum Beispiel in "Stereotype des gesunden Menschenverstandes" in Kapitel 5), sind die formalen Strukturen, die ein KI-System manipulieren muß (selbst

Kasten 3
Unbegrenzt versus Unendlich

Es gibt unendlich viele verschiedene endliche Zahlen; folglich sind auch die Möglichkeiten, eine Zahl in dezimaler Schreibweise darzustellen, unendlich groß. Aber jede dieser Zahlen wird mit endlich vielen Ziffern dargestellt. Wie ist das möglich? Die Antwort ist, daß zwar jede der fraglichen Zahlen endlich ist, es für ihre Größe aber keine obere Grenze gibt. Ihre Anzahl ist *unbegrenzt.* Präziser ausgedrückt gibt es für jede natürliche Zahl, egal wie groß sie ist, einen "Nachfolger", der noch größer und deshalb von jeder vorhergehenden Zahl verschieden ist; man wird nie auf ein Ende stoßen.

Wieso bedeutet das, daß es unendlich viele gibt? Wir können einen Beweis dafür konstruieren, indem wir das Gegenteil annehmen und dann zeigen, daß unsere Annahme unhaltbar ist. Stellen wir uns also vor, es gäbe nur endlich viele natürliche Zahlen; in diesem Falle müßte es eine bestimmte Zahl von ihnen, sagen wir N, geben, und darüber hinaus keine mehr. Wir wissen aber, daß es für jede natürliche Zahl genausoviele verschiedene natürliche Zahlen gibt, die bis zu ihr hinaufgehen und sie einschließen; es gibt also genau sechzehn natürliche Zahlen von 1 bis hinauf zu 16 einschließlich. Wenn es also nur N verschiedene natürliche Zahlen gäbe, dann wären das genau die natürlichen Zahlen von 1 bis hinauf zu N; keine von ihnen könnte also größer als N sein. Für jede endliche natürliche Zahl gibt es aber immer eine andere, die größer ist (hier kommt also die Unbegrenztheit ins Spiel). Folglich kann die Anzahl der endlichen natürlichen Zahlen keine endliche Zahl sein - es gibt immer "noch mehr". Deshalb muß die Anzahl der endlichen Zahlen unendlich sein.

Diese Schlußfolgerung gilt auch für Zahlen im Dezimalsystem, weil jede natürliche Zahl durch eine unterschiedliche Dezimalzahl mit endlich vielen arabischen Ziffern dargestellt wird. Der Begriff "endlich, aber unbegrenzt" ist auch in anderen Zusammenhängen wichtig. In algebraischen und formallogischen Systemen z.B. müssen die Formeln ("Sätze") und Beweise alle endlich sein; für ihre Länge besteht dagegen keine Obergrenze. Ähnlich ist es bei einem Algorithmus, der immer nach einer endlichen Zahl von Schritten enden muß; der Zahl der Schritte ist hingegen keine Grenze gesetzt. Im Prinzip gilt das gleiche für die Größe von Computerspeichern (wie z.B. die "Bänder" einer Turing-Maschine; siehe "Turing-Maschinen und Universalität" in Kapitel 4).

wenn es nur um eine einfache Unterhaltung in gewöhnlicher Sprache geht) außerordentlich umfangreich und ausgefeilt. Ihre genaue innere Zuammensetzung ist außerdem von entscheidender Bedeutung dafür, wie sie benutzt werden können.

Automatische Systeme

Ein *automatisches formales* System ist ein formales System, das von allein "funktioniert" (oder "spielt"). Genauer, es ist eine physische Vorrichtung (z.B. eine Maschine) mit folgenden Merkmalen:

1. einige seiner Bestandteile oder Zustände entsprechen den Zeichen (in einer Konfiguration) irgendeines formalen Systems; und
2. im Rahmen seiner normalen Funktionsweise manipuliert es diese Zeichen automatisch entsprechend den Regeln dieses Systems.

Ein automatisches formales System wäre also wie ein Schachspiel, bei dem alle Figuren von allein - aber den Regeln entsprechend - auf dem Spielbrett herumhüpfen oder wie ein magischer Stift, der mathematische Ableitungen formal korrekt niederschreibt, ohne von einem Mathematiker geführt zu werden. Man sollte einen Augenblick über diese bizarren und phantastischen Bilder nachdenken, um sich das Wunder zu vergegenwärtigen, daß solche (oder äquivalente) Systeme heutzutage konstruiert werden können.

Der konkrete Spielablauf erfordert jedoch mehr als nur Konfigurationen und Züge: es müssen noch ein oder mehrere Spieler und ein Schiedsrichter vorhanden sein. Die Spieler machen immer dann, wenn sie an der Reihe sind, ihre Züge; der Schiedsrichter, der selber keine Züge macht, bestimmt, wer an der Reihe ist - d.h., welcher Spieler als nächster einen Zug macht und vielleicht noch, welche Zeichen er "bearbeiten" soll. Der Schiedsrichter schreibt außerdem die Grundstellung vor, entscheidet, wann das Spiel beendet ist, gibt die offiziellen Ergebnisse bekannt usw. Bei Spielen im Freundeskreis neigen wir dazu, die Funktion des Schiedsrichters zu übersehen, weil sie oft so unproblematisch ist, daß die Spieler sie selber wahrnehmen. Aber genaugenommen ist die Schiedsrichterfunktion immer vom Spielen (Ausführen der erlaubten Züge) getrennt, selbst wenn der Unterschied unscheinbar ist; und wenn die Lage komplizierter wird, ist das klare Auseinanderhalten dieser Funktionen unumgänglich, um einer heillosen Verwirrung vorzubeugen.

Da ein automatisches Spiel tatsächlich von allein spielt, muß es alle diese Elemente enthalten; im Grunde können wir es uns als eine Kombination von Spieler(n), Schiedsrichter und dem gewöhnlichen "manucllcn" Spiel (den Zeichen) vorstellen. Es gibt natürlich auch formale Spiele, die nur teilweise automatisiert sind. Bei einem Schachcomputer z.B. ist üblicherweise nur einer der Spieler (und der Schiedsrichter) automatisiert; der andere Spieler ist außerhalb der Maschine - so wie ihr Käufer. Für die Theorie der automatischen Systeme ist das jedoch unerheblich, so daß wir genauso annehmen können, alle Spieler wären im System enthalten.

Bisher haben wir nur davon gesprochen, was ein automatisches formales System ist: die Kombination eines manuellen Spiels mit automatisierten Spieler(n) und Schiedsrichter. Wir haben noch nicht gesagt, wie sie funktionieren, woraus sie gemacht sind oder auf welchen Prinzipien sie basieren - weil nichts davon für die Erklärung relevant ist, was sie sind. Spieler und Schiedsrichter werden, um einen wunderbaren Ausdruck aus der Technik zu borgen, als *Black Box* ("Schwarzer Kasten") behandelt: Dinge, deren innerer Aufbau unbekannt ist. So ist es oftmals zweckmäßig, nur die "undurchsichtige Oberfläche" einer Komponente zu betrachten (*was* sie macht) und ihre innere Funktionsweise (*wie* sie es macht) nicht zu hinterfragen. Zum Beispiel braucht ein Toningenieur, der aus Dutzenden von Mikrophonen, Mischpulten, Verstärkern, Lautsprechern etc. das Soundsystem für ein Konzert zusammenstellt, sich keine Sorgen darüber zu machen, wie jedes dieser Elemente seine spezielle Aufgabe verrichtet, solange es nur funktioniert. Die einzelnen Komponenten müssen als Black Box betrachtet und so wie sie sind innerhalb der Konstruktion des Gesamtsystems als selbstverständlich vorausgesetzt werden.

Was als Black Box zählt, hängt vom Blickwinkel ab; was für den einen Ingenieur ein Bauelement ist, ist für den anderen ein ganzes System. Ein Verstärker z.B. ist ein kompliziertes System für sich, das ein Entwicklungsingenieur aus noch kleineren Black Boxes konstruieren mußte: aus Transistoren, Widerständen, integrierten Schaltkreisen etc. Der Konstrukteur des Verstärkers bedient sich einfach dieser vorhandenen Elemente, die zuvor natürlich auch jemand anders konstruiert hat. Wenn man lediglich wissen will, was etwas macht, dann genügt es, seine Oberfläche zu betrachten (oder die Bedienungsanleitung zu lesen); will man jedoch verstehen, wie es das macht, was es macht, dann muß man hineingucken (oder die Entwicklungsingenieure des Herstellers fragen.)

Herauszufinden, wie etwas macht, was es macht, indem man untersucht, woraus es besteht und wie es zusammengesetzt ist, nennt man *Analyse*. Eine Analyse kann daraus bestehen, die Funktionsweise eines komplexen Systems durch die Wechselwirkungen seiner funktionalen Elemente zu erklären.[10] Nehmen wir z.B. an, Sie stehen völlig perplex vor Ihrem neuen automatischen Schachsystem. Sie wissen, daß es (außer den Zeichen) zwei Schachspieler-Komponenten und eine Schiedsrichter-Komponente enthält; und Sie wissen, daß es den Regeln entsprechend Schach spielt. Nun wüßten Sie gerne, *wie* es das tut; anders gesagt, Sie wollen die Komponenten nicht länger als Black Boxes behandeln, sondern sie analysieren.

Eine Möglichkeit der Analyse ist die Zergliederung in kleinere automatische formale Systeme; d.h., eine Einzelkomponente im Gesamtsystem ist vielleicht selber ein vollständiges automatisches formales System, das seine eigenen kleinen Zeichen hat, die von einer Gruppe von inneren Spielern unter Anleitung eines inneren Schiedsrichters manipuliert werden - wobei alle diese Elemente völlig verschieden von den äußeren Zeichen, Spielern und dem äußeren Schiedsrichter sind. Nehmen wir zum Beispiel einen der "äußeren" Spieler. Er macht immer dann einen den Regeln entsprechenden Schachzug, wenn der Schiedsrichter auf eine Konfiguration weist und sagt: "Du bist jetzt mit einem Zug an der Reihe." Wie mögen die "Eingeweide" eines solchen Spielers aussehen, wenn man davon ausgeht, daß er selber ein komplettes automatisches formales System ist?

Die Antwort wird natürlich je nach Konstruktion verschieden ausfallen. Für unsere Zwecke wollen wir von einer Konstruktion ausgehen, die nach dem hier dargestellten Schema funktioniert (siehe Schema 1). Die Zeichen des inneren Spiels bestehen aus einer Beschreibung (oder Nachbildung) der jeweiligen äußeren Konfiguration (bereitgestellt von dem äußeren Schiedsrichter) und einer Standard-Notation zur Bezeichnung der

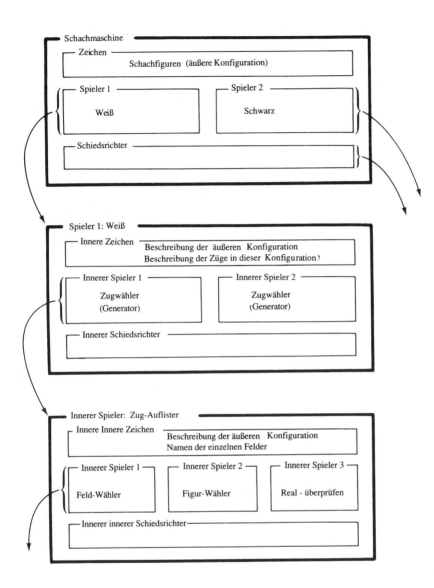

Schema 1   Teilanalyse einer Schachmaschine

Schachzüge. Es gibt zwei innere Spieler: einen "Zug-Auflister" und einen "Zug-Wähler". Der innere Schiedsrichter nimmt zuerst die Spielkonfiguration (innere Nachbildung) auf und meldet diese dem Zugauflister, der dann alle in dieser Konfiguration zulässigen Züge auflistet. Dann nimmt der Schiedsrichter Spielkonfiguration und Zugliste auf und gibt sie an den Zug-Wähler weiter, der als nächsten Schritt einen Zug von der Liste wählt. Schließlich gibt der Schiedsrichter den gewählten Zug als den Output des Subsystems bekannt. (d. h., der äußere Spieler macht seinen Zug in dem Schachspiel).

Das ist *eine* Ebene der Analyse. Aber es kann viele Ebenen geben: die Box in der Box in der..., bis die Komponenten so elementar sind, daß sie nicht weiter zergliedert (oder vielleicht nur auf irgendeine andere Weise analysiert) werden können. Beispielsweise könnte man die Komponenten Zug-Auflister und/oder Zug-Wähler (des oben beschriebenen Systems) in noch kleinere Systeme zerlegen; die beiden Fälle wären sehr verschieden, und beide würden eine wichtige Lehre illustrieren. (Der innere Schiedsrichter mag gleichfalls analysierbar sein; aber diese spezielle Komponente ist eigentlich ziemlich uninteressant.)

In einem tieferen Sinne ist der Zug-Auflister trivial, weil alle in einer Schachstellung erlaubten Züge mit Hilfe eines Algorithmus aufgelistet werden können. Was haben Algorithmen mit automatischen formalen Systemen zu tun? In gewisser Hinsicht alles. Rufen wir uns ins Gedächtnis, daß die Ausführung eines Algorithmus ein festgelegtes, endliches Repertoire primitiver Fähigkeiten erfordert - sowohl primitive Operationen als auch primitive Rezeptbefolgung. Nehmen wir also an, jede primitive Operation würde einem Einzelspieler übertragen, der nur für diese einzige Operation zuständig ist; nehmen wir ferner an, daß der Schiedsrichter alle primitiven Rezeptbefolgungs-Fähigkeiten hätte. Grob gesagt könnte dann der Schiedsrichter das Rezept befolgen, die Spieler in der richtigen Reihenfolge verständigen (ihnen sagen, wer an der Reihe ist und welche Zeichen manipuliert werden sollen), und die Spieler könnten dann die angegebenen Operationen ausführen. Der Algorithmus kann von einem System, das sich aus diesen Spielern und diesem Schiedsrichter zusammensetzt, automatisch ausgeführt werden.

Aber was müssen wir in diesem Fall unter primitiven Fähigkeiten verstehen? Nun, immer wenn eine Fähigkeit durch einen Algorithmus festgelegt werden kann (im Form von einfacheren Fähigkeiten), dann kann diese Fähigkeit als Ganzes als Grundelement in einem Algorithmus auf höherer Ebene zählen. Die einzige Bedingung ist, daß alle erforderlichen Fähigkeiten schließlich in Fähigkeiten der Grundebene zergliedert werden können, die *wirklich* primitiv sind - Fähigkeiten, die so "geistlos und mechanisch" sind, daß sogar eine Maschine sie besitzen könnte. Diese Zergliederung von Grundelementen einer höheren Ebene in Algorithmen einer niedrigeren Ebene entspricht der Zergliederung von Komponenten höherer Ebene (Black Boxes) in Systeme niedrigerer Ebene. Überdies sind die allerletzten Grundelemente auf der untersten Ebene genau dieselben - außer daß sie, in einem automatischen System, von primitiven Maschinen nicht nur ausgeführt werden könnten, sondern auch ausgeführt *werden*.

Diese allerletzten Grundelemente (sowohl Operationen der Spieler als auch Rezeptbefolgung durch den Schiedsrichter) sind der Dreh- und Angelpunkt, in dem formale Systeme und Automatisierung sich treffen. Auf dieser Grundlage kann der Aufbau ausgeklügelter automatischer Systeme Black Box für Black Box zurückverfolgt werden, in genau derselben Art und Weise, wie der Aufbau ausgeklügelter Algorithmen über

Kasten 4
Analyse und Reduktion

Viele Philosophen und Wissenschaftler nehmen an, daß die Natur nicht nur aus einem einheitlichen Grundstoff (Materie) besteht, sondern auch mit einheitlichen Gesetzen (der Physik) erklärt werden kann. Die Richtung, die diese weitergehende These (oftmals als "die Einheit der Wissenschaft" zusammengefaßt) vertritt, wird "Physikalismus" oder "Reduktionismus" genannt - letzteres, weil Physikalismus (im Gegensatz zu bloßem Materialismus) auf die Behauptung hinausläuft, daß alle anderen Wissenschaften (im Prinzip) auf die Physik "reduziert" werden können.

Das Standardbeispiel ist die Reduktion der Thermodynamik, der zufolge Wärme nur eine besondere Form von Energie ist, die in dem chaotischen Wirbel der Einzelmoleküle gespeichert wird. Dies vorausgesetzt, läßt sich nach einer Vielzahl bahnbrechender Entdeckungen zeigen, daß thermodynamische Gesetze von physikalischen Gesetzen abgeleitet werden können - was impliziert, daß die Thermodynamik im Grunde ein Spezialfall der Physik ist. Solche Reduktionen werden *nomologisch* (von dem griechischen *nomos* = Gesetz) genannt.

Viele Erklärungen berufen sich jedoch nicht auf Gesetze; deshalb können sie auch nicht nomologisch reduziert werden. Wenn beispielsweise Rudi Ringschlüssel erklärt, wie ein Automotor funktioniert, bedient er sich dabei nicht der Physik; er beruft sich statt dessen auf Leistungen und Funktionen der verschiedenen Bauteile und zeigt, wie sie ineinandergreifen und zusammenspielen als ein integriertes, organisiertes System. Mit anderen Worten, er analysiert den Motor und erklärt ihn unter funktionellen oder systematischen Gesichtspunkten.

Wenn sich eine Erklärung auf Gesetze beruft, werden diese Gesetze selbst nicht erklärt, sondern lediglich angewandt: sie dienen als "unerklärte Erklärer". Reduktion heißt, die unerklärten Erklärer einer Theorie mit denen einer anderen zu erklären; folglich ist Physikalismus in Wirklichkeit die Sichtweise, daß es außerhalb der Physik keine unerklärten Erklärer mehr gibt. Entsprechend können funktionelle/systematische Erklärungen ebenso reduziert werden, wenn ihre unerklärten Erklärer (im wesentlichen die interaktiven Fähigkeiten ihrer funktionellen Komponenten) selber in noch grundlegenderen Kategorien erklärt werden können.

Automatische formale Systeme zu analysieren, indem man sie in immer kleinere Systeme von interagierenden Black Boxes zergliedert, ist somit reduktionistisch - nicht im nomologischen, sondern eher im funktionell/ systematischen Sinne. Eine Verbindung zur Physik ergibt sich auf der (oder über die) Ebene der Operationen, die so primitiv sind, daß sie von geistlosen Mechanismen ausgeführt werden können.

immer einfachere Algorithmen bis schließlich hin zur Grundebene zurückverfolgt werden kann. Das Wesentliche läßt sich damit folgendermaßen zusammenfassen:

AUTOMATIONSPRINZIP: Immer dann, wenn die nach den Regeln erlaubten Schritte (Züge) eines formalen Systems voll und ganz durch Algorithmen festgelegt werden können, kann dieses System automatisiert werden.

Das ist auch der Grund, warum in einem Schach-System die Komponente "Zug-Auflister" innerhalb der Komponente "Schachspieler" (theoretisch) trivial ist.

Die Komponente "Zug-Wähler" jedoch ist eine andere Sache. Wenn der Zug-Auflister nur einen einzigen erlaubten Zug auflisten würde, erübrigte sich eine Wahl, und es gäbe kein Problem. Aber Schach ist, wie die meisten interessanten formalen Systeme, *nichtdeterministisch*; d.h., in den meisten Konfigurationen gibt es nicht nur einen, sondern mehrere erlaubte Züge. Es kommt zwar vor, daß ein bestimmter Zug unumgänglich ist, weil kein anderer zulässig wäre; aber wenn das ganze Spiel nur aus solchen Zügen bestehen würde, wäre es schikanös und unerträglich und würde keinen Spaß machen. Algorithmen dagegen sind immer deterministisch: per definitionem sind sie Prozeduren, die Schritt für Schritt zu einem Ergebnis führen und dabei keine Wahlmöglichkeiten oder Unsicherheiten hinsichtlich des folgenden Schritts zulassen. Wie also kann ein System, das Wahlmöglichkeiten zuläßt, automatisiert werden?

Wahrscheinlich schießen uns sofort ein paar Antworten durch den Kopf. Erstens wählt der Zug-Wähler vielleicht immer nur den Zug, der auf der Liste des Auflisters obenan steht (genausogut könnte er jedes andere unbegründete Prinzip anwenden, wie z.B. den Zug auszuwählen, dessen Beschreibung bei alphabetischer Reihenfolge zuerst kommt). Zweitens könnte der Wähler vielleicht nach dem Zufallsprinzip vorgehen und von irgendeinem Zufallsinput (sagen wir, einem Wurf elektronischer Würfel) entscheiden lassen, welcher der aufgelisteten Züge gemacht werden soll. Diese Konstruktionsprinzipien würden ein System hervorbringen, das *den Regeln entsprechendes* Schach spielt; oberflächlich betrachtet scheint das unsere Frage zu beantworten. Aber solche Systeme würden ein grauenhaftes Schach spielen - praktisch so hoffnungslos wahnsinnig und chaotisch, daß wir Bedenken hätten, das Ganze noch Schach zu nennen, auch wenn alle Züge streng den Regeln entsprechen.

Das eigentliche Problem liegt also darin, einen Wähler zu konstruieren, der gute (vernünftige, intelligente, kluge...?) Entscheidungen trifft. Leider kennen wir keine machbaren Algorithmen, die uns generell sagen, welcher von zwei Schachzügen der bessere ist (von Klugheit und ähnlichem ganz zu schweigen). So überrascht es nicht, daß

Versuche, dieses Problem zu lösen, auch zu Techniken greifen, die kennzeichnend sind für die Künstliche- Intelligenz-Forschung, auf die wir später noch ausführlicher eingehen werden. Vorerst aber kann die Skizzierung eines Schachzug-Wählers einen flüchtigen Eindruck von dem vermitteln, was noch kommt.

Sicherlich braucht der Wähler nicht jedesmal den besten Zug zu finden; sogar der größte Schach-Champion spielt nicht perfekt. Anzustreben ist vielmehr ein System, das in den meisten Fällen relativ gute Entscheidungen trifft. Mit anderen Worten, ein unfehlbares Prüfverfahren, welcher Zug der bessere ist (d.h., ein Algorithmus), ist im Grunde nicht erforderlich; es würde genügen, eine einigermaßen zuverlässige Prüfung zu haben, mit der die Maschine in der Regel die schlechtesten Möglichkeiten ausschließen und einen relativ guten Zug auswählen kann. Solche fehlbaren, aber "einigermaßen zuverlässigen" Verfahren werden (in der KI-Literatur) *Heuristiken* genannt. Heuristiken sind nach dieser Definition also keine Algorithmen, da Algorithmen unfehlbar sein müssen. Global gesagt sind Heuristiken so etwas wie Faustregeln: grobe, allgemeine Prinzipien, die nicht vollkommen exakt, aber immer noch exakt genug sind, um brauchbar und zweckmäßig zu sein.

Es gibt viele Faustregeln für besseres Schachspiel. Zum Beispiel ist es im allgemeinen sinnvoller, gegnerische Figuren zu schlagen und dabei keine eigenen (oder nur schwächere) zu verlieren; ebenso ist es generell vorzuziehen, das Zentrum zu kontrollieren, Figuren früh zu aktivieren, den König zurückzuhalten und so weiter. Doch keine Regel ohne Ausnahme: auch die besten Heuristiken versagen manchmal - und eine erbeutete Figur entpuppt sich als Köder in einer brillanten Falle. Es gibt verschiedene Wege, die Gewinnchancen zu verbessern; man kann z.B. eine Vielzahl von Heuristiken verwenden und sie gegeneinander ausbalancieren, oder man kann nicht nur einen Zug, sondern auch die möglichen Folgezüge betrachten (vorausschauen); das, was am Ende dabei herauskommt, kann sich dann als recht brauchbar, wenn auch nicht als perfekt erweisen.

In welcher Weise unterstützen Heuristiken die Automation? Angenommen, wir stellen eine strenge, präzise Formel für die Anwendung und Verknüpfung verschiedener fest umrissener Faustregeln auf; der Output dieser Formel ist dann eine fehlbare, aber verhältnismäßig zuverlässige Schätzung des besten Zuges in einer gegebenen Spielsituation. Die Formel selber ist völlig klar und unzweideutig, so daß wir uns ohne weiteres eine Routine vorstellen können, die ihren Wert für jede gegebene Schachkonfiguration unfehlbar berechnet (also eine genaue Schätzung liefert). Ist diese Routine ein Algorithmus? Das hängt von der Betrachtungsweise ab. Wenn das festgelegte Ziel darin besteht, die Formel mechanisch abzuarbeiten (die Schätzung zu berechnen), dann *ist* es ein (unfehlbarer) Algorithmus. Aber wenn als Ziel festgelegt wurde, einen optimalen Schachzug zu finden, dann ist genau dieselbe Routine nur ein fehlbares Schätzverfahren, also eine Heuristik. Die Pointe ist klar: Als Algorithmus gesehen, kann die Routine wie jede andere automatisiert werden; aber als Schätzverfahren betrachtet, kann dieselbe Routine (nun automatisiert) als ein passabler Zug-Wähler funktionieren. Mit anderen Worten, ein guter, aber fehlbarer Zug-Wähler kann im Grunde durch einen Algorithmus automatisiert werden.

Diese Strategie, ein und dasselbe Ding aus mehreren Blickwinkeln zu betrachten oder *neu zu beschreiben,* ist ein grundlegendes Prinzip jeder Wissenschaft. Ärzte müssen es lernen, Patienten als Konglomerate von lebendem Gewebe zu sehen und lebendes Gewebe als brodelnden biochemischen Eintopf. Um zu verstehen, warum Sonette so fehlerlos erhalten geblieben sind, muß man sie als bloße Ketten digitaler Schriftzeichen neu begreifen. Wir werden noch sehen, daß die Möglichkeit, unterschiedliche Blickwinkel einzunehmen, in der Künstlichen Intelligenz besonders wichtig ist - wobei die Analysen von Black Boxes und automatischen Faustregeln nur zwei Beispiele sind. Die bei weitem wichtigste Neubeschreibung taucht jedoch im Zusammenhang mit *Bedeutung* auf - ein Problem, das wir nicht mehr länger vor uns herschieben können.

Sind das Symbole? Was bedeuten sie?

3 Semantik

Bedeutung

Wie im ersten Kapitel herausgearbeitet wurde, warf die Philosophie der Neuzeit eine grundsätzliche Frage auf, die sie allerdings nicht beantworten konnte: Wie ist in einem physikalisch-mechanistischen Universum Bedeutung möglich? Dieses Problem läßt sich wiederum in zwei grundlegende Unterprobleme aufspalten:

1. Was ist mit einem physikalischen Mechanismus vereinbar?
2. Welche Voraussetzungen erfordert Bedeutung?

Kapitel 2 umging zwar beharrlich das zweite Unterproblem, machte dabei aber bedeutende Fortschritte bei der Lösung des ersten. Da formale Systeme per definitionem in sich geschlossen sind, gestatten sie Bedeutungen keine irgendwie geartete (formale) Rolle und sind deshalb auch nicht für traditionelle Mysterien in bezug auf Bedeutungen anfällig. Sogar das Befolgen formaler Regeln kann ja in automatischen formalen Systemen voll mechanisiert werden. Darum sind formale Systeme (einschließlich automatischer) mit einem physikalischen Mechanismus vereinbar. Wenn dies jedoch ein Schritt zum Verständnis der Künstlichen Intelligenz oder sogar des menschlichen Geistes sein soll, dann muß es mit einer Antwort auf die zweite Frage verbunden werden.

Was erklärt die Rolle der Bedeutung beim Denken? Für Hobbes war Denken "innerer Diskurs", und die Kognitionswissenschaft, einschließlich der Künstlichen Intelligenz, stützt sich größtenteils auf die gleiche Annahme: Denken *ähnelt* Sprechen. Deshalb können wir uns, wenigstens teilweise, von dem leiten lassen, was wir über linguistische Bedeutung wissen. Natürlich ist linguistische Bedeutung eine (vom Denken) abgeleitete, während die geistige Bedeutung selbst die *ursprüngliche* sein muß. Doch von diesem einen entscheidenden Unterschied einmal abgesehen, haben Denken und Sprache wohl vieles gemeinsam, so daß ein Vergleich trotzdem zu interessanten Erkenntnissen führen könnte. Je mehr wir über das Denken wissen, desto besser werden wir gerüstet sein, wenn wir uns danach nicht nur dem Mysterium der ursprünglichen Bedeutung, sondern auch dem Paradoxon des mechanischen Verstandes zuwenden.

Worauf gründet nun aber die Annahme, daß Denken und Sprechen etwas Ähnliches seien? Die Tatsache, daß wir manchmal "in Worten denken", kann nicht der einzige Grund dafür sein; natürlich tun wir das, aber die Theorie sollte viel mehr Fälle als diese (die ohnehin eher selten sind) umfassen. Da es hier um etwas Wesentliches geht, müssen wir uns zunächst einmal einige der offenkundigen Hauptparallelen zwischen Denken und Sprechen vergegenwärtigen. Die auffälligste Beziehung besteht darin, daß Sprechakte

Kasten 1
Bedeutungen von 'Bedeutung'

1. Wenn ein Ereignis oder ein Gegenstand als Zeichen für oder als Hinweis auf etwas anderes dient, das geschehen ist oder noch eintreten wird, sagen wir manchmal, daß das erste das zweite *bedeutet.*
   - Wolken im Süden bedeuten, daß ein Sturm heraufzieht.
   - Diese geknickten Zweige bedeuten, daß ein großes Tier vorbeigelaufen ist.
   - Ich hoffe, daß dieser neue Schreibtisch eine Beförderung bedeutet.
   (Wir würden jedoch nicht sagen: "Die Bedeutung von Wolken besteht darin, daß...")

2. Welche Tragweite, welchen Wert oder welche Folgen etwas hat, drücken wir oft aus, indem wir sagen, was es für uns oder für jemand anders *bedeutet:*
   - Millionenverluste bedeuten ihm wenig.
   - Eine Beförderung für mich würde für die Kinder neue Schuhe bedeuten.
   - Die Reise bedeutete für ihn ein Wagnis.
   (Wiederum würden wir nicht sagen: "Die Bedeutung von ... besteht in...")

3. Jemandem einen Wink geben oder ihm nahelegen, etwas Bestimmtes zu tun, wird manchmal auch mit dem (hier allerdings schon veralteten) Ausdruck *bedeuten* bezeichnet:
   - Er bedeutete mir, mit ihm zu gehen.
   - Gnädig bedeutete ihm die Gräfin, Platz zu nehmen.
   - Er bedeutete ihm, daß die Luft rein war.

4. Welchen Grund hat etwas, was steckt dahinter? Auch hier benutzen wir manchmal das Wort "bedeuten".
   - "Was hat das zu bedeuten?" fragt der Lehrer streng.
   - "Bedeutet Deine Miene, daß Dir das Essen nicht schmeckt?"

5. Unter *Bedeutung* verstehen wir auch den Sinn von Handlungen, Gegebenheiten, Dingen und Erscheinungen:
   - Er dachte über die Bedeutung seines Traumes nach.
   - Diese Fabel hat eine tiefere Bedeutung.
   - Er maß ihrem Verhalten keine Bedeutung bei.

6. Und schließlich kann die *Bedeutung* einer Äußerung oder eines Zeichens das sein, was sie im üblichen Sprachgebrauch ausdrücken,

meinen, repräsentieren oder mitteilen. Dies ist der Inhalt, den Wörterbücher zu erklären versuchen, der in sorgfältigen Übersetzungen möglichst gewahrt bleiben muß und für den die vorliegende Liste sechs verschiedene Beispiele gibt.
- Welch eine Überraschung, daß "Bedeutung" so viele Bedeutungen hat!
- Das englische Wort 'red' bedeutet das gleiche wie das deutsche Wort 'rot'.
- Unentschlüsselt wirkt dieser Code wie bedeutungsloser Unsinn.
- Idiomatisch bedeutet "den Eimer umstoßen" das gleiche wie "den Löffel weglegen".
Bedeutung in diesem letzten Sinn ist unser gegenwärtiges Thema; wir nennen es *semantische Bedeutung.*

Gedanken *ausdrücken.*[1] Behauptungen zum Beispiel bringen Überzeugungen zum Ausdruck, Bitten drücken Wünsche aus, Entschuldigungen sind ein Ausdruck des Bedauerns, Versprechungen drücken Absichten aus, Vorhersagen Erwartungen usw. Unter "Denken" und "Kognition" versteht man in diesem Zusammenhang nicht nur bewußte Überlegungen, sondern auch alle Arten von Ahnungen, Hoffnungen, Ängsten, Wünschen, Sorgen, Verwunderung usw. - ob bewußt oder unbewußt. In diesem weitgefaßten Sinn drücken nahezu alle Sprechakte entsprechende kognitive Zustände oder Ereignisse aus; umgekehrt sind zumindest sehr viele Gedanken ohne weiteres in Sprache auszudrücken. Kurz, wir können sagen, was wir denken, und wir denken auch (wenn wir aufrichtig sind), was wir sagen.

Eine tiefere Entsprechung zwischen Gedanken und Sprechakten jedoch ist vielleicht die generelle Anwendbarkeit einer Unterscheidung zwischen *Modus* und *Gehalt.* Betrachten wir einmal, was die folgenden Äußerungen gemeinsam haben:

(Ich behaupte:)	Fido frißt seine Fliegen.
(Ich frage:)	Frißt Fido seine Fliegen?
(Ich bitte:)	Bitte achte darauf, daß Fido seine Fliegen frißt.
(Ich entschuldige:)	Tut mir leid, daß Fido seine Fliegen frißt.

Sie alle beziehen sich auf Fido, der seine Fliegen frißt, oder (wie Philosophen sagen), sie haben den *propositionalen Gehalt* gemeinsam,

(daß) Fido seine Fliegen frißt.

Aber jede dieser Äußerungen bringt den Gehalt anders zum Ausdruck - z.B. als Behauptung, daß es so ist, als Frage, ob es so ist, oder als Bitte, daß es geschehen soll. Dies sind Unterschiede des *Modus*; der gleiche Gehalt kann also in verschiedenen Modi zum Ausdruck gebracht werden. Von der anderen Seite betrachtet können Äußerungen im selben Modus natürlich unterschiedliche Gehalte haben - daß Dinky ihre Milch trinkt, daß Smaragde teuer sind oder was auch immer.

Wichtig hierbei ist, daß diese Unterscheidung zwischen Modus und Gehalt anscheinend auch beim Denken auftritt: Ich kann glauben, wünschen oder bedauern (= Unterschiede des Modus), daß Fido seine Fliegen frißt, daß Dinky ihre Milch trinkt oder daß Smaragde teuer sind (= Unterschiede des Gehalts). Dies läßt vermuten, daß zwischen einem Sprechakt und dem Gedanken, den er ausdrückt, eine engere Beziehung besteht: Wahrscheinlich haben sie den *gleichen* Gehalt und *korrespondierende* Modi. Wenn ich also gerne wissen möchte, ob Fido seine Fliegen frißt, äußere ich das, indem ich frage (= korrespondierender Modus), ob Fido seine Fliegen frißt (= gleicher Gehalt); wenn ich stattdessen behaupte, daß Fido seine Fliegen frißt oder frage, ob Dinky ihre Milch trinkt, drücke ich unterschiedliche Gedanken aus. Offenkundig korrespondieren Fragen mit Bedenken, Behauptungen mit Überzeugungen, Bitten oder Aufforderungen mit Wünschen, Entschuldigungen mit Bedauern usw.[2]

Trotz dieser Parallelen wäre es vermessen zu behaupten, daß sich *alle* Gedanken durch Sprache ausdrücken lassen oder daß Gedanken überhaupt *vollständig* ausdrückbar sind. Diesen Standpunkt vertritt die Kognitionswissenschaft auch gar nicht. Sie geht vielmehr davon aus, daß Denken sprachlichen Äußerungen *ähnelt,* und zwar in einem abstrakteren Sinne, der noch geklärt werden muß. Eine solche abstrakte Ähnlichkeit könnte in der Gleichheit eines allgemeinen oder strukturellen Merkmals bestehen, das für Unterschiede spezieller Details Raum ließe. So ist beispielsweise die Unterscheidung zwischen Modus und Gehalt *per se* (d.h., losgelöst von allen spezifischen Modi oder Gehalten) genau die Art von abstraktem Merkmal, das Denken und Sprache möglicherweise gemeinsam haben - auch wenn Denken vermutlich weitaus reichhaltiger oder subtiler ist, als Sprache es jemals ausdrücken könnte.

Eine wichtigere abstrakte Eigenschaft jedoch ist es, ein *symbolisches System* zu sein. Das heißt zweierlei:

1. die Bedeutungen einfacher Symbole (z.B. Wörter) sind *willkürlich;* und
2. die Bedeutungen komplexer Symbole (z.B. Sätze) werden durch ihre Komposition *systematisch determiniert.*

Die "Komposition" eines komplexen Symbols hängt nicht nur davon ab, aus welchen einfachen Symbolen es zusammengesetzt ist, sondern auch von der Art und Weise dieser Zusammensetzung - der "Form" oder "Grammatik" der Komposition. Punkt 2 wird manchmal als "Kompositionsprinzip symbolischer Systeme" bezeichnet.

Sprachen sind symbolische Systeme, jedenfalls im großen und ganzen. Wortbedeutungen sind in dem Sinne "willkürlich", daß es keinen inhärenten Grund gibt, der sie eher das eine als das andere bezeichnen läßt - so hätte z.B. unser Wort "Quelle" ebensogut die Bedeutung von "Qualle" haben können usw. (Ihre tatsächlichen Bedeutungen sind nur durch den konventionellen Gebrauch innerhalb der Sprachgemeinschaft festgelegt.) Ebenso wird es kaum eine Neuigkeit sein, daß Satzbedeutungen zum größten Teil anhand grammatischer Regeln aus Wortbedeutungen aufgebaut sind. Worauf es uns ankommt, sind nicht diese profanen Beobachtungen selbst, sondern ihre tiefgreifenden Konsequenzen.

Kasten 2
Die 'Fido'-Fido Theorie

Wörter und Sätze werden benutzt, um über konkrete Dinge zu sprechen (sich auf sie zu beziehen). So wird z.B. der Name 'Fido' benutzt, um von Fido zu sprechen; das Wort 'Frosch' bezeichnet Frösche; und der Satz "Fido ist ein Frosch" ordnet lediglich den ersten Ausdruck dem zweiten unter. Damit scheint aber auch in einem verführerisch klaren Sinn gesagt, was diese Konstruktion *bedeutet:* 'Fido' bedeutet Fido, 'Frosch' bedeutet (die Klasse der) Frösche, und "Fido ist ein Frosch" bedeutet (die Tatsache oder den Sachverhalt), daß Fido ein Mitglied der Klasse der Frösche ist. Die Bedeutung eines Symbols wäre also jeweils das, was es symbolisiert - eben das Objekt oder die Situation selbst. Diese einfache Sichtweise, die als die 'Fido'-Fido-Theorie bekannt ist, wirft jedoch eine Reihe von wohlbekannten Problemen auf.

Erstens können Wörter und Sätze auch dann eine Bedeutung haben, wenn ihre vermeintlichen Objekte gar nicht existieren. "Heinzelmännchen sind Kobolde" ist ein absolut sinnvoller Satz (Erwachsene verstehen ihn und Kinder glauben ihn), obgleich weltweit weder Heinzelmännchen noch Kobolde existieren. Wenn Bedeutungen jedoch dasselbe wären wie die Objekte, die sie bezeichnen, könnten Begriffe und Sätze ohne real vorhandene Objekte auch keine Bedeutungen haben. Mit der Theorie stimmt also offenbar etwas nicht.

Zweitens können sich Ausdrücke auf denselben Gegenstand beziehen und dennoch unterschiedliche Bedeutungen haben. So unterscheiden sich "Messestadt", "Goethestadt" und "Mainmetropole" vom Sinn her, obwohl alle drei denselben Gegenstand (nämlich die Stadt Frankfurt) bezeichnen. "Gefiedert" ist sicherlich nicht mit "schnabeltragend" synonym, und doch bezeichnen beide Ausdrücke genau die gleichen Objekte, da (als biologische Tatsache) alle und ausschließlich Tiere mit Federn auch Schnäbel haben (eben Vögel). [)] Wiederum trifft die einfache 'Fido'-Fido-Theorie nicht zu.

Schließlich enthalten Sätze Komponenten und Merkmale, die den Gesamtsinn beeinflussen, obwohl sie selbst gar nicht von etwas bestimmtem "handeln":

Fido tropft.
Ob Fido tropft?
Fido tropft gewiß nicht.
Fido tropft ausgiebig.
Vielleicht könnte Fido tropfen.

Alle diese Sätze handeln von Fido und von einem möglicherweise recht nassen Zustand - das ist aber auch alles. Wörter wie "ob", "gewiß", "nicht" und "vielleicht" (ganz zu schweigen von Merkmalen wie der Wortstellung) haben keine "Objekte"; dennoch spielen sie für die Bedeutung eine große Rolle. Die 'Fido'-Fido-Theorie hat für diese Unterschiede keine Erklärung.
*) Anm. d. Schnabeltiers: Hier irrt der Autor.

Da die Bedeutung eines Satzes durch seine Komposition determiniert ist, kann ein durchschnittlicher Sprecher des Deutschen mit einem Vokabular von vierzig- oder fünfzigtausend Wörtern buchstäblich Billionen unterschiedlicher Sätze über unzählige verschiedene Themen verstehen. Auch wenn Sie, wie anzunehmen ist, noch nie von irgendjemandem den Satz gehört (geschweige denn näher erläutert bekommen) haben: "Mongolische Eidechsen meiden Harzer Käse", verstehen Sie ihn dennoch ohne weiteres, weil Sie die Wörter und die Grammatik kennen. Auch wenn Sie mit diesem Satz bisher keine Erfahrung haben, sondern nur mit seinen Komponenten, so werden Sie aus ihm vernünftigerweise folgern, daß gewisse asiatische Reptilien gewisse Milchprodukte verabscheuen; sollten Sie zufällig einmal von mongolischen Eidechsen belästigt werden, resultiert aus der Kenntnis dieses Satzes wahrscheinlich eine praktische Eingebung.

Es scheint also, daß Denken noch vielschichtiger und flexibler als Sprache ist; jeder von uns könnte ohne weiteres viele Billionen unterschiedliche Gedanken haben. Doch in Anbetracht der Tatsache, daß unsere Gehirne begrenzt sind - ungefähr zehn Milliarden Neuronen - erhebt sich eine drängende Frage: Wie kann ein so "kleines" System ein so großes Repertoire haben? Und die außerordentlich bestechende Antwort darauf ist genau die, die wir soeben für die Sprache herausgearbeitet haben. Einzelne Gedanken sind im analogen Sinne generell *komplex*, d.h., sie werden (entsprechend ihrer Gehalte) aus einem vergleichsweise bescheidenen Vorrat atomischer Bestandteile systematisch konstruiert. Anders gesagt, die Vielseitigkeit des Denkens beruht auf einer kombinatorischen Struktur, die im wesentlichen dem Kompositionsprinzip symbolischer Systeme entspricht.

Diese grundsätzliche Auffassung vertritt die Künstliche Intelligenz, und zwar bis hin zu der Behauptung, daß Gedanken symbolisch *sind*. Dies impliziert jedoch nicht, daß Menschen z.B. in Deutsch (oder irgendeiner dem Deutschen ähnlichen "Sprache") denken; KI behauptet nur, Denken "ähnele" Sprechen in dem abstrakteren Sinne, daß es sich innerhalb eines symbolischen Systems abspielt - möglicherweise einschließlich einer Unterscheidung zwischen Modus und Gehalt. Ein derartiges System könnte sich durchaus weitgehend von gewöhnlichen Sprachen (hinsichtlich Reichtum und Subtilität oder was auch immer) unterscheiden und dennoch die entscheidenden abstrakten Eigenschaften des Kompositionsprinzips und der willkürlichen Grundbedeutungen aufweisen.

Interpretation

Stellen Sie sich vor, Sie sind ein berühmter und gewitzter Forscher und stoßen zufällig auf fremdartige Zeichen, in denen Sie Symbole vermuten. Anders gesagt, Sie glauben, daß in ihnen eine Bedeutung verborgen ist, und brennen selbstverständlich darauf, diese

Bedeutung herauszufinden. Was können Sie nun tun, um ihre Neugierde zu befriedigen und Ihre Vermutung zu überprüfen? Das ist das Problem der Interpretation - und das Thema dieses Abschnitts.

Etwas zu *interpretieren* heißt, es *sinnvoll zu deuten.* Ein System von Zeichen als symbolisches zu interpretieren, heißt, den Zeichen insgesamt einen Sinn zu verleihen, indem man ihnen durch methodisches Vorgehen eine *Bedeutung* zuweist. Diese Bedeutungszuweisung hat im Prinzip zwei Aspekte: erstens: Was bedeuten die einfachen Symbole und zweitens: Auf welche Art werden die Bedeutungen komplexer Symbole durch ihre Komposition (Komponenten plus Struktur) determiniert? Grob gesagt, läßt sich dieser Vorgang mit der Übersetzung einer neu entdeckten Sprache vergleichen. Man erarbeitet eine Interpretation, indem man ein "Übersetzungshandbuch" erstellt, das aus einem Wörterbuch und einer Grammatik besteht. Die Interpretation verleiht diesen Symbolen dann einen "Sinn", indem sie herausarbeitet, welchen Symbolen in einem anderen, bereits bekannten System (wie z.B. dem Deutschen) sie entsprechen.

Das Grundprinzip jeder Interpretation ist *Kohärenz:* Jede Interpretation muß kohärent sein. Das Kohärenzprinzip gilt für beide Seiten: den vorhandenen Text (die "Daten") und das Ergebnis (die "Umwandlung" dieser Daten). Genauer gesagt: Man beginnt mit einem geordneten Text, der so umgewandelt werden muß, daß er einen vernünftigen Sinn ergibt. Wir werden diese beiden Aspekte getrennt erörtern; im Grunde genommen aber handelt es sich um ein und dasselbe Prinzip.

Geordneter Text In einem entlegenen Winkel der Galaxis werden Sie bei einer Ihrer kühnen Expeditionen Zeuge eines phantastischen Schauspiels: Von einer bestimmten Perspektive aus betrachtet schreiben die sichtbaren Sterne (mit empörender Deutlichkeit) die vier Buchstaben eines bekannten Ausdrucks in den Raum. Was soll man davon halten? Zweierlei scheint möglich: Entweder handelt es sich um einen kolossalen kosmischen Zufall, oder aber Sie haben das Werk einer höheren Macht vor sich (die ihre Botschaften zufällig in Deutsch an den Himmel schreibt). Falls letzteres zutrifft, bedeutet diese Konstellation vermutlich etwas (obwohl schwer zu sagen ist, ob es sich um ein unheilvolles Mirakel oder um ein harmloses Dampfablassen handelt). Sollte alles jedoch nur ein grandioser Zufall sein, dann kann es auch nichts bedeuten; im Grunde genommen ist es in diesem Fall nicht einmal ein Wort, sondern nur das kuriose Ergebnis einer zufälligen geometrischen Anordnung.

Ordnung ist das Gegenteil von Chaos. Ein geordneter Text muß eine systematische innere Struktur haben, die *nicht zufällig* ist. Eine Struktur, die lediglich verblüffend und äußerst vielsagend ist, reicht nicht aus (wie das Beispiel zeigt); die Struktur muß vielmehr auf einen bestimmten Ursprung oder Grund zurückzuführen sein. Was damit gemeint ist, läßt sich nicht gerade einfach darlegen; zumindest aber läßt sich schon einmal sagen, "daß dort, von wo das gekommen ist, noch mehr ist (oder sein könnte)." Wenn also eine höhere Macht die Verwünschung geschrieben hat, sollte man ein wachsames Auge auf weitere Manifestationen haben; wenn sich das Muster aber nur zufällig ergeben hat, wäre die Suche nach weiteren Äußerungen witzlos. (Selbst wenn der millionste Affe schließlich ein Sonett tippen sollte, würde man nicht gespannt als nächstes einen "Hamlet" oder "Faust" erwarten.) Anders ausgedrückt: Der vorgefundene Text ist nur eine "Stichprobe" des potentiellen Textes - und der potentielle Text muß durchgängig widerspruchsfrei interpretierbar sein.

Hinzu kommt, daß ein geordneter Text *ausreichend* innere Struktur aufweisen muß, um eine Interpretation zu stützen. Nehmen wir einmal an, wir spielen mit Geheimschriften, die aus durcheinandergeschüttelten Alphabethen bestehen, also einem Code, bei dem jeder Buchstabe für einen anderen steht, und ich bitte Sie, eine dringende Nachricht zu entschlüsseln:

Abcd!

Sie haben nicht die geringste Chance; es könnte "Halt!" bedeuten, "Gift!", "Mist!", "Kohl!" oder jeden anderen Ausruf mit vier verschiedenen Buchstaben. Das Fragment ist zu kurz, um eine Struktur aufzuweisen, an die man sich halten könnte, denn die spärlichen Anhaltspunkte lassen zu viele Alternativen zu. Dagegen war es nicht leicht, drei Kandidaten für das folgende Kryptogramm zu finden:

Abcd	aeffdg	ahidg	jklle.
Müde	Motten	mögen	Watte.
Rote	Russen	rügen	Bisse.
Rüde	Ratten	rufen	Bitte.

Auch hier besteht die Struktur wieder aus der Art der Beziehungen zwischen den gegebenen Zeichen - die ersten drei Wörter fangen mit demselben Buchstaben an, das vierte nicht mehr, der dritte und vierte Buchstabe ist derselbe sowohl beim zweiten als auch beim vierten Wort, usw. Je länger aber der Text ist, desto schwieriger wird es, im Rahmen dieser Beschränkungen noch Wörter zu finden, die zusammen auch nur im entferntesten einen Sinn ergeben. Ich möchte denjenigen sehen, der es beispielsweise schafft, die Buchstaben einer Seite dieses Buchs durch ein alternatives Alphabet so zu codieren, daß daraus irgendeine andere vernünftige Zusammenstellung entsteht.

Doch gesetzt den Fall, wir lassen kompliziertere Codes zu. Die hinterlistige Hilde hat vielleicht fünfundzwanzig verschiedene verschlüsselte Alphabete, die sie abwechselnd verwendet (so daß jedes nur bei jedem fünfundzwanzigsten Buchstaben benutzt wird). In diesem Falle läßt ein Kryptogramm, das wie das obige aus fünfundzwanzig einzelnen Zeichen besteht, absolut kein Prinzip erkennen: Vergleichbare Dechiffriertabellen könnten es ebensogut in jede beliebige andere Sequenz aus fünfundzwanzig Buchstaben "übersetzen" (weil die Unterschiede zwischen den Codes praktisch alle inneren Beziehungen im Text verhüllen). Allgemein, je komplizierter ein Interpretationsschema ist, desto mehr Text ist erforderlich, damit die Entschlüsselung einen Sinn ergibt. Was also in einem geordneten Text als ausreichende Struktur zählt, hängt vom Kompliziertheitsgrad einer funktionierenden Interpretation ab.

Vernünftiger Sinn   Wovon hängt es jedoch ab, ob eine Interpretation "funktioniert" oder gelingt? Zweifellos wären die meisten vorstellbaren Schemata zur Interpretation

Kasten 3
Was sollen wir interpretieren?

Selbstverständlich kann nicht alles interpretiert werden - zumindest nicht symbolisch. Die meisten Symbole in einem Symbolsystem sind Komplexe, deren Bedeutungen durch ihre systematische Komposition bestimmt sind. Viele Dinge in der Welt sind auf geordnete Weise aus feststehenden Komponenten (Molekülen, elektronischen Schaltkreisen, Schachstellungen) aufgebaut; sehr wenige jedoch können so konstruiert werden, daß sie aufgrund ihrer jeweiligen Strukturen und der "Bedeutungen" ihrer Komponenten etwas "besagen" (behaupten, fragen, befehlen usw.)

Was davon sollten wir also interpretieren? Alles, was wir interpretieren können. Interpretieren heißt Entdecken. Wir finden Kohärenz - Ordnung und Sinn -, wo sie sonst vielleicht unbemerkt oder unbeschreibbar geblieben wäre. Angenommen, wir begegnen auf Pluto kartoffelähnlichen Kreaturen, deren kaum wahrnehmbare Blattregungen sich als (durchgängig und elegant) übersetzbare Unterhaltungen entpuppen - über uns, übers Wetter, über Astrophysik oder was auch immer. Wir werden dann nicht danach fragen, ob Pluto-Kartoffeln "wirklich" sprechen können, sondern uns vielmehr dazu beglückwünschen, dies bereits herausgefunden zu haben. Eine Übersetzung zu entdecken, heißt, eine Tatsache zu entdecken.

Interpretation setzt voraus, daß der gegebene Text eine bestimmte Ordnung aufweist (die nicht zufällig ist). Dies bedeutet jedoch nicht, daß Übersetzer imstande sein müssen, diese Ordnung zu beschreiben oder zu erklären, woher sie stammt - jedenfalls nicht losgelöst von ihrer Fähigkeit, die relevanten Texte zu identifizieren und zu sagen, was sie bedeuten. Eine durchgängig brauchbare Interpretation einer durchgängig unterscheidbaren Zeichenfolge zu finden, heißt zu beweisen, daß der Text geordnet ist, selbst wenn niemand unabhängig von diesem Text sagen kann, wie oder warum. Den Sinn zu erkennen, heißt nichts weiter als die Ordnung zu erkennen; deshalb sind Ordnung und Sinn in ihrem Ursprung zwei Seiten ein und desselben Prinzips: Kohärenz.

gegebener Texte völlig unakzeptabel, und sicherlich gibt es "geordnete Texte", die überhaupt keine semantische Interpretation zulassen (Schachspiele z.B. enthalten keine Bedeutungen - haben also keine "Aussage" - und sind trotzdem nicht willkürlich.) Eine Folge von Symbolen zu interpretieren, heißt per definitionem, ihnen als Symbolen Sinn zu verleihen. Als erste Annäherung läßt sich also sagen, daß die Interpretation eines gegebenen Textes dann gelungen ist, wenn dieser Text interpretiert einen vernünftigen Sinn ergibt; wenn dagegen bei der Interpretation einer Textprobe nur Quatsch oder Unsinn herauskommt, ist die Interpretation (im Normalfall) gescheitert.

Worauf es ankommt, ist wohl einleuchtend. Warum sollten wir unser obiges Kryptogramm nicht folgendermaßen übersetzen:

Zyxw   zvuuwt zsrwt   Qpuuw.
oder:
Weni   wassis wobis   Tussi.   ?

Weil dies (angenommen, wir hätten ins Deutsche übertragen) überhaupt keine Interpretationen sind. Ersteres ist Buchstabensalat, zweiteres Wortsalat; keines von beiden ergibt auch nur den geringsten Sinn. Wenn Interpretationen aber nicht die Funktion hätten, einen sinnvollen Text hervorzubringen, könnte jede beliebige Transformation als Interpretation zählen, so daß die Sache absurd würde. Was heißt es nun aber, etwas sinnvoll zu deuten?

Tief im unerforschten Dschungel stoßen Sie auf eine riesige Steintafel, die offensichtlich mit einer Art Hieroglyphen bedeckt ist. Ihr voreiliger Assistent schlägt Ihnen ein raffiniertes Schema für die Entschlüsselung vor, dem zufolge Sie einen astronomischen Kalender vor sich haben, in dem verschiedene Eklipsen, Äquinoktien, Planetenpositionen etc. verzeichnet sind. Ergibt das einen Sinn? Wenn die Interpretation so aussieht, daß auf der Steintafel von mehreren Eklipsen pro Nacht berichtet wird, siebenunddreißig Planeten um den Nordstern kreisen usw., ist die Sache verrückt; kein "sinnvoller" Kalender (auf der Erde) würde solche Dinge behaupten. Infolgedessen ist die Interpretation selbst höchst fragwürdig. Wenn dagegen die Eklipsen jeweils zu den tatsächlichen Zeitpunkten angegeben und alle Planeten in ihren richtigen Umlaufbahnen verzeichnet wären usw., dann ergäben die Zeichen auf der Steintafel einen schlüssigen Sinn, denn ihre Interpretation wäre überzeugend.

Die Wahrheit einer Aussage ist deshalb ein Bestandteil einer sinnvollen Deutung (willkürliche Falschaussagen sind eine Form von Inkohärenz). Sinn erfordert aber offenbar mehr als Wahrheit (siehe Kasten 4). Vernünftige Menschen können sich irren: Die Urheber der "Hieroglyphen" auf unserer aus grauer Vorzeit stammenden Tafel könnten verständlicherweise Eklipsen weggelassen haben, die nur anderswo auf dem Erdball sichtbar waren. Wahrheit allein ist überdies kein notwendiger Bestandteil von Sprechakten. Die Tafel könnte zum Beispiel als Verkündung von Steuergesetzen, als dichterischer Appell für die Gesundheitsvorsorge bei Kindern oder als Liste ungelöster wissenschaftlicher Probleme interpretiert werden. Nichts davon wäre dann genaugenommen wahr oder falsch; in jedem dieser Fälle aber ließe sich noch ein Unterschied zwischen Sinn und Unsinn ausmachen (was nun freilich doch auf irgendeine Weise mit der Beschaffenheit der Welt zusammenhängt).

Kasten 4
Warum Wahrheit?

Aus welchem Grund sollte es für eine Interpretation eine Rolle spielen, ob sich das Ergebnis als (zuverlässig) *wahr* erweist? Warum sollte Wahrheit ein Bestandteil des Sinns sein?

Nach unserer Definition beziehen Bedeutungen generell Symbole auf Objekte, von denen sie "handeln" oder die sie "meinen". Wahrheit ist das Kriterium, anhand dessen diese mußmaßlichen Zusammenhänge überprüft - und bestätigt - werden. Beispielsweise kann jemand Schlüsse über ein symbolisches System ziehen (Vorhersagen treffen), indem er das Wissen über dessen Objekte zugrunde legt, und ebenso Schlüsse über diese Objekte ziehen, indem er sich auf das Wissen über das System stützt - *vorausgesetzt,* das System erzeugt Wahrheiten. Wenn sich die Symbolanordnungen unter einer gegebenen Interpretation generell als wahr erweisen, besteht ein guter Grund, *diese* Bedeutungen und Objekte (und nicht irgendwelche anderen) jenen Zeichen zuzuordnen.

Nehmen wir noch einmal unseren astronomischen Kalender: Warum ein Symbol mit, sagen wir, einem bestimmten Datum, und ein anderes mit einer Mondfinsternis "verbinden"? Angenommen, man möchte gern wissen, ob zu diesem Datum (tatsächlich) eine Mondfinsternis stattgefunden hat; d.h., man möchte etwas Bestimmtes über die *Welt* in Erfahrung bringen. Wird die Kenntnis der *Symbol*anordnungen in dem Kalender eine Hilfe sein? Ja, und zwar unter einer Bedingung: Das, was der Kalender sagt (nachdem es hinsichtlich Mondfinsternissen usw. interpretiert ist), muß zuverlässig *wahr* sein. Diese Wahrheit vorausgesetzt, lassen sich bestimmte Fakten über Objekte herausfinden, indem man bestimmte Symbole einfach liest. Mit anderen Worten, es ist mehr als nur eine Marotte, daß man diesen Symbolen diese bestimmten Bedeutungen zugeordnet hat.

In entgegengesetzter Richtung funktioniert die Sache ebensogut. Angenommen, ein Stück des Kalenders fehlt, aber wir möchten wissen, ob in ihm für eine bestimmte Nacht eine Mondfinsternis verzeichnet war. Wenn wir die astronomischen Fakten kennen, können wir die fehlenden Symbolanordnungen als Schlußfolgerung ableiten - aber auch das nur . unter der Bedingung, daß der Kalender zuverlässig ist.

Geordnete Texte sinnvoll zu deuten - d.h., Kohärenz zu entdecken - ist die Grundlage jeder semantischen Interpretation. Intuitiv haben wir eine ungefähre Vorstellung, was das bedeutet; in philosophischer Hinsicht aber ist dieser Gedanke kompliziert und ziemlich unklar. Probleme, die damit eng zusammenhängen, werden in den Kapiteln 5 und 6 noch einmal zur Sprache kommen; nirgends aber werden wir das letzte Wort sprechen und den "Sinn" zu einer völlig transparenten Sache machen. (Es ist ja nicht einmal sicher, ob diese Vorstellung der "Sinndeutung" überhaupt sinnvoll ist). Unterdessen verlassen wir uns wieder auf unsere Intuition, denn wir nähern uns nun einem Knotenpunkt der ganzen Geschichte.

Interpretierte formale Systeme

Formale Systeme können interpretiert werden, indem man ihren Zeichen bestimmte Bedeutungen zuweist, so daß sie als Symbole in bezug auf die Außenwelt fungieren. Heutzutage mag das vielleicht alles andere als eine schockierende Neuigkeit sein, aber vor einem Jahrhundert war die Entwicklung interpretierter formaler Systeme eine bedeutende Innovation mit revolutionären Folgen für die gesamte Logik und Mathematik. Wenn überdies der Ansatz der Künstlichen Intelligenz stimmen sollte, dann ist auch der menschliche Geist ein (besonderes) interpretiertes formales System - was für die Psychologie sogar noch revolutionärere Konsequenzen hätte.

Klären wir zunächst einige Fachausdrücke. Die allgemeine Theorie der Interpretation und symbolischen Bedeutung ist die *Semantik*. Die zugeordneten Bedeutungen sind, zusammen mit den Beziehungen oder Charakteristika, die von diesen Zuordnungen abhängen, *semantische Eigenschaften* der interpretierten Zeichen. Wenn beispielsweise 'Fido' ein formales Zeichen ist, das als Name eines bestimmten Frosches interpretiert wird, dann ist seine Beziehung (Referenz) zu jenem Frosch eine semantische Eigenschaft. Wenn das komplexe Zeichen "Fido ist ein Frosch" wahr ist, dann bezieht sich seine Wahrheit (nicht nur auf die Fakten, sondern auch) auf die Interpretationen der einzelnen Ausdrücke: Wahrheit und Unwahrheit sind semantische Eigenschaften. Wenn die Wahrheit eines Satzes die eines anderen zur Folge hat, besteht zwischen ihnen eine semantische Beziehung. Und so weiter.

Der *Semantik* steht die *Syntax* gegenüber. Im Zusammenhang mit formalen Systemen heißt 'syntaktisch' lediglich 'formal'; in der Regel wird dieser Ausdruck aber nur dann benutzt, wenn es um einen Unterschied zu semantischen Bestimmungen geht. Es wäre also etwas merkwürdig (wenn auch nicht falsch), von der "Syntax" einer Schachkonfiguration zu sprechen, da Schach kein interpretiertes System ist.[3]

Interpretation und Semantik gehen über den Rahmen des strikt Formalen hinaus - formale Systeme *als solche* müssen nämlich in sich geschlossen sein. Die Zeichen in formalen Systemen als Symbole zu betrachten, heißt deshalb, sie in einem neuen Licht zu sehen: Semantische Eigenschaften sind keine syntaktischen Eigenschaften und können es auch nicht sein. Dramatisch ausgedrückt führen interpretierte formale Zeichen ein Doppelleben:

EIN SYNTAKTISCHES LEBEN, in dem sie "Spielmarken" ohne eigene Bedeutung sind, die entsprechend den Regeln eines in sich geschlossenen Spiels bewegt werden; und

Kasten 5
Zahlzeichen, Zahlwörter und Zahlen

Zahlzeichen (Ziffern) sind etwas anderes als Zahlen: ein *Zahlzeichen* ist ein standardisiertes Symbol (wie ein Eigenname) für eine bestimmte Zahl. Die folgenden Beispiele sind Darstellungen von Zahlen durch Zahlzeichen und Zahlwörter (und wie es sich trifft, benennen sie alle dieselbe Zahl):

fünf   cinq   πεντε   5   V   101

Die ersten drei sind Wörter (in deutscher, französischer und griechischer Sprache); das vierte ist unsere übliche arabische Ziffer; das fünfte ist eine römische Ziffer, und das letzte ist eine Darstellung im Binärsystem (das wie das Dezimalsystem funktioniert, nur mit der Basis 2 statt 10).

Zahlzeichen müssen wie jedes Symbol immer im Zusammenhang einer bestimmten Sprache oder eines Systems verstanden werden. 101 im Binärsystem und 101 im Dezimalsystem sehen z.B. völlig gleich aus, obwohl sie für ganz verschiedene Zahlen stehen; ähnlich ist der lateinische Name für die Zahl sechs das Wort "sex", das im Englischen eine andere Bedeutung hat. Die *Zahlen* selber sind jedoch unabhängig von einer Sprache oder einem System: die Zahl fünf (die Zahl der Blütenblätter an einer Petunie) ist dieselbe in Deutschland, Frankreich, Arabien oder im alten Rom - sie hat nur verschiedene Bezeichnungen.

EIN SEMANTISCHES LEBEN, in dem sie Bedeutungen und symbolische Beziehungen zur Außenwelt haben.

Daraus ergibt sich zwangsläufig eine entsprechend dramatische Frage: Wie kommen die beiden Leben zusammen?

Athol hat ein ausgefallenes Spiel entdeckt: Spielmarken sind die fünfzehn Buchstaben A - O; eine Konfiguration besteht aus einer Buchstabenreihe; ein Zug wird gemacht, indem man an das rechte Ende der Reihe neue Buchstaben anhängt; und für jede den Regeln entsprechende Ausgangsstellung existiert genau ein regelgerechter Zug (danach ist das Spiel zu Ende). Damit die Spannung nicht unerträglich wird, will ich Ihnen Athols kühne These nicht länger vorenthalten: Die Buchstaben sind direkte Übersetzungen der gebräuchlichen arabischen Ziffern und der Rechenzeichen; d.h., sie *sind* Ziffern und Zeichen, jedoch in einer alternativen Schreibweise. Wie können wir feststellen, ob Athol recht hat?

Es gibt 1 307 674 368 000 unterschiedliche Möglichkeiten, fünfzehn Buchstaben mit fünfzehn Ziffern und Symbolen zu codieren - und die meisten scheinen Athols Hypothese

Tafel 1   *Athols Buchstabenspiel*

I. Die acht Musterspiele (unübersetzt)

Startposition	Legaler Zug	Startposition	Legaler Zug
OEO A	N	MMCN A	JJ
NIBM A	G	OODF A	OO
HCHCH A	KON	IDL A	M
KEKDOF A	F	NBN A	O

II. Erste Übersetzungstabelle

A → 1	F → 6	K → +
B → 2	G → 7	L → −
C → 3	H → 8	M → ×
D → 4	I → 9	N → /
E → 5	J → 0	O → =

Übersetzte Musterspiele

= 5 = 1	/	× × 3/ 1	00
/ 92 × 1	7	= = 46 1	= =
83838 1	+ = /	94 − 1	×
+5+4=6 1	6	/ 2 / 1	=

III. Zweite Übersetzungstabelle

A → =	F → 0	K → 5
B → +	G → 1	L → 6
C → −	H → 2	M → 7
D → ×	I → 3	N → 8
E → /	J → 4	O → 9

Übersetzte Musterspiele

9 / 9 =	8	77 − 8 =	44
83 + 7 =	1	99 × 0 =	99
2 − 2 − 2 =	598	3 × 6 =	2
5 / 5 × 90 =	0	8 + 8 =	9

IV. Dritte Übersetzungstabelle

A → =	F → 0	K → 5
B → /	G → 9	L → 4
C → ×	H → 8	M → 3
D → −	I → 7	N → 2
E → +	J → 6	O → 1

Übersetzte Musterspiele

1 + 1 =	2	33 × 2 =	66
27 / 3 =	9	11 − 0 =	11
8 × 8 × 8 =	512	7 − 4 =	3
5 + 5 − 10 =	0	2 / 2 =	1

Das Symbol → bedeutet: "wird übersetzt in".

nicht zu bestätigen. Zur Illustration der verschiedenen Alternativen gibt Tafel 1 drei mögliche Übersetzungstabellen sowie die "Übersetzungen", die aus ihnen bei acht Beispielen (regelgerechter) Spiele resultieren würden. Wie man sieht, erzeugt die erste Tabelle absoluten Unsinn - arithmetisches Konfetti. Das gleiche Ergebnis käme praktisch bei all den anderen 1,3 Billionen Alternativen zustande; sie würden willkürlich heraus- *Millich* gegriffen wirken. Von den wenigen verbleibenden Tabellen würden die meisten dem zweiten Beispiel gleichen, das auf den ersten Blick brauchbarer erscheint. Es setzt Ziffern und Rechenzeichen an plausible Stellen, so daß die Ergebnisse wie Gleichungen aussehen. Leider aber sind sie als Gleichungen allesamt falsch - verrückt und völlig widersinnig. Im Grunde genommen sind die einzelnen Ziffern und Symbole zwar in plausibler Weise angeordnet, aber ebenso willkürlich gewählt wie zuvor, so daß von einer wirklichen Verbesserung nicht die Rede sein kann.

Die dritte Tabelle ist jedoch zweifellos ganz anders. Die mit ihrer Hilfe gewonnenen "Übersetzungen" sehen nicht nur wie Gleichungen aus, sondern *sind* Gleichungen: Sie sind wahr. Fraglos ist es diese Tabelle, die Athols gewagte Annahmen untermauert; durchweg wahre Ergebnisse machen die Interpretation überzeugend. Im Gegensatz dazu sind die ersten beiden Fälle im Grunde keine wirklichen Interpretationen, denn sie verleihen den ausgewählten Beispielen auch nicht den geringsten Sinn.

"Formales" Rechnen hat die Mathematik natürlich nicht revolutioniert; wichtiger war vielmehr die Entdeckung formaler *axiomatischer* Systeme. Das bekannteste Axiomensystem ist die Euklidische Geometrie (obgleich sie in Lehrbüchern selten streng formalisiert dargestellt wird).[4] Einfach gesagt, besteht ein Axiomensystem aus einer bestimmten Anzahl von Sätzen (*Axiome* und/oder *Definitionen* genannt) und einer Reihe von *Ableitungsregeln* zur Ableitung weiterer Sätze, *Theoreme* genannt. Axiome sind per definitionem grundlegend und "unmittelbar einleuchtend", und die Regeln gestatten nur gültige Ableitungen; deshalb können die Ableitungen der Theoreme als *Beweise* betrachtet werden.

Betrachtet man ein Axiomensystem als formales Spiel, so wird es gespielt, indem man komplexe Zeichen niederschreibt, die "wohlgeformte Ausdrücke" (WGAs) genannt werden ("Satz"-Ausdrücke; siehe Kasten 6). Die axiomatischen WGAs werden als erste niedergeschrieben und bilden die Ausgangskonfiguration. Entsprechend den Regeln können dann weitere WGAs hinzugefügt werden, und zwar abhängig von der bereits existierenden Konfiguration. Einmal niedergeschriebene Zeichen werden niemals abgeändert oder entfernt; die Konfigurationen werden also im Spielverlauf nur umfassender. Jeder neue WGA, der zu einer Konfiguration hinzugefügt wird (oder jedenfalls jeder interessante WGA), wird auf diese Weise ein formales Theorem des Systems; und jeder Spielzug, der die Erweiterung um einen WGA zur Folge hat, ist ein formaler Beweis jenes Theorems.[5]

Dahinter steckt natürlich der Gedanke, diese formalen Systeme so zu konstruieren, daß sie als axiomatische Systeme im intuitiven Sinne *interpretiert* werden können. Zu diesem Zweck muß das (interpretierte) System zwei Bedingungen erfüllen:

1. die Axiome müssen *wahr* sein (am besten "unmittelbar einleuchtend"); und
2. die Regeln müssen *wahrheitserhaltend* sein.

Kasten 6
Wohlgeformte Ausdrücke = WGAs

Eine verbreitete Strategie zur "Formalisierung" von Axiomensystemen besteht darin, praktisch *zwei* formale Systeme zu benutzen. Nicht jede Zusammensetzung einfacher Zeichen ergibt nämlich ein komplexes Zeichen, das auch zulässig ist; deshalb muß es Regeln geben, die festlegen, welche Zusammensetzungen zulässig sind und welche nicht. Es wäre jedoch störend und verwirrend, diese Regeln mit den Regeln zur Ableitung der erlaubten Züge zu vermischen. Aus diesem Grund werden die beiden Regelsysteme in zwei Spiele aufgespalten.

Die Zeichen des ersten Spiels sind die einfachen Zeichen des Gesamtsystems. Die Regeln gestatten lediglich verschiedene Kombinationen dieser Zeichen. Die sich daraus ergebenden regelgerechten Konfigurationen sind die zulässigen komplexen Zeichen: die sogenannten *wohlgeformten Aussagen* oder *WGAs*. Diese WGAs sind dann die Zeichen des zweiten Spiels - die *Konfigurationen* des ersten Spiels bilden also die *Zeichen* des zweiten. Schließlich erlauben die Regeln des zweiten Spiels eine Manipulation der komplexen WGA-Zeichen zur Konstruktion von Beweisen. (Welche WGA-Manipulationen zu welchem Zeitpunkt zulässig sind, hängt größtenteils von der inneren Zusammensetzung aller beteiligten WGAs ab; die Komplexität der WGAs ist also nicht trivial in dem Sinne, den wir in dem Abschnitt "Endliche Spielbarkeit und Algorithmen" erörtert haben.)

Falls dies ein wenig verwirrend ist, betrachten wir einmal als Analogie das Ziehen logischer Schlüsse. Wir besitzen verschiedene traditionelle Regeln, um eine Aussage (die Konklusion) von einer oder mehreren anderen (den Prämissen) abzuleiten. Eine sehr brauchbare Regel beispielsweise (der Syllogismus 'modus barbara') erlaubt Schlußfolgerungen wie die folgende:

Aus	Alle Frösche sind sterblich	(Prämissen)
und:	Fido ist ein Frosch	

Folgt:	Fido ist sterblich	(Konklusion)

Diese drei Aussagen (Sätze) sind natürlich komplexe, aus Wörtern aufgebaute Symbole. Aber nicht jede Aneinanderreihung von Wörtern ergibt einen grammatisch richtigen Satz; ungrammatische Sätze sind jedoch nicht zulässig. Deshalb können wir uns die Grammatik als eine Entsprechung zu dem ersten Spiel vorstellen, das dem Aufbau der zulässigen komplexen Zeichen (Sätze) dient, die im zweiten Spiel (z.B.

durch syllogistisches Schlußfolgern) manipuliert werden. Mit anderen Worten, WGAs entsprechen grammatisch richtigen Sätzen, und das WGA-Spiel ist eine Art Grammatik des Gesamtsystems.

Eine formale Ableitungsregel ist dann und nur dann wahrheitserhaltend (gültig), wenn für jede Konfiguration, die nur wahre WGAs enthält, jeder neue WGA, der dieser Regel entspricht, ebenfalls wahr ist. Wann immer also sämtliche Axiome eines Systems wahr und sämtliche Regeln wahrheitserhaltend sind, ist gewährleistet, daß jeder WGA in jeder regelgerechten Konfiguration gleichfalls wahr ist - die Wahrheit der Axiome bleibt bei jedem Schritt "bewahrt". Anders gesagt, alle formalen *Theoreme* sind garantiert wahr, und das ist es, worauf es ankommt.

Weiter oben haben wir bemerkt, daß *Kohärenz* das Grundprinzip *jeder* Interpretation ist. Wie läßt sich das auf die Interpretation formaler Systeme anwenden? Der Kohärenzaspekt "vernünftiger Sinn" spielt eine ebenso große Rolle wie zuvor; insbesondere die Beispiele des Buchstabenspiels und des Axiomensystems illustrieren die Relevanz der Wahrheit für den Sinn. (Da es sich bei beiden Beispielen um mathematische Systeme handelt, wird das Kriterium der Wahrheit hier vielleicht überbetont, wenn auch nur dadurch, daß andere Aspekte außer acht gelassen werden. Von formalen Systemen erzeugte Texte können jedoch in jeder möglichen Hinsicht einen Sinn ergeben - als Fragen, Erzählungen, Gedichte oder was auch immer - eine Tatsache, die für die Hoffnungen der Künstlichen Intelligenz entscheidend ist.)

Die andere Seite der Kohärenz - die Bedingung eines "geordneten Textes" - ist interessanter: Die *Regeln,* die das formale System definieren, bringen einen wichtigen neuen Faktor ins Spiel. Da der zu interpretierende Text im Grunde das Ergebnis von durch Regeln determinierten Spielzügen ist, definieren diese Regeln im Grunde den gesamten Text. Dies heißt in erster Linie, daß die Texte keinesfalls willkürlich oder zufällig sind: Ihre Struktur, wie auch immer sie aussehen mag, wurde ihnen von den Regeln des Spiels aufgeprägt (die Regeln sind der Grund oder die Ursache der Struktur).

Und, zweitens, da ja der gesamte potentielle Text schon von vornherein wohldefiniert ist, muß die Interpretation auf ihn als Ganzes zutreffen. Das heißt, es muß einen triftigen Grund (abhängig vom System weder empirische Evidenz noch stringente Beweisführung) für die Erwartung geben, daß das Interpretationsschema für jeden regelgerechten Spielzug einen Sinn ergibt.

Diese beiden Punkte sind jedoch lediglich der Unterbau für das Folgende: Wenn die formalen (syntaktischen) Regeln für die relevanten Texte verantwortlich sind und wenn die (semantische) Interpretation all diese Texte sinnvoll deuten soll, dann besteht ein absolut zuverlässiger Weg, Texten einen Sinn zu verleihen, schlicht und einfach darin, sich an die Spielregeln zu halten. Wenn man beispielsweise die formalen Regeln der Arithmetik befolgt, dann werden auch die Antworten mit Sicherheit wahr sein. Dies ist der tiefe, fundamentale Grund, warum interpretierte formale Systeme überhaupt interessant und wichtig sind. Wir wollen ihn deshalb in ein einprägsames Schlagwort fassen:

FORMALISTENMOTTO: Wenn man auf die Syntax achtet, wird die Semantik selbst auf sich achten.

Auf die Syntax zu achten, heißt schlicht und einfach, die Regeln des Spiels zu befolgen; der Sinn wird sich dann schon von selbst ergeben. Und hier ist der Punkt, wo die "zwei Leben" eines interpretierten formalen Systems zusammenkommen.

Computer

Ein *Computer* ist ein interpretiertes automatisches formales System - das heißt, eine *Maschine zur Symbolmanipulation.*[6] Diese Definition impliziert zwei grundsätzliche Bedingungen:

1. der Schiedsrichter und (wenigstens einige) Spieler eines formalen Systems sind automatisiert - sie sind Black Boxes, die die Zeichen automatisch den Regeln entsprechend manipulieren; und
2. diese Zeichen sind Symbole - sie sind interpretiert worden, so daß die regelgerechten Züge in dem Kontext, in dem sie gemacht werden, einen "vernünftigen Sinn" ergeben.

Ein automatisches formales System "achtet" buchstäblich auf die Syntax (d.h., es macht nur formal zulässige Züge). Entsprechend dem Formalistenmotto (und eine Interpretation vorausgesetzt) achtet die Semantik des Systems also auf sich selbst - und zwar automatisch. Mit anderen Worten, ein Computer ist genau das, was Descartes für unmöglich hielt: eine Maschine, die in einem bestimmten Kontext automatisch sinnvolle Äußerungen macht.

Das einfachste Beispiel ist ein Taschenrechner - eine Automatisierung von Athols Buchstabenspiel (bei dem aber die uns geläufigeren Ziffern benutzt werden). Jede neue Startposition wird über die Tasten eingegeben; sobald das Endzeichen eingegeben worden ist (mit der = Taste), schreibt die Maschine automatisch (im Display) den Zug, der in dieser Stellung einzig und allein legal ist. Und dieser Zug ist aus dem gleichen Grund wie zuvor semantisch vernünftig (arithmetisch korrekt): Die Interpretationstabelle war nämlich in erster Linie nur akzeptabel, weil alle regelgerechten Züge (interpretiert) einen Sinn ergaben.

Die Black Boxes der Spieler- und Schiedsrichter-Funktion sind die elektronischen Eingeweide des Taschenrechners; wie sie von innen aussehen, ist jedoch für den Status des Systems als Computer völlig irrelevant. Wichtig ist lediglich, daß die Komponenten als Black Boxes zuverlässig die legalen Züge (d.h. solche Züge, die durchweg als korrekte Rechenoperationen interpretierbar sind) hervorbringen. Woraus das Gerät im Innern besteht - und sei es fluoreszierende Götterspeise - ist dabei völlig gleichgültig; das System als Ganzes wäre in jedem Fall ein tadellos funktionierender Taschenrechner (auch wenn wir seine Funktionsweise nicht verstünden.)

Leider ist das Taschenrechner-Beispiel so einfach, daß ein wichtiges Problem gar nicht erst in Erscheinung tritt. Selbst wenn sie mit Papier und Bleistift ausgeführt werden, sind arithmetische Operationen voll determiniert: Jeder Schritt wird in Gänze durch die Regeln festgelegt; der "Spieler" trägt im Grunde nichts dazu bei. Bei komplizierteren Systemen jedoch sind die Regeln fast nie deterministisch; die Züge, die tatsächlich gemacht werden,

werden genaugenommen von den Regeln und den Spielern *zusammen* festgelegt - die Regeln bestimmen, welche Züge zulässig sind, und die Spieler wählen aus ihnen dann die jeweiligen Züge aus. Die Ordnung des daraus resultierenden Textes hat deshalb im Grunde *zwei* Ursprünge: die Vorschriften der Regeln und die von den Spielern getroffene Auswahl der Züge.

Das Prinzip der Interpretation ist immer die Kohärenz: Ein geordneter Text wird so gedeutet, daß er einen vernünftigen Sinn ergibt. Wenn die Ordnung des Textes jedoch auf zwei Ursachen zurückzuführen ist, wird auch die Interpretation möglicherweise auf zwei Sinnebenen stoßen - eine "grundlegende" und eine "verfeinerte" sozusagen. Der grundlegende Sinn (falls vorhanden) wäre die Verständlichkeit, die durch die reine Regelbefolgung gewährleistet ist; der verfeinerte Sinn (falls vorhanden) wäre jene weitergehende Form von "Vernunft", die in der tatsächlichen Auswahl, die die Spieler treffen, an den Tag gelegt wird (*interessante* Theoreme zu finden, *elegante* Beweise zu führen oder dergleichen).

Betrachten wir z.B. eine einfache Axiomatisierung der Geometrie auf dem Niveau der Oberstufenalgebra. Als einzige Bedingung für ihre Interpretation (wie im vorhergehenden Abschnitt beschrieben) gilt, daß sich alle Theoreme - alle WGAs, die nach den Regeln von den Axiomen abgeleitet werden können - als wahr erweisen müssen. Das ist die Grundebene des Sinns, von der aus eine Interpretation zu rechtfertigen ist. Dies besagt jedoch nichts über eine andere Ebene des Sinns, die sich darin manifestiert, welche Theoreme bewiesen werden und wie. So wäre es nicht gerade besonders "vernünftig", dazusitzen und unentwegt einen Beweis wie den folgenden zu führen:

$$a = a,$$
$$a + a = a + a,$$
$$a + a + a = a + a + a,$$
$$a + a + a + a = a + a + a + a.$$

... und so weiter, *ad nauseam*.

Obgleich jede dieser Gleichungen unumstößlich ist, wäre es eine schrecklich stumpfsinnige Angelegenheit, mehr als ein paar zu überprüfen; sich durch ein oder zwei Dutzend von ihnen hindurchzuarbeiten, könnte dazu führen, daß einen plötzlich die Männer im weißen Kittel zu einer Spazierfahrt einladen. Dies gilt für Beweise überhaupt: Abwegige und kompliziert verschlungene Beweise von klar auf der Hand liegenden Theoremen mögen absolut gültig sein, aber nur ein Wahnsinniger würde sie sich einfallen lassen.

In solchen Fällen unterscheiden wir natürlich zwischen der Interpretation des Systems an sich (dem Beweisen seiner Theoreme) und der Beurteilung des Spielers (schlau oder dumm, normal oder verrückt, etc.). Das heißt, wir teilen die Verantwortung zwischen den beiden Verursachern der Ordnung auf, wobei wir anerkennen, daß die Vernünftigkeit des tatsächlichen Outputs auf eine *Teilung der semantischen Arbeit* zurückzuführen ist. Die formalen Regeln (und Axiome) sind für die Interpretierbarkeit der Zeichen und Züge auf der Grundebene verantwortlich; die Spieler sind für den vernünftigen Gebrauch der Zeichen und Züge (die "Verfeinerung") verantwortlich, also dafür, daß die Züge zielgerichtet, geschickt oder was auch immer sind.

Kasten 7
Formalisierung und die Teilung der semantischen Arbeit

Die Teilung der semantischen Arbeit und die damit zusammenhängende Doppelebene des Sinns hängen davon ab, daß ausreichend wirkungsvolle Regeln zur Festlegung der zulässigen Züge gefunden werden, da die "Grund"-Interpretation von der Ordnung abhängen muß, die allein durch die Regeln bestimmt wird. Diese Regeln dürfen weder zu streng noch zu locker sein. Wenn sie zu locker wären (zu viele erlaubte Züge), würden die auf ihnen beruhenden Texte als Ganze keine ausreichende Ordnung aufweisen, um durchweg interpretierbar zu sein. Eine allzu restriktive Gestaltung der Regeln dagegen (eine zu geringe Zahl erlaubter Züge) würde die Ordnung, an die man sich halten könnte, ebenfalls reduzieren, da sie den verfügbaren Text stark einschränken oder zu sehr vereinheitlichen würde (erinnern wir uns an die Erörterung codierter Kurzbotschaften in dem Abschnitt über die Interpretation.)

Mathematiker haben eine beträchtliche Anzahl formaler Regeln zur Definition von Systemen entdeckt, die interpretiert nur Wahrheiten über bestimmte mathematische Bereiche enthalten (und darüber hinaus "ausreichend" Wahrheiten, um eine bestimmte Interpretation als eine nicht triviale zu stützen). Wenn ein solches System entdeckt worden ist, sagen wir, daß der entsprechende Bereich (oder die Theorie) *formalisiert* wurde. Formalisierung hängt zweifellos von der Teilung der semantischen Arbeit ab. Die Entwicklung dieser Konzeption der strikten Formalisierung und die damit verbundene Idee der formalen Systeme gehören zweifellos zu den herausragenden Leistungen der Mathematik des neunzehnten Jahrhunderts.

Außerhalb von Mathematik und Logik ist es jedoch sehr schwierig, ausreichend wirkungsvolle Regeln zu finden: Viele wichtige Diskussionsthemen, von der Politik bis zur Technik, von der Literatur bis zum seichten Geschwätz, widerstehen hartnäckig einer Formalisierung, ja sogar jeder akzeptablen Annäherung. Das soll nicht heißen, daß das für immer so bleiben wird (man kann nie wissen); zum Optimismus besteht jedoch wenig Anlaß. Wie wir sehen werden, erfordert die Künstliche Intelligenz zum Glück auch gar keine generelle Formalisierung.

Im Grunde ist dies alles jedoch nur gesagt worden, um es wieder zurückzunehmen bzw., um es zu relativieren. Eine "Teilung der semantischen Arbeit" kann nämlich nicht als erwiesen angesehen werden; in Wirklichkeit ist sie wahrscheinlich außerhalb eines eng begrenzten Bereichs von Fällen unmöglich. Wenn Sie z.B. ein Schwätzchen mit Ihrem Nachbarn halten, so ergibt das Gespräch einen Sinn (es ist kohärent) in verschiedener Hinsicht:

1. üblicherweise betrifft ein Großteil der Äußerungen geläufige Themen;
2. Fragen und Einwände sind meistens relevant - und werden beantwortet;
3. überraschendes wird sorgfältiger ausformuliert, während Gemeinplätze einfach fallengelassen werden;
4. Ratschläge sind in der Regel gut begründet, und es ist offenkundig möglich, sie zu befolgen;
5. diskutiert wird das, was (für Sie) neu und interessant ist;
6. Bewertungen und Urteile beziehen sich mehr oder weniger auf die angesprochenen Fakten; *und und und.*

Ach ja, und Ihre Äußerungen sind meistens wahr. Aber - und das ist der springende Punkt - es gibt keine (bekannte) Methode, dieses kohärente Gefüge so zu zergliedern, daß ein Teil davon (der ausreicht, die Interpretation zu stützen) durch formale Regeln erfaßt werden kann, während der Rest der Intelligenz des Spielers zugeschrieben wird.

Bei *manuellen* formalen Systemen besteht eine eindeutige und scharfe Abgrenzung zwischen den formalen Bedingungen und den Wahlmöglichkeiten der Spieler. Deshalb erfordert die Interpretation manueller Systeme die Arbeitsteilung: Alle legalen Züge müssen (interpretiert) einen Sinn ergeben - ungeachtet, wer sie macht oder warum. Bei *automatischen* Systemen ist das jedoch anders - oder es kann zumindest anders sein. Ein automatisches System ist ein konkretes, physisch vorhandenes Gerät, in das Spiel-Zeichen, Spieler und Schiedsrichter "eingebaut" sind; deshalb konstituieren seine aus dem Zusammenwirken dieser Elemente effektiv resultierenden Anordnungen und Zustände zum Schluß einen festgelegten Korpus (Text), der durchaus so wie er dasteht, interpretierbar sein kann. Das heißt, selbst wenn es nicht möglich wäre, die Verantwortlichkeit zwischen den Regeln und den Spielern so aufzuteilen, daß die Regeln lediglich eine Grundinterpretation stützen, könnte die Gesamtheit dieser Elemente dennoch eine interpretierbare Ordnung hervorbringen. Infolgedessen kann eine Teilung der semantischen Arbeit bei automatischen Systemen möglich sein oder auch nicht; im Prinzip ist sie jedoch nicht notwendig. Vergleichen wir einmal die beiden Fälle.

Typ A Man kann ein zuvor interpretiertes formales System nehmen und es "automatisieren". In diesem Fall werden alle seine (automatischen) Outputs noch immer denselben formalen Regeln folgen und immer noch alle einen Sinn entsprechend derselben Grundinterpretation ergeben, so daß die ursprüngliche Arbeitsteilung erhalten bleibt. Natürlich können diese gleichen Outputs auch eine ausgefeiltere Ordnung an den Tag legen: Angenommen, das System war am Anfang nicht deterministisch und wurde auf raffinierte Weise ("gute" Spieler) automatisiert, dann könnten die Outputs nicht nur durchweg verständlich, sondern auch durchweg klug, gut begründet, interessant usw. sein.

Man beachte, wie tadellos sich dieses Bild mit dem automatischen Schachspieler deckt, den wir in Kapitel 2 skizziert haben. Natürlich sind die Zeichen beim Schachspiel nicht interpretiert, so daß es auch keine "semantische" Arbeit gibt, die zu teilen wäre. Aber das Problem, "gute" Züge (im Gegensatz zu lediglich den Regeln entsprechenden Zügen) zu machen, stellt sich auch beim Schach; und seine Lösung läßt sich direkt übertragen. Stellen wir uns also vor, daß der automatisierte Spieler unseres interpretierten Systems in zwei "innere Spieler" zerlegt wird: einer listet alle in der aktuellen Konfiguration erlaubten Züge auf (alle, die - entsprechend dem Formalistenmotto - einen Sinn auf der Grundebene ergeben), und der andere trifft unter ihnen eine interessante oder kluge Wahl. In diesem einfachen Fall wäre dann die Arbeitsteilung bereits in der Struktur der Maschine "eingebaut".

Aber auch ein automatisches System, das nicht zuerst als ein interpretiertes manuelles System entworfen und danach automatisiert worden wäre, könnte ein System vom Typ A sein. Entscheidend ist, ob sich eine Reihe formaler Regeln finden läßt, die die semantische Arbeit effektiv teilen: Sie müssen so flexibel sein, daß sie jeden Zug als gültig anerkennen, den das System (d.h., die Spieler, die sich nach ihnen richten) jemals machen würde, und gleichzeitig so restriktiv, daß sie eine Interpretation auf der Grundebene unterstützen. Oder (um es anders auszudrücken), innerhalb der interpretierbaren Gesamtordnung muß es möglich sein, zwischen einer Grundebene von regelbestimmter "bloßer Vernunft" (logische Schlüssigkeit, mathematische Korrektheit usw.) und einer übergeordneten Ebene eines auswählenden, umsichtigen Verstandes zu unterscheiden. (Ich vermute, daß Science-fiction-Autoren Robotern möglicherweise deswegen so oft eine Superratio zuschreiben, weil sie diese Spezies von Computern des Typs A nicht durchschauen.)

Typ B Eine viel reizvollere Aufgabe aber ist es, Systeme zu konstruieren, die nicht mehr auf dieser Arbeitsteilung beruhen und deswegen auch nicht auf Gebiete beschränkt sind, in denen sich eine geeignete Arbeitsteilung (Formalisierung) von vornherein anbietet. Ein Computer, der beispielsweise Gespräche in einer natürlichen Sprache führt, wäre (vermutlich) nur als Ganzes interpretierbar; d.h., nur, wenn die in der Auswahl des Sprechers (dessen, was gesagt wird) implizit enthaltene Ordnung auch die möglichen "regelgerechten Züge" (z.B. grammatikalische Sätze) bestimmt, wird der Output genügend Struktur an den Tag legen, um eine Interpretation zu stützen. Es wird kaum überraschen, daß viele, wenn nicht die meisten der derzeitigen KI-Systeme zum Typ B gehören.

GOFAI

Trotz des Namens ist nicht jedes intelligente Artefakt der Künstlichen Intelligenz zuzurechnen - jedenfalls nicht in unserem Sinne. Unbestreitbar existieren viele Theorien des menschlichen Geistes, darunter interessante Computermodelle und Mechanismen, die nicht zur KI gehören. Deshalb ist es wichtig, auf begriffliche Klarheit zu achten, indem man die Terminologie fest an die Kandare nimmt. Um mein Bemühen um einen sorgfältigen Sprachgebrauch zu betonen, habe ich den Begriff "Artificial Intelligence" (Künstliche Intelligenz) durchweg mit großen Anfangsbuchstaben geschrieben; für den Fall, daß dies noch nicht ausreichen sollte oder irgend jemand diesen Ausdruck bereits anderweitig besetzt hat, können wir auch deutlicher von dem sprechen, was ich "Good Old

Fashioned Artificial Intelligence" - kurz "GOFAI" nenne. (Zu deutsch: Gute altmodische Künstliche Intelligenz - kurz GAKI. Im folgenden werden wir jedoch bei Haugelands Begriff GOFAI bleiben. - d. Üb.)

GOFAI, ein Zweig der Kognitionswissenschaft, stützt sich auf eine bestimmte Theorie der Intelligenz und des Denkens - im wesentlichen auf Hobbes Idee, daß rationale Erkenntnis *Berechnung* sei. Wir müssen uns darüber im klaren sein, daß diese These empirisch substantiell ist: Sie ist nicht trivial oder tautologisch, sondern trifft eine Aussage über die Welt, die auch falsch sein könnte. Mit anderen Worten, nicht jeder wissenschaftliche Ansatz zur Intelligenzforschung braucht sie zu akzeptieren; und in der Tat werden derzeit in verschiedenen Laboratorien eine Reihe von alternativen Erklärungsmodellen aktiv erforscht und entwickelt. All diese potentiellen Rivalen wollen wir hier jedoch weder beschreiben noch bewerten, sondern lediglich auf zwei Konsequenzen dieser Möglichkeiten hinweisen. Erstens: Wenn eine alternative (nicht-GOFAI) Theorie der Intelligenz tatsächlich erfolgreich sein sollte, müßte es im Prinzip auch möglich sein, ein intelligentes Artefakt zu bauen, das entsprechend dieser Theorie funktioniert; und ich stelle die These auf, daß dieses Artefakt nicht GOFAI sein würde.

Zweitens, und interessanter noch: Auf der Grundlage derselben Theorie müßte es im Prinzip möglich sein, diese Intelligenz auf einem Computer zu *simulieren* - so wie Wissenschaftler routinemäßig ja alles von Hurrikanen und Eiweißsynthesen über Verkehrsstauungen bis zum albanischen Schwarzmarkt simulieren. Der wichtige Punkt dabei ist, daß das simulierende System und das System, das simuliert wird, nach unterschiedlichen Prinzipien funktionieren: Ein Hurrikan läßt sich durch die Gesetze der Äro- und Hydrodynamik erklären, ein Computer jedoch nicht. Ein Computer arbeitet vielmehr mit Symbolen, oftmals mit Zahlen, indem er Rechenoperationen ausführt, die durch diese Gesetze vorgeschrieben sind, um den Hurrikan korrekt zu *beschreiben*. Analog dazu würde eine Simulation des menschlichen Intellekts die Theorie "anwenden", indem sie das Verhalten des simulierten Systems mit Hilfe von Symbolen beschriebe, auch wenn dieses System (möglicherweise) auf andere Weise funktioniert (d.h., nicht auf der Grundlage der Symbolverarbeitung). GOFAI vertritt jedoch nicht die These, daß die der Intelligenz zugrunde liegenden Prozesse symbolisch beschrieben werden können (ein Merkmal, das Hurrikane und Verkehrsstauungen gemeinsam haben), sondern daß sie symbolisch *sind* (was sie von Hurrikanen und Verkehrsstauungen grundsätzlich unterscheidet).[7] Auch aus diesem Grunde würde das Projekt nicht zur GOFAI gehören.

Präziser gefaßt, gehen alle GOFAI-Theorien von folgenden Prämissen aus:

1. unsere Fähigkeit, uns mit Dingen intelligent auseinanderzu setzen, beruht auf unserem Vermögen, vernunftgemäß über sie nachzudenken (wozu auch unbewußtes Denken gehört); und
2. unser Vermögen, vernunftgemäß über Dinge nachzudenken, ist gleichbedeutend mit der Fähigkeit zur inneren "automati schen" Symbolmanipulation.

Daraus ergeben sich zwei Überlegungen. Erstens müssen diese inneren Symbolmanipulationen, insofern sie intelligente Gedanken sind, in bezug auf die Außenwelt (also auf das, womit auch immer sich das System intelligent beschäftigt) interpretiert werden. Zweitens ist GOFAI, da sie sich auf das Postulat der *inneren* Symbolmanipulation festgelegt hat, auch auf zumindest eine hierarchische Stufung festgelegt; d.h., ein intelligentes System muß einige komputationale Subsysteme ("innere Computer") enthalten, um diese "vernünftigen" inneren Manipulationen auszuführen.

Leider klingt das letztere nach Homunkuli. Sind wir also wieder in das alte Dilemma geraten, Intelligenz zu erklären, indem wir sie voraussetzen? Nicht ganz; der Ausweg jedoch ist komplizierter, als es scheint. Rekapitulieren wir das Problem: Wenn Inges Intelligenz nur durch das Postulat eines intelligenten Homunkulus erklärt werden kann, der ihre Gedanken manipuliert, dann ist nichts gewonnen. Denn was erklärt die Intelligenz des Homunkulus? Das Problem so zu formulieren, heißt jedoch, zwei unhaltbare Grundannahmen zu verschleiern, ohne die sich die Sache völlig anders darstellen würde. Erstens wird nämlich vorausgesetzt, daß Inge *nur einen* Homunkulus habe statt, sagen wir, ein großes Team von zusammenarbeitenden Spezialisten, und zweitens wird davon ausgegangen, daß der Homunculus *ebenso schlau* wie Inge selbst sein müßte (oder zumindest, daß es genauso schwierig wäre, seine Intelligenz zu erklären wie ihre.) Aber keine dieser beiden Annahmen muß richtig sein.

Man könnte sich ohne weiteres Dutzende (oder vielleicht Tausende) unabhängiger Homunkuli vorstellen, die alle in irgendeiner Form organisiert sind und zusammenarbeiten, um gemeinsam Inges Psyche zu verwalten. Dies vorausgesetzt, läge dann auch die Vermutung nahe, daß jeder einzelne Homunkulus relativ beschränkt sein könnte - Inges geistige Fähigkeiten treten schließlich nur als Summe all dieser separaten Beiträge sowie ihrer systematischen Organisation in Erscheinung. Und schließlich kann eine solche *Homunkulus-Schachtelung* auf vielen Ebenen wiederholt werden: Jeder dieser beschränkten Homunkuli enthält vielleicht selbst wieder ein Team von noch unbedarfteren Kollegen; und so weiter.[8] Dies ist jedoch eher metaphorisch als wissenschaftlich zu verstehen. Eher drängt sich die Frage auf, wie überhaupt irgendeine Form von Intelligenz (ob beschränkt oder nicht) möglich ist. Und solange diese Frage nicht beantwortet ist, ist nichts beantwortet.

Kommen wir auf Computer zurück. Wir wissen bereits, daß deterministische formale Systeme problemlos zu automatisieren sind und daß, falls sie interpretiert werden, die Interpretation direkt übertragbar ist. Wir haben in Kapitel 2 (im Abschnitt "Automatische Systeme") gesehen, wie ein nichtdeterministisches System (Schach) als Funktionseinheit innerer deterministischer Systeme automatisiert werden könnte. Insbesondere sahen wir, wie ein und dasselbe innere System je nach Perspektive entweder als ein System betrachtet werden kann, das algorithmische Berechnungen ausführt (z.B. den Wert einer Formel errechnet) oder als eines, das ziemlich kluge (obgleich fehlbare) heuristische Entscheidungen (z.B. über gute Schachzüge) trifft. Schließlich haben wir weiter oben festgestellt, daß sich diese Struktur eines Schachsystems direkt mit einem Computer vom Typ A deckt: Die Regeln stützen eine Grundinterpretation, und die heuristischen Entscheidungen verleihen dem ausgegebenen Text eine "irgendwie clevere" Ordnung. Wir haben also, oder zumindest scheint es so, eine Maschine mit *einer gewissen* Intelligenz.

Dieser "Fuß in der Tür" könnte eine Klärung bringen, aber unter einer Bedingung: daß die Homunkulus-Schachtelung die Lücke zwischen einer "gewissen" und einer "vollen" Intelligenz füllen kann. In groben Zügen ist die vorgeschlagene Lösung klar: Wenn wir

Systeme mit ein klein wenig Intelligenz haben, können wir sie zu koordinierten Teams mit immer höherer Intelligenz - und letztlich zu Computern vom Typ B - organisieren, und zwar beliebig informell und flexibel. Unklar ist jedoch, was dabei als eine "gewisse" (oder als geringere oder größere) Intelligenz zählt. Die Homunkulus-Schachtelung funktioniert nur, wenn die "inneren Spieler" immer dümmer werden (bis hinunter auf Null); und umgekehrt funktioniert der Aufbau von unten nur dann, wenn man über Null hinausgelangen (und dann fortschreiten) kann. Aber welche Maßstäbe liegen solchen Bewertungen zugrunde? So weit ich es beurteilen kann, existiert nur ein einziger: *Wenn* der GOFAI irgendwann eine Zergliederung der wirklichen (menschenähnlichen) Intelligenz in primitive Berechnungen gelingen sollte, *dann* konstituiert diese Analyse selbst einen relevanten Maßstab für das, was als mehr oder weniger intelligent gilt - und zwar in einer hierarchischen Skala. Bis dahin jedoch sind wir auf unsere Ahnungen und wechselnden Vermutungen angewiesen.

Mit anderen Worten, wir werden die Antwort nicht wirklich wissen, bevor wir die Antwort nicht wirklich wissen. Das ist freilich nicht so schlimm, wie es sich anhört: So, wie die Frage jetzt gestellt ist, ist sie durch und durch wissenschaftlich. All die alten "metaphysischen" (d.h., begriffstheoretischen) Homunkulus-Rätsel sind beiseitegeräumt, in Erwartung empirischer Ergebnisse - und das ist ein Fortschritt.

Ist GOFAI zu eng begrenzt? Meine Definition von GOFAI läßt zwar eine Menge Raum für Entdeckungen, Vielfalt und unterschiedliche Ansichten, ist aber dennoch vergleichsweise strikt. Sie schließt einen bedeutenden Bereich der heutigen Forschung aus, darunter vieles, was sich weitestgehend auf Computer-Modelle stützt, und sogar einiges, das sich selbst KI nennt. Wieso maße ich mir eigentlich an, Gesetze aufzustellen? Erdreiste ich mich - in der übelsten Tradition der Philosophie - Wissenschaftlern vorzuschreiben, woran sie arbeiten sollen? Überhaupt nicht! Ich grenze GOFAI lediglich als meinen eigenen momentanen Gegenstand ab, und dazu gehört eben auch die Andeutung, was in diesen Bereich fällt und was nicht. Natürlich habe ich Gründe für diese spezielle Themenwahl, z.B.:

1. Der überwiegende Teil der Forschung, die im letzten Vierteljahrhundert unter der Bezeichnung KI geleistet wurde, entspricht praktisch meiner Charakterisierung der "GOFAI" (außer, daß einiges davon keinen Bezug zur Humanpsychologie beansprucht).
2. Insgesamt haben die Arbeiten, die im Rahmen GOFAIS durchgeführt und von ihr inspiriert wurden, weithin den Ruf, am ausführlichsten ausgearbeitet zu sein, die mächtigsten theoretischen Hilfsmittel zu besitzen und bei der Anwendung weitaus erfolgreicher zu sein, als es in der Psychologie jemals der Fall war.
3. Schon seit langem gibt es intuitive, positive Gründe, den theoretischen Rahmen der GOFAI anziehend, sogar plausibel zu finden.
4. Je mehr man schließlich seinen Gegenstand auf den Punkt bringt (vorausgesetzt, man geht dabei nicht zu spezialisiert und esoterisch vor), desto leichter ist es, wahre und interessante Aussagen zu machen.

Kasten 8
Innere Semantik und Neuinterpretation

"Eines Tages blieb Roberts Wagen liegen. Als er ihn nicht wieder starten konnte, öffnete er die Motorhaube und sah nach, was los war. Er bemerkte ein loses Kabel, befestigte es wieder und setzte seinen Weg fort." Robert verhielt sich *intelligent*. Darüber hinaus können wir *erklären*, wie er das tat, indem wir zeigen, daß er angesichts verschiedener Dinge, die er hinsichtlich seines Autos sah, wußte, folgerte, wünschte, plante usw. rational handelte. GOFAIs Ansatz zur Erforschung der Intelligenz wird im wesentlichen durch Beispiele wie dieses inspiriert - obwohl eine vollkommen wissenschaftliche Erklärung natürlich viel mehr Zustände und Prozesse, darunter auch unbewußte, einbeziehen würde.

Wichtig ist, daß alle inneren kognitiven Zustände, die in der Erklärung angeführt werden, *Dinge betreffen* (bedeuten, sich auf sie beziehen), mit denen sich das System beschäftigt - zum Beispiel das Auto. Dies ist entscheidend, wenn man das Verhalten in intelligenter Weise (d.h., mittels Denken) zu den Umständen in Beziehung setzt. Entsprechend wird dadurch eingegrenzt, wie die von den inneren Spielern manipulierten Gedankensymbole interpretiert werden können: Sie (viele von ihnen) müssen in bezug auf Dinge in der Außenwelt aufgefaßt werden.

In einem funktionierenden System können jedoch auch andere Symbolformen vorhanden sein. Die zusammenarbeitenden inneren Spieler könnten ihre Aktivitäten beispielsweise koordinieren, indem sie innere Botschaften aussenden, wer wann was tun sollte. Diese Botschaften wären dann symbolisch (hätten also Bedeutungen), würden sich aber nur auf innere Abläufe und nicht auf die Außenwelt beziehen. (Bei Computern z.B. würden Speicheradressen, Prozedurnamen usw. in diese Kategorie fallen). Die Interpretation dieser Symbole ist die *innere Semantik*.

Wie ein Symbol interpretiert wird, kann von der Ebene der Analyse abhängen. Wenn beispielsweise eine der inneren Spezialistinnen Informationen über Zündkerzen benötigt, bittet sie vielleicht einen anderen Spezialisten - den Bibliothekar - für sie nachzuschlagen. Das Symbol, das sie ihm übergibt, müssen wir als "Zündkerze" interpretieren, wenn wir seine Rolle beim durchdachten Problemlösen verstehen wollen. Für die Analyse des Bibliothekars selbst hat dasselbe Symbol jedoch nichts mit Zündkerzen zu tun: Für ihn dient es nur es als ein (inneres) Etikett für den gewünschten Artikel. Durch einen veränderten Erklärungskontext wird also das Symbol selbst *neu interpretiert*. (Eine ähnliche Wandlung liegt vor, wenn wir ein und dasselbe Verfahren einmal als Heuristik und ein anderes Mal als Algorithmus betrachten.)

Damit soll nun nicht gesagt werden, daß GOFAI "recht" hat, sondern nur, daß es der Diskussion wert ist; und wenn ich Alternativen "ausgrenze", geschieht das nur, um die Diskussion auf den Punkt zu bringen.

Paradoxon und Mysterium entschleiert

Ein GOFAI-System hat ein inneres Spielfeld, auf dem einer oder mehrere innere Spieler unter der Aufsicht eines inneren Schiedsrichters innere Zeichen anordnen und manipulieren. Diese inneren Zeichenmanipulationen werden als die Denkprozesse interpretiert, die das Gesamtsystem in den Stand setzen, sinnvoll und intelligent zu agieren. Mit anderen Worten, die Gesamtintelligenz wird erklärt, indem man das System in kleinere (weniger intelligente) Komponenten zergliedert, deren externe symbolische Züge und Interaktionen die internen vernünftigen Kognitionen des größeren Systems sind. Das ist das Paradigma der Kognitionswissenschaft.

Da die inneren Spieler bedeutungstragende Zeichen sinnvoll manipulieren, sind sie Homunkuli. Wir haben den traditionellen Einwand gegen eine endlose Rekursion (also die nicht endende Schachtelung von Homunkuli innerhalb von Homunkuli innerhalb von ...) durch den Vorschlag entkräftet, daß die Homunkuli Schritt für Schritt verblassen, bis der letzte überhaupt keine Intelligenz mehr hat. Aber das ist noch keine Lösung des grundlegenderen *Paradoxons der mechanischen Vernunft*: Wenn die Manipulatoren die Bedeutungen der Symbole beachten, können sie nicht gänzlich mechanisch sein, weil Bedeutungen keine mechanischen Kräfte ausüben; wenn sie die Bedeutungen jedoch ignorieren, können die Manipulationen kein vernunftgemäßes Denken sein, denn was vernünftig ist, hängt von der Bedeutung der Symbole ab. Selbst wenn erwiesen wäre, daß Intelligenz stufenweise auftritt, so gilt dies nicht für Bedeutung; man kann das Paradoxon also nicht dadurch auflösen, daß man behauptet, der Symbolgehalt der Zeichen würde sich gleichfalls stufenweise verringern. Entweder sie sind interpretiert, oder aber sie sind es nicht.[9]

Hier ist eine andere fundamentale Strategie gefordert: nicht Analyse, also Zergliederung, sondern *Neubeschreibung*, d.h., dieselbe Sache von grundlegend verschiedenen Standpunkten aus zu sehen und folglich in grundlegend anderen Kategorien zu beschreiben. Natürlich kann man nicht nach Lust und Laune "neu beschreiben"; die Grundlage für jeden Beschreibungsmodus muß in den Erscheinungen selbst vorhanden sein. So ist beispielsweise ein bestimmtes Verfahren ein *Algorithmus* zur Berechnung einer bestimmten Formel, wenn es unfehlbar in einem endlichen Zeitabschnitt die richtige Antwort erzeugt; dasselbe Verfahren läßt sich aber auch als ein heuristisches zur Einschätzung von Schachzügen neu beschreiben, falls diese Formel (fehlbar, aber ziemlich zuverlässig) die Stärke von Zügen bestimmt. Die Neubeschreibung bezieht sich also auf diese Eigenschaft der Formel.

Interpretation ist Neubeschreibung, die sich auf die Kohärenz eines Textes stützt. Die Grundlage einer semantischen Neubeschreibung bei einer Computer-Interpretation ist das Formalistenmotto: "Du achtest auf die Syntax, und die Semantik wird auf sich selbst achten." Mit anderen Worten, Interpretationen sind nur dann korrekt, wenn die formalen Züge den formalen Regeln zwingend entsprechen. Das Paradoxon ist dann gelöst, wenn man seine beiden Seiten mit den beiden unterschiedlichen Beschreibungsmodi verbindet.

Von einem Standpunkt aus sind die inneren Spieler nichts als automatische formale Systeme, die völlig mechanisch bestimmte Zeichen nach bestimmten Regeln manipulieren. Von einem anderen Gesichtspunkt aus manipulieren jedoch genau dieselben Spieler genau dieselben Zeichen - die nun als Symbole interpretiert sind - in einer Art und Weise, die völlig vernunftgemäß mit ihrer Bedeutung im Einklang steht. Computer-Homunkuli haben also nicht nur Bedeutungen, sondern sind auch gezwungen, sie zu schlucken.

Leider hat diese "Lösung" gravierende Lücken, denn in der dargestellten Form gilt sie nur für Computer vom Typ A. Präziser gefaßt, das Formalisten-Motto setzt die Teilung der semantischen Arbeit voraus, ein Merkmal, das Computer des Typs A definiert. Diese Arbeitsteilung heißt im wesentlichen, daß formale syntaktische Regeln identifiziert werden, die ausreichend streng sind, um eine Interpretation zu stützen: Das Motto beruft sich auf genau solche Regeln. Also nehmen wir einen neuen Anlauf und beschäftigen uns noch einmal mit der Homunkulus-Schachtelung.

Stellen wir uns einen Spieler vor - nennen wir ihn Pierre -, der restlos in ein Team von inneren Spielern, einen inneren Schiedsrichter und ein Feld von inneren Zeichen zergliedert wurde. Stellen wir uns des weiteren vor, daß jede dieser inneren Komponenten (wenn sie aus der richtigen Perspektive beschrieben wird) als völlig mechanisch betrachtet werden kann. Dann wäre auch Pierre (d.h., er könnte so gesehen werden) völlig mechanisch. Gleichzeitig jedoch können (aus anderer Sicht) dieselben inneren Spieler Pierres innere Symbole mehr oder weniger intelligent manipulieren und dabei mehr an "bedeutungsvoller Ordnung" zu dem konkreten inneren Text beitragen, als durch die formalen Regeln, die sie alle befolgen, vorgeschrieben ist - eine Ordnung, die durchaus notwendig sein kann, damit dieser Text überhaupt interpretierbar ist. In diesem Fall wäre Pierre ein Computer vom Typ B, aber dennoch durch die Zergliederung in seine Einzelkomponenten als völlig mechanisches System neu beschreibbar.

Dies läßt natürlich die Frage offen, ob sich *alle* Computer des Typs B - sagen wir, deutsche Muttersprachler - auf diese Weise analysieren lassen, und falls ja, auf welche Art. Solche Analysen zu erdenken und zu erproben, gehört zum Alltag der KI; genau damit beschäftigen sich die Wissenschaftler. Inwieweit sie erfolgreich sein werden, läßt sich nicht vorhersagen; ähnlich wie beim Problem der Homunkulus-Rekursion ist jedoch das begriffstheoretische philosophische Problem nun gelöst, indem es zu einem empirischen und wissenschaftlichen gemacht wurde: Mechanische Vernunft ist nicht mehr länger paradox.

Das *Mysterium der ursprünglichen Bedeutung* - Hobbes Problem, den menschlichen Geist von einem Buch zu unterscheiden - ist älter und tiefgreifender. In diesem Kapitel wurde Bedeutung im Zusammenhang mit semantischer Interpretation und dem Kohärenzprinzip besprochen. Die Grundidee gilt aber auch für Inschriften des Altertums, Geheimcodes, Fremdsprachen, formale Systeme und (vermutlich) Gehirne: Wenn sich herausstellt, daß ein geordneter Text einen durchgängig vernünftigen Sinn ergibt, ist dies eine Bestätigung der Interpretation. Dabei ist es vollkommen gleichgültig, ob es sich um ursprüngliche oder abgeleitete Bedeutungen handelt. Wenn wir also annehmen, einige besondere Gehirn-Symbole besäßen eine *ursprüngliche* Bedeutung, von der sich jeder weitere Bedeutungsgehalt herleiten ließe, so würde sich eine *Interpretation* des Ganzen dennoch im Prinzip nicht von jeder anderen Interpretation unterscheiden. Selbstständlich würde es sich um einen *Entdeckungs*prozeß handeln, also darum, bereits vorhandene Bedeutungen herauszufinden (vergleichbar dem "Knacken" eines fremden Codes oder einer Fremdsprache), und nicht um einen Akt der Übereinkunft (so als würde einer neuen Notation oder Codierung eine Interpretation "zugewiesen"). Der Maßstab für den Erfolg ist jedoch im wesentlichen der gleiche, ob die Bedeutungen nun ursprünglich oder abgeleitet sind.

Die Fragen bleiben: Welche symbolischen Systeme haben ursprüngliche (nicht abgeleitete) Bedeutungen und warum? Diese beiden Fragen hängen eng zusammen. Wenn wir verstehen könnten, warum Gehirnsymbole ursprüngliche Bedeutungen haben (einmal unterstellt, sie hätten), dann könnten wir auch sagen, welche anderen Symbole (z.B. die in GOFAI-Systemen) möglicherweise gleichfalls eine ursprüngliche Bedeutung haben und vice versa. Davon ausgehend können wir unsere Interessen sowohl in der KI als auch in der Philosophie verfolgen, wenn wir uns eingehender mit der Frage beschäftigen, was den menschlichen Geist von einem Buch unterscheidet.

Der auffallendste Unterschied zwischen Buch-Symbolen (gedruckten Wörtern) und Gehirn-Symbolen (Gedanken) ist der, daß Buch-Symbole nur "untätig" vorhanden sind, während Gedanken sich unaufhörlich verändern und gegenseitig beeinflussen. Aber das kann nicht der entscheidende Unterschied sein, da es buchähnliche Symbole gibt, die ebenfalls interaktiv und wandelbar sein können. Stellen wir uns vor, daß einzelne Wort-Zeichen auf Tausende von winzigen schwimmenden Magneten oder auf die Rücken emsig wimmelnder Ameisen gedruckt würden. Die sich ergebenden physischen Symbole würden lebhaft interagieren und verschiedene amüsante Kombinationen bilden; ihre Bedeutungen jedoch wären noch immer ebenso abgeleitet (von uns) wie die irgendwelcher Zeilen, die mit dem Federkiel gemächlich auf ein Blatt Papier geschrieben wurden.

Trotzdem sind wir vielleicht auf der richtigen Fährte. Betrachten wir, wie die folgenden Prämissen auf ein Stück Papier geschrieben werden:

Alle Frösche fressen Fliegen.
Fido ist ein Frosch.

Es passiert nicht viel. Noch aufschlußreicher: Wenn wir sie auf Magneten oder Ameisen schreiben würden, könnte sich danach eine hektische Betriebsamkeit entfalten, die aber höchstwahrscheinlich nichts Interessantes in bezug auf Frösche oder Fliegen ergeben würde. Mit einem Wort, das Verhalten solcher Symbole (unabhängig von unseren Manipulationen) hat keine Beziehung zu dem, was sie bedeuten. Wenn wir diese Prämissen dagegen in den Kopf von irgendjemandem bekämen (sagen wir, in Form von Überzeugungen), dann würde sehr wahrscheinlich ein neues komplexes Symbol erscheinen - und nicht nur irgendein neues Symbol, sondern exakt die gültige Schlußfolgerung hinsichtlich Fidos und des Fressens von Fliegen:

Fido frißt Fliegen.

Und genau diese Art Fakten veranlassen uns zu der Annahme, daß Menschen ihre Gedanken *verstehen,* während Papier und schwimmende Magneten völlig blind dafür sind.

Der wichtige Unterschied besteht also nicht allein darin, daß Gedanken aktiv sind, sondern daß sich ihre Aktivität direkt auf ihre Bedeutungen bezieht; allgemein gesagt, die Wandlungen von Gedanken-Symbolen und ihre Interaktionen sind semantisch angemessen. Dementsprechend kann ich sagen, daß Denk-Symbole *semantisch aktiv* sind, im Gegensatz zu gedruckten oder magnetischen Symbolen, die *semantisch inert* sind (auch wenn sie in anderer, semantisch irrelevanter Hinsicht, "aktiv" sein mögen). Die Bedeutungen semantisch inerter Symbole spielen nur dann eine Rolle, wenn sie mit Benutzern interagieren (z.B., wenn Menschen sie schreiben oder lesen). Als bedeutungstragende Gebilde haben solche Symbole, abgesehen von der Art und Weise, wie Benutzer sie als bedeutungstragend ansehen, absolut keine Auswirkungen; zweifellos ist dies der Grund, warum ihre Bedeutungen anscheinend nur abgeleitet sind.

Ferner sind semantisch aktive Symbole augenscheinlich Anwärter für eine ursprüngliche Bedeutung. Denn wenn sie interagieren, tun sie das unabhängig von jedem außenstehenden Benutzer, und dennoch sind ihre Interaktionen durchweg ihren Bedeutungen angemessen. Das aber läßt vermuten, daß solche Bedeutungen irgendwie in dem aktiven symbolischen System selbst "vorhanden" sind, ungeachtet, was irgendjemand sonst in ihnen sieht.

Natürlich ist es nur eine Metapher, wenn ich *Symbole* als aktiv bezeichne. Sorgfältiger formuliert sind "aktive" Symbole die interpretierten Zustände oder Teile eines integrierten Systems, innerhalb dessen sie automatisch manipuliert werden. Gedanken-Symbole könnten also nur im Kontext zahlloser Gehirnprozesse entsprechend aktiv sein, die auf sie reagieren, sie beeinflussen und ihre Wechselbeziehungen auf verschiedene, festgelegte Weisen vermitteln. Nur wenn wir all diese Prozesse hinter den Kulissen verstecken, erscheinen die Gedanken aus sich heraus als aktiv.

Nun verdichtet sich jedoch der Plot, denn wir haben soeben einen Computer beschrieben. Im Kontext des Gesamtsystems interagieren die interpretierten Zeichen - wobei sie zu Folgekonfigurationen führen und Veränderungen dieser Konfigurationen bewirken - völlig automatisch und semantisch angemessen. Die Komponenten Spieler und Schiedsrichter können nach Bedarf hinter den Kulissen versteckt oder ins Rampenlicht gestellt werden. In beiden Fällen jedoch manipuliert das System als Ganzes die Zeichen entsprechend ihren Bedeutungen, ohne einen Eingriff außenstehender Benutzer; und das ist semantische Aktivität.

Heißt dies nun, daß das Mysterium der ursprünglichen Bedeutung gelöst ist? Das ist schwer zu sagen. Schließen wir das Kapitel, indem wir zwei völlig entgegengesetzte Beispiele interpretierter automatischer Systeme betrachten. Das erste ist unser langweiliger Taschenrechner: Er manipuliert automatisch Zahlen in semantisch angemessener Weise, da er immer zu den richtigen Ergebnissen kommt. Und doch ließe sich schwerlich behaupten, daß dieses simple und beschränkte Gerät imstande wäre, sich ganz von allein auf Zahlen zu beziehen - also unabhängig davon, wie *wir* es benutzen. In gewissem, intuitiv einleuchtenden Sinn hat es "keine Ahnung", was Zahlen sind. Es kann nicht zählen; es kann nichts von dem, was es tut, erklären; es kann einen echten Bruch nicht von einem Kuhfladen unterscheiden; und es macht sich aus alldem nichts. Sein *gesamtes* Können besteht im Abspulen von vier geistlosen Algorithmen, abhängig davon, welche Tasten gedrückt werden. Eine Reihe von beträchtlich komplizierteren Systemen, wie z.B.

Geldautomaten, Textverarbeitungscomputer und viele Computerspiele, fällt im wesentlichen unter die gleiche Kategorie.

Das entgegengesetzte Beispiel entspringt den kühnsten GOFAI-Träumen. Nehmen wir einmal an, es gäbe Systeme, die in beweglichen und vielseitigen Körpern versteckt und nicht nur zu allen Erscheinungsformen, sondern auch zur ganzen Skala "menschlicher" Kommunikation, Problemlösung, zu Künstlertum, Heldentum oder was auch immer imstande wären. Um die Sache noch anschaulicher zu machen, stellen wir uns außerdem vor, daß die Menschen seit langem ausgestorben sind und daß die Erde stattdessen von Milliarden dieser Computer-Roboter bevölkert ist. Sie bauen Städte, betreiben wissenschaftliche Forschung, liefern sich juristische Gefechte, schreiben Bücher, und, tja, ein paar komische Käuze unter ihnen leben in Elfenbeintürmen und fragen sich, wie ihr "Geist" sich von Büchern unterscheidet - oder warum es ihnen so erscheint. Man könnte zwar streng an der Auffassung festhalten, daß sich diese Systeme im Prinzip nicht von Taschenrechnern unterscheiden, daß ihre Zeichen, ihre wissenschaftlichen Abhandlungen und ihre Lieder absolut nichts bedeuten, da es keine Menschen gibt, aber gerade das erscheint pervers. Falls GOFAI-Systeme bis zu einer solchen Stufe entwickelt werden können, dann können sie auch durchaus eine ursprüngliche Bedeutung haben.

Welche Lehre ziehen wir hieraus? Eine vorschnelle (aber nicht unbedingt falsche) Mutmaßung wäre, daß wir hier die Extreme eines kontinuierlichen Spektrums vor uns haben: Taschenrechner weisen eine ziemlich geringe semantische Aktivität und einen entsprechend geringen Grad an ursprünglicher Bedeutung auf, während unsere Super-Roboter beides in vollem Umfang besitzen. Eine Variation dieses einfachen Themas könnte lauten, daß man das Kontinuum akzeptiert, aber eine bestimmte Minimalschwelle an semantischer Aktivität fordert, bevor man überhaupt eine Form von ursprünglicher Bedeutung anerkennt. Beide Versionen gehen jedoch davon aus, daß sich die "Ursprünglichkeit" der Bedeutung stufenweise entfalten kann; deshalb führen sie letztlich beide auf einen Irrweg.

Interessanter ist vielleicht diese Betrachtungsweise: Nur semantische Aktivität in bestimmten hochentwickelten oder fortgeschrittenen Formen oder mit bestimmten Unterscheidungsmerkmalen kann den Ansprüchen genügen, die wir an echte ursprüngliche Bedeutung stellen. In diesem Fall wären noch immer philosophische wie auch wissenschaftliche Fragen unbeantwortet: Welches sind diese besonderen Merkmale, was macht sie so besonders, und könnten wir GOFAI-Systeme bauen, die diese Merkmale besitzen? In den Kapiteln 5 und (besonders) 6 werden wir verschiedene Aspekte intelligenter Systeme untersuchen, die möglicherweise die ersten beiden Fragen betreffen; die dritte Frage bleibt jedoch zum größten Teil offen. Ein abschließendes Urteil über die obigen Beispiele besteht deshalb in einer kategorischen Ablehnung: Vielleicht ist das Roboter-Szenario in Wirklichkeit unmöglich, und vielleicht erfordert die ursprüngliche Bedeutung etwas ganz anderes als semantische Aktivität.

Das Mysterium der ursprünglichen Bedeutung ist offenkundig durchsichtiger gemacht, aber nicht ergründet worden. Die Ideen der semantischen Aktivität und der automatischen Computertätigkeit lassen es beträchtlich weniger mysteriös erscheinen; dennoch läßt die Unsicherheit bei der Feststellung, worauf es nun eigentlich ankommt und warum, die Frage ziemlich ungeklärt. Eines ist jedoch sicher: Ohne eine Erweiterung unseres Begriffsapparats und unseres Faktenwissens werden wir nicht weiterkommen. Wir wenden uns nun einem spezifischeren Überblick der Strukturen und Formen von Computern zu, gefolgt von einer Übersicht über die aktuelle Forschung und die Entdeckungen der Künstlichen Intelligenz.

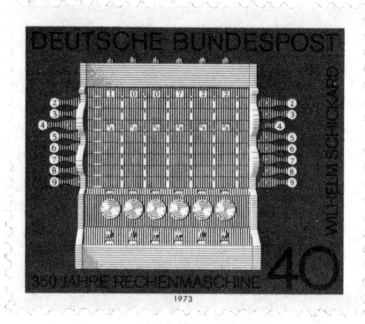

Kapitel 4

Sonderbriefmarke der Deutschen Bundespost zum dreihundertfünfzigsten Jubiläum
von Schickards Rechenmaschine

4 Computer-Architektur

Babbage und seine Analytische Maschine

Es wird allzuoft angenommen, daß Computer sich im wesentlichen kaum voneinander unterscheiden, und deswegen scheint auch nur eine Grundkonzeption der Künstlichen Intelligenz (oder des Verstandes) vorstellbar. Computer können jedoch außerordentlich verschieden voneinander sein, und das sogar bis in ihre grundlegende Struktur und Organisation hinein. Wir wollen deshalb in diesem Kapitel einen Einblick in verschiedene gebräuchliche *Architekturen* geben, um die wichtigsten Prinzipien ihrer Konstruktion und Funktionsweise deutlich zu machen. Es geht uns hierbei nicht darum, herauszufinden, welche Konfigurationen am ehesten zur Simulation des menschlichen Geistes geeignet sein könnten - um diese hohe Ehre bewerben wir uns noch nicht -; vielmehr soll illustriert werden, wie verschieden diese Maschinen sein können und welche theoretischen Ansätze ihnen zugrunde liegen.

So weit wir wissen, wurde die automatische digitale Rechenmaschine um 1623 von dem Tübinger Universitätsprofessor und Astronomen Wilhelm Schickard (1592 - 1635) erfunden. Ich sage "so weit wir wissen", weil Schickards Erfindung bis vor einigen Jahren noch völlig unbekannt war und niemand wissen kann, was vielleicht sonst noch alles verlorengegangen ist. Die erste Rechenmaschine, die in der Öffentlichkeit bekannt wurde, baute etwa zwanzig Jahre später der französische Philosoph Blaise Pascal (1623 - 1662), nach dem heute eine verbreitete Programmiersprache benannt ist. Obwohl er nur addieren und subtrahieren konnte - und das ziemlich schwerfällig - erregte dieser Apparat großes Aufsehen. Naheliegende Verbesserungen ließen nicht lange auf sich warten; am bemerkenswertesten war vielleicht die um 1670 von dem deutschen Philosophen Gottfried Wilhelm Leibniz (1646 - 1716) entwickelte Rechenmaschine, mit der man auch multiplizieren und dividieren konnte - dann aber tat sich für einige Jahrhunderte auf diesem Gebiet nichts besonders Aufregendes mehr.[1]

Der Engländer Charles Babbage (1792-1871), der erste Computerwissenschaftler der Geschichte, war ein typisches exzentrisches Genie und unter anderem wegen seines obsessiven Hasses auf Werkzeugschleifer berüchtigt. Als ausgebildeter Mathematiker hatte er neun Jahre lang die Lucas-Professur für Mathematik (Newtons Lehrstuhl in Cambridge) inne, doch hielt er nicht eine einzige Vorlesung, ja er begab sich nicht einmal von London nach Cambridge. Intellektuell war er ebenso vielseitig wie bahnbrechend. Er steuerte nicht nur zur Mathematik, sondern auch zur Präzisionsbearbeitung von Metallen (seine Werkstatt zählte zu den besten in Europa) und zu dem, was wir heute Unternehmensforschung nennen würden (er schrieb hierzu eine der ersten systematischen Abhandlungen),Wegweisendes bei. Vor allem aber ist Babbage mit seinen Rechenmaschinen in die Geschichte eingegangen.

Faktisch entwarf er zwei sehr unterschiedliche Modelle. Das erste (ca. 1823 - 1833), das er *Differenzenmaschine* nannte, ist nicht besonders wichtig, obwohl es sicherlich neuartig und möglicherweise recht brauchbar gewesen wäre. Doch obgleich viele ihrer Komponenten und sogar Prototypen gebaut wurden, ist aus mehreren Gründen nie eine voll funktionsfähige Differenzenmaschine fertiggestellt worden. Erstens machten die notwendigen, äußerst geringen Toleranzen die Konstruktion sehr teuer (deswegen die Feinmechanik-Werkstatt); zweitens verbesserte Babbage die Entwürfe immer wieder, was zu ständigen Veränderungen und Neukonstruktionen führte; und drittens wurde seine Phantasie irgendwann um 1833 von einem eleganteren und weitaus grandioseren Projekt in Anspruch genommen.

Diese neue *Analytische Maschine* hielt Babbage für den Rest seines Lebens gefangen und war dessen krönende Leistung. Ihr Bauplan enthält *zwei* außerordentlich scharfsinnige und noch nie dagewesene Ideen, die zusammengenommen die Grundlage jeder Computerwissenschaft bilden:

1. ihre Operationen sind voll *programmierbar;* und
2. die Programme können *bedingte Verzweigungen* enthalten.

Wie schon die Differenzenmaschine (und aus den gleichen Gründen) wurde auch die Analytische Maschine nie fertiggestellt, obwohl an die tausend technische Zeichnungen, Zeit- und Ablaufdiagramme angefertigt worden waren und die dazugehörigen Erläuterungen sechs- bis siebentausend Seiten füllten. Darüber hinaus waren bereits viele Einzelteile fertiggestellt, und es befand sich tatsächlich ein Modell im Bau, als Babbage (mit neunundsiebzig Jahren) starb.[2]

Die einzige veröffentlichte Beschreibung dieser neuen Maschine war jedoch für viele Jahre nur ein kleines "Memoir", das selbst eine faszinierende Geschichte hat. L.F. Menabrea, ein italienischer Ingenieur, publizierte (in einem Schweizer Journal in französischer Sprache) 1842 die Zusammenfassung einiger Vorlesungen, die Babbage privat in Neapel gehalten hatte. Im darauffolgenden Jahr übersetzte Ada Augusta, ein junger und talentierter Schützling Babbages (die spätere Gräfin Lovelace) diesen Text ins Englische - und fügte, vom Meister dazu ermutigt, ein paar erklärende Fußnoten hinzu. Diese "Anmerkungen" waren zum Schluß dreimal länger und weitaus anspruchsvoller als der ursprüngliche Artikel. Obwohl Babbage sie wahrscheinlich mit zusätzlichem Material unterstützte, ist ziemlich sicher, daß Lady Lovelace sein Werk besser als irgend jemand sonst zu dieser Zeit verstand. Zur Erinnerung an sie ist eine neue, mächtige Programmiersprache *Ada* genannt worden.[3]

Die Analytische Maschine hat drei Hauptbestandteile: die *Mühle* (ein Rechenwerk), das *Lager* (ein Datenspeicher) und ein Steuerwerk, das Babbage nicht weiter benannte. Die Zeichen, die in diesem System manipuliert werden, sind mit Vorzeichen versehene Zahlen, und das Spielfeld ist im wesentlichen der Speicher. Die Mühle kann die vier Grundrechenarten ausführen, wobei sie beliebige angewiesene Plätze im Speicher für Operanden und Ergebnisse benutzen kann. In unserem bisherigen Vokabular ausgedrückt können wir uns die Mühle als ein Team von vier eher begrenzten "inneren Spielern" vorstellen, von denen jeder für eine der primitiven Fähigkeiten zuständig ist. Das

Steuerwerk ist dann der innere Schiedsrichter, der selbst nie Zeichen manipuliert, sondern nur den Spielern sagt, wann und wo sie ihre jeweiligen Talente anwenden sollen; dazu ruft er jeweils einen von ihnen auf und sagt ihm, mit welchen Zahlen er arbeitet und wo er die Antwort ablegen soll. So ist jeder Zug eindeutig festgelegt.

Welches "Spiel" spielt nun aber die Analytische Maschine? Nach welchen Regeln richtet sie sich? Woher kommen die Anweisungen, die der Schiedsrichter den Spielern erteilt? Im Grunde genommen läuft alles auf ein und dieselbe Frage hinaus, und die Antwort darauf ist der Schlüssel zu dem brillanten Gesamtkonzept. Innerhalb bestimmter Grenzen wird die analytische Maschine jedes Spiel spielen, das man ihr aufgibt. Das heißt, man legt (auf ganz bestimmte Art und Weise) im einzelnen die Regeln fest, und der Schiedsrichter wird darauf achten, daß die Spieler sie befolgen. Indem man also dem Schiedsrichter unterschiedliche "Definitionen" übergibt, kann man die Analytische Maschine (innerhalb ihrer Grenzen) in jedes gewünschte formale System verwandeln.

Dieses bemerkenswerte Manöver, ein spezielles automatisches System zu *verwirklichen,* indem man es einfach einem Allzwecksystem angemessen *beschreibt,* wird *Programmieren* genannt. Es ist eine der wirkungsvollsten Ideen in der Geschichte der Technik und eine Erfindung, die ganz allein Babbage zu verdanken ist.

Betrachten wir im Vergleich dazu eine ganz gewöhnliche Rechenmaschine. Auch sie kann die vier Grundrechenarten ausführen, aber man muß jeden Befehl, jeden einzelnen Schritt, manuell eingeben. Wenn man (bei gegebenem x und y) 3(x + y) - 5 berechnen will, muß man zuerst die beiden Werte addieren, dann ihre Summe mit drei multiplizieren und von diesem Produkt schließlich fünf subtrahieren. Wenn man also die Ergebnisse für unterschiedliche gegebene Werte braucht, muß man die gleiche Folge, Schritt für Schritt, stets von neuem durchgehen. Eine Rechenmaschine ist also im Wesentlichen nur die Verkörperung von vier unabhängigen Spezialeinrichtungen, von denen jede nur eine Aufgabe erfüllen kann; jede Kombination oder Wiederholung von Operationen muß von Hand eingegeben werden. Natürlich könnte man auch eine kompliziertere Spezialmaschine bauen, die nicht nur die Summe oder das Produkt zweier Zahlen, sondern (sagen wir) ihr Dreifaches minus fünf errechnet; aber das wäre nicht nur schrullig, sondern auch häßlich.

Viel sinnvoller wäre es, eine Maschine zu entwerfen, der man *jede beliebige Folge* von Grundrechenarten (mit allen möglichen Variablen) vorgeben könnte. Eine derartige Maschine könnte die Ergebnisse jeder beliebigen Formel berechnen, wenn sie angemessene Spezifikationen erhält; und, ausgehend von diesen Spezifikationen, würde sie genau wie eine Spezialmaschine arbeiten, die eigens für diese Formel entworfen worden wäre. Für alle Zwecke und Ziele *wäre* das dann eine Spezialmaschine - solange, bis die Spezifikationen geändert würden. Es erübrigt sich wohl der Hinweis, daß hier das Funktionsprinzip der Analytischen Maschine beschrieben wurde: die "Spezifikationen" sind ihr Programm.

Die zweite in der Analytischen Maschine enthaltene große Erfindung ist die *bedingte Verzweigung:* eine Anweisung an den Schiedsrichter, nach der Überprüfung eines Zwischenergebnisses zu einem anderen Programmteil überzugehen. Wie wichtig bedingte Verzweigungen sind, haben wir bereits bei dem Schlüssel/Schloß-Algorithmus gesehen; und tatsächlich sind Babbages Programme im wesentlichen verzweigte Pläne, genau wie

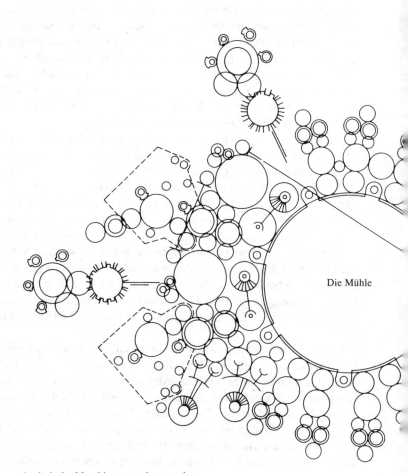

Analytische Maschine, von oben gesehen

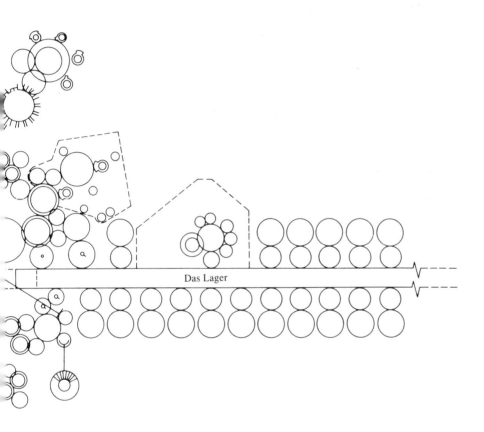

Das Lager

Kasten 1
Musterprogramm für die Analytische Maschine

Die Programmiermöglichkeiten für den Benutzer hat Babbage in
seinem Entwurf der Analytischen Maschine am wenigsten scharf umrissen. Das folgende ist ein grober Kompromiß zwischen Babbages formlosen Aufzeichnungen und der Form, die wir in Kapitel 2 für Algorithmen
benutzt haben.

Den einzelnen Speicherstellen sind Bezeichnungen zugeordnet: V1,
V2, V3 usw. Die Instruktion: "V1 + V2   V3" bedeutet, "nimm die
Zahlen, die in V1 und V2 gespeichert sind, addiere sie und lege die
Summe in V3 ab". Man kann sich das so vorstellen, daß die Schiedsrichterin den Additionsspezialisten anweist, "seine Aufgabe zu erfüllen" und
dabei die angegebenen Speicherstellen zu benutzen. Die Anweisungen
für die Schiedsrichterin sind in Großbuchstaben geschrieben. Die
Bedingungen (WENN...) überprüfen, ob eine bestimmte Zahl größer als
Null ist: falls ja, zweigt die Schiedsrichterin ab; falls nein, geht sie einfach
zur nächsten Instruktion über. (Man beachte, daß die Verzweigungsbe-
fehle der Schiedsrichterin nicht sagen, zu welcher Zeile sie gehen,
sondern um wie viele Zeilen sie sich von ihrem gegenwärtigen Standort
aus weiterbewegen soll.)

Das Musterprogramm errechnet den Wert von: $ar^m - r^n$.

Vor dem Start werden Speicherstellen mit folgenden Anfangswerten geladen:

V1 mit a, V2 mit r, V3 mit m, V4 mit n, und V5, V6 und V7 jeweils mit der
Konstante *1*.

Programm	Erklärung
START	
V5 x V2 →V5	Multipliziere V5 mit r (was m Male wieder-holt werden muß)
V3 - V7 →V3	Subtrahiere 1 von m (d. h., zähle die Anzahl der Schleifen)
WENN V3 > 0, GEHE 2 ZEILEN ZURÜCK	Wiederhole obiges (die "Schleife") m mal-errechne: r^m
V1 x V5 V5	Multipliziere mit dem Koeffizienten a

V6 x V2 → V6   Berechne: *r*ⁿ (auch hier wieder durch
                             mehrfaches Multiplizieren)

V4 - V7 → V4
WENN V4 > 0, GEHE 2
ZEILEN ZURÜCK
V5 - V6 → V8   Subtrahiere den zweiten Wert vom ersten
DRUCKE V8   Drucke das Endergebnis
STOP

jene Algorithmen. Verzweigungen sind, wie Babbage sehr gut wußte, für viele numerische Berechnungen unverzichtbar (siehe das Beispiel in Kasten 1). Eine solche bedingte Steuerung ist auch in anderen universellen Symbolmanipulatoren von entscheidender Bedeutung, jene eingeschlossen, die in der Künstlichen Intelligenz eine Rolle spielen.

Da die Analytische Maschine ein automatisches formales System ist, ist sie prinzipiell medienunabhängig. Weil jedoch ihre physische Realisierung vor 150 Jahren eines der Haupthindernisse war, verdient Babbages verblüffendes Konzept eine kurze Beschreibung. Seine Zahlen haben vierzig Dezimalstellen (also keine Binärzahlen) und ein Vorzeichen. (Anscheinend hatte er noch verschiedene Ideen, Bruchzahlen zu handhaben, von denen jedoch keine befriedigend war). Jede Ziffer wird durch die Stellung eines ungefähr handtellergroßen Messingzahnrades repräsentiert; und die vierzig Zahnräder für jede Zahl sind in Abständen von einigen Zentimetern an einer ungefähr drei Meter hohen Messingwelle aufgereiht.

Die "Mühle" besteht aus einer kreisförmigen Anordnung von mehr als hundert solcher Kolumnen in einem Durchmesser von etwa 1,20 bis 1,50 m; der Speicher enthält ungefähr hundert weitere Kolumnen in einer Doppelreihe, die sich bis zu einer Seite der "Mühle" erstreckt. Das Ganze ist natürlich mit Hebeln und Sperrklinken, Ritzeln und Riegeln gespickt, die sicherstellen, daß sich alles wenn (und nur wenn) es soll, bewegt - einschließlich ausgeklügelter Vorkehrungen gegen Verschleiß und Rückschlag. Heutige Analysen legen nahe, daß die Bauteile, die in Babbages Werkstatt hergestellt wurden, sowohl präzise als auch robust genug waren, um das Funktionieren der Analytischen Maschine zu gewährleisten. Komplett hätte das Ganze ungefähr die Größe und das Gewicht einer kleineren Lokomotive gehabt, wäre allerdings sehr viel komplizierter und teurer gewesen.

Die Programme für die Analytische Maschine werden nicht gespeichert, sondern auf Folgen von Lochkarten codiert, die durch Bänder miteinander verbunden sind. Die Bänder ermöglichen, daß die Maschine im Programm zurückgeht und eine Gruppe von Instruktionen beliebig oft abarbeitet, was für Programmschleifen ja unbedingt erforderlich ist. Inspiriert wurde dieses Prinzip von einem System zur Steuerung der Muster von Brokatstoffen, die auf Jacquardmaschinen gewebt wurden, und diese Tatsache wiederum inspirierte Lady Lovelace zu einem berühmt gewordenen Vergleich:

"Wir können durchaus sagen, daß die Analytische Maschine *algebraische Muster* webt, geradeso wie Jacquards Webstuhl Blumen und Blätter webt."

Und geradeso webt auch der Geist universale Symbolmuster - falls die Künstliche Intelligenz in bezug auf den Menschen recht hat.

Turing-Maschinen und Universalität

Alan Turing (1912-1954), wie Babbage englischer Mathematiker (aber nicht so verschroben), ist aus mehreren Gründen eine herausragende Gestalt der Computergeschichte. Den berühmten "Turing-Test", den er 1950 in einer einflußreichen Diskussion über "maschinelle Intelligenz" vorschlug, haben wir bereits vorgestellt. Während des zweiten Weltkriegs und in den ersten Nachkriegsjahren war er in maßgeblicher Weise an der damals bahnbrechenden Entwicklung elektronischer Computer in Großbritannien beteiligt.[4] Seine wichtigste Leistung war jedoch die erste mathematisch ausgereifte Computertheorie, die er in der Zeit vor dem zweiten Weltkrieg (noch als graduierter Student) entwickelte; sie enthielt erstaunliche und tiefgreifende Entdeckungen über die Fähigkeiten solcher Maschinen.[5]

Das Entscheidende an diesen theoretischen Erkenntnissen war die Erfindung einer neuen Art von Computer - einer neuen Basisarchitektur - die das umfaßte, was wir heute *Turing-Maschinen* nennen. Es gibt unendlich viele (mögliche) spezielle Turing-Maschinen, von denen keine für sich allein besonders wichtig ist; es kommt vielmehr auf die gesamte Kategorie dieser Automaten und auf die allgemeingültigen Theoreme an, die Turing in diesem Zusammenhang bewiesen hat.

Erwähnenswert ist noch, daß Turing genau wie sein Vorgänger keine seiner Maschinen je gebaut hat, allerdings aus völlig anderen Gründen. Die Analytische Maschine ist außerordentlich groß und kompliziert und nahe an der Grenze dessen, was zu jener Zeit verstanden, geschweige denn gebaut werden konnte. Turing-Maschinen dagegen sind verblüffend einfach; darüber hinaus sind sie bezeichnenderweise ziemlich klein, obwohl ihre Größe beliebig ist. Hinter diesem äußerlichen Gegensatz verbirgt sich ein grundsätzlicher Unterschied der angestrebten Ziele. Während Babbage Maschinen plante, die praktischen Zwecken dienen sollten, war Turing nur an abstrakten theoretischen Fragen interessiert. Deshalb sind Turings Entwürfe elegant zu beschreiben und zu Beweisführungen geeignet, aber ausgesprochen unpraktisch im Gebrauch. Solch eine Maschine zu bauen, wäre zwar einfach, aber witzlos.

Eine Turing-Maschine besteht aus zwei Teilen: einem *Kopf* (head) und einem *Band* (tape); (Schema 1). Das Band stellt lediglich ein passives Speichermedium dar: es ist der Länge nach in Felder unterteilt, von denen jedes ein Zeichen (token; aus einem vordefinierten endlichen Alphabet) enthalten kann. Wir setzen voraus, daß die Anzahl der auf dem Band vorhandenen Felder unendlich ist, daß aber zu jedem Zeitpunkt nur eine endliche Zahl von ihnen in Anspruch genommen wird; d.h., der Rest der Felder ist leer oder enthält nur ein spezielles Leerzeichen. Das Band wird sowohl zur Eingabe als auch zur Ausgabe benutzt; vor dem Start der Maschine werden Zeichen daraufgeschrieben, und nachdem sie angehalten hat, wird das gelesen, was übriggeblieben ist.

Der Kopf ist der aktive Teil der Maschine. Er springt entlang des Bandes jeweils ein Feld vor und zurück (oder zieht das Band unter sich hin und her), wobei er Zeichen liest und schreibt. Bei jedem dieser Schritte tastet der Kopf ein bestimmtes Feld auf dem Band ab, und dies ist das einzige Feld, aus dem er lesen oder in das er schreiben kann, bevor er zu

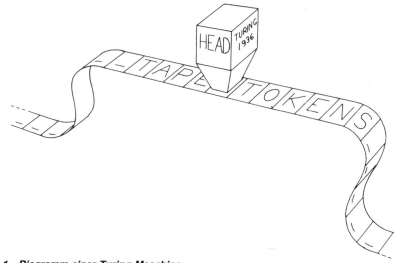

Schema 1 Diagramm einer Turing-Maschine

einem anderen weiterschreitet. Außerdem ist der Kopf selbst bei jedem Schritt in einem bestimmten *inneren Zustand* (aus einem vordefinierten endlichen Repertoire von Zuständen). Dieser Zustand verändert sich in der Regel von Schritt zu Schritt; unter bestimmten Bedingungen aber nimmt der Kopf einen speziellen "Halt"-Zustand ein, der die Maschine anhalten läßt. Auf dem Band befinden sich dann nur noch die Ausgabezeichen (das Ergebnis).

Die Tätigkeit des Kopfes ist bei jedem Schritt durch zwei Faktoren vollständig festgelegt:

1. durch das Zeichen, das er auf dem jeweils abgetasteten Feld vorfindet; und
2. durch den inneren Zustand, in dem er sich zu diesem Zeitpunkt befindet.

Diese beiden Faktoren bestimmen dann folgende drei Konsequenzen:

1. welches Zeichen auf das vorliegende Feld geschrieben werden soll (der alte Inhalt wird dabei gelöscht);
2. welches Feld als nächstes abgetastet werden soll (dasselbe oder das unmittelbar benachbarte links oder rechts); und
3. welchen inneren Zustand der Kopf beim nächsten Schritt einnehmen soll (oder ob angehalten werden soll).

So kann die gesamte Funktionsweise einer Turing-Maschine (d.h. des Kopfes) mit Hilfe einer einzigen, zweidimensionalen Tabelle beschrieben werden, mit einer Reihe für jedes Zeichen, das der Kopf finden könnte, und einer Spalte für jeden seiner möglichen Zustände. Jede Eintragung in dieser Tabelle legt dann ganz einfach fest, bei welchem der dort aufgelisteten Zeichen und Zustände jeweils welche drei - oben beschriebenen - Aktionen stattzufinden haben (s. die beiden Beispiele in Kasten 2).

Turing-Maschinen lassen sich auch ohne weiteres als "automatische Spiele" beschreiben. Das Band ist dann zweifellos das Spielfeld, und die Zeichen auf ihm sind die Spielzeichen. Die verschiedenen inneren Zustände entsprechen den inneren Spielern, von denen jeder recht begrenzt ist. Ein Spieler kann das gegenwärtige Zeichen lesen, es abhängig von dem, was er vorfindet, durch ein anderes ersetzen (des gleichen oder eines anderen Typs) und dann dem Schiedsrichter sagen, in welcher Bandrichtung es weitergeht und welcher Spieler als nächster aufgerufen werden soll. Der innere Schiedsrichter ist noch uninteressanter: er startet lediglich mit Spieler 1, bewegt dann das Band und ruft die Spieler so auf, wie sie es selbst erbitten - bis einer HALT sagt.

Diese Idee der Turing-Maschine, ein Vorschlag, der um 1936 in verschiedener Art und Weise von Turing und anderen unterbreitet wurde, ist ein Meilenstein in der Geschichte der Mathematik. Erinnern wir uns an das Problem der endlichen Spielbarkeit: In einem formalen System müssen die Regeln von "unbestreitbar endlichen Spielern befolgt werden können". Diese Bedingung ist leider ein wenig vage, so daß nicht vollkommen klar ist, welche Systeme oder welche Regeln sie erfüllen. Mitte der dreißiger Jahre mühten sich nun mehrere Mathematiker mit dieser Frage ab und schlugen einige recht unterschiedliche Kriterien vor, von denen jedes erfreulich exakt und intuitiv plausibel war; darüber hinaus wurde recht bald nachgewiesen, daß sie alle von theoretischer Äquivalenz waren, so daß die Plausibilität jedes einzelnen die aller anderen steigerte. Hinzu kommt noch, daß sich jedes seither vorgeschlagene plausible Kriterium gleichfalls als äquivalent erwiesen hat.

Dies hatte zur Folge, daß heute im wesentlichen alle Mathematiker *Turings These* akzeptieren, daß diese sich gegenseitig stützenden Kriterien die intuitive Idee der endlichen Spielbarkeit zwingend belegen.[6] Natürlich gibt es ebenso viele Möglichkeiten, dies darzulegen, wie es explizite Kriterien gibt; eine dieser Möglichkeiten haben wir bei unserer Erörterung der Algorithmen skizziert. Eine andere (und noch exaktere) Formulierung ist die folgende:

TURINGS THESE: Für jedes beliebige deterministische automatische formale System existiert eine formal äquivalente Turing-Maschine.

Mit anderen Worten, kein automatisches formales System kann irgendetwas (nicht-zufälliges) tun, was eine Turing-Maschine nicht tun könnte; im Prinzip sind Turing-Maschinen die einzigen automatischen Systeme, die wir überhaupt brauchen. Man beachte, daß dies eine "These" genannt wird (und nicht ein "Theorem"), weil es nicht beweisbar ist; genaugenommen ist es ein Vorschlag, was der Begriff "deterministische automatische formale Systeme" - speziell der Vorbehalt der "endlichen Spielbarkeit" tatsächlich bedeutet.

Wir haben bisher noch nicht vom Programmieren gesprochen; einige Turing-Maschinen aber können so programmiert werden, daß sie andere simulieren. Der Kern dieser Idee ist, eine Beschreibung der zu imitierenden Maschine zu codieren und dies als (Teil der) Eingabe für den Imitator zu verwenden. Letzerer wird diese Beschreibung lesen, eine Menge Berechnungen anstellen und von Zeit zu Zeit (in einem reservierten Abschnitt

Kasten 2
Zwei einfache Turing-Maschinen

In den folgenden Tabellen sind in der Kopfzeile die Zustände numeriert, während das Alphabet in der linken Spalte aufgelistet ist. Jedem Zustand und jedem Zeichen ist entweder eine aus drei Zeichen bestehende Eintragung in der Tabelle oder das Wort "HALT" zugeordnet. Das erste Zeichen der Eintragung ist dasjenige, welches geschrieben werden soll; das zweite, ein L oder ein R, gibt an, ob sich der Kopf als nächstes nach links oder nach rechts bewegen soll, und das dritte gibt die den nächsten Zustand repräsentierende Zahl an.

Beispiel 1   ARTHUR:

	1	2
-	_R2	HALT
A	AL1	BR2
B	BL1	AR2
C	CL1	CR2

ARTHURS Alphabet enthält drei Zeichentypen (außer dem Leerzeichen, das durch einen tiefgestellten Strich dargestellt wird: _). Wir gehen davon aus, daß Arthur in Zustand 1 beginnt und ein Feld inmitten einer Kette von As, Bs und Cs abtastet. Zuerst springt er nur nach links, ohne irgendetwas auf das Band zu schreiben (Zustand 1). Wenn er jedoch an das linke Ende der Kette gelangt (das erste Leerzeichen), schaltet er auf Zustand 2 um und bewegt sich Feld um Feld nach rechts, wobei er alle As in Bs und Bs in As umwandelt (während er die Felder mit den Cs unverändert läßt). Am rechten Ende der Kette hält er an.

Beispiel 2   BERTHA:

	1	2	3	4	5	6	7	8	9
_	HALT	HALT	_L5	AR7	_R1	_R1	AR8	AL9	_R1
A	AR2	AR3	AR4	AR3	*L6	AL5	AR8	AL9	AL9
*	*R1	*R2	*R3	*R4	*L5	*L6	AR8	AR9	*L9

BERTHA ist komplizierter, dafür macht es aber auch mehr Spaß, ihr Prinzip herauszufinden. Wir lassen sie in Zustand 1 am linken Ende einer Kette von As und Sternchen beginnen. Zuerst bewegt sie sich zum rechten Ende der Kette, ohne irgendetwas zu verändern; allerdings achtet sie dabei auf As. Wenn sie keines oder nur ein einziges A auf dem Weg findet (Zustände 1 und 2), hält sie an. Wenn sie dagegen eine gerade Zahl von As findet (sie ist dann am Ende der Kette in Zustand 3), geht sie zum Anfang zurück, wobei sie jedes zweite A in ein Sternchen verwandelt (Zustände 5 und 6), und beginnt von vorn; stößt sie jedoch auf eine ungerade Zahl von As (Zustand 4 am Ende der Kette), fügt sie drei weitere As am rechten Ende der Kette hinzu (Zustände 4, 7 und 8), geht dann zum Anfang zurück und beginnt von vorn (Zustand 9).

Dabei passiert folgendes: Sollte Bertha in der ursprünglichen Zeichenkette eine Anzahl von As vorfinden, die *nicht* durch 3 teilbar ist, so wird sie alle bis auf eines systematisch entfernen und dann freundlicherweise anhalten; andernfalls landet sie hilflos in einer Endlosschleife und kommt nie zur Ruhe.

seines Bandes) einen Schritt machen, der dem nächsten Schritt äquivalent ist, den ersterer machen würde. (Die Äquivalenz besteht natürlich auch, wenn eine Transkription erforderlich ist, also die beiden Maschinen zufällig nicht das gleiche Alphabet benutzen). Die codierte Beschreibung der ersten Maschine fungiert dann als ein Programm für die zweite.

Stellen wir uns beispielsweise vor, daß das Band irgendeiner Maschine, sagen wir MAMI, Felder enthält, die abwechselnd rosa und hellblau gefärbt sind. (Dies nur zu unserer Bequemlichkeit; MAMI selbst ist farbenblind.) Dann codieren wir die Beschreibung irgendeiner anderen Maschine - nennen wir sie BABY - auf einer Folge von ausschließlich rosa Quadraten. Diese Beschreibung ist im Grunde nur BABYS zweidimensionale Tabelle (wie oben erörtert), die wir zu einer einzigen Zeile mit ein wenig eingeflochtener Interpunktion - um Verwirrung zu vermeiden - gestreckt haben. Somit ist alles, was BABY in jedem gegebenen Zustand bei jedem abgetasteten Zeichen tun würde, irgendwo in dieser Zeichenfolge auf MAMIS rosa Feldern *explizit aufgelistet*. Die blauen Felder sind als Ersatz für BABYS eigenes Band reserviert. Alles, was MAMI jetzt zu tun hat, ist, sich über BABYS aufeinanderfolgende Bandpositionen und seine inneren Zustände auf dem laufenden zu halten (zu diesem Zweck benutzt sie einige zusätzliche rosa Felder als "Notizblock"), das entsprechende blaue Feld zu lesen, in ihrer Liste BABYS Reaktion nachzusehen und dann entsprechend zu handeln.

Natürlich haben wir damit noch nicht nachgewiesen, daß alle Maschinen wirklich solche MAMIS sein können. Turing ging jedoch noch einen Schritt weiter: er bewies, daß manche Turing-Maschinen SUPER-MAMIS sind - oder, um es angemessener auszudrücken, *Universalmaschinen:*

Kasten 3
Minskys Universelle Turing-Maschine

Die "meisten" Turing-Maschinen (die in Kasten 2 z.B. eingeschlossen) sind *nicht* universell. Dennoch sind unbegrenzt viele universelle Entwürfe möglich, so daß sich die Frage erhebt: Welcher Entwurf ist der "einfachste"? Nun läßt sich "Einfachheit" natürlich schwer definieren, aber ein für Turing-Maschinen weithin akzeptiertes Kriterium ist das Produkt aus der Zahl der internen Zustände und der Zahl der Zeichentypen des verwendeten Alphabets. (Der Grund dafür ist, daß beide mit einfachen technischen Tricks - mit der Konsequenz der Vergrößerung des anderen - reduziert werden können.) Legt man dieses Kriterium zugrunde, dann ist die einfachste bekanntgewordene Turing-Maschine die, die der amerikanische Computerwissenschaftler Marvin Minsky (geb. 1927) entdeckt hat. Sie hat vier Symbole (einschließlich des Leerzeichens) und sieben Zustände - also ein siegreiches Produkt von achtundzwanzig. Hier ist sie.

	1	2	3	4	5	6	7
Y	_L1	_L1	YL3	YL4	YR5	YR6	_R7
$\bar{ }$	_L1	YR2	HALT	YR5	YL3	AL3	YR6
1	1L2	AR2	AL3	1L7	AR5	AR6	1R7
A	1L1	YR6	1L4	1L4	1R5	1R6	_R2

Der Beweis, daß diese erstaunlich einfache Tabelle tatsächlich eine universelle Maschine definiert, ist aus verständlichen Gründen recht kompliziert und umfangreich; für nähere Einzelheiten sei auf Minsky (1967, Abschnitt 14.8) verwiesen. Ich stelle diese Turing-Maschine hier lediglich als Kunstwerk vor.

TURINGS BEWEIS: Es gibt universale Turing-Maschinen, die jede andere Turing-Maschine Schritt für Schritt imitieren können.

Wenn man nur eine einzige universale Turing-Maschine hat (und eine Engelsgeduld), dann braucht man im Prinzip nie mehr irgendeine andere Turing-Maschine für irgend einen anderen Zweck. Denn angenommen, man brauchte irgend eine andere Turing-Maschine, so könnte man einfach ihre Standardbeschreibung (Tabelle) nehmen, das Alphabet transkribieren, es für seine SUPER-MAMI codieren und dann nur ihren blauen Feldern Beachtung schenken. Die Schritte, die auf jenen Feldern gemacht werden, sind dann *genau die gleichen* (lediglich transkribierten), die die andere Maschine auf ihrem Band gemacht hätte - im Grunde hat man damit bereits diese andere Maschine.

Es erübrigt sich wohl der Hinweis, daß Turings These und Turings Beweis einander glänzend ergänzen. Nach der These sind Turing-Maschinen die einzigen automatischen formalen Systeme, die wir überhaupt brauchen; und der Beweis besagt, daß wir eigentlich nur eine einzige Turing-Maschine brauchen - eine universale. Faßt man diese beiden Ideen zusammen, so ergibt sich, daß unsere eine SUPER-MAMI die Arbeit aller möglichen (deterministischen) automatischen formalen Systeme leisten kann. Nun könnte man annehmen, daß solche mächtigen Allzwecksysteme ziemlich kompliziert sein müßten; das ist aber nicht der Fall (siehe das Beispiel in Kasten 3). Was sie sind, ist *langsam*. Die codierte Beschreibung einer Turing-Maschine (z.B. BABY) ist in Wirklichkeit nur die Transkription einer Reihe von primitiven Regeln in eine sehr reglementierte Form. MAMI braucht lediglich eine Handvoll elementarer Fähigkeiten, die es ihr ermöglichen, beliebige Regeln in der beschriebenen Form zu decodieren und zu befolgen - und sehr viel Zeit.

Seit Turings ursprünglichem Beweis ist entdeckt worden, daß universelle formale Systeme auch in vielen anderen Architekturen realisiert werden können, Babbages eingeschlossen. Im folgenden werden wir drei weitere universelle programmierbare Architekturen betrachten, die sehr stark voneinander (und von Turing-Maschinen) abweichen und die heutzutage in der Praxis weit verbreitet sind.

Die allgegenwärtige Von-Neumann-Maschine

John von Neumann (1903 - 1957) stammt zwar aus Ungarn und erhielt dort seine Ausbildung, ging aber als junger Mann in die USA, ein Übergang, der auch auch andere Übergänge in unserer Geschichte treffend symbolisiert. Bis jetzt waren unsere Hauptdarsteller Europäer, doch von nun an werden sie Amerikaner sein; außerdem erwachte von Neumanns Interesse an Computern ungefähr zur gleichen Zeit, als die USA die Führungsrolle auf diesem Gebiet übernahmen, im Grunde also nach dem Zweiten Weltkrieg. In dieser Zeit entstanden auch die ersten *gebrauchsfähigen* Allzweckcomputer, bei deren Entwicklung John von Neumann (und die USA) eine Hauptrolle spielte. Und schließlich war dies auch die Zeit, in der die Computerwissenschaft selbst einen rasanten Aufschwung nahm; Dutzende und schon bald Hunderte von Menschen arbeiteten in diesem Bereich mehr oder weniger eng zusammen. Deswegen wird es von nun an auch heikler und schwieriger, bestimmte Ideen bestimmten Menschen zuzuordnen. Babbabe beispielsweise war noch ein einsamer Held, der seine Ideen ganz allein entwickelte, und auch die Turingmaschine ist die Erfindung eines einzigen Mannes, wenngleich sich verschiedene zeitgenössische Systeme als mathematisch äquivalent erwiesen haben. Was dagegen heute die Bezeichnung "Von-Neumann-Architektur" trägt, ist das Produkt eines mehrjährigen Entwicklungsprozesses, zu dem zahlreiche Einzelleistungen beigetragen haben, die nicht immer deutlich voneinander abzugrenzen sind. Dieser Trend wird im weiteren Verlauf unserer Darstellung noch viel deutlicher werden.

Wie die meisten Computerpioniere hatte auch von Neumann Mathematik studiert; anders als sie blieb er jedoch in erster Linie immer ein Mathematiker. (Obwohl er nebenbei noch brillante, originelle Arbeiten über Quantenmechanik und Wirtschaftstheorie verfaßte - und seine berühmte "Spieltheorie".) Seine Beschäftigung mit Computern begann eher zufällig als Berater für das ENIAC-Projekt - des seinerzeit mit Abstand größten Computers der Welt. Die Bemühungen von Neumanns und anderer, Schwachstellen des ENIAC-Systems auszuschalten, gipfelten in der Entwicklung des IAS (Institute for

Advanced Study) -Computers, der trotz seines geringeren Umfangs leistungsfähiger und viel leichter zu programmieren war. Er sollte denn auch die Grundlage vieler späterer Konstruktionen werden.

Das entscheidende Merkmal einer Von-Neumann-Maschine ist ein großer Speicherraum, auf den auf zwei verschiedene Arten zugegriffen werden kann: relativ oder absolut. Auf einen Speicher *zugreifen* heißt, eine bestimmte Stelle in ihm zu finden, so daß jedes dort befindliche Zeichen gelesen und/oder ersetzt werden kann. Diese beiden unterschiedlichen Zugriffsmöglichkeiten lassen sich mit den beiden Möglichkeiten vergleichen, die genaue Lage eines bestimmten Gebäudes in einer Stadt näher anzugeben. *Relativer Zugriff* heißt, einen bestimmten Ort in Relation zum gegenwärtigen Standort zu beschreiben. Wenn wir beispielsweise einem Ortsfremden den Weg erklären, so sagen wir oft: "Gehen Sie zunächst geradeaus und biegen Sie dann an der dritten Kreuzung links ab - dort ist es dann das zweite Haus auf der rechten Seite." Wir erklären dem anderen also, wo vom gegenwärtigen Standpunkt aus, also relativ dazu, der Ort ist, zu dem er möchte. Entsprechend läßt sich bei einem Computerspeicher die Stelle, die als nächste (zum Lesen oder zum Schreiben) benutzt werden soll, in Relation zu der angeben, die soeben benutzt wurde. Das Band einer Turingmaschine z.B. erlaubt nur einen relativen Zugriff: das Feld, das als nächstes abgetastet werden soll, wird immer in Relation zum gerade bearbeiteten Feld spezifiziert (es ist dasselbe oder ein direkt angrenzendes). Dabei ist zu beachten, daß bei relativem Zugriff sämtliche Speicherstellen nach bestimmten Regeln organisiert sein müssen (z.B. linear angeordnet wie bei einem Turing-Band) und daß sich die Maschine in jedem Augenblick "an" einer bestimmten Stelle (z.B. dem Feld, das gerade abgelesen wird) befinden muß.

Absoluter Zugriff (auch *direkter* oder *wahlfreier Zugriff* genannt) heißt, daß eine bestimmte Speicherstelle durch einen Namen (oder eine Zahl) eindeutig gekennzeichnet ist. Die Post identifiziert z.B. Gebäude mit Hilfe eindeutiger Adressen (Amerika-Gedenkbibliothek, Blücherplatz 1, 1000 Berlin 61); in ähnlicher Weise werden Telefongespräche anhand eindeutig zugeordneter Telefonnummern direkt vermittelt. Absoluter Zugriff erfordert keine organisierte Struktur und keinen "gegenwärtigen" Ort, solange jedes der möglichen Ziele zuverlässig anhand seiner Bezeichnung erreicht werden kann. Der Speicher von Babbages Analytischer Maschine erlaubt z.B. (nur) absoluten Zugriff; die verschiedenen Kolumnen haben unterschiedliche Bezeichnungen (in diesem Falle Zahlen), sind aber untereinander auf keine brauchbare Weise verbunden.

Der Hauptspeicher einer Von-Neumann-Maschine erlaubt nicht nur beide hier beschriebenen Zugriffsarten, sondern wird außerdem auch für zwei völlig unterschiedliche Funktionen benutzt, was außerordentlich wichtig ist. Der Speicher nimmt zum einen die Zeichen auf, die verarbeitet werden sollen: Anfangsdaten (sofern vorhanden), Zwischenwerte und schließlich die zur Ausgabe vorgesehenen Endergebnisse. Wenn also das System dazu programmiert wäre, Listen alphabetisch zu sortieren, würde als erstes die ursprüngliche Liste in den Speicher geladen, der dann zunächst teilweise alphabetisierte Listen und zum Schluß die endgültig geordnete Liste enthalten würde. Dies entspricht also Babbages "Lager", wenn man einmal davon absieht, daß letzteres in erster Linie für numerische Daten konzipiert war und keinen relativen Zugriff erlaubte. Relativer Zugriff ist eine nützliche Angelegenheit, wenn das Datenmaterial selbst strukturiert ist (z.B. in einer Liste oder einer Matrix): die Maschine kann zum (absoluten) Anfang der Daten gehen und sie dann Stück für Stück (relativ) durchgehen.

Die zweite Funktion desselben Hauptspeichers besteht darin, das Programm aufzunehmen, das die Maschine (gerade) ausführt. Von-Neumann-Programme sind verzweigte Pläne, die im wesentlichen den Programmen Babbages gleichen, auch wenn letztere auf aneinandergereihten Lochkarten codiert und nicht zusammen mit den Variablen in den Speicher geladen wurden. Babbages Karten erlaubten (nur) einen relativen Zugriff; die Kette der Lochkarten konnte also um eine beliebige Anzahl von Karten vor- oder zurückbewegt werden (z.B., um auch wiederholt Schleifen auszuführen), es gab aber keine Möglichkeit, auf eine bestimmte, namentlich bezeichnete Karte zuzugreifen. Auch eine Von-Neumann-Maschine arbeitet generell mit relativem Programmzugriff, entweder Schritt für Schritt nach einem geradlinigen Plan oder, indem sie über eine festgelegte Anzahl von Schritten (in Schleifen) vor- und zurückspringt.

Doch das, was die Von-Neumann-Architektur tatsächlich so herausragen läßt, ist die Möglichkeit des absoluten Zugriffs, um Subroutinen auszuführen. Eine *Subroutine* (Unterprogramm) ist ein "Mini-Programm", das von einem größeren Programm an jedem Punkt aufgerufen werden kann, *als ob es ein Einzelschritt wäre.* Nehmen wir beispielsweise an, daß unser Hauptprogramm (sagen wir einmal, ein umfangreiches Programm zur Verwaltung von Schallplatten) verschiedene Listen zu verschiedenen Zeitpunkten in alphabetische Reihenfolge bringen soll. Eine Möglichkeit wäre dann, überall da, wo sie eventuell gebraucht wird, eine komplette Alphabetisierungsroutine in das Programm einzufügen; doch das wäre offensichtlich verschwenderisch. Viel sinnvoller wäre es, nur eine einzige Kopie des Unterprogramms einzufügen, und zwar an einer Stelle, wo es jederzeit gefunden werden kann. Immer dann, wenn das Hauptprogramm vor der Aufgabe steht, etwas zu alphabetisieren, wird es zu diesem nützlichen Unterprogramm abzweigen, das dann, nach getaner Arbeit, rückverzweigt.

Der Trick besteht natürlich in diesen beiden Verzweigungen, vor allem in der zweiten. Da das Unterprogramm selbst an einem festen (absoluten) Ort bleibt, aber von allen anderen Teilen des Programms *aufgerufen* werden kann (also alle anderen Programmteile zu ihm abzweigen können) ist es am einfachsten, wenn man es mit seinem Namen (seiner Adresse) aufrufen kann. Genauso wichtig ist es, daß das Unterprogramm dann, wenn es seine Aufgabe erledigt hat, dahin *zurückspringt* (rückverzweigt), von wo aus es aufgerufen worden ist, so daß das Hauptprogramm dort weitermachen kann, wo es vor dem Aufruf des Unterprogramms aufgehört hat. Hier ergibt sich jedoch eine heikle Frage: wie kann das Unterprogramm wissen, wohin es zurückspringen soll, wenn es von irgendeinem beliebigen Punkt aus aufgerufen wurde? Die Antwort ist, daß eine andere, zuvor festgelegte Speicherstelle die sogenannte Rücksprungadresse aufnimmt. Wann immer dann das Programm ein Unterprogramm aufruft, legt es seine gegenwärtige Adresse an diesem Platz ab, bevor es zur Subroutine abzweigt. Wenn die Subroutine ihren Auftrag abgearbeitet hat, holt sie sich automatisch die Programm-Adresse von diesem festgelegten Platz und benutzt sie, um zurückzuverzweigen (absolut). (Einzelheiten dazu s. Kasten 4.)

Babbages Analytische Maschine kann aus zwei Gründen diese gewitzte Technik der Subroutinen nicht benutzen. Erstens hat sie nur einen relativen Zugriff auf Teile ihres Programms (die Ketten von Lochkarten); die oben beschriebenen Verzweigungen zu Unterprogrammen setzen dagegen einen absoluten Zugriff voraus. Zweitens müssen die Rücksprungadressen bei unterschiedlichen Anlässen auch unterschiedlich sein (da die

Kasten 4
Der Rücksprungadressen-Stapel

Das Problem, von einem Unterprogramm ins Hauptprogramm zurückzuspringen, ist schwieriger, als es zunächst scheint. Wenn es z.B. nur einen einzigen festen Platz für die Speicherung der Rücksprungadresse gäbe, könnte auch nur jeweils ein Unterprogramm aufgerufen werden; das hieße insbesondere, daß ein Unterprogramm nicht wiederum selbst ein weiteres "Unter-Unterprogramm" aufrufen könnte, obwohl das oft sehr praktisch wäre. Eine partielle Lösung, die in der Zeit von Neumanns am meisten verbreitet war, besteht darin, einen gesonderten Platz für die Rücksprungadresse jedes Unterprogramms einzurichten; dann kann jedes unabhängig von den anderen seinen Weg zurück finden.

Das bedeutet jedoch eine Einschränkung, denn jedes gegebene Unterprogramm kann zu jedem Zeitpunkt nur einmal aufgerufen werden; ein Unterprogramm kann sich also nicht *selbst* als Unter-Unterprogramm aufrufen. (Das klingt vielleicht recht bizarr, es ist aber in Wirklichkeit ein praktikables und nützliches Verfahren; vgl. auch die Erörterung der *Rekursion* im nächsten Abschnitt). Eine generelle Lösung dieses Problems (die Mitte der fünfziger Jahre von Allen Newell und Cliff Shaw entdeckt wurde) besteht im Gebrauch einer speziellen Form von Speicher, *Stapel* genannt. Hierbei handelt es sich um einen "Last-in-first-out"-Speicher; man könnte ihn mit einem Stapel von Briefen vergleichen, der auf Ihrem Schreibtisch liegt und auf den Sie nur von oben zugreifen können. Sie legen also jeden Brief, der beantwortet werden muß, auf den Stapel, und jedesmal, wenn Sie Zeit haben, Briefe zu beantworten, nehmen sie die, die auf dem Stapel zuoberst liegen. Das mag nicht gerade die sinnvollste Methode zur Bewältigung der Korrespondenz sein, da der arme Kerl, der Ihnen zuerst geschrieben hat, als letzter eine Antwort bekommt. Um jedoch den Rücksprung aus Unterprogrammen zu regeln, hat diese Methode einen wichtigen Vorteil.

Das funktioniert so: Immer, wenn ein Teil Ihres Programms ein Unterprogramm aufruft, legt es zuerst seine Rücksprungadresse auf dem Stapel ab und springt dann ins Unterprogramm. Immer dann, wenn ein Unterprogramm seine Aufgabe erledigt hat, entfernt es die zuoberst auf dem Stapel liegende Adresse und und springt dorthin zurück. Als Ergebnis kehrt jedes Unterprogramm ganz automatisch zu dem jüngsten noch nicht beantworteten Aufruf zuück. Da jede einzelne Rücksprungadresse, nachdem sie benutzt wurde, vom Stapel entfernt wird, ist die Rücksprungadresse, welche auf dem Stapel zuoberst bleibt (falls dort eine bleibt) automatisch diejenige, die dort zuvor für das

Unterprogramm abgelegt wurde, welches das gerade beendete Unter-Unterprogramm aufgerufen hatte. Diese Unterprogramm-Aufrufe können beliebig und ohne jede Einschränkung geschachtelt werden (also Unterprogramme rufen Unter-Unterprogramme auf usw.). (Man beachte, daß der Stapel-Speicher selbst eine besondere Form des relativen Zugriffs benutzt.)

Unterprogramme von verschiedenen Plätzen im Programm aus aufgerufen werden können). Das heißt, die Maschine muß sie ändern (überschreiben) können, während sie ihr Programm abarbeitet. Babbages Karten waren jedoch bleibend gelocht; Programmänderungen waren nur möglich, indem man neue Karten lochte und sie von Hand wieder miteinander verband. Andere frühe Systeme (z.B. ENIAC) glichen in dieser Hinsicht Babbages Modell. Eine Von-Neumann-Maschine dagegen liest, schreibt und benutzt *Adressen* (nicht nur Daten), die im Hauptspeicher gespeichert sind und die deswegen von der Maschine ohne weiteres geändert werden können, während das Programm läuft. Deshalb sind absolute Aufrufe (und Rücksprünge) von Unterprogrammen sowohl möglich als auch leicht zu handhaben; und dies ist praktisch der wichtigste Fortschritt, den die Von-Neumann-Architektur gebracht hat.[7]

Beschreibt man Babbages und Turings Maschinen als automatische formale Spiele, so ist die Rolle des inneren Schiedsrichters ziemlich trivial. Von-Neumann-Maschinen dagegen besitzen eine weit ausgefeiltere Struktur, so daß auch der Schiedsrichter mehr zu tun hat. Seine Aufgabe ist es, den inneren Spielern zu sagen, wann sie an der Reihe sind und mit welchen Zeichen sie spielen können - also welche primitiven Operationen sie wann ausführen und woran sie arbeiten sollen. Da Sprungbefehle (einschließlich des Aufrufs von Unterprogrammen und Rücksprüngen) die Reihenfolge der Programmausführung steuern, gehören sie zum Aufgabenbereich des Schiedsrichters. Anders gesagt, Verzweigungen sind keine Operationen (Zeichenmanipulationen), welche die Spieler ausführen, sondern Programmsprünge, die der Schiedsrichter in die Wege leitet, indem er bestimmt, welcher Spieler als nächster aufgerufen wird. In diesem Sinne gehört es auch zur Aufgabe des Schiedsrichters, sich über alle Unterprogramm-Aufrufe und Rücksprünge auf dem laufenden zu halten und darauf zu achten, daß das Hauptprogramm da fortfährt, wo es aufgehört hat; der spezielle Speicher für die Rücksprungadressen (der "Stapel") ist deshalb eigentlich ein eigener kleiner Speicher, der ausschließlich dem Schiedsrichter zur Verfügung steht.

Unterprogramme sind nicht nur aus Gründen der Effizienz wichtig, sondern auch, weil sie einen Programmaufbau nach dem Baukastenprinzip gestatten. Wenn also einmal ein Unterprogramm für eine bestimmte Aufgabe geschrieben und "entwanzt" (von Fehlern befreit und ausgetestet) worden ist, kann es ohne weitere Umstände jederzeit benutzt werden. Dies hat zur Folge, daß das Problem, ein umfangreiches, hauptsächlich aus vielen unterschiedlichen Subroutinen bestehendes Programm zu schreiben, sich in eine Anzahl leichter handhabarer Unterprobleme zerlegen läßt, in der Art und Weise, daß jedes der verschiedenen Unterprogramme für sich dahin gebracht wird, das zu tun, wofür es vorgesehen ist. Außerdem kann ein zweckmäßiges Unterprogramm, wenn es denn einmal für ein Programm geschrieben und entwanzt worden ist, auch bedenkenlos in andere Programme "eingebaut" werden - ohne das Kopfzerbrechen, das das erneute Schreiben und Entwanzen all dieser Subroutinen bereiten würde.

Dieser Gedanke wiederum ist die Grundlage einer anderen Idee, die vielleicht sogar das A und O allen modernen Programmierens ist: *Maschinen höherer Ebene* (sogenannte "Programmiersprachen"). Eine allgemeine Auswahl weitreichender, nützlicher Unterprogramme kann zu einer Art "Bibliothek" zusammengetragen werden, von der jeder Programmierer bei Bedarf Gebrauch machen kann; das spart eine Menge Arbeit. Dann ist alles, was man braucht, ein automatischer Bibliothekar, der die Abrufe beachtet und diverse andere Registraturaufgaben übernimmt; die Unterprogramme selbst sind gleichbedeutend mit neuen primitiven Operationen, von denen jede durch eine einzige Instruktion aufgerufen werden kann (sie werden zu neuen "Spielern" in einem noch ausgeklügelteren Spiel). Praktisch verfügt man dadurch über einen neuen und noch leistungsfähigeren Computer. Dies ist die Essenz solch verbreiteter Systeme wie BASIC, Pascal, FORTRAN, COBOL etc.

Diese speziellen *virtuellen Maschinen* ("Sprachen") entsprechen in ihrem Aufbau im großen und ganzen zufällig der Von-Neumann-Maschine; bei allen sind die Programme verzweigte Pläne mit Schleifen, Subroutinen genannt, usw. Allerdings ist das eben nur ein Zufall, denn es wäre ebensogut möglich, Unterprogramme und Bibliothekare/ Schiedsrichter zu schreiben, die der neuen Maschine eine ganz andere Architektur geben. Beispielsweise ließe sich für eine Von-Neumann-Maschine ohne weiteres ein Programm schreiben, das eine Babbage- oder Turingmaschine simulieren würde. In diesem Fall wäre diese neue Maschine praktisch die, mit der man arbeitet - für die man Programme schreibt, usw. - wenn man das aus irgendwelchen sonderbaren Gründen so möchte. Dies ist genau die Situation, der wir schon einmal begegnet sind, nämlich bei den SUPER-MAMI-Turingmaschinen; Von-Neumann-Maschinen (mit unbegrenztem Speicherraum) sind tatsächlich in genau demselben Sinne Universalmaschinen, wie (manche) Turingmaschinen es sind.

Von Neumanns Universalität ist (in der realen Welt) allerdings bedeutend wichtiger als Turings Universalität. Zum einen sind Von-Neumann-Maschinen viel leichter zu programmieren; zum anderen sind sie bedeutend schneller - sie brauchen nicht Feld für Feld auf einem Band vorwärts und rückwärts zu suchen. Außerdem hat sich gezeigt, daß Von-Neumann-Architekturen problemlos auf der Basis von elektronischen Komponenten gebaut werden können. Dieser letztgenannte Aspekt betrifft weniger einen Vergleich mit Turingmaschinen (deren Bau eine fast triviale Angelegenheit ist) als mit bestimmten anderen Universalarchitekturen, die, obgleich sie leicht zu programmieren und hinlänglich schnell wären, schwer zu bauen sind. Dies ist der Grund, warum faktisch alle derzeit hergestellten (programmierbaren) Computer auf der Hardware-Ebene im wesentlichen eine Von-Neumann-Architektur aufweisen.

In den beiden folgenden Abschnitten werden wir zwei völlig andere Architekturen betrachten, die in der Künstlichen Intelligenz sehr häufig verwendet werden. Vom theoretischen Standpunkt aus ist ihr Aufbau und ihre Funktionsweise natürlich gleichgültig, solange sie immer legale Züge in legalen Konfigurationen machen (auch hier wieder Unabhängigkeit vom Medium); es stimmt aber doch nachdenklich, wenn man sich vergegenwärtigt, daß sie alle (jedenfalls zum momentanen Zeitpunkt) auf von Neumanns SUPER-MAMIS simuliert werden.

McCarthys LISP

In unserer Übersicht über Computer-Architekten ist John McCarthy (geb. 1927) der erste gebürtige Amerikaner und der letzte ausgebildete Mathematiker. Seine beruflichen Interessen richteten sich jedoch schon früh auf Rechenautomaten; er war es, der 1956 den Begriff "Artificial Intelligence" (Künstliche Intelligenz) geprägt und den ersten Kongreß dieser gerade erst flügge gewordenen Wissenschaft organisiert hat.[8] 1958 gründete er zusammen mit Marvin Minsky das KI-Laboratorium am MIT, und 1963 errichtete er ein zweites an der Stanford-Universität in Kalifornien. Beide Institute sind heute weltweit Zentren der KI-Forschung. Unterdessen entwickelte er auch die ersten "Time-Sharing"-Betriebssysteme - das raffinierte (und heutzutage gebräuchliche) Arrangement, bei dem ein zentraler Computer viele unabhängige Benutzer gleichzeitig unterstützt.

Unser Thema ist jedoch McCarthys Erfindung aus dem Jahre 1959: eine ganz neue Art von Computer, LISP genannt.[9] McCarthy-Maschinen - wie man LISP-Systeme auch nennen könnte - haben eine einfache und elegante Struktur, die nicht nur außerordentlich flexibel ist, sondern sich gleichzeitig sowohl von Turing- als auch von Von-Neumann-Maschinen auffallend unterscheidet. Die beiden wichtigsten Unterschiede im Vergleich zu diesen beiden Vorgängern liegen in der *Speicherorganisation* und der *Steuerungsstruktur*. Obwohl keine der beiden Entwicklungen schwer zu verstehen ist, verdienen beide aufgrund ihrer Besonderheiten eine nähere Erläuterung.

Speicher   Stellen wir uns eine lange Reihe von an einer Kette aufgereihten Blechbechern und einen reichlichen Vorrat von atomischen Zeichen vor, die in diese Becher gegeben werden können, und zwar pro Becher jeweils ein Zeichen. Zweifellos haben wir dann eine "Speicher"-Einrichtung vor uns. Sie funktioniert wie das Band einer Turing-Maschine, wenn wir voraussetzen, daß die Becher nur anhand ihrer relativen Position spezifiziert werden können und daß sich der Kopf nur Becher für Becher an der Kette entlangbewegen kann. Wenn dagegen jeder Becher außerdem noch ein unverwechselbares "Etikett" ("Adresse") tragen würde und wenn der Prozessor jede Entfernung in einem einzigen Schritt überspringen könnte, hätten wir einen Von-Neumann-Speicher.[10] Man beachte, daß die beiden Speichertypen in gleicher Weise organisiert sind und sich nur durch die zusätzliche Zugriffsmöglichkeit bei der Von-Neumann-Maschine unterscheiden; die Struktur beider Speicher ist:

1. LINEAR: die Kette hat keine Gabelungen oder Knotenpunkte;
2. EINDIMENSIONAL: es gibt nur eine Kette; und
3. im voraus FESTGELEGT: die Kette bleibt immer dieselbe.

Sind aber diese Strukturmerkmale für einen Computerspeicher unentbehrlich? Auf keinen Fall.

Stellen wir uns statt der Blechbecher einen riesengroßen Vorrat von sogenannten "Y-Konnektoren" vor, die ungeordnet zu einem Haufen aufgeschichtet sind. Ein *Y-Konnektor* ist ein (in den USA gebräuchliches) y-förmiges Verbindungsstück, das an einem Ende einen Sockel oder einen Stecker und am anderen zwei Anschlüsse oder Fassungen besitzt, die in einem Winkel zueinander stehen. Eine gebräuchliche Variante erlaubt es, zwei Glühbirnen in eine einzige Vorrichtung zu schrauben; andere Modelle dienen als Verzweigungen für den Anschluß von Gartenschläuchen oder Stromkabeln. Der springende Punkt dabei ist, daß der Anschlußteil eines Y-Konnektors in einen der beiden Abzweige eines anderen gesteckt oder geschraubt werden kann und daß dieser Vorgang beliebig oft wiederholbar ist, so daß sich aus Y-Konnektoren bizarre *Bäume* bilden lassen. Jeder dieser Bäume hat an seinem Fuß einen freien Anschluß (seine *Wurzel)*[11] und eine beliebige Zahl von leeren Fassungen in der "Krone", an den Enden der Verzweigungen. Man stelle sich also einfach nur Etiketten an den Wurzeln all der Bäume und atomische Zeichen, die (wie "Blätter") in alle die leeren Fassungen geschraubt werden, vor, und schon hat man die Grundidee des LISP-Speichers.

Die Y-Konnektoren (Verbindungspunkte) in einem LISP-Baum nennt man *Knoten*. Die atomischen Symbole in den Fassungen der Endglieder eines Baums sind ebenfalls Knoten (genauer: *End*knoten); tatsächlich kann ein atomisches Zeichen für sich allein ein Einzelknoten-Baum sein (wie ein Heister, der nur ein Blatt und keine Zweige hat). Keine der Fassungen in einem LISP-Baum kann jemals leer sein; es existiert nämlich auch ein spezielles atomisches Zeichen, NIL, das wenn nötig als "Leerzeichen" oder "nichts" dient. Allerdings besteht eine entscheidende Abweichung von unserer Analogie. LISP-Knoten sind nämlich nicht symmetrisch; die Zweige (Fassungen) sind explizit als "linke" und "rechte" gekennzeichnet. Dadurch kann jeder Knoten in jedem Baum durch eine Kombination von absolutem und relativem Zugriff gekennzeichnet werden: Durch Benennen des Baumes und Angabe des Weges - einer Folge von Links- und Rechtswendungen - von der Wurzel aus zu diesem Knoten.

Die Unterscheidung zwischen Verzweigungen nach links oder rechts ermöglicht es außerdem, *Listen* als spezielle Bäume zu definieren, die wie folgt aufgebaut sind: nimm genauso viele Y-Konnektoren, wie Gegenstände aufzulisten sind, ordne sie in einer Reihe an und schraube jeden in die rechte Fassung seines Vorgängers; schraube dann die Listen-*Elemente* (der Reihe nach, beginnend bei der Basis, in die linken Fassungen und schraube in die letzte rechte Fassung NIL (s. Schema 2).

Die Unterschiede zu Speichern nach dem Prinzip der Blechbecherketten fallen sofort ins Auge. LISP-Bäume sind eindeutig nicht linear (obwohl bei Bedarf Listen auch für lineare Strukturen benutzt werden können). Darüber hinaus ist die Gesamtstruktur nicht eindimensional, weil viele Bäume gleichzeitig in Funktion sein können. Am wichtigsten aber ist, daß die "Gestalt" von LISP-Bäumen nicht im voraus festgelegt ist: Sie sind auf den jeweiligen Gebrauchszweck zugeschnitten (und werden wieder auf den großen Haufen geworfen, wenn sie ihre Aufgabe erfüllt haben). Daraus ergeben sich zwei subtile, aber bedeutsame Konsequenzen. Da zum einen die Bäume nicht jedesmal die gleiche Form haben, sondern von Fall zu Fall unterschiedlich sind, muß ihre Gestalt selbst ein Teil dessen sein, was das System "speichert". Blechbecher-Ketten-Speicher speichern ja nur die Inhalte der Becher; LISP-Bäume dagegen speichern nicht nur ihre End-Zeichen, sondern auch die speziellen Verbindungen zwischen all ihren Knoten. Deshalb eignen sie sich hervorragend zur Bewältigung komplexer Bezugsstrukturen. Da zum anderen die Bäume

Schema 2   Beispiele für LISP-Bäume

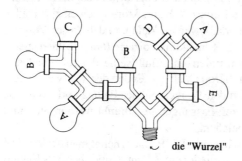

die "Wurzel"

Dies ist ein einfacher Baum aus "Y-Konnektoren".

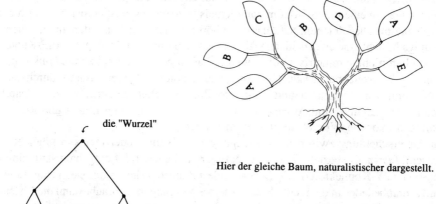

die "Wurzel"

Hier der gleiche Baum, naturalistischer dargestellt.

Und wieder der gleiche Baum, so wie ihn ein Informatiker zeichnen würde. (Aus unerfindlichen Gründen zeichnen Informatiker Bäume immer auf dem Kopf stehend.)

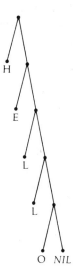

Dies ist eine spezielle Baumart, die "Liste" genannt wird. (Das Zeichen NIL besetzt lediglich die letzte rechte Fassung; es ist kein Listenelement.)

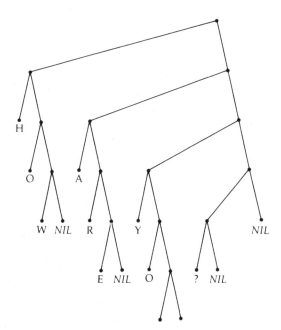

Auch dies ist eine Liste; die aufgelisteten Elemente sind jedoch selbst wiederum Listen - wir haben also eine Liste von Listen.

"auf Bestellung" gebildet werden, während das Programm läuft, braucht man nicht schon im voraus genau zu wissen, wie sie aussehen sollen, ja nicht einmal, auf welchen Umfang sie anwachsen werden; solche Einzelheiten können ad hoc entschieden werden, je nachdem, wie sich die Situation entwickelt. Aus diesem Grund können LISP-Programme außerordentlich flexibel auf sehr unterschiedliche Bedingungen reagieren.

Steuerung Um die für LISP charakteristische Steuerungsstruktur zu erklären, müssen wir Analogien heranziehen. Die *Steuerung* bestimmt, wer wann was macht. Angenommen, Helmut bekommt ein Frühstück serviert: gekühlter Orangensaft und zwei Spiegeleier, bitte. Hierbei geht es nicht um die elementaren Kochkenntnisse ("primitive Köche"), sondern vielmehr darum, wie ihre Organisation aussehen kann. Anders gesagt, wir interessieren uns vor allem für den Küchenchef, also den "Küchen-Schiedsrichter". In von Neumanns Küche würde der Schiedrichter die Spezialisten nach einem Plan aufrufen:

```
ORANGE
ENTSAFTE diese Orange;
KÜHLE den beim Entsaften gewonnenen Stoff;
Ei
Ei
SCHLAGAUF diese Eier;
PFANNE
BRATE diese aufgeschlagenen Dinger in dieser Pfanne;
SERVIERE diesen gekühlten Stoff und diese gebratenen Dinger.
```

Großbuchstaben zeigen an, welcher Spezialist aufgerufen wird: die erste Zeile aktiviert ORANGE, den Orangenbeschaffungs-Spezialisten, die zweite Zeile sagt dann ENTSAFTE, dem Entsaftungsspezialisten, daß er seine Arbeit tun soll (was auch immer ORANGE ihm herangeschafft hat); usw. Das Programm ist also im Grunde linear; seine Reihenfolge spiegelt einen chronologischen Ablauf wider.

Wie aber sieht es in McCarthys Küche aus? Die gleichen primitiven Handlungen werden in der gleichen Reihenfolge ausgeführt; sie werden aber sozusagen vom anderen Ende her arrangiert. McCarthys Schiedsrichterin beginnt immer beim gewünschten Ergebnis und arbeitet sich dann rückwärts zu den notwendigen Voraussetzungen durch. Sie fängt also an, indem sie SERVIERE damit beauftragt, gekühlten Orangensaft und zwei Spiegeleier zu servieren und wartet dann ab, ob er irgendetwas benötigt. Wie vorauszusehen war, ist dies der Fall: Er benötigt Orangensaft von KÜHLE und zwei Eier von BRATE. Sie akzeptiert die beiden als neue (Hilfs-) Voraussetzungen und ruft dann eben KÜHLE und BRATE auf - und wartet wieder ab, was diese vielleicht benötigen (eine Orange von ENTSAFTE, Eier von SCHLAGAUF, etc.)

Bis jetzt hat also jeder einfach den Schwarzen Peter weitergegeben, und nichts ist getan worden. Wenn aber (auf Geheiß von ENTSAFTE) zum Schluß ORANGE aufgerufen wird, hat dieses Spiel ein Ende: ORANGE ist der einfache Magazinarbeiter, der für seine Arbeit keine weiteren Vorbereitungen benötigt; er nimmt einfach eine Orange und reicht sie weiter. Ist das jedoch geschehen, kann die Schiedsrichterin anfangen, vorherige Bitten zu erfüllen: sie erinnert sich daran, wer die Orange wollte, und gibt sie ENTSAFTE, der seinen Auftrag ausführt und dann den Orangensaft abliefert. Da sie auch noch weiß, wer den Saft haben wollte, überreicht sie ihn KÜHLE, und so weiter, bis schließlich SERVIERE alles hat, was er braucht, um HELMUT das Frühstück zu bringen. Dies ist der Kern der LISP-Steuerung.

Das Bemerkenswerte daran ist, daß wir hier keine lineare, sondern eine hierarchische Grundstruktur haben und daß das Ordnungsprinzip nicht chronologisch ist, sondern von den gewünschten Ergebnissen und den benötigten "Requisiten" abhängt: wenn ein Spezialist in Anspruch genommen wird, kann er sein Produkt nicht abliefern, ohne zuvor die benötigten Materialien bei seinen Zulieferern in Auftrag zu geben. Das läßt sich bestens mit Hilfe eines zweidimensionalen Schemas verdeutlichen:

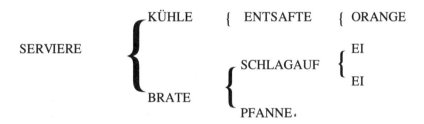

Die Reihenfolge der Inanspruchnahme verläuft von links nach rechts, und die Reihenfolge der Lieferungen verläuft entsprechend von rechts nach links; vertikale Spalten listen nur die für die Vorbereitungen eingespannten Mitarbeiter auf, wenn es sich um mehr als einen handelt.
In der Begriffssprache der Mathematik heißen die Spezialisten, die auf diese Art und Weise zusammenarbeiten, *Funktionen,* ihre Zutaten (falls notwendig) heißen *Argumente*, und die Ergebnisse, die sie abliefern, heißen *Werte*. Funktionen, die keine Argumente benötigen, sind *Konstanten;* sie liefern immer denselben Wert ab. Mathematiker lassen alles nur Erdenkliche als Argumente und Werte von Funktionen zu, solange die folgende Grundbedingung erfüllt ist:

FUNKTIONEN: Für jedes zulässige Argument (oder jede Kombination von Argumenten) existiert *ein und nur ein* (permanent zugeordneter) Wert.

So ist z.B. MUTTER (x) eine vollkommen annehmbare Funktion (wobei Menschen als Argumente genommen werden), weil jeder Mensch exakt eine (permanente) Mutter hat. ONKEL (x) dagegen ist als Funktion nicht akzeptabel, weil manche Menschen mit vielen Onkeln gesegnet sind und andere überhaupt keinen haben. Die Grundelemente (und Programme) von LISP sind sämtlich Funktionen, weichen jedoch von ihren mathematischen Gegenstücken in zweierlei Hinsicht grundsätzlich ab: sie sind aktive Spieler, die sich automatisch selbst evaluieren (ihren Wert bestimmen), wenn sie aufgerufen werden, und ihre (uninterpretierten) Argumente und Werte müssen immer LISP-Bäume sein.
Immer, wenn eine LISP-Funktion ein Argument übergeben bekommt, nimmt sie an, daß dieses Argument durch eine andere Funktion bestimmt wird, der deswegen vorher ein

Wert zugeordnet werden muß. In der Küche haben wir das "den Schwarzen Peter weiter-geben" genannt; mit Hilfe eines symbolischen Beispiels läßt sich aber verdeutlichen, worum es tatsächlich geht:

VIERTER BUCHSTABE DES (ZWEITEN WORTES DES (TITELS DIESES BUCHS))

Welches ist der Wert jener Funktion für jenes Argument? Nun, das Argument ist:

ZWEITES WORT DES (TITELS DIESES BUCHS)

Ist dieser vierte Buchstabe das I? Nein, denn das tatsächliche Argument ist nicht jener Ausdruck an sich, sondern das, was er spezifiziert: nämlich den *Wert* der Funktion ZWEITES WORT DES, wenn sie auf das Argument angewandt wird:

TITEL DIESES BUCHS

So ist das gesuchte Wort also DIESES (mit dem vierten Buchstaben S)? Nein, und zwar aus dem gleichen Grund: TITEL ... ist ebenfalls eine Funktion, die einen Wert spezifiziert. Glücklicherweise ist es jedoch eine *konstante* Funktion, enthält also keine Argumente. Im Gegensatz zu den ersten beiden Funktionen kann der Wert dieser Funktion also direkt bestimmt werden, ohne daß zuvor irgendetwas anderes bewertet werden müßte. (Der vierte Buchstabe des zweiten Worts ihres Wertes lautet E.)

Wie wird eine LISP-Maschine programmiert? Sicherlich nicht, indem man einen sequentiellen Ablaufplan wie für eine Von-Neumann-Maschine schreibt. Stattdessen programmiert man sie, indem man Funktionen *definiert,* die aus anderen, bereits definierten Funkionen aufgebaut sind. Dieses Prinzip ist aus der Algebra bekannt; so kann beispielsweise das Quadrat einer Zahl auch in Form einer Multiplikation definiert werden:

QUADRAT (x) = def MAL (x,x)

Oder, wenn wir in unsere Küche zurückkehren, so könnte eine FRÜHSTÜCKS-Funktion unter Verwendung von SERVIERE, BRATE, KÜHLE etc. definiert werden. Definierte Funktionen sind "Management"-Spezialisten: wie alle Funktionen liefern sie für gegebene Argumente Werte, allerdings nur in der Weise, daß sie dem Schiedsrichter sagen, wen er als nächsten aufrufen soll - das ist ihr einziger Beitrag.

Natürlich lassen sich nicht alle Funktionen auf der Grundlage anderer definieren; es muß einige elementare Funktionen geben, mit denen begonnen wird. Die derzeit benutzten LISP-Systeme stellen eine ganze Menge solcher zweckmäßiger Primitiva bereit, ein-schließlich vieler (natürlich entsprechend interpretierter) arithmetischer Grundfunktionen etc. Das reine LISP aber, auf dem alle anderen Spielarten beruhen, enthält nur sechs primitive Funktionen:

LEFT (x)	RIGHT (x)	JOIN (x,y)
EQUAL (x,y)	ATOM (x)	IF (x,y,z)

Jede dieser Funktionen benutzt nur LISP-Bäume als Argumente und gibt nur LISP-Bäume als Werte zurück (erinnern wir uns daran, daß einzelne atomische Zeichen als "Heister"-Bäumchen gelten). Mit Hilfe dieser Elementarfunktionen lassen sich nun LISP-Bäume von beliebiger Komplexität manipulieren (aufbauen, abwandeln, löschen), und zwar in jeder durch Algorithmen spezifizierbaren Art und Weise; somit ist es möglich, eine einzelne komplexe Funktion zu definieren, die für jede beliebige Eingabe eines dieser Umwandlungsergebnisse als ihren Wert abliefert. Aus diesem Grunde ist LISP universal.

Die ersten drei Elementarfunkionen werden für das Aufbauen und Demontieren beliebiger Bäume benutzt. Der Wert von LEFT (x) ist jeweils das, was in die linke Fassung des Y-Konnektors direkt an der Basis (des Wertes) von *x* geschraubt wird; es liefert also die linke Hälfte dieses Arguments. Falls das Argument keine linke Hälfte hat (weil es nur ein atomischer Heister ist), dann meldet LEFT (x) einen Fehler und stoppt. Mit RIGHT (x) ist es selbstverständlich ebenso, außer daß es die rechte Hälfte liefert. JOIN (x,y) nimmt zwei Argumente und fügt sie, was sicherlich nicht überrascht, zusammen; genauer gesagt, es nimmt einen neuen Y-Konnektor, schraubt sein erstes und zweites Argument (bzw. deren Werte) in die linke bzw. rechte Fassung und gibt den auf diese Weise konstruierten neuen Baum zurück.

Die ersten drei Elementarfunktionen werden für das Aufbauen und Demontieren beliebiger Bäume benutzt. Der Wert von LEFT (x) ist jeweils das,was in die linke Fassung (die Werte von) seine(n) zwei Argumente(n) dieselben sind; andernfalls liefert es FALSE. ATOM (x) liefert TRUE, wenn (der Wert von) sein(em) Argument ein einzelnes Atom ist; andernfalls FALSE. IF (x,y,z) ist vielleicht leichter zu verstehen, wenn wir es als IF (x, (THEN) y, (ELSE) z) schreiben; die Leistung dieser Funktion besteht darin, den Wert entweder seines zweiten oder seines dritten Arguments zu liefern, und zwar abhängig davon, ob sein erstes Argument (bzw. dessen Wert) TRUE oder FALSE ist. IF (-,-,-) bewirkt also nicht, daß LISP zu anderen Teilen eines Instruktionsplanes "verzweigt" (solch ein Plan, in dem man hin und her springen könnte, existiert nicht). Vielmehr bestimmt es, welche Funktionen tatsächlich evaluiert werden, indem es die Schiedsrichterin nach dem Wert entweder seines zweiten oder seines dritten Arguments (aber nicht nach beiden) fragt.

LISP zeichnet sich durch seine dynamische, baumähnliche Speicherorganisation und seine funktionsbestimmte Steuerungsstruktur aus. Darüber hinaus sind diese beiden Eigenschaften in wunderbarer innerer Einheit miteinander verbunden: die hierarchische Struktur von Funktionen, auf Argumente angewandt, die selbst Funktionen sind etc., ist notwendigerweise ein *Baum*. Genauer noch, LISP repräsentiert Funktionen mit ihren Argumenten als *Listen*, wobei der Funktionsname das erste Element der Liste ist und die Argumente der Reihe nach folgen. Da diese Argumente wiederum Funktionsaufrufe sind, werden auch sie durch Listen repräsentiert, usw. - so daß die ganze Struktur letztlich eine Liste von Listen von Listen ist... also ein Baum. Mit anderen Worten, LISP-Programme und LISP-Daten haben ein und dieselbe Struktur.

Newells Produktionssysteme

Allen Newell (geb. 1927) zog eine mathematische Karriere in Betracht, besann sich dann jedoch eines anderen. Die Rand Corporation, eine "Denkfabrik" draußen in Kalifornien

Kasten 5
Rekursion und Universalität

Da LISP-Maschinen die Fähigkeiten *universeller* Turingmaschinen haben
- also die Fähigkeiten, jeden anderen Computer simulieren zu können -
müssen sie auch imstande sein, einen zuvor festgelegten Prozeß immer
wieder (beliebig oft) zu wiederholen, bis eine bestimmte Bedingung erfüllt
ist. Von-Neumann-Maschinen erreichen dies durch Schleifen und
bedingte Verzweigungen. McCarthy-Maschinen dagegen stützen sich auf
rekursive Definitionen: Zur Definition einer Funktion kann diese Funktion
selbst benutzt werden, solange eine Escape-Klausel existiert, die die
Rekursion schließlich stoppt. Um es ein wenig paradox auszudrücken,
eine "zirkuläre" Definition ist durchaus erlaubt, solange sie nicht endlos
zirkulär bleibt.[12]
   Angenommen, wir wollten z.B. die Atome in LISP-Bäumen zählen.
Diese Aufgabe ist ihrer Natur nach rekursiv angelegt: Die Zahl der Atome
eines jeden Baumes beträgt entweder 1 (wenn der ganze Baum nur aus
einem einzigen Atom besteht) oder aber die Summe der Atomanzahl
seiner linken und rechten Hälften. Wir können also folgende einfache
Funktion definieren:

ZÄHLATOME (x) = def
WENN (ATOM (x),
(DANN) 1,
(SONST) ZÄHLATOME (LINKS (x)) + ZÄHLATOME (RECHTS (X)))

Diese Definition ist rekursiv, weil die Funktion ZÄHLATOME (-) nicht nur
definiert ist, sondern auch in der Definition selbst benutzt wird.
   Man beachte aber, wie dieser Befehl ausgeführt wird: wenn der
gegebene Baum atomisch ist, gibt die Funktion sofort als Ergebnis 1 aus;
wenn nicht, ruft sie sich selbst für jede Hälfte des Arguments auf, wiederholt sich also. Zudem kann sie sich beliebig oft selbst aufrufen (für immer
kleinere Hälften von Hälften, etc.) Früher oder später würde es jedoch
keine kleineren Hälften mehr geben: jede Verzweigung endet schließlich
mit Endatomen. In diesem Falle wird (ZÄHLATOME (-) sich nicht noch
einmal aufrufen, sondern einfach das Ergebnis 1 an seinen Vorgänger
ausgeben; und sobald die Vorgänger Zahlen zurückzubekommen,
können sie damit anfangen, ihren eigenen Vorgängern Summen zu
liefern, bis am Ende der Originalaufruf ZÄHLATOME (-) einen Wert
zurückbekommt.
   Was hält diese "zirkulare" Definition davon ab, zu einem Teufelskreis zu
werden? Zwei Dinge: erstens, jedesmal, wenn ZÄHLATOME (-)

zurückgeht und sich selbst aufruft, benutzt es dabei ein einfacheres
Argument; und zweitens werden die Argumente schließlich so einfach,
daß ZÄHLATOME (-) sie direkt handhaben kann, ohne sich selbst noch
einmal aufzurufen (das ist die notwendige Escape-Klausel.)

mit hochfliegenden Zielen, erschien ihm weitaus spannender als das Graduiertenstudium in New Jersey, und so verließ er die Universität.[13] Bei Rand lernte er Cliff Shaw kennen, einen weitsichtigen Computerpionier (der im selben Jahr, 1950, dort eingetreten war), und Herbert Simon (von Carnegie Tech, aber im Sommer 1952 dort) dessen Stern am Himmel der Wirtschaftswissenschaft und Managementlehre gerade aufging. 1955 hatten die drei mehr oder weniger "Allgemeine Symbolmanipulatoren", "Heuristische Suche" und "Künstliche Intelligenz" erfunden.[14] Doch erst in den sechziger Jahren, nachdem Simon ihn wieder in die akademische Welt zurückgelockt hatte, begann Newell mit der Entwicklung seiner *Produktionssysteme* - den unverwechselbaren Computern, die berechtigterweise "Newell-Maschinen" genannt werden können.[15]

Die aktiven Spieler in einem Produktionssystem - die Köche in Newells Küche - werden *Produktionen* genannt. Wie ihre Gegenstücke in den Turing- und Von-Neumann-Maschinen (aber anders als LISP-Funktionen) agieren die Produktionen alle innerhalb eines gewöhnlichen linearen Speichers, dem sogenannten *Arbeitsraum*. Von ihren Kollegen unterscheiden sie sich allerdings bei der Festsetzung, wer wo wann ans Werk geht. Jeder Newell-Koch überblickt ständig den gesamten Arbeitsraum und hält Ausschau nach einem bestimmten *Muster* oder nach Zutaten, die er benötigt; wenn er das gesuchte Muster gefunden hat, begibt er sich dorthin und führt seine Spezialfunktion (mit diesen Zutaten) aus. So lauert vielleicht einer dieser Schmalspur-Experten ausschließlich auf einen halben Liter Schlagsahne nebst Schneebesen und einer gekühlten Porzellanschüssel. Solange diese Zutaten nicht auftauchen, legt er die Hände in den Schoß; sobald er sie aber wahrnimmt, saust er zu ihnen hin, schlägt die Sahne in der Schüssel und legt den Schneebesen wieder beiseite. Die meisten Aktionen dieser Art modifizieren die Muster im Arbeitsraum, so daß diese vielleicht anschließend irgendeinen der anderen Spezialisten "befriedigen", wie z.B. den Kuchendekorateur, der die ganze Zeit geduldig auf eine Schüssel mit geschlagener Sahne gewartet hat. Auf diese Art schreitet der Arbeitsprozeß fort.

Zwei Dinge sind an diesem Verfahren bemerkenswert. Zum einen sind die Stellen in dem Arbeitsraum weder absolut (durch "Namen") noch relativ (wie kommt man von "hier" aus dorthin) spezifiziert, sondern durch ihre *Inhalte,* d.h., durch das, was in ihnen jeweils gespeichert ist. Wenn also das Paradigma für absoluten Zugriff eine Cityadresse (Grunewaldstraße 35) und das für relativen Zugriff eine Richtungsbeschreibung (gehe sechs Straßen nördlich und zwei östlich) ist, dann wäre das Paradigma für einen inhaltsbasierten Zugriff die Beschreibung des Ziels: finde ein zweistöckiges Klinkerhaus mit rosafarbenen Gardinen, wo auch immer es stehen mag. In einem Produktionssystem sind diese beschriebenen Inhalte natürlich nichts anderes als die Muster, nach denen die verschiedenen Spezialisten Ausschau halten.

Zum andern sagt niemand den Produktionen, wann sie agieren sollen; sie warten, bis die Voraussetzungen gegeben sind, und *aktivieren sich dann selbst*. Die Köche in den anderen Küchen dagegen befolgen lediglich Anweisungen: Turing-Einheiten werden durch ihre Vorgänger determiniert, Von-Neumann-Operationen sind sämtlich vorgeplant, und LISP-Funktionen werden durch andere Funktionen aufgerufen. Das Teamwork in einem Produktionssystem beruht mehr auf Laissez-faire: Jede Produktion agiert von sich aus, wenn und wo ihre eigenen Bedingungen erfüllt sind. Es gibt keine zentrale Steuerung, und die einzelnen Produktionen interagieren niemals direkt. Sie verständigen und beeinflussen sich über Muster in dem normalen Arbeitsraum gegenseitig - wie das anonyme "An alle, die es angeht" auf einem Anschlag am Schwarzen Brett. Eine Steuerung des gesamten Prozesses ist deshalb nur als Endresultat vieler unabhängiger Entscheidungen erkennbar - vergleichbar einem freien Markt, der von Adam Smiths "unsichtbarer Hand" gelenkt wird.

Aufmerksame Leser haben vielleicht bemerkt, daß hier noch einige Fragen offen sind. Was geschieht zum Beispiel, wenn die Bedingungen zweier Produktionen zur gleichen Zeit erfüllt sind? Da sie nicht beide auf einmal agieren können, ist eine Art Schiedsverfahren (Schiedsrichter) erforderlich. Die einfachste Lösung besteht darin, eine Rangfolge der Spieler aufzustellen und dann immer den Bittsteller auszuwählen, der die höchste Priorität hat. Stellen wir uns vor, daß sie sich alle in einer Schlange anstellen: der erste prüft, ob er sein Muster findet, und agiert, wenn er kann; andernfalls hält der zweite nach seinem Muster Ausschau, dann der dritte usw. Nachdem jede Produktion zufriedengestellt ist und agiert, beginnen sie am Kopf der Schlange wieder von vorn. Eine ähnliche Frage ist, was passiert, wenn das Muster, das ein Koch sucht, in dem Arbeitsraum zweimal auftaucht. Welches soll er dann nehmen? Auch hier besteht die einfachste Lösung wieder darin, eine Rangordnung aufzustellen. Zum Beispiel könnten die Produktionen den Arbeitsraum immer von links nach rechts absuchen und bei dem ersten Muster, das ihre Bedingungen erfüllt, anhalten.[16]

Wie wird ein Produktionssystem "programmiert"? Indem man Produktionen *konstruiert* (definiert); die Produktionen sind gleichzeitig das Programm. Ein unprogrammiertes Produktionssystem besteht lediglich aus einem leeren Arbeitsraum, einem Schiedsrichter sowie einem Vorrat von Grundelementen, aus denen die Produktionen aufgebaut werden können. Die Aufgabe des Programmierers ist es dann, ein Reihe von Produktionen zusammenzusetzen - von denen jede unter bestimmten Voraussetzungen eine bestimmte Funktion ausführen kann - deren Gemeinschaftsverhalten das des gewünschten Systems sein wird. Die vorhandenen "Grundelemente" korrespondieren grob mit von Neumanns primitiven Operationen oder LISPs primitiven Funktionen; die Methode, wie sie zu einer Funktionseinheit zusammengefügt werden, ist jedoch völlig anders.

Jede Produktion hat zwei Grundbestandteile: eine *Bedingung* und eine *Aktion*. Die Definition einer Produktion ist im Grunde eine Regel (ein Befehl), die sagt:

IMMER WENN (Bedingung) ERFÜLLT IST, MACHE (Aktion)

oder, schematischer:

\<Bedingung\> → \<Aktion\>

Die Bedingung ist ein Muster, das im Arbeitsraum auftauchen könnte, und die Aktion ist in der Regel eine Modifikation jenes Musters (manchmal aber auch sein externer Output). Die benötigten primitiven Fähigkeiten sind also die der Mustererkennung und der anschließenden Modifizierung der erkannten Muster.

Ein System zur Vereinfachung algebraischer Gleichungen könnte beispielsweise eine Regel wie die folgende enthalten:

"A + B = C + B" $\rightarrow$ ersetze durch: "A = C"

Die Anführungszeichen markieren das, was sich im Arbeitsraum befindet, wobei die Großbuchstaben (A, B und C) als Platzhalter für beliebige Ketten tatsächlich vorhandener Arbeitsraumzeichen dienen; somit würde durch eine einmalige Anwendung dieser Regel die Gleichung

$$2x + 4y(z-14) = w - 3 + 4y(z - 14)$$

auf

$$2x = w - 3$$

reduziert werden.

Dieses Beispiel setzt erstklassige Fähigkeiten zum Erkennen und Vergleichen von Mustern voraus - zum Beispiel das Vermögen, den komplexen Ausdruck "4y(z-14)" auf beiden Seiten der Gleichung mit "B" gleichzusetzen. Solche Fertigkeiten sind in Produktionssystemen aber üblich; mit ihrer Hilfe lassen sich viele nützliche Produktionen (einschließlich anderer algebraischer Vereinfachungen) leicht entwerfen und auch leicht verstehen.

In gewisser Weise sind die Newell-Maschinen eine Rückkehr zur Turingmaschine. Denn anders als LISP- oder Von-Neumann-Maschinen benutzen Turing- und Newell-Maschinen kein explizites "If..."; bei ihnen ist das Konditionalprinzip direkt in ihre Architektur eingebaut: *Jeder* Schritt ist bedingt. Welches Feld eine Turing-Einheit als nächstes aufruft, hängt ja immer davon ab, welche Zeichen auf dem Band vorgefunden werden; ähnlich ist es mit einer Produktion, die sich nur unter der Bedingung selbst aktiviert, daß sie ihr spezielles Muster in dem Arbeitsraum vorfindet. Dieser Punkt kann auch in bezug auf den Programmablauf ausgedrückt werden: Von-Neumann- und McCarthy-Maschinen *brauchen* nicht bei jedem Schritt eine Entscheidung zu treffen, weil sie eine "natürliche" Ordnung des Programmablaufs "eingebaut" haben. Eine Von-Neumann-Maschine befolgt automatisch ihren Plan, und LISP weist den Argumenten jeder Funktion automatisch einen Wert zu, bevor es die Funktion selbst evaluiert. Bedingungen werden deswegen nur gelegentlich gebraucht, um den Ablauf an kritischen Stellen zu beeinflussen. Turing- und Newell-Maschinen haben dagegen keinen zuvor festgelegten Ablauf, so daß für jeden einzelnen Schritt eine explizite Entscheidung getroffen werden muß.

Dennoch sind Newell-Maschinen weit davon entfernt, lediglich ein neuer Aufguß von Turingmaschinen zu sein - die Grundidee ist eine völlig andere. Turings Ziel war es, die

Kasten 6
Wiederholung in Produktionssystemen

Die Architektur der Produktionssysteme ist wie die der anderen bisher diskutierten Architekturen universell: jeder symbolische Algorithmus kann von irgendeinem Produktionssystem ausgeführt werden. Deshalb müssen Produktionssysteme beliebig viele Wiederholungen ausführen können, bis eine bestimmte Bedingung erfüllt ist. Wiederholungen sind für Produktions-systeme faktisch kein Problem; schwieriger dagegen ist es, sie zu stoppen oder zu vermeiden. Betrachten wir zum Beispiel ein System mit nur einer Produktion:

jede ganze Zahl, N   → inkrementiere: N

(Eine Zahl zu inkrementieren heißt, sie um 1 zu erhöhen.) Wenn dieses System irgendwann eine ganze Zahl findet, mit der es beginnen kann, wird es bis in alle Ewigkeit mit dem Inkrementieren fortfahren, obwohl nichts (also z.B. kein Sprungbefehl, keine Schleife und keine rekursive Definition) das System auffordert, diese Wiederholungen auszuführen; es führt sie halt aus. Wenn man dagegen will, daß es irgendwann anhält (beispielsweise, wenn es bei 100 angelangt ist), muß man eine entsprechende Anweisung geben, indem man das System um eine andere Produktion mit einer höheren Priorität erweitert:

jede ganze Zahl größer als 99   → stopp

(Wahlweise könnte die Überprüfung auch in die Bedingungsklausel der ursprünglichen Produktion aufgenommen werden.)
    Illustrativ ist es auch, wenn wir uns einen Arbeitsraum vorstellen, der LISP-ähnliche Bäume enthalten kann, und einen Satz von Grundelemen-ten, die eine Baummanipulation gestatten. Dann erfüllt die folgende ein-fache Produktion dieselbe Aufgabe wie die Funktion ZÄHLATOME (-) in Kasten 5:

jeder atomische Baum, A
und ganze Zahl, N   →   lösche A und inkrementiere N
jeder Baum, T   →   ersetzt durch: LINKS (T) & RECHTS (T)
alles erledigt?   →   stopp

Der Arbeitsraum enthält zu Anfang den Baum, der gezählt werden soll, und die Zahl 0. Die mittlere Produktion teilt die Bäume immer wieder in zwei Hälften, bis sie sie auf ihre Endatome reduziert hat; unterdessen kehrt die erste Produktion diese Atome fortwährend zusammen und wirft sie weg, wobei sie für jedes einzelne den Zähler inkrementiert. Man beachte auch hier die "unsichtbare Hand", d.h., daß die Rekursion oder Schleife von allein stattfindet. Die letzte Produktion bekommt keine Chance, bevor die beiden ersten den ursprünglichen Baum nicht komplett kleingehackt, die Stücke gezählt und sie dann weggeworfen haben; erst dann hält sie das System an.

Maschine selbst so einfach wie möglich zu halten (nur ein paar ganz primitive Einheiten, die ausschließlich atomische Zeichen verarbeiten), und dann mit atemberaubend langen und weitschweifigen Programmen zu arbeiten. Produktionssysteme haben dagegen in der Regel höchst machtvolle und ausgeklügelte "Grundelemente" - wie (z.B.) automatisches Finden und Vergleichen komplexer Muster (mit variablen Bestandteilen) - weil dies eine Voraussetzung für musterbasierten Zugriff und sich selbst aktivierende Spieler ist. Newell-Programme sind deshalb verhältnismäßig kompakt und elegant: Jede Zeile leistet eine Menge.

Produktionssysteme unterstützen einen von anderen Architekturen unerreichten Grad an "Modularität". Ein *Modul* ist ein unabhängiges Subsystem, das eine genau umrissene Aufgabe ausführt und mit dem Rest des Systems nur in bestimmter, eng definierter Weise interagiert. In diesem Sinne sind beispielsweise das Kassettendeck und der Vorverstärker einer Stereoanlage aus Einzelkomponenten Module. In LISP dienen benutzerdefinierte Funktionen als gesonderte Programm-Module; sie sind jedoch nicht so unabhängig wie die einzelnen Produktionen in Produktionssystemen.[17] Denn jede LISP-Funktion, der ein Wert zugewiesen werden soll, muß explizit aufgerufen werden; der Aufrufer muß außerdem nicht nur wissen, wann diese Funktion aufgerufen werden muß, sondern auch ihren Namen, welche Argumente bereitzustellen sind und welche Art Wert zurückerwartet werden muß. Im Grunde muß der Programmierer dies alles für jede Situation, in der eine beliebige Funktion aufgerufen werden könnte (oder sollte), im Auge behalten.

Eine Produktion aktiviert sich dagegen selbst, wann und wo immer ihre Bedingungen erfüllt sind, unabhängig davon, was irgendeine andere Produktion weiß oder entscheidet. Das läßt sich anhand eines Phantasiebeispiels veranschaulichen. Angenommen, wir sind dabei, einen automatischen Taxifahrer zu entwerfen, und alles funktioniert bestens - nur an Sirenen haben wir nicht gedacht. Also müssen wir ein neues Merkmal hinzufügen: Immer, wenn der Roboter eine Sirene hört, soll er den Wagen zur Seite fahren, bis die Gefahr vorüber ist. Jeweils abhängig von der Architektur würde das eine neue Subroutine, Funktion oder Produktion erfordern, die den Speicher auf eine SIRENE-Meldung (der "Ohren") durchcheckt und das Signal FAHR ZUR SEITE ausgibt, wenn es auf eine solche Meldung stößt.

Wie kann nun diese neue Einheit in den Rest des Systems integriert werden? Am besten wäre es sicherlich, wenn der Fahrer nicht nur während der normalen Fahrt auf eine (etwaige) Sirene reagieren würde, sondern auch, bevor er sich einer Kreuzung nähert, bevor er aus einem Parkplatz wieder in den Verkehr einschert, bevor er die Fahrspur wechselt, usw. Bei einer Von-Neumann oder McCarty-Maschine müßte deshalb *jede* der Routinen oder Funktionen, die all diese Aktivitäten ausführen, modifiziert werden, so daß sie gegebenenfalls die neue SIRENE-Einheit aufrufen. Bei einer Newell-Maschine dagegen braucht das Programm lediglich um die Produktion SIRENE, die mit einer entsprechend hohen Priorität versehen wurde, erweitert zu werden; keine der bereits vorhandenen Produktionen muß zu diesem Zweck geändert werden. Die neue Produktion wird still und unbemerkt dasitzen und niemanden stören, bis eine Sirene zu hören ist; dann wird sie von sich aus das Signal "FAHR ZUR SEITE" ausgeben.

Den offenkundigen Vorteilen der Modularität des Produktionssystems stehen jedoch zwei Beschränkungen gegenüber. Erstens läßt sich nicht jede Aufgabe angemessen in Komponenten zerlegen, die autonom gehandhabt werden können; manchmal müssen die Unteraufgaben explizit koordiniert werden, wobei bestimmte Informationen oder Instruktionen zu bestimmten Zeitpunkten direkt an bestimmte Einheiten gerichtet werden müssen. Solch eine Organisation ist in Produktionssystemen zwar nicht unmöglich, aber im Vergleich zu "zentralisierten" Subroutine- oder Funktionsaufrufen reichlich schwerfällig. Zweitens existiert die Modularität in Produktionssystemen nur auf einer Ebene; d.h., in einem Produktionssystem werden keine Module höherer Ordnung aus Modulen niedrigerer Ordnung zusammengesetzt, die wiederum aus Modulen noch niedrigerer Ordnung bestehen usw. Alle Produktionen sind (mit Ausnahme ihrer Priorität) gleichwertig. LISP-Definitionen sind dagegen ihrer Natur nach immer hierarchisch, und Programme für Von-Neumann-Maschinen sind es oftmals.

Das Hauptziel dieses Kapitels war es, einen breiteren Überblick über mögliche Computerformen zu geben, da zu oft aus mangelndem Wissen heraus unterstellt wird, daß alle Computer im Grunde wie BASIC, FORTRAN oder sogar wie Turingmaschinen seien. Wenn erst einmal erkannt worden ist, daß ähnlich machtvolle (d.h., universelle) Architekturen tiefgreifend und dramatisch anders sein können, dann sind der Phantasie keine Grenzen mehr gesetzt. Die Künstliche Intelligenz behauptet keinesfalls, der menschliche Geist sei eine Turingmaschine oder ein BASIC-Programm - oder irgendeine andere der hier erörterten Maschinen. Es trifft zwar zu, daß die meisten KI-Programme aus Gründen der Bequemlichkeit und Flexibilität zufällig in LISP geschrieben sind, doch die virtuellen Maschinen, die auf diese Art und Weise entstanden, sind keine LISP-Maschinen; im Prinzip könnten sie alles sein. Ebenso trifft es zu, daß manche Forscher vermuten, der Geist sei vielleicht eher wie ein Produktionssystem organisiert, freilich viel ausgefeilter und komplexer als in der hier vorgestellten elementaren Struktur. Wichtig daran aber ist folgendes: Möglicherweise besitzt der menschliche Geist eine komputationale Architektur, die nur ihm eigen ist. Mit anderen Worten, aus der Perspektive der KI wird *geistige Architektur* selbst zu einer neuen theoretischen "Variablen", deren Erforschung und Entschlüsselung eine Aufgabe der Kognitionswissenschaft ist.

ENIAC, der sich in einem großen U über drei Wände eines Raums erstreckt.

5 Wirkliche Maschinen

Vor-KI

Computer waren schon immer beeindruckend. Die "Analytische Maschine" mit ihrer Präzisionsmechanik und den Ausmaßen einer Lokomotive wäre eine Art Weltwunder gewesen. ENIAC, der erste elektronische Koloß, hatte eine Vorderfront von rd. dreißig Metern, enthielt 18 ooo Elektronenröhren und wog dreißig Tonnen; sein Bau dauerte zweieinhalb Jahre.[1] Zur gleichen Zeit (Mitte der vierziger Jahre) gab es noch einen hundert Tonnen schweren "Differentialanalysator", der nicht weniger als 3oo km Draht enthielt, sowie ein aus 76o ooo Einzelteilen bestehendes feinmechanisches Monstrum ("Bessie" ge-nnant), bei dessen Anblick Babbage Freudentränen vergossen hätte. Diese Wunderwerke waren nicht nur enorm groß, sondern auch "superschnell". ENIAC, der Tempochampion des Jahres 1946, schaffte pro Sekunde achtunddreißig neunstellige Divisionen; er soll in nur zwei Stunden ein Problem gelöst haben, für das ein im Rechnen geübter einhundert Jahre gebraucht hätte. Kein Wunder, daß sich die Presse vor Begeisterung überschlug und zu Bezeichnungen wie "Superhirn", "maßgeschneidertes Genie" und sogar "Einstein-Roboter" griff.[2]

Natürlich kann man heute die Leistung eines ENIAC für ein paar Stundenlöhne kaufen und in einer Plastiktüte nach Hause tragen. Moderne "Supercomputer" sind etwa eine Million mal schneller, und ihr Arbeitsspeicher ist eine Million mal so groß - und das alles für etwa den sechsfachen Preis (inflationsbereinigt).[3] Das ist eine Verbesserung des Preis-/Leistungsverhältnisses von etwa 1 zu 1oo ooo, und das in zweifacher Hinsicht. Um einen lebensnahen Vergleich heranzuziehen: Wenn sich der Flugverkehr in derselben Zeit im gleichen Verhältnis entwickelt hätte, so würden wir heute in Minutenschnelle von Stadt zu Stadt fliegen, und das für weniger als einen Dollar.

In den Anfangsjahren waren die Menschen von der Vorstellung fasziniert, Computer hätten unbegrenzte Fähigkeiten. Es schien, als stünde die Entwicklung von Maschinen, die all das können, was ein Mensch kann (und noch mehr), unmittelbar bevor. Daß es jedoch nicht allein auf Speicherkapazität und Rechengeschwindigkeit ankommt, läßt sich durch einen Rückblick auf zwei gescheiterte Ansätze aus den fünfziger Jahren verdeutlichen. Am berühmtesten ist die "System-" oder "Regelungstheorie" des Mathematikers Norbert Wiener (1948a,b), auch "Kybernetik" genannt. Nehmen wir an, ein System (S) soll einen bestimmten Output (O) erbringen. In der Realität wird S natürlich unvollkommen sein, d.h., der Output wird eine gewisse Abweichung aufweisen (er wird nicht genau O betra-gen). Es gibt nun zwei grundsätzliche Möglichkeiten, diese Abweichung zu vermindern:

1. An erster Stelle wird S durch präzisere Bauelemente, sorgfältigere Kalibration etc. verbessert, oder
2. S wird so konstruiert, daß es seinen eigenen Output mißt, Abweichungen vom Sollwert feststellt und sie automatisch kompensiert.

Beide Wege sind möglicherweise aufwendig; bei hochkomplizierten Systemen ist aber der zweite weitaus effektiver.

Die Theorie der selbstkompensierenden (oder selbstregulierenden) Systeme ist der zentrale Gedanke der Kybernetik, und ihr Grundprinzip ist das der *negativen Rückkopp-lung* (eigentlich eine recht anspruchsvolle Bezeichnung für "Kompensation"; weitere Einzelheiten siehe in Kasten 2). Rückkopplung ist ein umfassendes und tiefgreifendes

Der moderne "Supercomputer" Cray 1

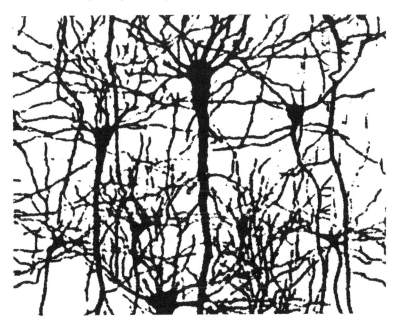

Der menschliche "Computer": vernetzte Nervenzellen

Kasten 1
Auch das Gehirn ist "groß"

Das Gehirn eines Erwachsenen wiegt nicht einmal 3 Pfund, ist aber in seinen Funktionen außerordentlich komplex. Es enthält etwa zehn Milliarden einzelner Neuronen (das sind die Zellen, die die eigentliche "Arbeit" verrichten; daneben gibt es vielleicht zehnmal soviel andere Zellen, die für den Zusammenhalt des Ganzen und den richtigen Ablauf aller Funktionen sorgen.) Die Neuronen sind durch feine Fasern, die von ihnen ausgehen und sich gegenseitig berühren, in vielfältiger Weise miteinander verbunden. Obwohl die einzelnen Zellen sehr unterschiedlich sind, weist jede im Durchschnitt ungefähr tausend dieser Verknüpfungen auf. Das macht zehn *Billionen* neuronale Kontaktstellen in einem Gehirn (plus oder minus ein paar Billionen, aber wer wird es schon so genau nehmen?)

Allerdings lassen sich diese Zahlen nicht ohne weiteres mit Computer-Hardware vergleichen. Eine einzelne Nervenzelle ist natürlich nicht zu Leistungen wie 64-Bit-Fließkommaarithmetik imstande; mit ihren tausend Verknüpfungen "speichert" sie aber weit mehr als 64 Bits an Informationen. Das Speichern erfolgt zudem auf zwei Arten: die verhältnismäßig dauerhafte Informationsstruktur, die in der Art und Weise der Neuronenverknüpfungen enthalten ist, und die mehr kurzzeitige Speicherung in dem wechselnden Funktionszustand der Nervenzellen und ihrer Fasern. Obwohl die heutigen Computer einen ziemlich großen expliziten Kurzzeitspeicher haben, enthält ihre Struktur im Vergleich äußerst wenig Informationen.

Überdies verarbeiten alle heute gebräuchlichen Computer Informationen fast ausschließlich *seriell*, d.h., nur ein relativ kleiner Teil ihrer Elemente ist zu einem bestimmten Zeitpunkt aktiv - der Rest befindet sich in passiver Wartestellung. Indes spricht alles dafür, daß das Gehirn Informationen weitestgehend *parallel* verarbeitet; Millionen oder sogar Milliarden von Prozessen laufen gleichzeitig ab. Andererseits arbeiten moderne Halbleiter etwa eine Million mal schneller als Neuronen; es besteht zumindest ein ungefährer Ausgleich zwischen Geschwindigkeit und Grad der parallelen Verknüpfung.

Obwohl ein Vergleich also problematisch ist, läßt sich durchaus sagen, daß das Gehirn um etliche Größenordnungen komplexer als jeder heute vorhandene von Menschen geschaffene Apparat ist. Auf der einen Seite läßt dies das Projekt der KI nur um so unerreichbarer erscheinen. Andererseits aber ist es beruhigend, weil es bedeutet, daß die Grenzen der gegenwärtigen Programme möglicherweise keine grundsätzlichen sind; vielleicht zeigen sie nur, daß wir uns noch mächtig anstrengen müssen, um die Leistungen des Gehirns zu erreichen.

Konzept, für das sich überall Beispiele finden lassen. Am bekanntesten ist wohl der Thermostat, der die Temperatur eines Hauses annähernd konstant hält, indem er sie überwacht und die Heizung (oder Kühlung) einschaltet, wenn es zu kalt (oder zu warm) wird. Daneben gibt es zahlreiche biologische Regulatoren, die verschiedene körpereigene Funktionen wie Drücke, Potentiale, Konzentrationen und so weiter steuern.

Nun ist es verlockend, das Prinzip der negativen Rückkopplung mit zweckgerichtetem Handeln gleichzusetzen, und zwar in folgender Hinsicht: Wenn wir ein bestimmtes Ergebnis erzielen wollen und durch irgendeinen störenden Einfluß daran gehindert werden, versuchen wir, diesem Einfluß entgegenzuwirken. Wenn ich also eine gleichbleibende Raumtemperatur haben möchte, werde ich dazu neigen, die Heizung höherzudrehen, wenn es im Raum kühler wird, genau wie ein Thermostat. Und oberflächlich betrachtet scheint man diesen Aspekt verallgemeinern zu können: Mein Garten droht im Kampf gegen das Ungeziefer auf der Strecke zu bleiben, also kompensiere ich, indem ich Insektizide verwende oder zu robusteren Pflanzensorten wechsle. Solche Eingriffe tragen dazu bei, das Gleichgewicht des Outputs wiederherzustellen, so daß sie wie eine negative Rückkopplung erscheinen. Von da aus ist es nur ein kleiner Schritt, Kybernetik als die Wissenschaft alles menschlichen Handelns anzusehen. "Natürlich", wird man bereitwillig zugeben, "sind Menschen weitaus komplizierter als Thermostate. Aber das Wesentliche im Leben ist ja die Zielorientiertheit, und *die* läßt sich eben durch negative Rückkopplung erklären."

So einfach ist das jedoch nicht. Kybernetik als Wissenschaft ist eine mathematische Theorie, die quantitative Änderungen des Inputs oder Outputs, die sich gegenseitig in bekanntem Umfang und mit bekannten Verzögerungen beeinflussen, in Form von zeitabhängigen Differentialgleichungen zueinander in Beziehung setzt. Ohne diese Gleichungen bleibt außer Däumchendrehen und amüsanten Parallelen wenig übrig. Natürlich sind "Insektostaten" vorstellbar, die einen Sprühmechanismus einschalten, wenn ein hoher Käferbestand angezeigt wird; Gärtner arbeiten jedoch anders. Ein Mensch wird den Schaden bemerken, aus den Symptomen auf die Schädlinge schließen (vielleicht mit Hilfe eines Buchs), herausfinden, welche Techniken sicher und effektiv sind (indem er wieder das Buch zu Rate zieht), berücksichtigen, welche Vorgehensweise praktischer ist, einen Plan aufstellen und ihn befolgen.

Für das Leben wie für die Gartenarbeit existieren keine Gleichungen. Die relevanten "Variablen" - Wahrnehmungen, Rückschlüsse, Wissen, Pläne - sind keine quantitativen Größen, können also nicht durch Zahlen oder Vektoren spezifiziert werden. Denken und Verstand mit den Begriffen der Kybernetik erklären zu wollen, ist ebenso aussichtslos und unangebracht wie der Versuch, es als bedingte Reflexe oder wie Hume als dem Prinzip der Schwerkraft vergleichbares Prinzip der Verknüpfung von Vorstellungen zu erklären. Zweifellos gibt es bei jedem von uns so etwas wie die Verknüpfung von Vorstellungen, Konditionierung und negative Rückkopplung, aber nichts von alledem ist der Schlüssel zur Psychologie.

Ein anderes Luftschloß der fünfziger Jahre war die *maschinelle Übersetzung* natürlicher Sprachen. Dieser Gedanke wurde 1949 (durch ein von dem Mathematiker Warren Weaver in Umlauf gebrachtes "Memorandum") aktuell und für ein gutes Dutzend Jahre in den Vereinigten Staaten, Großbritannien und der Sowjetunion intensiv verfolgt. Das Problem wurde im wesentlichen in zwei Bereiche aufgespalten: Grammatik und Vokabular. Der Grammatikteil umfaßte all die Routinedinge, die man in der Französisch-Unterstufe

Kasten 2
Negative Rückkopplung

Angenommen, der *Output* eines Systems sei eine Variable bzw. das angestrebte Ergebnis (z.B. die Temperatur), und der *Input* seien die äußeren Faktoren, die diesen Output beeinflussen (z.B. Wärmefluß durch die Wände und vom Heiz-/Kühlgerät). *Rückkopplung* heißt dann, daß ein Teil oder eine Auswirkung des Outputs eine Modifizierung des Inputs zur Folge hat (z.B., indem der Thermostat in Abhängigkeit von der Temperatur die Anlage ein- oder ausschaltet.)

Rückkopplung ist *positiv*, wenn sie die Veränderungen des Outputs steigert und dadurch den Wert einem Extremwert zutreibt. Rückkopplung ist *negativ*, wenn sie Veränderungen des Outputs kompensiert und somit einen Zwischenwert einhält. Thermostaten sind zum Beispiel immer so angeschlossen, daß sich eine negative Rückkopplung ergibt: Wenn die Temperatur fällt, setzt die Heizung ein (um sie wieder zu erhöhen); steigt die Temperatur, wird die Kühlung sie wieder herunterkühlen. Natürlich könnte man einen Thermostaten auch so anschließen, daß eine positive Rückkopplung erfolgt: Fällt dann die Temperatur, so setzt die Kühlung ein (und es wird noch kälter); steigt sie dagegen über einen bestimmten Wert, wird die Heizanlage sie noch weiter steigern. Positive Rückkopplung wird zum Beispiel bei der Konstruktion von Schaltern benutzt: Sie rasten in der nächstgelegenen Position ein, so daß Zwischenstellungen vermieden werden. Das Konzept der negativen Rückkopplung ist jedoch das wichtigere.

Ich möchte noch zwei Beispiele nennen, von denen eines recht abstrakt und elegant, das andere dagegen konkreter ist. Betrachten wir drei Bälle: Einer liegt auf einer ebenen, glatten Fläche, ein anderer in einer ebenmäßigen Talsenke, und ein dritter ruht auf der Kuppe eines abgerundeten Hügels. Alle drei befinden sich im *Gleichgewicht* - d.h., sie sind vollkommen ausbalanciert. Werden sie aber nur leicht angestoßen, so verhalten sie sich unterschiedlich. Der erste ist im *neutralen* Gleichgewicht: Wenn man ihn ein wenig rollt, ergeben sich daraus keine neuen Kräfte (keine Rückkopplung). Der zweite befindet sich im *stabilen* Gleichgewicht: Rollt man ihn ein wenig, wird er durch die Schwerkraft in seine ursprüngliche Lage zurückgezogen (negative Rückkopplung). Der dritte ist im *instabilen* Gleichgewicht: Wird er ein wenig bewegt, so beschleunigt die Schwerkraft diese Bewegung und läßt ihn den ganzen Hügel hinabrollen (positive Rückkopplung).

Der automatische Geschwindigkeitsregler ("Tempostat") eines Autos ist ein sehr gutes Anwendungsbeispiel für negative Rückkopplung. Wenn der Wagen ein wenig langsamer wird (etwa, weil es bergauf geht), gibt der Regulator dem Motor etwas mehr Gas, und umgekehrt, wenn die Geschwindigkeit zunimmt. Hier können wir auch erkennen, auf welche Feinheiten es ankommt. Wieviel Gas sollte der Regulator geben (oder wegnehmen)? Wäre es nicht genug, wäre das System nicht sonderlich effektiv. Was aber wäre, wenn der Regulator es übertriebe - wenn er also zu schnell zu viel Gas geben würde? Dann würde der Wagen schon bei einem kleinen Hügel wild beschleunigen, während der Regulator in die andere Richtung kompensieren würde, so daß die Fahrgeschwindigkeit rapide vermindert würde, während der Regulator ... und so weiter. Dieses unerwünschte Verhalten (im Grunde auch eine Form von Instabilität) illustriert, warum Kybernetik als exakte Mathematik so wichtig ist.

gehaßt hatte - Deklinationen, Konjugationen, Wortstellungen etc. - und die man dennoch beherrschen mußte, damit eine Übersetzung nicht lächerlich (oder verdreht) klang. Das Vokabularproblem erschien indessen zunächst einfacher: Suche in der Zielsprache einen äquivalenten Begriff für jedes Wort (oder Idiom) des Originaltextes, indem du z.B. in einem mechanischen Wörterbuch nachschlägst.

Das Problem hierbei ist, daß viele gewöhnliche Wörter mehrere Bedeutungen haben und daß sich diese Mehrfachbedeutungen selten von Sprache zu Sprache decken. Nehmen wir zum Beispiel das englische Substantiv *"suit"*: es bedeutet einerseits etwas juristisches (Klage, Prozeß), dann die "Farbe" im Kartenspiel und als drittes ein Kleidungsstück (Anzug, Kostüm). Das deutsche Wort *"Klage"* wird ebenfalls in einem juristischen Kontext gebraucht, bedeutet aber auch "Jammer"; mit Spielkarten oder mit Kleidung hat es dagegen nichts zu tun. *"Farbe"* ist das deutsche Wort beim Kartenspiel, wo es im englischen "suit" heißen würde, und gleichzeitig die Übersetzung für "color" und "paint" (aber nicht für lawsuit (juristische Klage, Prozeß) oder dress suit (Anzug, Kostüm)). Ein *Anzug* im Deutschen schließlich ist ein Kleidungsstück für Männer, aber auch ein anderes Wort für Anfang oder Beginn (hingegen nichts von den erwähnten anderen Dingen). Offenkundig existiert für *"suit"* kein deutsches "Äquivalent".

Wenn eine Übersetzungsmaschine diese Probleme nicht bewältigen kann, wird sie Unsinn produzieren. Weaver schlug nun eine *statistische* Lösung vor, die auf den N nächstgelegenen Wörtern (oder Substantiven) im unmittelbaren Kontext basierte. Wenn also die Wörter 'card' oder 'club' neben 'suit' erscheinen sollten, könnte das die Wahrscheinlichkeit erhöhen, daß *Farbe* die richtige Übersetzung ist, während ein 'jugde' (Richter) oder 'case' (Fall) in der unmittelbaren Nähe für *Klage* sprechen würde. Aber etwas so Simples konnte natürlich nie funktionieren: Schneider und Anwälte haben Visiten- und Kredit*karten* und sind Mitglieder von *Clubs*, und jedermann kann ein *Urteil* über die *Farbe* eines Anzugs (*'suit'*) in einem Schaukasten ('display case') abgeben. Könnte eine ausgefeiltere "statistische Semantik" (ein Ausdruck Weavers) hier Abhilfe schaffen? Davon kann nicht die Rede sein.

1951 wurde Yehoshua Bar-Hillel der erste Wissenschaftler, der seinen Lebensunterhalt mit der Erforschung maschineller Übersetzung bestritt.[4] Neun Jahre später war er der erste,

Kasten 3
Statistische Semantik

Das Verblüffendste an der statistischen Semantik (und an maschineller
Übersetzung überhaupt) ist, daß man sich nie bemüht hat, den zu
übersetzenden Text zu *verstehen*. Dieser Ansatz erscheint im Rückblick
so unglaublich, daß man durchaus ins Grübeln geraten könnte, warum
gescheite Menschen ihn jemals für sinnvoll hielten. Ich glaube, daß
folgende drei Faktoren dazu beigetragen haben.

Erstens hatte man während des Krieges enorme Fortschritte bei der
(statistischen) Dechiffrierung von Codes erzielt. Weaver berichtet von
einem Fall, in dem eine Nachricht, die aus dem Türkischen verschlüsselt
war, von jemandem, der kein Türkisch verstand, (mit Hilfe statistischer
Methoden) erfolgreich wieder ins Türkische decodiert wurde (in Wirklichkeit hat der Entschlüsseler das Ergebnis nicht als Nachricht anerkannt,
sondern den Versuch als gescheitert betrachtet). Warum also, fragt
Weaver, sehen wir Chinesisch nicht einfach als Englisch an, das in einen
"chinesischen Code" übersetzt worden ist, und decodieren es dann?
Zweitens mußte die Entwicklung vieler verschiedener, aber äquivalenter
Notationen ("Encodierungen") für verschiedene *formale* Sprachen frisch
im Geiste jedes Mathematikers sein, und solche Systeme können
vollkommen mechanisch (mit Hilfe von Algorithmen) "interübersetzt"
werden.

Natürliche Sprachen besitzen jedoch keine formale Exaktheit, so daß
man auch beim Übersetzen nicht so regelgerecht und methodisch wie
beim Entziffern eines Codes vorgehen kann. Dennoch scheinen sich
Sprachen oft einer formalen Regelmäßigkeit anzunähern, so als wären
sie in der Tiefe tatsächlich formale Systeme und lediglich in der Praxis
irgendwie unzulänglich oder durcheinander geraten. Das führt uns zum
dritten Punkt: Weaver war (zusammen mit Claude Shannon) auch ein
Pionier der statistischen "Informationstheorie", die sich hauptsächlich mit
der zuverlässigen Übermittlung von Nachrichten über mit Rauschen und
Verzerrungen behaftete Kanäle befaßt (daß auch hierbei die Bedeutung
nicht beachtet wurde, ist wohl kaum noch verwunderlich). Die Analogie
wurde also einfach fortgeführt und eine korrekte formale Sprache (oder
ein exaktes Codierungsbuch) lediglich als Grenzfall betrachtet, vergleichbar einem theoretisch vollkommenen Übertragungskanal. Aber die reale
Welt, einschließlich der natürlichen Sprachen, ist immer unvollkommen;
deshalb griff man zu Näherungsverfahren und zur Statistik - alles ganz
nüchtern, modern und wissenschaftlich (zumindest muß es so gewirkt
haben).

der die fatale Schwachstelle des ganzen Unternehmens offenlegte und die Sache dann aufgab.[5] Bar-Hillel schlug einen einfachen Testsatz vor:

The box was in the pen.

Der sprachliche Kontext dieses Satzes könnte nach Bar-Hillel folgendermaßen aussehen: "Der kleine John suchte seine Spielzeugkiste. Schließlich fand er sie. Die Kiste war im Laufstall. (= The box was in the pen.)" (Dieses Beispiel wurde nicht eingedeutscht, weil Bar-Hillels Satz für die Wissenschaftsgeschichte "klassisch" wurde; zudem würde jede Übersetzung dem Beispiel seine Originalität nehmen. Anm. d. Übers.)

Damit die Diskussion nicht zu kompliziert wurde, betrachtete er lediglich die Ambiguität: (1) pen = Schreibinstrument; versus (2) pen = Laufstall. Wenn nicht gerade außerordentliche Umstände vorliegen (sie würden das Problem nur noch schwieriger machen), wird sich jeder normale englischsprachige Mensch sofort für "Laufstall" als richtige Deutung entscheiden. Wie? Indem er den Satz versteht und ein wenig gesunden Menschenverstand anwendet. Wenn sich ein physischer Gegenstand *in* einem anderen befindet, muß letzterer, wie jedermann weiß, größer sein; Füllfederhalter sind im allgemeinen viel kleiner als Kisten oder Schachteln, während Laufställe verhältnismäßig groß sind.

Warum nicht diese (und ähnliche) Fakten codieren und in das System integrieren? Bar-Hillel bemerkt dazu:

Wenn man einen solchen Vorschlag ernstnimmt, läuft er auf die Forderung hinaus, daß eine Übersetzungsmaschine nicht nur mit einem Wörterbuch ausgestattet werden sollte, sondern auch mit einer Universalenzyklopädie. Dies ist zweifellos völlig illusorisch und bedarf wohl kaum einer weiteren Diskussion (1960, S. 160).

Mit anderen Worten, es ist unmöglich, einen "bloßen" Übersetzer zu schaffen: Jedes System, das zu einer zutreffenden, sorgfältigen Übersetzung imstande ist, muß über das Wissen von Menschen verfügen und dieses Wissen vernünftig anwenden können. Aus diesen einfachen, aber grundsätzlichen Erwägungen ergibt sich, daß die mechanische Übersetzung eine voll entwickelte Künstliche Intelligenz voraussetzt. Ob nun die KI "völlig illusorisch" ist, bleibt abzuwarten; eine weitere Diskussion verdient sie aber ganz gewiß.

Heuristische Suche

Die Künstliche Intelligenz, die bei Carnegie Tech im Herbst 1955 gezeugt wurde, sich um Weihnachten zum erstenmal regte und im Frühling auf Johnniac zur Welt kam, hatte im Juni ihr phantastisches Debüt auf der Konferenz, von der sie später ihren Namen bezog. Die stolzen Eltern waren ein produktives Dreierteam: Allen Newell, Cliff Shaw und Herbert Simon. Als sie ihren *Logic Theorist* bei McCarthys Dartmouth Summer Research Projekt on Artificial Intelligence vorstellten, stahlen sie allen anderen in diesem noch in den Kinderschuhen steckenden Fach die Schau.[6] Der grundlegende Unterschied zwischen Newell, Shaw und Simon (ab jetzt NS&S) und früheren Arbeiten in Kybernetik und maschineller Übersetzung bestand darin, daß sie das *Denken* explizit in den Mittelpunkt ihrer Überlegungen stellten.

Um genauer zu sein, sie verstanden unter Intelligenz die Fähigkeit, *Probleme zu lösen*; und das Lösen von Problemen hieß für sie, die Lösungen durch *heuristisch geleitete Suche* zu finden.[7] Obwohl sich die frühen Programme auf Puzzles und Spiele konzentrierten, lag es auf der Hand, auch in Alltagshandlungen oder sogar Gesprächen eine Abfolge von *mentalen* Suchprozessen zu sehen: Man sucht nach einer Methode, ein Auto zu starten, man "sucht nach" (denkt an) etwas, das man sagen will, etc. Natürlich hatten NS&S mehr im Sinn als eine billige Metapher: Sie boten einen konkreten Erklärungsansatz, worauf intellektuelle Suche hinausläuft und wie man sie auf einer Maschine implementiert.

Jede Suche hat zwei Grundaspekte: ihr *Objekt* (das, wonach gesucht wird) und ihren *Raum* (oder Bereich oder Zusammenhang von Dingen, unter denen das Objekt gesucht wird). Für einen konkreten Systementwurf muß jeder dieser Aspekte in Form von spezifischen Strukturen und Prozeduren explizit gemacht werden. Zum Beispiel kann ein System nicht nach einem Objekt suchen, das es nicht wiedererkennen kann: Es muß "mitteilen" können, wenn es sein Ziel erreicht hat. Infolgedessen muß das Programm einen praktischen (ausführbaren) *Erfolgstest* enthalten, der zugleich effektiv definiert, was das System wirklich sucht.

Der Programmierer muß außerdem ein Verfahren entwickeln, um den relevanten *Suchraum* mehr oder weniger effizient durchzuarbeiten. Wenn ich beispielsweise meine Schlüssel irgendwo im Haus verloren habe, wäre es sinnlos, draußen im Garten nach ihnen zu suchen; ebenso töricht aber wäre es, immer wieder im selben Raum oder an denselben Stellen nachzuschauen. Der Suchraum sollte aus dem ganzen Haus bestehen, das ich nach einem gründlichen, redundanzfreien Muster durchkämme. Allgemeiner noch, jedes gutgeplante Suchprogramm braucht einen zweckmäßigen *Generator*, der die voraussichtlichen Lösungen angibt, indem er sich systematisch durch die in Frage kommenden Möglichkeiten durchbeißt; der Generator selbst definiert dann wiederum den effektiven Suchraum.

Wenn wir ein konkretes System betrachten, das Verfahren für das Generieren und Testen von potentiellen Lösungen enthält, ist die Grundstruktur der Suche ein alternierender Zyklus: Der Generator schlägt eine mögliche Lösung vor, die der Tester dann überprüft. Ist das Testergebnis positiv, kann die Suche eingestellt werden; ist es negativ, geht das System zum Generator zurück und beginnt wieder von vorn (zumindest, bis der Raum erschöpfend durchsucht ist.)

Bis jetzt haben wir noch nicht von Denken gesprochen; aber wir haben auch noch nicht erwähnt, wie *schwierig* die Suche sein kann. Betrachten wir das Schachspiel: Seine Regeln definieren einen baumähnlich strukturierten Suchraum, in dem jeder Knoten (Verbindungspunkt) eine mögliche Spielkonfiguration darstellt und jede Verzweigung, die aus einem Knoten herauswächst, ein regelgerechter Zug in dieser Konfiguration ist. Die Start-(oder gegenwärtige) Position kann also der Stamm sein, dessen Hauptäste dann jeweils zu den Positionen führen, die sich aus einem Zug ergeben könnten; kleinere Zweige führen von diesen zu jeder möglichen Folgekonfiguration usw., bis an den Enden der Verästelungen Mattstellungen oder Unentschieden erreicht werden. Innerhalb dieses Suchraums läßt sich dann ohne Mühe sagen, ob das Spiel vorbei ist und wenn ja, wer gewonnen hat. Darüber hinaus gibt es eine mechanische Prozedur, die sogenannte *Minimaxstrategie*, um diese letzten Tests in eine optimale Wahl des aktuellen Zugs umzuwandeln. Man arbeitet sich vom Ende her zurück, nimmt dabei an, daß der Gegner nie einen Fehler macht, und schlägt rücksichtslos jeden Zweig ab, der zum Verlieren oder zum Unentschieden führt; die verbleibenden Linien führen dann höchstwahrscheinlich zu einem Sieg (und sind deshalb optimal).

Leider aber ist diese rosige theoretische Analyse aus folgendem Grund absurd und völlig unrealistisch: In einer typischen Schachkonfiguration hat ein Spieler dreißig oder fünfunddreißig regelgerechte Zugmöglichkeiten, und für jede von ihnen existieren vergleichbar viele erlaubte Gegenzüge. Einen vollen Zug (Zug und Gegenzug) vorauszuschauen, würde also ungefähr tausend Alternativmöglichkeiten ergeben. Einen zweiten Zug vorauszuschauen, ergäbe dann schon tausend Wege, auf jeden der tausend möglichen Anfänge einzugehen, also eine Million Gesamtkombinationen. Drei Züge vorauszuschauen, führt zu einer Milliarde Kombinationen, vier Züge zu einer Billion. Auf ein gesamtes Spiel übertragen (sagen wir, vierzig volle Züge), würde eine erschöpfende Suche 10^{120} (das ist eine Eins mit 120 Nullen) verschiedene Kombinationen generieren und überprüfen müssen.

Eine solche Zahl ist nicht nur "astronomisch", sondern auch absurd: In der gesamten Geschichte des bekannten Universums hat es nie 10^{120} unterschiedliche Quantenzustände aller subatomaren Partikel gegeben. Deswegen wage ich die kühne Voraussage, daß kein Computer *jemals* mit Hilfe von "erschöpfender Suche" perfekt Schach spielen wird.

Dieses Problem wird bildhaft, aber lebendig als *kombinatorische Explosion* bezeichnet. Es geistert nicht nur durch das Schachspiel, sondern durch alle Suchmethoden, bei denen jeder Knoten - über mehrere Ebenen - zu zahlreichen Alternativknoten führt; mit anderen Worten, es stellt sich bei fast jedem interessanten Fall. Die kombinatorische Explosion auf die eine oder andere Art zu vermeiden oder zu steuern, ist seit ihren Anfängen ein zentrales Anliegen der Künstlichen Intelligenz und ein umfassendes und schwerwiegendes Problem.

Grob gesagt muß die Suche deshalb *selektiv* sein, d.h., begrenzt und risikofreudig.[8] Daß sie dennoch nicht zufällig zu sein braucht, ist eine entscheidende Einsicht. N,S&S schlagen vor, daß problemlösende Suche immer *heuristischen* Leitlinien folgt (erinnern wir uns an "Automatische Systeme" in Kapitel 2), weil das die Erfolgsrate gravierend steigert; sie legen sogar nahe, den Grad der Verbesserung (die erzielte Trefferrate) als Maßstab für die Intelligenz eines Systems zu betrachten. Die Anwendung solcher Heuristiken könnte man mit dem *Nachdenken* über die Lösung eines schwierigen Problems gleichsetzen. Die Problemstellung, eine intelligente Maschine zu konstruieren, reduzierte sich dann auf die Aufgabe, entsprechend "machtvolle" Heuristiken für diese Maschine auszutüfteln und zu implementieren.

Nach ihrem Logic Theorist arbeiteten NS&S z.B. an einem Programm, das sie bescheiden "Allgemeinen Problemlöser" (*General Problem Solver* - GPS) nannten. Im Rahmen dieses Programms entwickelten sie eine spezielle Form des heuristischen Folgerns, die sie "Zweck-Mittel-Analyse" *(means-ends analysis)* nannten. Um diese Methode zu verstehen, muß man Probleme abstrakt betrachten. Am Anfang stehen immer:

1. ein spezifizierter Anfangszustand (Prämissen, Konfiguration, Daten...);
2. ein spezifizierter Zielzustand (oder -zustände); und
3. eine Reihe von Operatoren für die Überführung eines Zustandes in einen anderen.

Die Aufgabe besteht darin, eine Folge von Operationen zu finden, die den Anfangszustand (evtl. einsetzen: schrittweise) in den Zielzustand überführen. Wenn es viele verschiedene Zustände und Operatoren gibt, wird der Suchraum kombinatorisch explodieren; das macht das Problem ziemlich kompliziert.

Angenommen nun, ein System ist mit zweierlei Heuristiken ausgestattet:

1. mit Verfahren, die hervorstechende Unterschiede zwischen spezifizierten Zuständen entdecken (und vielleicht anzeigen, wie "wichtig" die Unterschiede sind); und
2. mit Faustregeln, die angeben, welche Operationen typischerweise welche Art von Unterschieden verringern.

Dann kann das Verfahren folgendermaßen fortschreiten: Entdecke irgendeinen wichtigen Unterschied zwischen den Ist- und den Sollzuständen und wende einen Operator an, der diese Unterschiede typischerweise verringert. Wenn der resultierende Zustand und der Zielzustand identisch sind (also keine Differenzen bleiben), ist die Aufgabe erledigt; andernfalls versuche es von neuem mit derselben Strategie und gehe dabei von dem neuen Zustand aus.

GPS funktioniert grundsätzlich nach diesem Schema; darüber hinaus kann es jedoch mit zwei wichtigen Komplikationen umgehen. Zum einen hat eine Operation manchmal unwillkommene Nebenwirkungen, die das neue Problem nicht einfacher, sondern komplizierter machen; in diesem Fall kann GPS zu einem früheren Zustand zurückkehren, nach einem anderen hervorstechenden Unterschied suchen und an dieser Stelle von neuem ansetzen. Da zum anderen für die Anwendung der Operatoren generelle Vorbedingungen bestehen, kommt es oft genug vor, daß ein gegebener Zustand diese Bedingungen nicht ganz erfüllt. In diesem Fall kann GPS einen Zwischenzustand definieren, der die Bedingungen erfüllt, und als "Subziel" die Überführung eines gegebenen Zustandes in diesen Zwischenzustand aufstellen. Der Suchprozeß findet also aus Sackgassen wieder heraus und kann sogar ein wenig vorausplanen, indem er Teillösungen zusammenfügt.

Dieser Vorgang wird "Zweck-Mittel-Analyse" ("means-ends-analysis") genannt, weil die Operatoren als Mittel (means) zum Erreichen des Ziels und der Subziele (ends) dienen. Das System ist insofern "allgemein" (general), als der Grundapparat der Zweck-Mittel-Analyse von den speziellen Heuristiken und Operatoren unabhängig ist; letztere können somit ohne große Mühe abgewandelt werden, um verschiedene Problemarten anzugehen. Dieser Methode liegt eine einfache, aber tiefgreifende intuitive Annahme zugrunde: Zweck-Mittel-Analyse - überlegen, was man braucht und wie man es bekommt - ist ein fundamentales Prinzip aller durchdachten Problemlösungsstrategien; deshalb sollte sich ein System, das nach diesen Prinzipien entworfen wurde, in intelligenter und natürlicher Weise durch alle Arten von Suchräumen bewegen.

NS&S erhoben den Anspruch, daß ihre Systeme Probleme in der gleichen Art und Weise lösen, wie es Menschen tun; sie gingen sogar so weit, Programmentwürfe als eine neue und bessere Methode zur Formulierung *psychologischer* Theorien zu betrachten. Um ihre

Kasten 4
GPS als Logiker

Das Problem, das einem (in der Logik nicht bewanderten) Studenten und GPS gestellt wird, besteht darin, den logischen Ausdruck $(R \supset \sim P) \wedge (\sim R \supset Q)$ durch die wiederholte Anwendung zwölf feststehender Regeln in den einfacheren Ausdruck $\sim(\sim Q \wedge P)$ zu transformieren. Dies sind die Protokolle beider für die ersten Schritte (die zufällig in eine einstweilige Sackgasse münden). (Übernommen von Newell und Simon, 1961).

STUDENT
Also, sehen wir uns mal die linke Seite der Gleichung an. Zuerst will ich eine Seite der Gleichung tilgen, indem ich Regel 8 anwende. Es scheint aber zu kompliziert zu sein, damit anzufangen. Jetzt - nein, nein, das kann ich nicht machen, weil ich dann entweder das Q oder das P in dem ganzen Ausdruck tilge. Das werde ich nicht als erstes tun. Jetzt suche ich einen Weg, wie ich das Hufeisen in den beiden Klammern loswerden kann, das auf beiden Seiten der Gleichung auftaucht. Nein, ich finde keinen. Heh, wenn ich Regel 6 auf beide Seiten der Gleichung anwende, kann ich anschließend versuchen, ob ich Regel 7 anwenden kann.

SCHREIBT: $(\sim R \vee \sim P) \wedge (R \vee Q)$ (er hat R 6 auf beide Seiten des Ausdrucks angewendet)

Beinahe kann ich Regel 7 anwenden, aber ein R braucht eine Tilde. Ich werde also eine andere Regel nehmen müssen. Mal sehen, ob ich dieses R in ein R mit Tilde umwandeln kann. Eigentlich hätte ich Regel 6 nur auf der linken Seite der Gleichung benutzen sollen. Also wende ich Regel 6 an, aber nur auf der linken Seite.

SCHREIBT: $(\sim R \vee \sim P) \wedge (\sim R \supset Q)$ (diesmal hat er R 6 nur auf die linke Seite angewendet)

Jetzt kann ich also Regel 7 anwenden. Beide - Entschuldigung, Entschuldigung, es geht nicht wegen des Hufeisens. So - mal sehen - mal kurz die Regeln überfliegen und schauen, ob ich das R in der zweiten Gleichung in ein $\sim$ R umwandeln kann, aber ich sehe keine Möglichkeit. (Seufzt.) Irgendwie habe ich mich jetzt verrannt.

GPS

Ziel 1: Wandle L 1 in L O um   (Gegebenes Problem = Hauptziel)

Ziel 2: Tilge R in L 1
Ziel 3: Wende R 8 auf L 1 an   (rechte Hälfte tilgen)
  Erzeugt: L 2 = R⊃ ~ P
Ziel 4: Wandle L 2 in L O um
Ziel 5: Bringe Q in L 2 hinein
  Verwerfen
Ziel 2   (noch einmal)
Ziel 6: Wende R 8 auf L 1 an   (linke Hälfte tilgen)
  Erzeugt: L 3 = ~ R ⊃ Q
Ziel 7: Wandle L 3 in I um
Ziel 8: Bringe P in L 3 hinein
  Verwerfen
Ziel 2   (noch einmal)
Ziel 9: Wende R 7 auf L 1 an
Ziel 10: Wandle ⊃ in der linken
Hälfte von L 1 in ∨ um.   (notwendig, damit R 7 angewen-
                                                det werden kann)

  Ziel 11: Wende R 6 auf die linke
  Hälfte von L 1 an.
   Erzeugt: L 4 = (~ R∨ ~ P) ∧ (~ R ⊃ Q)
  Ziel 12: Wende R 7 auf L 4 an   (verfolgt noch immer Ziel 9)
   Ziel 13: Wandle ⊃ in der rechten
   Hälfte von L 4 in ∨ um.
   Ziel 14: Wende R 6 auf die rechte
   Hälfte von L 4 an.
    Erzeugt: L 5 = (~ R∨ ~ P) ∧ (R ∨ Q)
   Ziel 15: Wende R 7 auf L 5 an   (verfolgt noch immer Ziel 12)
    Ziel 16: Ändere das Vorzeichen
    des linken Ausdrucks der rech-
    ten Seite von L 5   (nämlich R in ~ R)
     Ziel 17: Wende R 6 auf die rechte
     Hälfte von L 5 an   (macht Ziel 14 rück-
                                                gängig)
      Erzeugt: L 6 = (~ R ∨ ~ P)   (entspricht L 4)
        ∧ (~ R ⊃ Q)
     Ziel 18: Wende R 7 auf L 6 an   (verfolgt noch immer
                                                Ziel 15)

      Ziel 19: Wandle ⊃ in der rechten
      Hälfte von L 6 in ∨ um.
      Verwerfen   (hier waren wir schon einmal)

(und so weiter)

Hypothesen zu überprüfen, mußten sie dementsprechend menschliche und maschinelle Leistungen vergleichen, was sie mit einer Reihe von Experimenten mit *Protokollanalysen* machten. Ein unbefangener Student wird gebeten, ein Problem zu lösen und dabei die ganze Zeit "laut zu denken"; dasselbe Problem wird dann GPS im "Trace-Modus" vorgelegt. Die jeweiligen Mitschriften (Protokolle) werden verglichen, um zu überprüfen, ob der Student und die Maschine das Problem in ähnlicher Weise anpacken. Die Ergebnisse waren zwar nicht perfekt, aber zu dieser Zeit doch recht bemerkenswert und eindrucksvoll (s. das Beispiel in Kasten 4).

Nebenbei erhalten wir hier eine wertvolle Lektion über Computer und Logik. In der Unterhaltungsliteratur sind intelligente Computer meistens außerordentlich, ja sogar furchterregend "logisch" - als wäre rationales Folgern für sie etwas so Triviales wie Addieren für einen Taschenrechner. GPS aber, auf einer großen Maschine implementiert, bringt es kaum fertig, sich durch die elementare Logik auf Anfängerniveau hindurchzuwursteln. Das liegt nicht etwa daran, daß GPS ein primitives Programm ist, sondern daran, daß zwischen allgemeiner Problemlösung und Berechnen ein himmelweiter Unterschied besteht, selbst wenn es sich um logisches Folgern handelt. GPS sollte ein Problem zu Ende *denken,* indem es verschiedene plausibel erscheinende Kombinationen durchprobierte, um auf diese Weise zu einer Lösung zu gelangen. Dahinter stand die Hoffnung: Wenn Menschen Probleme auf diese Art und Weise lösen, dann können Maschinen möglicherweise ebenso wendig und klug wie wir sein. Das heißt aber zugleich, daß die Logik für Maschinen genau wie für uns nicht gerade etwas Triviales ist.

GPS war ein Traum, der sich nicht erfüllt hat. Das Ideal der universellen Anwendbarkeit fußte auf mehreren Annahmen, die sich im Nachhinein als falsch erwiesen. Zwei davon sind besonders bemerkenswert: Zum einen ging man grundsätzlich davon aus, daß alle Probleme (oder zumindest alle Lösungen) unter der Oberfläche ziemlich ähnlich sind. Wenn also ein Problem erst einmal angemessen formuliert wäre, sollte es mit denselben allgemeinen Techniken - Zweck-Mittel-Analyse oder was auch immer - wie jedes andere zu bewältigen sein. Die einzigen Unterschiede bestünden in der anfänglichen Festlegung der Konditionen und Ziele und in einigen zusätzlichen, den speziellen Problemraum betreffenden Hinweisen (z.B. den Heuristiken zum Festellen von Unterschieden zwischen aktuellem Zustand und Zielzustand und zur Wahl der Operatoren).

Leider hat es sich als schwieriges Unterfangen erwiesen, zu wirkungsvollen, allgemeinen Techniken zu gelangen, während sich spezielle, auf bestimmte Problembereiche zugeschnittene Methoden oftmals als sehr wirksam herausstellten. Dies förderte Mitte der sechziger Jahre einen Trend zu *Semantik*-Programmen, die diese Bezeichnung ihrer Betonung "bereichsspezifischer" Informationen und Verfahren wegen erhielten.[9] Faktisch wurde entdeckt, daß Programme mit speziellerem "Fachwissen" - in Form von sachbezogenen Datenstrukturen, besonderen Heuristiken und anderen "abkürzenden" Verfahren - bessere Leistungen erbringen. Diese Verbesserungen haben freilich ihren Preis: Die resultierenden Systeme sind im allgemeinen recht einseitige Spezialisten, *Fachidioten*, die bei der Bewältigung einer eng begrenzten Aufgabe glänzen, dafür aber bei allen anderen Problemen völlig hilflos sind. Man mußte also einen Weg finden, die Vorzüge detaillierten Wissens zu nutzen und dabei die Nachteile einer Überspezialisierung zu vermeiden.[10]

Die zweite Annahme, die sich als falsch erwies, untergräbt nicht nur GPS, sondern heuristische Suchverfahren generell, einschließlich der "Semantik"-Phase. Man ging nämlich davon aus, daß das *Formulieren* eines Problems im Vergleich zu seiner Lösung, nachdem es erst einmal formuliert war, die weniger schwierige Aufgabe sei. Unter dieser Prämisse war es nur folgerichtig, daß die Experimentatoren die Formulierung selbst optimierten und nur den Lösungsteil dem Computer anvertrauten. Leider hat sich die Wahl eines passenden Suchraums (von passenden Heuristiken, um sich in ihm zu bewegen, ganz zu schweigen) als ebenso schwierig wie wichtig herausgestellt; im Vergleich dazu ist die tatsächliche Suche zwar ermüdend, aber nur noch Routine. Mit anderen Worten, ein großer (vielleicht der größte) Teil der Intelligenz, die bei der Problemlösung entfaltet wird, wird in diesem "vorbereitenden" Stadium benötigt - und nur die "Fleißarbeit" wird der heuristischen Suche überlassen.

In gewissem Sinne ist ein Problem bereits formuliert, wenn es aufgeworfen wurde. (Einen anderen Aspekt der Intelligenz, nämlich zu wissen, wann überhaupt ein Problem vorliegt, lassen wir vorläufig außer acht.) Die Formulierung aber, die erforderlich ist, um ein Problem (sagen wir, in deutscher Sprache) aufzuwerfen, und diejenige, die erforderlich ist, es mit Hilfe eines heuristischen Suchverfahrens zu lösen, sind zwei verschiedene Dinge. Ein klassisches Beispiel ist das unvollständige Damebrett. Angenommen, wir haben einen Satz von Dominosteinen, von denen jeder genau zwei benachbarte Felder eines bestimmten Damebretts bedeckt; offenkundig kann dann das gesamte Damebrett (alle vierundsechzig Felder) mit zweiunddreißig Dominosteinen exakt abgedeckt werden. Nun das Problem: Wenn man zwei Felder an den diagonal entgegengesetzten Ecken des Damebretts abschneidet, kann dann das übrigbleibende "unvollständige" Brett (mit nur zweiundsechzig Feldern) mit einunddreißig Dominosteinen völlig abgedeckt werden?

Nun, versuchen wir es mit einigen Anordnungen und schauen, was dabei herauskommt. Dabei bietet sich folgende Problemformulierung an: Als Raum definieren wir alle Möglichkeiten, einunddreißig Dominosteine auf einem Damebrett anzuordnen, und innerhalb dieses Raums suchen wir nach einer Verteilung, die zwei diagonal gegenüberliegende Ecken freiläßt. Das wird eine ziemlich langwierige Sache! Das Problem läßt sich aber auch einfacher formulieren. Da die diagonal entgegengesetzten Ecken eines Damebretts dieselbe Farbe haben, gibt es zwei Möglichkeiten: Entweder hat das unvollständige Brett dreißig schwarze Felder und zweiunddreißig weiße oder umgekehrt. Lassen wir nun diese beiden Möglichkeiten den gesamten Suchraum bilden. Da jeder Dominostein ein weißes und ein schwarzes Feld bedeckt, muß jedes Brett, das von genau einunddreißig Dominosteinen bedeckt wird, einunddreißig schwarze und einunddreißig weiße Felder haben. Ist ein solches Brett in unserem neuen Suchraum vorhanden? Das läßt sich nun schnell herausfinden.

Beide Formulierungen ließen sich mühelos für eine computerisierte Suche programmieren. Übernehmen wir die erste, wird die Antwort nie gefunden werden (jedenfalls nicht während unserer Lebenszeit). Übernehmen wir jedoch die zweite, ist das Problem bereits gelöst; für die Maschine bleibt nichts mehr zu tun. Mit anderen Worten, die "wirkliche" Herausforderung besteht nicht darin, die Lösung zu finden, nachdem ein Problem voll ausformuliert worden ist, sondern vielmehr darin, auf der Grundlage einer "formlosen" Problemdarstellung eine gute Formulierung zu treffen (kleiner Suchraum, effiziente Erfolgstests, etc.).

Die Idee, explizite Selektionsheuristiken zu benutzen, um die kombinatorische Explosion einzudämmen, ist ein intellektueller Meilenstein. Vielleicht war sie das entscheidende Element für den tatsächlichen Stapellauf der Disziplin "Künstliche Intelligenz"; auf jeden Fall ist sie eine seiner konzeptionellen Säulen. Auch wenn die frühen Programme heute unfertig und kritikwürdig erscheinen mögen, dürfen wir nicht vergessen, was sie geleistet haben. Das Programm "Logic Theorist" (als solches interpretiert) arbeitete nicht auf der Basis von Algorithmen, sondern verfolgte ein symbolisch spezifiziertes Ziel durch vernunftgemäße symbolische Nachforschungen, die durch symbolisch codiertes Wissen gelenkt wurden. Es war also das erste menschliche Artefakt, von dem man sagen konnte, daß es Probleme löste, indem es über sie *nachdachte;* seine Erfinder konnten zu Recht stolz darauf sein.

Mikrowelten

Eine *Mikrowelt* ist ein erdachter, künstlicher Bereich, in dem die möglichen Objekte, Eigenschaften und Ereignisse eng begrenzt und von vornherein ausdrücklich definiert sind. Schach beispielsweise ist solch eine Mikrowelt: Es existieren nur wenige Figuren und erlaubte Züge, und alles ist in den Regeln klar und eindeutig festgelegt. Anders als ein wirklicher mittelalterlicher Kriegsherr braucht sich ein Schachstratege nie um Pest, Exkommunikation, Meutereien oder am Horizont auftauchende Kosakenheere zu kümmern - denn in einer Mikrowelt kann nichts geschehen, was nicht durch die Spezifikation ausdrücklich zugelassen wurde. In ähnlicher Weise ist Monopoly eine treffende Mikro-Karikatur des realen Immobiliengeschäfts.

Um 1970 waren Mikrowelten der letzte Schrei in der KI, vor allem die sogenannte *Bauklötzchenwelt,* die am MIT entwickelt wurde.[11] Sie besteht aus ein paar (imaginären) "Bauklötzchen", die über eine ebene Fläche, zuweilen auch übereinander, verteilt sind. Sie können von unterschiedlicher Größe und Form sein, haben aber immer vollkommen glatte Oberflächen. Manchmal sind sie bunt gefärbt oder werfen Schatten, aber sie bestehen nie aus einem bestimmten Material und haben nie eine bestimmte Masse oder Struktur. Es versteht sich von selbst, daß diese Klötzchen nie verlorengehen, vom Hund zernagt, gegen Wasserpistolen verhökert oder versonnen in einer kalten Winternacht verbrannt werden können - in der Bauklötzchenwelt existieren solche "Komplikationen" nicht.

Warum sollte man sich also den Kopf über solch eine kleine "Welt" zerbrechen? Das Hauptmotiv ist ironischerweise die Suche nach *Allgemeingültigkeit.* Das Scheitern der maschinellen Übersetzung aus der Zeit vor KI zeigte vor allem, daß Systeme, die mit Sprache umgehen, verstehen müssen, was sie sagen; sie müssen *wissen, wovon sie reden.* Natürlich basiert heuristische Problemlösung (frühe KI) in gewisser Hinsicht auf Wissen, das aufbereitet und in gutgewählten Heuristiken und Problemräumen codiert wurde. Solch ein "vorgekautes Fachwissen" bietet aber keinen Anhaltspunkt dafür, worum es bei einem Problem wirklich geht: Ein System könnte z.B. das Missionar/Kannibale-Problem lösen und doch nicht fähig sein, einen Kannibalen von einer Bowlingkugel zu unterscheiden, geschweige denn wissen, wem es nun den Ketchup reichen soll, wenn einer der Missionare einer Herzattacke erliegt. Echte Intelligenz verlangt eine vollständigere, vielseitigere Vertrautheit mit den Gegenständen und Ereignissen innerhalb ihres Wissenshorizontes.

Eine Mikrowelt kann durch und durch bekannt (repräsentiert) sein; und darin können wir eine erste Annäherung an den "gesunden Menschenverstand" sehen. Sicherlich unter-

scheidet sich die erfundene Bauklötzchenwelt himmelweit von einer anständigen Spielzeugkiste; dennoch simuliert sie räumliche Eigenschaften, die in gewissem Sinne
elementar sind. Wichtiger noch ist, daß der Bereich nicht auf irgendeine bestimmte
Fähigkeit oder Aufgabe zugeschnitten ist. Es gibt Klötzchenwelt-Studien, die Wahrnehmung, Planen, Handeln, Sprechen, Lernen usw. zum Gegenstand haben; und da sie alle
in derselben Welt angesiedelt sind, könnten sie vermutlich zu einem einzigen,
zusammenhängenden System integriert werden. Die künstliche Einfachheit von Mikrowelten ist also nur eine vorläufige Notlösung; ein Weg, die verwirrenden Einzelheiten der
Realität auszuklammern, um die Grundprinzipien allgemeiner Intelligenz zu enthüllen -
so wie die ersten Physiker Phänomene wie Reibung und Verformung ignorierten, um die
grundlegenden, universellen Gesetze der Bewegung zu entdecken.

Das bekannteste und eindrucksvollste Programm dieser Bauklötzchenwelt ist Terry
Winograds (1971) simulierter Roboter SHRDLU, der in erster Linie für die Kommunika-
tion in natürlicher Sprache (Englisch) konzipiert wurde. SHRDLU kann erstaunlich
flüssige Unterhaltungen führen und dabei auch mit komplexen Nominalphrasen und
mehrdeutigen Pronomina umgehen, solange es nur um die Klötze auf einem bestimmten
Tisch geht (s. Abb. 1). In vielen Fällen wird er z.B. den Sinn eines undeutlich formulierten
Satzes herausfinden, indem er das zuvor Gesagte in Erwägung zieht oder die momentane
Anordnung der Klötze berücksichtigt. Darüber hinaus ist SHRDLU nicht nur ein
Schwätzer: Wenn wir ihn auffordern, auf dem Tisch etwas zu bewegen oder aufzubauen,
wird er, direkt vor unseren erstaunten Augen, unserer Bitte unermüdlich nachkommen
(natürlich auf einem Bildschirm). Wenn die Erfüllung unseres Wunsches außerdem
irgendwelche Vorarbeiten erfordern sollte, wird SHRDLU von sich aus darauf achten; und
wenn wir ihn dann fragen, warum er irgend etwas gemacht hat, wird er es uns höflich
erklären. Schließlich können wir SHRDLUs bescheidenen Wortschatz noch jederzeit
erweitern, indem wir ihm einfach erklären, was ein neues Wort bedeutet; er wird es dann
sowohl im Gespräch als auch bei seinen Aktionen korrekt anwenden (s. das Dialogbeispiel
in Kasten 5).

SHRDLUs "natürliche" Gewandtheit und Vernünftigkeit sind so verblüffend, daß man
sofort von ihm eingenommen wird. Damit nun nicht jedermann gleich hingerissen ist,
wollen wir auf die Schnelle ein paar seiner offenkundigen Schwächen darlegen. Erstens
übernimmt SHRDLU nie selbst die Initiative, sondern reagiert nur. Genaugenommen hat
er keinerlei motivationale oder zielstrebige Struktur außer den Zielen (und Subzielen), die
durch Fragen oder Bitten von außen an ihn herangetragen werden. Zweitens besitzt er
absolut kein Gespür für die Kohärenz oder Kontinuität eines Gesprächs; völlig unvermit-
telte Übergänge von "Nimm einen großen roten Klotz auf" über "Ergreife die Pyramide"
zu "Suche einen Klotz, der..." irritieren ihn nicht im geringsten. Ein Mensch dagegen
würde möglicherweise unwirsch reagieren und einem irgendwann nahelegen: "Ver-
dammt, kannst du dir nicht erst mal darüber klarwerden, was du eigentlich willst?" Drittens gehört zu all den schwierigen Problemen des Wahrnehmens und Handelns die
Schnittstelle zwischen *symbolischen* Kognitionen und *nichtsymbolischen* Objekten und
Ereignissen. Winograds System trägt jedoch zur Lösung dieser Probleme absolut nichts
bei, nicht einmal durch Simulation: SHRDLUs "Welt" ist bereits symbolisch - eben die
Beschreibung einer Bauklötzchenwelt irgendwo im Computer -, und deswegen kann er nur
über den Aufruf nützlicher kleiner Lese-/Schreibroutinen "interagieren".[12]

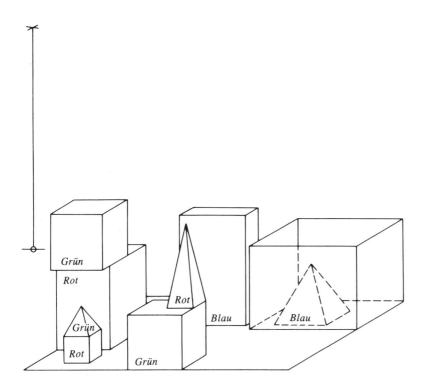

Grün
Rot
Grün
Rot
Rot
Blau
Blau
Grün

Abbildung 1   SHRDLUs "Welt"

Dies ist SHRDLUs Mikrowelt (Winograd 1972). Der links im Bild herabhängende kleine Kreis ist seine "Hand". Es handelt sich hier jedoch nicht um die Abbildung einer konkreten Tischplatte mit Bauklötzen; die Welt, die SHRDLU "bewohnt", ist eine Datenstruktur in einem Computer, die diese Klötzchenwelt *beschreibt.* (Diese Datenstruktur kann mit einem Videotreiber und einem Bildschirm verbunden werden und dann zur Unterhaltung der Zuschauer ein Bild wie das obige erzeugen - für SHRDLU aber ist das nicht notwendig.)

Kasten 5
Eine Konversation mit SHRDLU

Die Zeilen, die mit einem Pfeil beginnen, wurden von einem Menschen eingegeben; SHRDLUs Antworten sind in Großbuchstaben gedruckt. Die kursivierten Abschnitte sind die Kommentare Winograds (1971, S. 35-55).

→ Nimm einen großen roten Klotz.
  OK.
> *Das System antwortet mit "OK", wenn es einen Befehl ausführt. Bevor es den roten Klotz aufnehmen konnte, mußte es ihn freiräumen, indem es zuerst einen Platz für den grünen Klotz fand und diesen entsprechend absetzte.*

→ Ergreife die Pyramide.
  ICH WEISS NICHT, WELCHE PYRAMIDE DU MEINST.
> *Da es drei Pyramiden gibt, bleibt das Programm untätig.*

→ Suche einen Klotz, der länger ist als derjenige, den du gerade festhältst, und lege ihn in die Schachtel.
> *Das System muß herausfinden, was mit "der", "derjenige", "den" und "ihn" gemeint ist und außerdem deduzieren, welchen Klotz es gerade festhält.*

  ICH VERMUTE, DASS DU MIT "IHN" DEN KLOTZ MEINST, DER LÄNGER IST ALS DERJENIGE, DEN ICH GERADE FESTHALTE.
> *Wird zu unserer Information ausgedruckt.*

  OK.
> *Die Hand muß den roten Klotz hinlegen, um den längeren blauen Klotz ergreifen zu können.*

→ Was befindet sich in der Schachtel?
  DIE BLAUE PYRAMIDE UND DER BLAUE KLOTZ.

→ Was befindet sich unterhalb der Pyramide?
> *Zuvor hatte das System auf "die Pyramide" mit der Antwort reagiert: "Ich weiß nicht, welche Pyramide du meinst." In diesem Fall weiß es, daß die soeben erwähnte Pyramide gemeint sein muß.*

  DIE SCHACHTEL.

→ Ist ein Spitzturm...

ENTSCHULDIGUNG, ICH KENNE DAS WORT "SPITZTURM" NICHT.
Das System unterbricht sofort, wenn ein Wort benutzt wird,
dessen Bedeutung ihm unbekannt ist.

→ Ein "Spitzturm" ist ein Stapel aus zwei grünen Würfeln und einer Pyramide.
Die Anführungsstriche zeigen an, daß wir ein neues Wort definie-
ren.
ICH VERSTEHE.

→ Sind nun Spitztürme vorhanden?
NEIN.
Die neue Definition dient als Beschreibung für das Erkennen von
Spitztürmen.

→ Bau einen.
OK.

Die in der Definition gegebene Beschreibung reicht aus, um
einen Plan zum Aufbau neuer Objekte zu deduzieren und sie
auch wiederzuerkennen. Das Wort "einen" bedeutet "einen
Spitzturm", und der Plan wird ausgeführt.

Über diese Unzulänglichkeiten nachzudenken, hieße jedoch nur, die grundsätzliche Begrenztheit des Systems zu übersehen: die Mikrowelt selbst. SHRDLU verhält sich nur deswegen so gewandt, weil aus seinem Bereich alles entfernt worden ist, was überhaupt echten Verstand oder Intelligenz erfordern könnte. Mit anderen Worten: Eine Mikrowelt ist weit davon entfernt, den wesentlichen Fragen der KI auf den Grund zu gehen, denn sie eliminiert sie einfach. Die komplizierten Verwicklungen des Alltagslebens auszuklam-mern, um eine Theorie des gesunden Menschenverstandes zu entwerfen, ist eben etwas anderes, als die Reibung zu vernachlässigen, um die Gesetze der Bewegung zu entdecken - es heißt das Kind mit dem Bade auszuschütten. Ein kreisrundes, reibungsfreies Rad ist eine gute Annäherung an ein wirkliches Rad, weil die Abweichungen vergleichsweise klein und theoretisch erfaßt sind; die Klötzchenwelt dagegen kommt einem Spielzimmer so nahe wie ein Papierflugzeug einer Ente.

Um zu sehen, warum das so ist, soll deutlich gemacht werden, wie sehr SHRDLU nun wirklich danebengreift. Lassen wir einmal beiseite, daß die Klötze nur imaginäre sind, und sehen wir, was passiert, wenn wir SHRDLU einen Handel vorschlagen:

→ Tausche mit dir eine Wasserpistole gegen einen großen roten Klotz.
ENTSCHULDIGUNG, ICH KENNE DAS WORT "TAUSCHE" NICHT.

Hoppla, ein Problem mit dem Vokabular. Zum Glück kann SHRDLU neue Wörter lernen; Winograd hat ihm beigebracht, daß es Spitztürme gibt, und wir werden ihm jetzt von Tauschgeschäften (und Wasserpistolen) berichten.

→ Ein "Tausch" ist ein freier Austausch von Eigentum.
ENTSCHULDIGUNG, ICH KENNE DAS WORT "FREI" NICHT.
→ Eine "freie" Handlung ist eine, die man freiwillig macht, ohne dazu gezwungen zu sein.
ENTSCHULDIGUNG, ICH KENNE DAS WORT "HANDLUNG" NICHT.
→ "Handlungen" sind das, was Menschen absichtlich und nicht zufällig tun.
ENTSCHULDIGUNG, ICH KENNE DAS WORT "MENSCHEN" NICHT.
→ Entschuldigung, ich habe dich für schlauer gehalten.
ENTSCHULDIGUNG, ICH KENNE DAS WORT "ENTSCHULDIGUNG" NICHT.

Es muß wohl nicht betont werden, daß SHRDLU auch die Begriffe "Eigentum", "freiwillig", "Zufall", "schlau" oder irgendeines der anderen (völlig gebräuchlichen) Wörter nicht kennt, die wir benutzt haben.[13] Schlimmer noch, ihm fehlen solche elementaren Begriffe wie "wollen", "haben", "zustimmen" und dergleichen, ohne .die ein Tauschgeschäft völlig unmöglich ist.

Dieses Problem umfaßt mehr als nur das Vokabular: Die Begriffe, die für Tauschgeschäfte erforderlich sind, wären in der Bauklötzchenwelt ziemlich unverständlich, selbst wenn sie in SHRDLUs Wörterbuch aufgenommen werden könnten. Folglich muß das Gebiet selbst und nicht nur der Roboter bereichert werden. Warum also nicht die Bauklötzchenwelt erweitern, sie umwandeln in eine größere "Bauklötzchen- und Handelswelt"? Dies, so zeigt sich, ist die entscheidende Frage; und die Antwort darauf ist, daß sich das nicht durchführen läßt.

Die Welt des Handels kann keine "Mikrowelt" sein. Anders als Schachstrategie oder Klötzchengeometrie kann Handel nie vom übrigen Leben getrennt und separat behandelt werden; es gäbe keine plausiblen, ohne Willkür gezogenen Grenzen, die das umfassen, was zu irgendeinem Zeitpunkt relevant sein könnte. Stellen wir uns beispielsweise einmal vor, SHRDLU würde auf das Angebot in typischer, alltäglicher Weise reagieren, statt beim ersten Wort abzustürzen:

ICH HABE BEREITS EINE WASSERPISTOLE, ABER ICH BIETE DIR ZWEI KLÖTZE UND EINE PYRAMIDE FÜR DEINEN GLITSCHIGEN ALTEN FROSCH.

Zweifellos kinderleicht, aber man beachte, was hier alles ins Spiel kommt:

1. SHRDLU ist sich bewußt, daß eine zweite Wasserpistole für ihn nicht mehr so wertvoll wäre wie die erste; vermutlich weiß er also, wie man damit spielt, kann sich vorstellen, wie unbequem es ist, beidhändig zu schießen, usw.
2. Ferner *erwartet er, daß wir all das wissen* (und auch wissen, daß er es weiß), so daß wir sagen können, daß er einen Grund für die Ablehnung unserer Pistole und unser Angebot deswegen ausgeschlagen hat.

3. Doch hat er bemerkt, daß wir ziemlich dringend einen Klotz brauchen und dafür irgend etwas wichtiges herausrücken würden; darüber hinaus ist ihm klar, daß es eher erstrebenswert ist, mehrere Klötze (als mehrere Pistolen) zu besitzen.

4. Weil er nichts riskieren will, versucht er unseren Widerstand aufzuweichen, indem er an unserem Frosch herummäkelt (er vermutet wohl, daß glitschige, alte Dinge weniger begehrenswert sind); offenkundig hofft er, ein Geschäft zu machen und ist bereit zu feilschen.

Und diese Überlegungen berühren nur die Oberfläche; wenn man das Ganze weiter ausspinnt, könnte man sich einen Dialog ausdenken, der so ziemlich jeden Aspekt des gesunden Menschenverstandes oder einer gewissen Weltklugheit umfaßt. Eine solche schrankenlose potentielle Relevanz steht in direktem Widerspruch zur Grundidee der Mikrowelten; aus diesem Grund ist eine Mikrowelt des Handels nicht denkbar.

Na und? Wen kümmert es eigentlich, ob die Welt eines Roboters wirklich eine "Mikrowelt" ist? SHRDLU selbst kümmert es (oder würde, wenn er dazu in der Lage wäre): Für ihn hängt nämlich alles davon ab. In einem realistischeren Milieu wäre er nicht imstande, intelligent zu agieren oder sich zu unterhalten, selbst wenn man ihm die Außenbedingungen löffelweise eingetrichtert hätte (in einer "Simulation") oder wenn er über ein reichhaltigeres Vokabular verfügen würde. Die Gründe dafür liegen weder in verbesserungsfähigen Unzulänglichkeiten noch in den Größenbeschränkungen; vielmehr sind sie ein struktureller Bestandteil des Programms und für seine Funktion unentbehrlich.

SHRDLU erinnert sich zum Beispiel an alles, was jemals in seiner Welt geschehen ist (außer nach einem "Neustart", dann erinnert er sich nämlich an nichts mehr). Dies ist nur möglich, weil seine Welt so klein ist und die Sitzungen kurz sind. Abhilfe schaffen könnte hier jedoch nur ein *selektives* Gedächtnis und ein gewisses Gespür für das, was des Erinnerns wert (wichtig, interessant, relevant, nützlich) ist, und dazu hat SHRDLU keinen Schlüssel. Andererseits erinnert sich SHRDLU an nichts, was die gegenwärtige Situation betrifft (z.B. die Standorte der Klötze); seine Welt ist so geordnet und zugänglich, daß er einfach alles von neuem überprüft, wenn er irgendeine aktuelle Information braucht, selbst dann, wenn die letzte Inspektion nur ein paar Sekunden zurückliegt. Hier ist er nicht nur von einer Selektion des Erinnerten verschont geblieben, sondern auch davon, sein Gedächtnis auf den jeweils neuesten Stand zu bringen, besonders bei der Entscheidung, inwieweit die Modifikation einer Überzeugung Änderungen anderer Überzeugungen nach sich zieht. Wie wir später in diesem Kapitel sehen werden, ist die Aktualisierung des "Gedächtnisses" eine grundlegende Schwierigkeit, die sich nur dann völlig umgehen läßt, wenn man in einer Mikrowelt lebt.

Noch aufschlußreicher ist, daß SHRDLU kein Situationsgespür besitzt. Er kommt trotzdem zurecht, eben weil er in einer kargen Klötzchen-Welt lebt; was darin vor sich geht, hat keine weiterreichenden Konsequenzen. In der realen Welt dagegen ist intelligentes Verhalten in starkem Maße durch die Umstände bedingt. Nehmen wir zum Beispiel die unterschiedlichen (vernünftigen) Reaktionen auf "Räum den großen roten Klotz ab", wenn es als Anweisung an einen Sprengmeister geäußert würde, als Zuruf aus dem Publikum bei einem Boxkampf, in einer politischen Versammlung oder in einem Spionageunternehmen. SHRDLU wäre natürlich ziemlich hilflos - und das nicht nur, weil ihm die

Kasten 6
Expertensysteme

Zu Beginn dieses Abschnitts bemerkten wir, wie eng begrenzt und
gekünstelt die "Schlachten" beim Schachspiel im Vergleich zur
tatsächlichen mittelalterlichen Kriegsführung sind. Dies zeigt natürlich,
daß der größte Teil der realen Welt *keine* Mikrowelt ist. Das Beispiel zeigt
aber auch, daß manche Bereiche innerhalb der Welt eben doch "mikro"
sind - wobei Schach einer der hervorstechendsten ist.
  Nun sind Spiele aber nicht die einzigen echten Mikrowelten. Die
jüngsten Entwicklungen in der "angewandten KI" - die sogenannten "Expertensysteme" - sind der Entdeckung zu verdanken, daß viele Bereiche,
zumindest zu bestimmten Entscheidungszwecken, als Mikrowelten
behandelt werden können. Für die praktische Anwendung müssen
folgende Voraussetzungen erfüllt sein:

1. Die relevanten Entscheidungen müssen vollständig von einem exakt
   definierten (und nicht zu großen) Bestand von Variablen oder Faktoren
   abhängen.
2. Die Werte dieser Variablen müssen bekannt (oder feststellbar) sein,
   und es muß eine Möglichkeit geben, sie klar zu spezifizieren oder
   auszudrücken.
3. Der genaue Modus für die Abhängigkeit der Resultate (Entscheidungen) von den Werten der Variablen muß bekannt und "berechenbar" sein, zumindest in einer annehmbaren Annäherung.
4. Die Wechselbeziehungen zwischen den Faktoren, die die Ergebnisse
   bestimmen, sollten so komplex sein, daß das Projekt der Mühe wert
   ist.

Diese Bedingungen sind so stringent, daß sie den größten Teil der
Probleme des Alltagslebens ausgrenzen. Dagegen erfüllen manche
spezialisierten, technischen Bereiche diese Kriterien hervorragend,
darunter:

1. Diagnose (und Vorschlag einer Chemotherapie) für bestimmte Infek-
   tionskrankheiten. Klassische Symptome, Routine-Blutuntersuchungen
   usw. bilden die Eingabefaktoren, während medizinisches Fachwissen
   ein System zur Verknüpfung und Auswertung dieser Daten bereitstellt.
2. Analyse von Bohrproben, um die Beschaffenheit geologischer
   Schichten und die Wahrscheinlichkeit von Erdölvorkommen
   einzuschätzen.

3. Optimierung mikroskopischer Layouts und Dimensionierungen für Integrierte Schaltkreise unter Berücksichtigung der Anforderungen, die Probleme wie Wärmeentwicklung, Laufzeitverzögerungen, Übersprechen zwischen benachbarten Kanälen etc. stellen.

Diese Spezialbereiche haben zufällig genügend wirtschaftliche Relevanz, um Forschungs- und Entwicklungsmittel dafür einzusetzen; sicherlich werden aber auch andere Bereiche in Betracht kommen, wenn die Kosten erst einmal gesunken sind.

Expertensysteme, die der praktischen Anwendung dienen, dürfen nicht mit GOFAI oder Kognitionswissenschaft verwechselt werden. Sie sind lediglich zur Ausführung sorgfältig abgegrenzter Aufgaben entwickelt worden, so daß die theoretischen Unzulänglichkeiten von Mikrowelten für sie nicht relevant sind. Aus dem gleichen Grund tragen sie jedoch so gut wie nichts zu unserem Verständnis des gesunden Menschenverstandes oder der allgemeinen Intelligenz bei.

relevanten Bedeutungen von "Klotz" und "abräumen" (und "Sprengmeister" und "Publikum" und...) fehlen. Selbst wenn ihm all diese Begriffe geläufig wären, wüßte er nicht, in welcher Beziehung sie zueinander stehen oder welcher von ihnen in welcher Situation sinnvoll wäre; in Wirklichkeit würde er sie also überhaupt nicht verstehen. Ebensowenig versteht er aber auch die Wörter, die bereits in seinem Repertoire enthalten sind - eine Tatsache, die durch die künstliche Beschränkung auf die Bauklötzchenwelt geschickt verschleiert wird.

Mein abschließendes Urteil über Mikrowelten ist deswegen eher negativ: Als eine Einrichtung zur Erforschung der grundlegenden Prinzipien allgemeiner Intelligenz und des gesunden Menschenverstandes sind sie völlig ungeeignet. Natürlich muß jedes Forschungsprojekt irgendwo anfangen, und dazu ist es notwendig, verschiedene "Komplikationen" zu vernachlässigen und sich auf das Wesentliche zu konzentrieren. Die Mikrowelt-Strategie wurde in diesem überaus akzeptablen Geist entworfen. Inzwischen hat sich jedoch herausgestellt, daß die äußerst vielfältigen Wechselwirkungen und die Situationsabhängigkeit des gesunden Menschenverstandes absolut nicht nebensächlich, sondern ein zentrales und entscheidendes Charakteristikum sind; sie zu ignorieren hieße nicht, geradlinig aufs Ziel zuzusteuern, sondern den grundlegenden Fragen auszuweichen. Die offensichtlichen Erfolge von SHRDLU (und anderen Mikrowelt-Programmen) beruhen in Wirklichkeit auf Tricks: Sie sind nicht etwa bescheidene Manifestationen von Intelligenz in einem äußerst reduzierten Umfeld, sondern Demonstrationen, daß man auf einer geeigneten künstlichen Bühne mit Hilfe geschickter Ablenkungsmanöver und Spiegel einen verblüffenden Eindruck von etwas vermitteln kann, das gar nicht existiert. SHRDLU spricht ebensowenig Englisch, wie Houdini seine Assistentin in zwei Teile sägt - aber in beiden Fällen ist der Schaueffekt beachtlich.

Es muß eingeräumt werden, daß diese nüchterne Einschätzung nur deshalb möglich ist, weil man stets klüger ist, wenn man vom Rathaus kommt; es geht hier keinesfalls um Kritik an Winograd oder seinen Mitarbeitern. Im Gegenteil, sie waren es, die gewissenhaft eine bahnbrechende und überzeugende Forschungsrichtung verfolgten und dabei eine wichtige wissenschaftliche Entdeckung machten, auch wenn es nicht genau das war, was sie erwartet hatten. So wie das Scheitern der maschinellen Übersetzung bewies, daß Sprachkompetenz Verstehen voraussetzt, verdanken wir dem Mikrowelt-Ansatz vielleicht den Nachweis, daß die Welt nicht in unabhängige Fragmente zerlegt werden kann.[14] Diese Erkenntnis ist mit einer fundamentalen Einsicht in die Phänomene "gesunder Menschenverstand" und "Weltklugheit" gleichbedeutend - und deshalb war sie wegweisend für die späteren Anstrengungen der KI.

Stereotype des gesunden Menschenverstandes

Meint die mitfühlende Martha:
"Wir kauften den Kindern Äpfel, denn sie waren so hungrig." "Nein", kontert der kluge Klaus:
"Wir kauften den Kindern Äpfel, denn sie waren so billig."

Diese beiden vernunftgemäßen Erklärungen stimmen exakt überein, Wort für Wort, bis auf das letzte. Und doch ändert dieser kleine Unterschied alles: Während Martha die Zwischenmahlzeit rechtfertigt, indem sie von den Kindern spricht, verteidigt Klaus den Kauf, indem er von den Äpfeln spricht. Das (grammatisch mehrdeutige) Pronomen "sie" bezieht sich also in dem einen Fall auf die Äpfel und im anderen auf die Kinder.[15] Muttersprachler verstehen solche Sätze jedoch so schnell, daß sie die Mehrdeutigkeit in der Regel gar nicht wahrnehmen. Nun stellt sich die Frage, was sie dazu befähigt.

Offensichtlich ist es nichts als der gesunde Menschenverstand. Bei Kindern und Äpfeln als einzigen Möglichkeiten ist die Schlußfolgerung trivial: Wenn dort "hungrig" steht, müssen mit "sie" Kinder gemeint sein, weil Kinder essen und Äpfel nicht; steht dort aber "billig", dann muß es sich um Äpfel handeln, da Äpfel einen Preis haben, Kinder dagegen nicht.[16] Das scheint zwar plausibel, läßt aber aus der Perspektive der Künstlichen Intelligenz alle wesentlichen Fragen unbeantwortet. Wie, zum Beispiel, würde es einem System "einfallen", in eben dieser Art zu folgern? Wieso sollte es gerade diese Fakten in Betracht ziehen und nicht die unzähligen anderen, die ebenfalls Gemeingut sind - über die Streifen von Tigern, den Gebrauch von Knöpfen, die Königin von England oder dergleichen? Natürlich sind Preise und Essen in diesem Kontext *relevant*, während Königinnen und Knöpfe völlig unerheblich sind. Darauf hinzuweisen, heißt jedoch lediglich, das Grundproblem umzuformulieren: Wie stellt ein kognitives System fest, was in einer gegebenen Situation "relevant" ist?

Gesunder Menschenverstand ist umfassend und schnell. Fast jedes Bruchstück dieses allgemeinen Wissens kann sich in fast jeder alltäglichen Gesprächssituation als passend erweisen. Trotzdem unterhalten wir uns gewandt und mühelos, als wäre nichts dabei. In der Computersprache ausgedrückt sind weder die "reine Geschwindigkeit" noch die "reine Speicherkapazität" besonders überwältigende Merkmale: Mikrosekunden und Megawortspeicher reißen niemanden mehr vom Hocker. Was hier so verblüfft, ist vielmehr der effiziente Zugriff: zu finden, was man will, wann man es will, ohne langwierige, ermüdende Suche. Denn das ist es wohl, was passiert, wenn Menschen "sofort" erkennen, daß Klaus vom Preis der Äpfel und nicht der Kinder spricht - geschweige denn von Tigern oder Tee in China.

Wir können uns das Gedächtnis als einen riesengroßen Wissensspeicher vorstellen, ein Super-Ablagesystem, in dem Myriaden realitätsbezogener Fakten gehortet werden, die wir auf ein "geistiges Fingerschnippen" parat haben. In einem herkömmlichen Ablagesystem lassen sich mühelos tonnenweise Aktenschränke, ja ganze Gebäude voll unterbringen, und jeder Trottel kann eine Schublade öffnen, um eine Akte herauszuziehen. Das Problem ist, alles so in Ordnung zu halten, daß dann, wenn der Chef ein bestimmtes Schriftstück sehen möchte (nach Jahren, versteht sich), keiner zu diesem Zweck erst Tausende von Akten zu sichten braucht. Die gebräuchlichste Lösung besteht in einer geschickten Organisation mit Registern, hierarchischen Kategorien und Mengen von Querverweisen. Sollte der gesunde Menschenverstand also tatsächlich einem Ablagesystem entsprechen, so liegt der Schlüssel zu seiner Effizienz wahrscheinlich in der Organisation (die in der Tat ziemlich ausgeklügelt sein muß). In der KI spricht man deshalb vom Problem des *Wissenszugriffs* oder der *Wissensrepräsentation*.

Um 1975 war Wissensrepräsentation durch *"verknüpfte Stereotype" (linked stereotypes)* eine Idee, deren Zeit gekommen war.[17] Stereotype sind nach einer bestimmten formalen Konvention erstellte allgemeine Beschreibungen alltäglicher Objekte, Ereignisse und Situationen. Man könnte sie als ausgearbeitete "Definitionen" bezeichnen, die allerdings weitaus enzyklopädischer als gewöhnliche Stichwörter in einem Wörterbuch sind; außerdem müssen sie peinlich genau und banal sein. Im Buchhandel erhältliche Nachschlagewerke können im Gegensatz dazu den Faden dort aufnehmen, wo der gesunde Menschenverstand endet: Sie brauchen nicht viel über das Binden von Schnürsenkeln, über Spazierstöcke oder über das Naßwerden im Regen zu sagen. Wenn aber der gesunde Menschenverstand auch eine Art "Enzyklopädie" ist, dann muß er bei Null anfangen und ausführliche Beschreibungen aller Arten "selbstverständlicher" Trivialitäten enthalten.

Betrachten wir einmal, wie Stereotype das Beispiel handhaben würden, das der maschinellen Übersetzung den Todesstoß versetzt hat:

The box was in the pen.

Erinnern wir uns daran, daß nach Ansicht Bar-Hillels (1960) der Versuch, Sätze wie diesen eindeutig zu machen, eine mechanisierte Enzyklopädie erfordern würde, die, so behauptete er, völlig aussichtslos war. Fünfzehn Jahre später akzeptierte fast jeder seine Diagnose und sein Gegenmittel - nicht aber seine Hoffnungslosigkeit. Stellen wir uns ein System vor, das jeweils ein Stereotyp für "box" und "in" und zwei für "pen" ('inkpen' - Füller - versus 'playpen' - Laufstall) enthält. Die Eintragung unter "in" spezifiziert eine Beziehung zwischen zwei Objekten, wobei sie Einzelheiten festlegt wie: Das zweite Objekt enthält einen Hohlraum, in dem sich das erste befindet. Eine *explizite Grundvoraussetzung* ist jedoch besonders hervorstechend: Das erste Objekt muß kleiner als das zweite (bzw. als der Hohlraum in diesem) sein. Wenn diese Voraussetzung als "hervorstechend" definiert ist, wird sich das System mit ihr zu allererst beschäftigen und dann, entsprechend alarmiert, umgehend die Größenangaben der anderen drei Stereotype nachschlagen. So kann die Ambiguität ohne weitere Umstände aufgelöst werden.

Das bringt einige signifikante Vorteile mit sich. Der erste und augenfälligste ist, daß überhaupt nur vier Stereotype (die durch die Wörter des Satzes direkt indexiert sind) nachgeschlagen werden; die benötigten Informationen werden also rasch gefunden und identifiziert, ohne daß irgendwelche Mühe darauf vergeudet wird, zuvor etwa Knöpfe oder Streifen als unwesentlich auszuschließen. Das Wichtigste daran ist, daß das System nicht zuerst Tiger (etc.) betrachtet, um dann festzustellen, daß sie irrelevant sind, sondern daß es solche Informationen von vornherein ignoriert. Die meisten der weitgestreuten Fakten, die dem System bekannt sind, werden in Situationen, in denen sie keine Rolle spielen, gar nicht erst in Betracht gezogen; allein dies erspart beträchtliche Suchanstrengungen. Darüber hinaus wird die Effizienz wie bei einem guten Ablagesystem (oder einer Enzyklopädie) durch die vorausgehende *Organisation* der gespeicherten Informationen erreicht. Stereotypen organisieren Wissen *nach Themen geordnet;* verwandte Fakten werden zusammen gespeichert oder durch Querverweise aufeinander bezogen. Wenn (sagen wir aus Wörtern oder Kontexten) erst einmal einschlägige Themen erkannt worden sind, führt das automatisch zu einer raschen Verfügung über die relevanten Informationen. Ebenso wichtig ist die Verwendung von *Konditionen:* Manche Stereotype (vor allem die für Prädikate) enthalten Bedingungen für ihre Verknüpfung mit anderen. So erfordert "innerhalb von" z.B. zwei Objekte, zwischen denen bestimmte Größenrelationen bestehen müssen; wie hilfreich das sein kann, um eine Ambiguität rasch aufzulösen, haben wir soeben gesehen. Eine entsprechende, konditionsgesteuerte Verarbeitung könnte auch für unser Anfangsbeispiel nützlich sein: die hungrigen Kinder und die billigen Äpfel. Denn das Stereotyp "ist hungrig" setzt zweifellos voraus, daß sein Subjekt lebendig ist oder essen kann - Merkmale, die sich z.B. im Stereotyp "Kind" leicht wiederfinden lassen, nicht aber im Stereotyp "Apfel".

Ein dritter Vorteil zeigt sich, wenn wir die Situation abwandeln:

"Hör mir gut zu", flüsterte Agent Orange, heiser atmend, "siehst du den Füller dort auf Raouls Schreibtisch? Deine Filme sind in einer winzigen, versiegelten Schachtel, und diese Schachtel befindet sich im Füller." *(...and the box is in the pen)* Doch bevor sie erklären konnte,...

Jedermann weiß, daß es Schachteln in allen möglichen Größen gibt, so daß es denkbar wäre, daß einige davon auch in Füllhalter passen. Wie kann eine solche Komplikation in unserem System untergebracht werden, ohne daß es seine Fähigkeit einbüßt, den Bar-Hillel-Fall zu lösen? Die Antwort ist einfach, aber wirkungsvoll: Die in einem Stereotyp aufgelisteten Merkmale werden mit verschiedenen (modalen) *Klassifizierungen* verbunden. Die Größeneintragung unter dem Stichwort "Schachtel" wird also als "typisch" klassifiziert und in einer Skala angegeben; die typische Seitenlänge von Schachteln beträgt beispielsweise einige Zentimeter bis etwa einen Meter. Dadurch werden zwei Ziele erreicht: Zum einen erhält das System brauchbare Informationen, auf die es sich verlassen kann, ohne auf andere Dinge achten zu müssen; zum anderen bleibt dadurch die Möglichkeit offen, daß unter außergewöhnlichen Umständen, beispielsweise wenn in einem Satz ausdrücklich von "winzigen" Schachteln die Rede ist, diese Information den Vorrang hat. Solche "stornierbaren" Spezifikationen werden *default assignments* (Standardzuweisungen) genannt; sie fungieren als provisorische Annahmen, die das System als gegeben hinnehmen kann, solange sie nicht durch anderslautende Informationen ausgeschlossen werden. Die Annahme, daß Stereotype den gesunden Menschenverstand simulieren können, stützt sich hauptsächlich auf diese Standardzuweisungen.

Die Klassifikationen in Stereotypen umfassen jedoch mehr als nur typische Vorgaben. Frösche zum Beispiel sind *immer* vierbeinig (*außer,* sie sind verstümmelt), *meistens* braun oder grün (*außer* den giftigen Arten, die oft bunt gefärbt sind), sie werden *gelegentlich* als Haustiere gehalten, sie sind *nie* bösartig, usw. Wenn Sie also einen Frosch erwähnen (und bevor Sie irgend etwas anderes sagen), vermute ich, daß er braun oder grün ist; ich bin aber auch darauf gefaßt, daß es nicht so ist, und in diesem Fall werde ich mich vor Gift fürchten. Auf der anderen Seite werde ich äußerst zuversichtlich sein, daß es sich um einen friedliebenden Vierfüßer handelt, und auch wenn ich ihn nicht für ein Haustier hielte, wäre ich vom Gegenteil nicht überrascht.

Das Froschbeispiel läßt außerdem einen vierten und letzten Vorteil der Wissensorganisation durch Stereotype erkennen: das Prinzip der *Querverweise*. Jeder weiß, daß Frösche Kaltblüter und glatthäutige Wirbeltiere sind, die aus Eiern ausschlüpfen und sich später von im Wasser lebenden Larven zu lungenatmenden erwachsenen Tieren entwickeln. Das gleiche wissen wir von Kröten und Salamandern, und zwar aus dem gleichen Grund: Sie alle sind Amphibien. Deshalb ist es wirtschaftlich, Fakten (und Standardannahmen), die alle Amphibien betreffen, in einem einzigen Stereotyp zu speichern, auf das dann von den spezielleren Stichwörtern "Frosch", "Kröte" und "Salamander" querverwiesen wird. Auf diese Art und Weise ergibt sich oft eine *Hierarchie* der Oberbegriffe. Frösche ähneln z.B. nicht nur Kröten, sondern auch Aalen und Elefanten, und zwar insofern, als sie ein inneres Skelett haben, ein Herz und ein Rückenmark - Merkmale, die allen Wirbeltieren gemeinsam sind.

Anders als Mikrowelten sind Stereotype kein Versuch, die komplizierten Verwicklungen des Alltagslebens zu umgehen - ganz im Gegenteil, ihr Ziel ist es, die Organisation und Funktionsweise des gesunden Menschenverstandes in all seiner unsystematischen Herrlichkeit zu kopieren. Wie schon diese kurze Darstellung zeigt, ist der Grundgedanke tiefgreifend, von großer intuitiver Überzeugungskraft und einer beträchtlichen theoretischen Reichweite. Und doch ist es damit nicht getan; es gibt widerspenstige Schwierigkeiten, die der Forschung nicht nur viele permanente Rätsel aufgeben, sondern das ganze Unternehmen immer wieder untergraben können. Drei davon will ich hier skizzieren; ich nenne sie die Probleme der Selektion, der Themenlosigkeit und der Gesichtsfeldverengung.

Eine effektive Organisation des gesunden Menschenverstandes muß einen effizienten Zugriff auf relevante Stereotypen gewährleisten, da es in der Hauptsache darum geht, eine kostspielige Suche oder Problemlösung zu vermeiden. Bei unserer allzu flotten Behandlung von Bar-Hillels Beispiel waren die erforderlichen Wissensstrukturen durch die Wörter in dem gegebenen Satz direkt indexiert. In realen Gesprächen sind solche praktischen Stichwörter leider nicht immer so mühelos greifbar. Hier ergibt sich dann das Problem der *Selektion*: Wie lassen sich die benötigten Stereotype herauspicken, da es ja keine expliziten Zeiger gibt? Betrachten wir zum Beispiel den folgenden Wortwechsel (der nicht eingedeutscht wurde, weil sich Haugeland mit diesem Beispiel an Bar-Hillel anlehnt; Anm. d. Übers.):

Kasten 7
Skizze eines Stereotyps für "Cockerspaniel"

Das Folgende ist nur eine Skizze. Ein reales KI-Stereotyp hat eine viel umfassendere Struktur und benutzt Kategorien und Relationen bei weitem nicht so lässig. Für unsere Zwecke genügt es jedoch, das Grundprinzip deutlich zu machen: Die Einrückungen bedeuten eine hierarchische Unterordnung, die ersten Wörter in jeder Zeile spezifizieren Begriffskategorien, die eingeklammerten Wörter sind Modalbestimmungen, und die Wörter in Großbuchstaben verweisen auf andere Stereotypen.

```
COCKERSPANIEL:
        Unterklasse von: (immer) HUND
                Spezifiziert: (immer) RASSE
        Hat als Bestandteil: (immer) FELL
                Gleicht: (immer) PELZ, HAAR
                Ort: (fast immer) gesamte OBERFLÄCHE
                        (außer) AUGEN, NASE, PFOTEN
                        Farbe: (meistens) BLOND oder SCHWARZ
                        Pflege: (nötig) BÜRSTEN
                                Häufigkeit: (wünschenswert) zweimal die WOCHE
                                Bei Unterlassung: (unvermeidlich)
                                HAARAUSFALL, VERFILZEN, STINKEN
        Hat als Bestandteil: (immer) SCHWANZ
        Ort: (immer) OBERES RUMPFENDE
        Typ: (fast immer) KURZ
        Zustand: (meistens) UNTERWÜRFIG WEDELND
Größe ausgewachsen: (fast immer)  MITTEL (für einen HUND)
                                KLEIN (für einen SPANIEL)
        Höhe:        (typisch)  40 cm
        Breite:      (typisch)  25 cm
        Länge:       (typisch)  75 cm
        Gewicht:     (typisch)  12 kg
        Gute Eigenschaften:      (typisch) TREU und VERSPIELT
        Schlechte Eigenschaften: (zu oft) KLÄFFEN und ANSPRINGEN
                                (manchmal) schwer STUBENREIN zu
                                bekommen
                                (bei jeder Gelegenheit) STIEHLT
                                NAHRUNG
        Beispiele (bekannt)  TANTE MAUDS BOWSER III
                        GOLDEN LADY der Robinsons
                        der SCHWARZE, der unsere KATZE jagt
```

```
         (vom Hörensagen)  TANTE MAUDS BOWSER JUNIOR
                           TANTE MAUDS BOWSER WOWSER
         (Metapher)        TANTE MAUDS MANN, CALVIN
Vermischtes:
    (zweifellos)  BELIEBT
    (wahrscheinlich) GUTMÜTIG zu KINDERN
    (angeblich) HARTE SCHULE ruiniert den WURF
```

SWAG: Where is Johnny's toy box?
MANDY: I don't know, but try his pen.

SWAG: Wo ist Johnnys Spielzeugkiste?
MANDY: Ich weiß nicht, aber versuch's mal mit seinem Laufstall.

Dummerweise fehlt hier das Wörtchen 'in'; obwohl die Größenverhältnisse ohne weiteres ersichtlich sind, souffliert nichts dem System, sich um sie zu kümmern. (Was heißt das überhaupt, "es mit einem Laufstall zu versuchen"?) Wahlweise könnte auch 'box' weggelassen werden:

The brown rectangular object labeled
"INDIA INK - 48 BOTTLES - HANDLE WITH CARE"
was in the pen.

Der braune rechteckige Gegenstand mit der Aufschrift
"AUSZIEHTUSCHE - 48 FLASCHEN - NICHT STÜRZEN"
befand sich im Laufstall.

Die Schwierigkeit besteht darin, daß das System keine typische Größenzuordnung für "braune rechteckige Gegenstände" hat, aber nichts ihm sagt, daß es in diesem Fall zum Stichwort "Schachtel" greifen soll. Kurz, Sätze enthalten in ihrer Oberflächenstruktur nicht immer brauchbare Anhaltspunkte für die Auswahl der Stereotype; dadurch aber büßt das System viele seiner ansonsten bestechenden Vorteile ein.
   Ähnlich wie Enzyklopädien organisieren Stereotype ihr Wissen um kohärente Gegenstände oder Themen. Dics basiert auf der Annahme, daß ein Leser zuerst ein übergreifendes Thema versteht, das er dann als eine Art Wegweiser benutzen kann, um weitere relevante Einzelheiten nachzuschlagen. Aber wie viele "Themen" gibt es für den gesunden Menschenverstand? Der folgende Satz ähnelt weitläufig unseren vorherigen Beispielen:

Ich habe meine Regenjacke in der Badewanne gelassen, denn sie war noch naß.

Bezieht sich das Wort "sie" nun auf die Badewanne oder auf die Regenjacke? Offenkundig auf die Regenjacke, denn:

1. daß eine Regenjacke naß ist, ist ein nachvollziehbarer (wenn auch ein wenig ausgefallener) Grund, sie in der Badewanne zu lassen, während
2. das Naßsein einer Badewanne kein vernünftiger Grund dafür wäre, eine Regenjacke in ihr zu lassen.

Wo sollen nun aber diese Gründe "abgelegt" werden? Für die generellen Begriffe, die der gesunde Menschenverstand von Regenjacken und von Badewannen (ganz zu schweigen von Nässe) hat, erscheinen sie kaum relevant; ebensowenig sind sie irgendeinem anderen Begriff zuzuordnen, der implizit in dem gegebenen Satz stecken könnte. Das Problem besteht also nicht darin, das relevante Stereotyp zu finden oder auszuwählen; vielmehr existiert anscheinend gar keines, weil sich auch kein Thema anbietet, unter dem die relevante Information in plausibler Weise abgelegt werden könnte. Aus diesem Grund spreche ich hier vom Problem des *fehlenden Themas*.[18]

Und schließlich: Selbst wenn man davon ausgeht, daß eine große Menge relevanter Stereotype angesammelt worden ist, müssen diese noch gesichtet werden. Völlig unpassende Kombinationen müssen aussortiert werden, und zwar in der Hauptsache, indem man überprüft, ob bestimmte Bedingungen erfüllt werden. Für einige dieser Konditionen (Äpfel können z.B. nicht hungrig sein) funktioniert dies hinlänglich, sobald sich aber der Kontext erweitert, verliert das Ganze an Wert.

Als Vati vorgefahren kam, brachen die Jungen ihr Räuber- und Gendarm-Spiel ab. Sie steckten ihre Pistolen weg und rannten hinaus zum Wagen.

Als die Gendarmen vorgefahren kamen, brachen die Jungen ihren Einbruchsversuch ab. Sie steckten ihre Pistolen weg und rannten hinaus zum Wagen.

Obwohl sich die beiden Schilderungen weitgehend überlappen, unterscheiden sie sich völlig in Diktion und Sinn. Als die Jungen ihre Handlung "abbrachen", taten sie das freudig oder ängstlich oder weil sie gescheitert waren? Als sie ihre Pistolen "wegsteckten", haben sie sie eingesteckt, ordentlich weggeräumt oder irgendwo versteckt? Könnte "rennen" durch "hasten", "fliehen" oder "joggen" paraphrasiert werden? Obwohl solche Unterscheidungen auf Haarspaltereien hinauslaufen, fallen sie Menschen nicht schwer, und für das Verständnis eines Textes sind sie wesentlich. Es wäre aber absolut sinnlos, solche punktuellen Bedingungen aufzustellen, da sie von einer Gesamteinschätzung der Situation abhängen. Das Problem der *Gesichtsfeldverengung* besteht gerade in dieser Schwierigkeit, bei der Selektion von Stereotypen die weiteren Umstände einzubeziehen.

Was zeigen uns nun diese Probleme mit den "Stereotypen des gesunden Menschenverstandes"? Wie immer läßt sich das schwer in Worte fassen. Vielleicht könnte man das Problem folgendermaßen einkreisen: In welcher Weise wird Wissen auf *einen bestimmten Kontext* bezogen? Das System "weiß" zwar eine Menge über typische Größen und Beziehungen, doch die Schwierigkeit besteht darin, diese Informationen effektiv anzuwenden, also im jeweiligen Kontext von Johnnys Spielzeugkiste, Oranges Mikrofilmen usw. Stereotype funktionieren gut und reibungslos, wenn der Kontext auf ein einziges "vorgekautes" und explizit identifiziertes Thema mit punktuellen Bedingungen begrenzt ist. Sobald ein Text jedoch weitere Dimensionen enthält und ein echtes Verständnis des Kontextes erforderlich wird, gerät diese ganze ausgeklügelte Maschinerie ins Schlingern. Obwohl es sicherlich zu früh ist, die Wissensorganisation als möglichen Zugang zum Phänomen des gesunden Menschenverstandes abschließend zu beurteilen, lassen die bisherigen Erfahrungen mit diesem Ansatz in fataler Weise an Mikrowelten denken: Eine geschickte Ausstattung und Inszenierung erwecken den verblüffenden Eindruck etwas gar nicht Vorhandenen.

Das Rahmenproblem

Es war einmal vor langer, langer Zeit, da lebten in einer ärmlichen Hütte drei Schachteln: Papa Schachtel, Mama Schachtel und die kleine Babyschachtel. Papa Schachtel ruhte in der Mitte des Raums auf dem Fußboden, und Babyschachtel ritt huckepack auf ihm; Mama Schachtel saß unterdessen friedlich auf einem Stuhl neben der Tür. Plötzlich kam Schneebitchen hereingerollt, aufs Problemlösen konzentriert. Es sah sich um und schob dann Papa Schachtel vorsichtig quer durch den Raum zur gegenüberliegenden Wand.

IQ-Test für Schneebitchen (oder den Leser):
- Wie viele Schachteln sind jetzt vorhanden?

Was soll daran so schwierig sein? Wie jedes Kind sehen kann, hat sich die Anzahl der Schachteln nicht verändert; es müssen also noch immer drei sein. Aber wie kann der Roboter "sehen", daß es noch genausoviel Schachteln sind? Diese Frage ist kniffliger als es zunächst scheint, wie drei noch "härtere Nüsse" zeigen:

- Wo ist Papa jetzt?
- Wo ist Mama jetzt?
- Wo ist Baby jetzt?

Vermutlich weiß Schneebitchen, wo Papa jetzt ist, weil es ihn selbst (absichtlich) dorthingeschoben hat, und vermutlich nimmt es an, daß Mama und Baby an ihrem Platz geblieben sind, da es sie nicht berührt hat. Leider hatte das Wegschieben Papas jedoch einen *Nebeneffekt:* Baby (nicht aber Mama) hat den Ortswechsel mitgemacht. Einzelne Nebeneffekte sind schwer vorauszusehen, weil sie nur gelegentlich und in Abhängigkeit von den Besonderheiten einer bestimmten Situation eintreten; zufällig saß Baby (und nicht Mama) auf Papas Rücken. Auf der anderen Seite käme es aber nicht in Frage, alle erdenklichen Konsequenzen explizit durchzugehen. (Ist beim Öffnen der Tür die Fensterscheibe zerbrochen, sind die Katzen hinausgeschlüpft, oder hat sich die Zahl der Schachteln geändert?) Das konkrete Problem - das sogenannte *Rahmenproblem* - besteht also darin, nur die relevanten Nebeneffekte zu "bemerken", ohne daß zuerst alle anderen Möglichkeiten, die sich bei einer veränderten Sachlage ergeben können, in Betracht gezogen und ausgeschlossen werden müssen.[19]

Oberflächlich betrachtet entspricht das Rahmenproblem dem Problem des Wissenszugriffs. In beiden Fällen geht es hauptsächlich darum, fast alles, was das System weiß oder sich vorstellen kann, (in selektiver Weise) außer Betracht zu lassen, d.h., automatisch die wesentlichen Faktoren herauszugreifen, ohne enorme Anstrengungen darauf zu verwenden, Alternativen auszuschließen. Anders gesagt besteht die grundlegende Schwierigkeit nicht darin, für jede mögliche Erwägung zu entscheiden, ob sie in Betracht kommen könnte, sondern vielmehr darin, diese Entscheidung im Großteil der Fälle zu vermeiden. Dennoch haben wir es mit zwei unterschiedlichen Problemen zu tun. Das Problem des Wissenszugriffs betrifft in erster Linie "allgemeine" Informationen, also Alltagswissen, das jederzeit und überall relevant sein könnte. Das Rahmenproblem stellt sich dagegen im Zusammenhang mit dem in aktuellen Situationen notwendigen Wissen - speziell im Zusammenhang mit der Schwierigkeit, dieses Wissen auf den neuesten Stand zu bringen, wenn sich Dinge ereignen, welche die Situation verändern. Der grundlegende Unterschied besteht deswegen in der *Zeitbedingtheit*. Unsere Stereotyp-Behandlung des Beispiels "the box in the pen" war dagegen im Grunde zeitunabhängig: Sämtliche Fakten hinsichtlich der Größen und Vorbedingungen blieben konstant (das System braucht sich nicht von neuem davon zu überzeugen, daß Füller noch immer weniger als einen Zentimeter dick sind). Wenn die Dinge jedoch in Bewegung geraten und sich verändern, verliert das "Wissen" der gegenwärtigen Situation möglicherweise seine Gültigkeit: Babyschachtel befindet sich z.B. nicht mehr in der Mitte des Raums. Anscheinend muß das Wissen des Systems in solchen Fällen in (mindestens) zwei Kategorien unterteilt werden: in *beständige,* also unveränderliche und in *temporäre* Fakten, die sich jederzeit verändern können und deswegen ständig auf dem laufenden gehalten werden müssen.

Der beständige Wechsel von Situationen macht das Rahmenproblem aus zwei eng miteinander verbundenen Gründen schwieriger als das (viel eher greifbare) Problem des Wissenszugriffs. Erstens: Wenn temporäres Wissen auf den neuesten Stand gebracht wird, muß das System seinen Weg innerhalb des Basiswissens (selektiv und effizient) finden und sich dabei nicht danach richten, was wo gespeichert ist, sondern danach, in welchen *Wechselbeziehungen* die Stichwörter zueinander stehen - welches von ihnen also durch Veränderungen anderer beeinflußt werden könnte; anders gesagt, es gibt einen weiteren Gesamtbereich von Kombinationen, der unter Kontrolle gehalten werden muß. Zweitens (und schlimmer) aber: Die relevanten Wechselbeziehungen und Abhängigkeiten sind selbst *situationsgebunden*, d.h., die tatsächlichen Nebeneffekte eines bestimmten Ereignisses sind in hohem Maße von den zufälligen Einzelheiten der aktuellen Umstände abhängig. So reitet Babyschachtel vielleicht dieses Mal mit, beim nächsten Mal aber nicht. Für die Aktualisierung von Entscheidungen können also nicht im voraus Regeln aufgestellt werden; jede neue Situation muß so, wie sich ergibt, unmittelbar erfaßt werden.[20]

Versuche, das Rahmenproblem zu lösen, lassen sich in zwei Hauptansätze gliedern; ich nenne sie die Schulen des "billigen Tests" und der "schlafenden Hunde". Der Unterschied zwischen ihnen zeigt sich daran, wie ernsthaft sie Alternativen ausschließen. Die Strategie des *"billigen Tests"* überblickt die Gesamtsituation (wie sie im System repräsentiert ist) rasch und ermittelt mit einem Blick den Großteil dessen, was für ein bestimmtes Ereignis irrelevant ist und von ihm nicht beeinflußt werden wird. Die intuitive Grundannahme ist leicht zu erkennen: Wenn Schneebitchen Papa schiebt, ist es sich darüber im klaren, daß dies die Lage verschiedener Dinge (einschließlich Papas) verändern kann. Es weiß aber auch, daß seine Aktivitäten keinen Einfluß auf die Farbe, die Form oder das Gewicht der Dinge haben, weil (unter normalen Umständen) Lage, Farbe, Form, Gewicht usw. unabhängige Eigenschaften sind. Alles, was es braucht, ist eine vorhergehende Klassifizierung von Ereignissen und Fakten, die darauf basiert, welche Arten von Ereignissen welche Arten von Fakten beeinflussen. Dann kann jedes Faktenstichwort in Schneebitchens aktuellem Situationsmodell eine deutlich sichtbare "Flagge" schwenken und es so auf die Art(en) von Ereignissen hinweisen, durch die dieses Stichwort beeinflußt werden könnte. Alle Fakten, die voraussichtlich von Bewegungen in Mitleidenschaft gezogen würden, könnten beispielsweise leuchtend rote Flaggen schwenken; wenn das gegebene Ereignis dann eine Bewegung wäre, könnte Schneebitchen alle Fakten, die keine roten Flaggen schwenken, getrost übergehen, weil es bereits wüßte, daß diese nicht aktualisiert zu werden brauchen.

In ähnlichem Sinne könnte Schneebitchen (oder seine Designer) vernünftigerweise davon ausgehen, daß ein Ereignis nur Dinge in seiner direkten Nachbarschaft beeinflussen kann - keine Fernwirkungen, mit anderen Worten. Wenn Papa bewegt wird, könnte sich das also ohne weiteres auch auf Baby auswirken, weil sich Baby und Papa tatsächlich berühren; Mama oder ihr Stuhl blieben davon jedoch unbehelligt, weil sie sich ganz offensichtlich auf der anderen Seite des Raums befinden. Bei dieser Version würden die "Flaggen" dann nicht anzeigen, welche Eigenschaften möglicherweise interagieren, sondern welche Objekte; als Kriterium gilt dabei die tatsächliche Nähe. Beide Male muß das System jedoch zunächst die Gesamtsituation (= temporäres Wissen) erfassen und sich auf ein deutliches Signal verlassen, um die meisten Stichwörter rasch ausschließen zu können; das ist es, was ich unter einem "billigen Test" verstehe.

Der Haken daran ist jedoch, daß die reale Welt keineswegs in handliche Einzelteile aufgegliedert ist. Die Sache mag z.B. bei SHRDLU funktionieren; in Hintertupfingen aber wird Mama mit ziemlicher Sicherheit ebenfalls betroffen sein, wenn Schneebitchen Papa gegen eine Wand schieben würde - und die sich daraus ergebenden Veränderungen könnten durchaus auch ihre Farbe und Form einschließen. Darüber hinaus ist das Potential für ein Übergreifen dieser Auswirkungen auf die Gesamtsituation - sagen wir, bis hin zu dem Inhalt und der Geschwindigkeit einer Bratpfanne - in komputationaler Hinsicht atemberaubend. Weitere Beispiele ließen sich im Überfluß finden. Natürlich könnten die Tests differenzierter sein, also zahlreiche Bedingungen und Klassifizierungen enthalten; dann aber wären sie nicht mehr "billig", was die ganze Sache ad absurdum führen würde.

Die Alternative, die Strategie der *schlafenden Hunde,* besteht darin, Dinge solange links liegen zu lassen, bis ein positiver Grund für das Gegenteil vorliegt. Solange also kein positiver Anhaltspunkt existiert, daß ein bestimmtes Faktum beeinflußt werden könnte, wird das System es völlig ignorieren (sogar ohne irgendwelche billigen Tests auszuführen). Oberflächlich betrachtet besticht dieser Vorschlag; bezüglich der Programmierung ergibt sich jedoch das schwerwiegende Problem, wie man die benötigten positiven Hinweise auf alle wichtigen Nebeneffekte erhält. Wie sollte ein System beispielsweise darauf verfallen, daß es sich besser um Babys zukünftige Position (und nicht um Mamas oder um die Zahl der Schachteln) kümmert, wenn es beginnt, Papa zu bewegen? Ich werde zwei ziemlich verbreitete und wirkungsvolle Methoden in groben Zügen vorstellen.

Ein Vorschlag läuft darauf hinaus, alle temporären Fakten in *Haupt-* und *Nebenfakten* zu unterteilen, z.B. folgendermaßen:

1. alle Hauptfakten sind voneinander unabhängig, und
2. alle Nebenfakten lassen sich von Hauptfakten ableiten.

Dahinter steht folgende Überlegung: Da Hauptfakten unabhängig voneinander sind, wird sich eine Änderung bei einem von ihnen auf die anderen nicht auswirken. Unter Hauptfakten gibt es also keine Nebeneffekte und folglich auch kein Rahmenproblem. Mit anderen Worten, Nebeneffekte und das Rahmenproblem sind auf (abgeleitete) Nebenfakten beschränkt. Auf einem Schachbrett z.b. sind die Positionen der Einzelfiguren (und welche Seite am Zug ist) die einzigen Hauptfakten.[21] Alles andere, was damit zusammenhängt - z.b. wer auf Gewinn steht, welche Figuren bedroht sind, welche Züge gut wären etc. - ist von ihnen abgeleitet. Wenn also eine Figur bewegt wird, ergibt sich daraus nicht das Problem, daß die Positionen der anderen aktualisiert werden müssen (denn sie werden davon nicht berührt); auf den neuesten Stand gebracht werden müssen lediglich die zu den Nebenfakten gehörenden Rückschlüsse auf gegenwärtige Bedrohungen, Chancen usw.

Abgeleitete Fakten lassen sich wiederum in zwei Subgruppen unterteilen:

1. Schlüsse, die das System (zu einem gegebenen Zeitpunkt) bereits gezogen hat - d.h., Konsequenzen, die es *explizit* abgeleitet hat; und
2. Schlüsse, die das System bisher noch nicht gezogen hat (obwohl es könnte) - d.h. Konsequenzen, die bisher bloß *implizit* geblieben sind.

Jedes ernstzunehmende Gefüge von Hauptfakten wird unzählige ermüdende logische Konsequenzen haben, und kein halbwegs normaler Roboter würde sie alle (oder nicht einmal sehr viele) tatsächlich ableiten. Deshalb bleiben die meisten Nebenfakten implizit und bilden kein Problem: Die Hauptfakten werden nicht eher aktualisiert, als auch ihre sämtlichen impliziten Konsequenzen aktualisiert worden sind, mit der bloßen Geschwindigkeit der Logik. Doch zumindest einige Nebenfakten müssen explizit abgeleitet werden, denn nur dann kann das System sie bei seinen Entscheidungen und Aktionen berücksichtigen. Jedem dieser expliziten Schlüsse droht aber immer dann, wenn ein Hauptfaktum aktualisiert worden ist, die Grundlage entzogen zu werden, so daß hier das Rahmenproblem wieder ins Spiel kommt. Eine brutale, unmittelbare Antwort darauf ist, nach jeder Aktualisierung einfach alle vorhergehenden Schlußfolgerungen zu verwerfen; das wäre aber zweifellos verschwenderisch. Eine subtilere Methode verknüpft mit jedem Hauptfaktum alle expliziten Schlüsse, die von ihm abhängig waren; dann kann das System feststellen, welche Annahmen bei jeder Aktualisierung in Gefahr sind, und den Rest getrost ignorieren.

Leider begegnet diese Methode ähnlichen Schwierigkeiten. Computerwissenschaftler (wie vor ihnen Philosophen) haben Schwierigkeiten bei der Feststellung, welche Fakten nun "Hauptfakten" sind. Wenn beispielsweise der Ort, am dem sich Mama und Papa befinden, Hauptfakten sind, bliebe Mama unbeeinflußt, wenn Papa bewegt würde; und die sich ändernde Entfernung und Richtung zwischen ihnen würde (wie auf einem Schachbrett) korrekt abgeleitet werden. Aus den gleichen Gründen sollte jedoch auch Babys Ort ein Hauptfaktum sein, und in diesem Falle bliebe es von Papas Ortswechsel ebenfalls unbeeinflußt. Wenn Papa bewegt wird, bleibt Baby also hilflos in der Luft hängen. Warum macht man dann nicht einfach die Position jedes Objekts in Relation zu seinem "Träger" zu einem Hauptfaktum? Dann würde Babys Ort in Relation zu dem von Papa unverändert bleiben, wenn sich Papa bewegt, wodurch das Problem zunächst gelöst zu sein scheint. Was aber geschieht, wenn Baby gleichzeitig noch mit einem Seil am Türknauf festgebunden ist? Was ist, wenn Papa nicht vorangleitet, sondern umkippt? In diesem Fall könnte Babys Position in Relation zu der Papas nicht mehr als Hauptfaktum gelten. Andere Vorschläge werfen ähnliche Probleme auf. Im übrigen unterscheidet sich die ärmliche Hütte der Schachteln gar nicht so sehr von einer Mikrowelt; die Aufgabe, Hauptfakten etwa in einem Militärlazarett darzustellen, wäre entschieden vertrackter.

Die zweite Hauptvariante der Strategie der schlafenden Hunde bemüht sich, typische Nebeneffekte - alle jene sich wechselseitig beeinflussenden "was wäre, wenn's" - in sorgfältig ausgearbeiten *Stereotypen* für Situationen und ihre Änderungen zu erfassen. Das Stereotyp "etwas bewegen" wäre also mit einer Klausel versehen, die besagt, daß alles, was von etwas anderem getragen wird, die Bewegung mitmacht ... wenn es nicht am Türknauf festgebunden ist, wenn der Träger nicht umkippt, wenn keine niedrigen Brücken vorhanden sind, usw. Natürlich werden auch diese Klauseln wiederum klassifiziert werden müssen, für den Fall, daß Baby außerdem noch an Papa angeleimt ist, daß der Türknauf an Papa klebt oder was auch immer. Solche Stereotyp-Definitionen können dann sehr diffizil werden - und die Sorge aufkommen lassen, daß sie weniger zur Lösung des Rahmenproblem beitragen als vielmehr zu seiner Verlagerung auf das Problem, sich innerhalb der Stereotypen zurechtzufinden.

Sorge bereitet darüber hinaus auch die Frage, was eigentlich unter "typisch" zu verstehen ist. Betrachten wir beispielsweise Pferde und Wohnzimmer. Von wenigen Ausnahmen abgesehen haben Pferde Beine, Ohren und Schwänze; sie enthalten Blut, Knochen und Mägen; sie können geritten und vor den Pflug gespannt werden. In ähnlicher Weise haben Wohnzimmer viele gemeinsame Merkmale: In der Regel weisen sie Wände, Fenster und Decken auf; meistens sind sie mit Sesseln, niedrigen Tischen und Teppichen ausgestattet; sie können für laute Parties oder für ruhige Unterhaltungen benutzt werden. Anscheinend läßt sich jedes dieser Merkmale in einem Stereotyp erfassen.

In Wirklichkeit sind die beiden Fälle jedoch nicht vergleichbar. Pferde haben nicht nur Beine, sondern genau vier Beine, die noch dazu bei allen Exemplaren an den gleichen Stellen befestigt sind und ein zusammengehörendes Gefüge bilden; ihre Knochen sind immer in einem spezifischen Skelett der Gattung Equuus angeordnet; und schließlich existieren eher wenig Methoden, ein Pferd zu reiten. Wohnzimmer dagegen können beliebig viele Fenster an beliebigen Stellen aufweisen; die Möbel, von ihrer Anordnung ganz zu schweigen, unterscheiden sich von einem Raum zum anderen beträchtlich, und nicht immer kann man von einem zusammengehörenden Gefüge sprechen; und schließlich gibt es alle möglichen Arten, eine laute Party zu feiern oder ein ruhiges Gespräch zu führen. Der springende Punkt ist, daß sich Wohnzimmer weit mehr voneinander unterscheiden als Pferde, besonders in den Einzelheiten, die so oft über Nebeneffekte entscheiden.

Mehr noch als Räume weichen jedoch konkrete Situationen voneinander ab, die in ihnen (manchmal) stattfinden. Folglich können Stereotype für Situationen (oder für Situationsveränderungen) unmöglich die gleiche Art von weitreichender, verläßlicher Spezifität besitzen wie z.B. Stereotype für Pferde, Füllfederhalter etc. Entweder müssen sie Details auf mittlerer Ebene ignorieren (das Mobiliar und die Fenster erwähnen, aber nichts darüber aussagen, wie diese Dinge aussehen oder wo sie sich befinden), oder aber

Kasten 8
Sprunghaftigkeit

In "Rahmenproblem" sahen wir ein Phänomen, das auch durch die Künstliche Intelligenz geistert. Von Spezialfällen abgesehen, wirkt die "Intelligenz" der KI merkwürdig unbeständig. Ein typisches System arbeitet beispielsweise elegant und reibungslos, indem es hinlänglich sinnvolle Dinge tut (oder sagt). Ganz abrupt beginnt es aber zu holpern und zu stolpern, als hätte es den "Verstand verloren". Dieses kuriose Verhalten nenne ich das *Problem der SPRUNGHAFTIGKEIT* in der KI, und es ergibt sich die Frage, was, wenn überhaupt, sich daraus herleiten läßt.

Schadenfrohe Gegner werden sofort behaupten, daß dadurch ein Schwindel aufgedeckt würde - wir hätten eben nur einen Apparat vor uns, und jeder Anschein von Verstand sei eine Illusion gewesen. Die peinlich berührten Programmentwickler bemühen sich indessen, den Schnitzer auszubügeln (oder zu betonen, daß sie das könnten), indem sie das Programm um eine neue Klausel oder Klassifizierung erweitern. "Keine große Sache", sagen sie, "nur ein technisches Versehen." Leider passiert so etwas aber immer wieder, so daß sich der gespannte Zuschauer fragt, wann - oder ob - die Sache jemals ein Ende haben wird.

KI-Systemen fehlt anscheinend der flexible und doch so mühelose "Alltagsverstand", mit dem die Menschen sich auch in unerwarteten Situationen zurechtfinden und auf überraschende Ereignisse reagieren. Deshalb liegt die Vermutung nahe, daß das Hinzufügen immer neuer "Klauseln" das Unvermeidliche nur hinausschiebt; es ist, als würde man ein eingerostetes Lager ölen, statt das zugrunde liegende Problem anzugehen, das dadurch im günstigsten Fall ein wenig länger vertuscht wird. Aus dieser Perspektive unterscheiden sich "mühelos" und "sprunghaft" nicht quantitativ, sondern qualitativ - so daß sie nie zusammenkommen werden.

Doch so schnell sollte man die Flinte nicht ins Korn werfen. Verschiedene, uns geläufige Analogien könnten als Anhaltspunkte dafür dienen, daß die Kluft zwischen sprunghaft und mühelos doch nicht so groß ist, wie es scheint. Wenn man beispielsweise einen Film langsam abspielt, taumeln die Bilder plump von Pose zu Pose; beschleunigt man den Film jedoch, gehen diese unbeholfenen Sprünge in elegante, geschmeidige Bewegungen über. Auf ähnliche Weise verschwindet bei einer bestimmten Auflösungsschwelle die gezackte schwarze Körnung einer Fotografie in zarten Konturen und Tönungen. Mit anderen Worten, der starke Gegensatz zwischen gleitend und ruckartig verschwindet völlig, wenn nur die Sprünge "klein" genug sind.

> Warum könnte das nicht auch in der KI geschehen? So wie unsere geglättete visuelle Erfahrung irgendwie auf einer "gekörnten" Netzhaut beruht, beruht vielleicht auch unser müheloser, flexibler Alltagsverstand letztlich auf (hinlänglich feinkörnigen) Regeln und Stereotypen.[22]

sie müssen eine Menge "Parameter" oder "Variablen" offenlassen, für die dann bei gegebenem Anlaß die spezifischen Merkmale eingesetzt werden. Im erstgenannten Fall ist das Rahmenproblem nicht angesprochen, weil Nebenwirkungen immer von situationsspezifischen Details abhängen: Befindet sich Baby (dieses Mal) auf Papa oder auf dem Tisch neben ihm? Wenn dagegen die entscheidenden Details als Variablen offengelassen werden, die auf Zuordnungen warten, dann muß es einen Mechanismus geben, der diese Zuordnungen vornimmt und laufend aktualisiert: Wenn sich Papa bewegt, wie müssen dann die Parameter für das Stereotyp "Wohnzimmer" der veränderten Situation angepaßt werden? Damit aber stehen wir wieder vor dem Rahmenproblem, das hier in Form der Frage auftritt, welche Stereotypen zu welchem realen Zeitpunkt innerhalb des Programms angewandt werden.

In dem Vierteljahrhundert seit ihrem Bestehen hat sich die Künstliche Intelligenz sowohl in ihrem Anwendungsbereich als auch in ihrer Differenziertheit enorm entwickelt. Probleme, die Ende der fünfziger Jahre nicht einmal aufgeworfen, geschweige denn gelöst werden konnten, sind heute die Gegenstände einer hochentwickelten und vitalen Forschung. Indem es die Theorie disziplinierte, hat das Computermodell sie gleichzeitig befreit: Es können Fragen formuliert und Erklärungsmodelle entwickelt werden, die zuvor im wesentlichen undenkbar waren. Sicherlich sind diese frühen Forschungsprojekte auf unvorhergesehene Komplexitäten und Schwierigkeiten gestoßen, aber selbst sie bilden eine Fülle von einzigartigen empirischen Kenntnissen. Unterdessen steht die KI nicht still, sondern entwickelt sich weiter. Jedes Jahr werden Systeme mit noch nie dagewesenen Fähigkeiten entwickelt, und noch ist kein Ende dieses Prozesses absehbar. Können wir also aus den gegenwärtigen Trends auf den letztendlichen Erfolg schließen? Um eine Antwort auf diese Frage zu finden, brauchen wir eine deutlichere Vorstellung des angestrebten Ziels.

6 Wirkliche Menschen

Pragmatischer Sinn

Die Künstliche Intelligenz hat sich immer am Vorbild des Menschen orientiert. Am Anfang unserer Geschichte stand die "Erfindung" des neuzeitlichen Geistes durch die Philosophie - insbesondere die von der Wissenschaft der Neuzeit inspirierte Idee, Denken als *Symbolmanipulation* zu betrachten. Danach haben wir unser Augenmerk jedoch mehr auf das Projekt gerichtet, diese Theorie auf mechanischem Weg zu verwirklichen. Von Begriffen wie Formalisierung, Automatisierung und Interpretation ausgehend haben wir ein Konzept der *Komputation* entwickelt, das im wesentlichen auf Symbolmanipulation beruht. Um diesen abstrakten Definitionen Anschaulichkeit zu verleihen, haben wir fünf verschiedene Computerarchitekturen vorgestellt, bevor wir uns dann konkreter der Künstlichen Intelligenz zuwandten und einen kurzen Überblick über die frühen Forschungsarbeiten und die in den Anfängen dieser Disziplin entwickelten Programme gaben. Wie wir gesehen haben, ist die KI ein hartes Brot; unter ihren Entdeckungen nehmen neue Probleme ebensoviel Raum wie dauerhafte Lösungen ein. So ist es vielleicht angebracht, am Schluß wieder zum Anfang zurückzugehen, mit einem klaren Beispiel für Intelligenz vor Augen, das der Wissenschaft bekannt ist - nämlich uns selbst.

Wir versuchen also weiterhin, KI zu verstehen, jetzt aber sozusagen vom anderen Ende her. Statt von ihrem Hintergrund und ihren Leistungen aus in Richtung Zukunft zu blicken, wollen wir versuchen, vom Ziel aus zurückzuschauen und dabei wirkliche Menschen zum Maßstab zu nehmen. Anders gesagt, wir wollen versuchen, Unterlassungen aufzuspüren: Phänomene, die für die Intelligenz möglicherweise wichtig sind, in der GOFAI-Tradition aber nicht berücksichtigt wurden (und vielleicht auch gar nicht berücksichtigt werden können). Wir werden dabei vorsichtig vorgehen, denn wir beabsichtigen nicht, die KI zu widerlegen, sondern höchstens einige ihrer Ansätze abzuklopfen.

Beginnen wir, indem wir uns dem ungelösten Problem der "sinnvollen Deutung" zuwenden. In Kapitel 3 sahen wir, daß Interpretation (und folglich auch Komputation) davon abhängt, obwohl sich schwer definieren läßt, was eigentlich damit gemeint ist. In Symbolsystemen ist die Wahrheit einer Aussage ein exemplarischer Weg, zu einer sinnvollen Deutung zu gelangen, wenn auch nicht der einzige. Nichtsymbolische Systeme können jedoch gleichfalls einen Sinn ergeben, zum Beispiel, indem sie in einer Art und Weise *agieren,* die Intelligenz zeigt.

Nehmen wir zur Illustration Mäuse: Sie legen eine gewisse Weltklugheit an den Tag, äußern aber herzlich wenig an symbolischen Ausdrücken, ob wahr oder falsch. Ob sie in ihren Gehirnen Symbole manipulieren, ist unerheblich, denn ihre "Schlauheit" schreiben wir ihnen aus völlig anderen Gründen zu - nämlich wegen ihres oft recht gewitzten

Verhaltens. Jerry zum Beispiel schnuppert den Duft des frischen Brotes auf der Anrichte, der sich leider mit dem Geruch von Tom vermischt, der unter der Anrichte liegt. Nach kurzem Zögern zieht er sich vorsichtig an die Wand zurück und nimmt den hinteren Weg, um dann unbemerkt hinter dem Geschirrständer aufzutauchen. Was ist daran intelligent? Nun, wir unterstellen, daß Jerry verschiedene Ansichten (über Katzen, Brot und die Küchensituation) und verschiedene Vorlieben (über Fressen versus Gefressenwerden) hat und daß er auf dieser Grundlage *rational* handelt; d.h., er denkt über seine Alternativen nach, zieht seine Schlüsse daraus und macht einen gerissenen Schachzug.

Die Zuschreibung mentaler Zustände anhand des beobachtbaren Verhaltens läßt sich weitgehend mit der Interpretation einer Folge fremdartiger Symbole vergleichen; wichtig dabei ist, daß das System letztlich einen Sinn ergibt, den wir als *pragmatischen Sinn* bezeichnen könnten. Es wäre beispielsweise absurd, Jerry etwa folgendes zuzuschreiben:

1. die *Überzeugung* (wenn er zitternd einen schnellen Blick auf Tom wirft), eine stattliche Platane zu erblicken;
2. die *Absicht* (wenn er das Mauerwerk hinaufhuscht), sich still hinzulegen und langsam einzudösen; oder
3. die (auf Schnuppern gegründete und durch Krabbeln bekundete) wohlerwogene *Entscheidung*, für die Wahl zum Bundespräsidenten zu kandidieren.

Diese Zuschreibungen sind deswegen absurd, weil zwischen den zugeschriebenen Zuständen und der wahrnehmbaren Situation und/oder den ausgeführten Handlungen kein sinnvoller Zusammenhang besteht. Unter *Wahrheit* wird in diesem Falle also ein "sinnvoller Zusammenhang" zwischen Wahrnehmung und Wahrgenommenem verstanden; das Gegenstück dazu ist der *Erfolg*, nämlich der Zusammenhang zwischen Absicht und vollbrachter Handlung. Diese Punkte lassen sich in einem Leitsatz zusammenfassen:

ZUSCHREIBUNGSSCHEMA: Schreibe Überzeugungen, Ziele und Fähigkeiten so zu, daß sie die manifeste Gesamtkompetenz eines Systems maximieren.

Kompetenz ist die Fähigkeit, auf der Grundlage von Wissen und Wahrnehmungen rationale Entscheidungen zu treffen, um Ziele zu erreichen. Es geht also mit anderen Worten darum, das Verhalten eines Systems "rational zu deuten", indem man unter Berücksichtigung der jeweiligen Umstände auf die einer Handlung angemessene mentale Struktur schließt.[1]

Da Menschen natürlich nicht nur handeln, sondern auch sprechen, müssen Interpretation und Zuschreibung koordiniert werden. Wenn Barbara beispielsweise sagt: "Paß auf! Dieser Stuhl ist heiß", und sich anschließend daraufsetzt, stimmt etwas nicht. Vielleicht haben wir sie falsch interpretiert; vielleicht mag sie (im Gegensatz zu den meisten von uns) einen warmen Sitzplatz, oder aber sie hat einfach gelogen, damit ihr niemand den Stuhl streitig macht. Auf die eine oder andere Art müssen Worte und Handlungen jedoch übereinstimmen, da sie einem einzigen Gehirn entstammen. Praktisch definieren symbolischer und pragmatischer Sinn zusammen eine allgemeinere Bedingung für eine sinnvolle Kohärenz.

Ein vollständiger Roboter ist ebenfalls sowohl Sprechender als auch Handelnder. Im Prinzip könnte jedoch der Eindruck entstehen, daß sich KI allein auf Sprache konzentrieren und den Sinn von Handlungen einfach ignorieren könnte. Schließlich macht der "Turing-Test" (den wir nicht in Frage gestellt haben) im wesentlichen flüssiges Englisch zu einer ausreichenden Bedingung für Intelligenz - warum sollten wir uns also mit Pragmatik befassen? Die Antwort hat mit einem Merkmal der Sprache zu tun, das so fundamental ist, daß man es leicht übersieht: Sprechen ist ja eine Art von Handeln. *Sprechakte* sind gleichzeitig symbolische Äußerungen und Dinge, die wir *tun,* um Ziele zu erreichen. Entsprechend ist der "pragmatische Sinn" bereits im Begriff der Sprachkompetenz enthalten, so daß die KI ihn nicht ignorieren kann.

Wenn Sie z.B. in einer Bibliothek Hilfe brauchen, besteht der sinnvolle Schritt darin, darum zu bitten; wenn Sie Ihren Nachbarn davon in Kenntnis setzen möchten, daß sein Hund frei herumläuft, sagen Sie es ihm; wenn Sie aber Pläne haben, die geheim bleiben sollen, behalten Sie sie für sich. In all diesen Fällen steht weniger das im Mittelpunkt, was gesagt wurde, als vielmehr seine praktischen Auswirkungen. Ähnlich ist es, wenn ich einem Handel zustimme (z.B., indem ich sage: "Ich akzeptiere Ihr Angebot"). Ich drücke dadurch nicht nur meine Einwilligung aus, sondern verfolge auch meine Ziele. Darüber hinaus beteilige ich mich in diesem Fall an der Einrichtung des Tauschhandels, die mir weitere Regeln auferlegt: Wenn ich (wissentlich) etwas verspreche, das ich gar nicht hergeben kann, dann ist meine Vereinbarung ebenso brüchig wie meine Moral. Kein System, das solche Dinge außer acht läßt, besäße wirkliche Sprachkompetenz.

Noch viel interessanter ist jedoch die Art und Weise, in der ein symbolischer Inhalt einen zusätzlichen, für die Kommunikation wichtigen Sinn transportieren kann. Betrachten wir einmal die folgenden "Implikationen":

1. Mary fragt Peter: "Wo ist Paul?" Peter antwortet: "Er ist in Neustadt." Mary vermutet, daß Peter nicht weiß, in welcher Stadt dieses Namens, von der es ja mehrere gibt.
2. Eine uns als Feinschmeckerin bekannte Freundin, die das Restaurant verläßt, als wir eintreten, sagt: "Bestellt heute abend keine Quiche, sie ist gräßlich." Wir nehmen an, daß sie sie probiert hat.
3. Sohn: "Ich wollte, ich hätte Geld fürs Kino." Vater: "Der Rasen muß gemäht werden." Der Sohn folgert, daß Rasenmähen Geld bringt.
4. Lydia: "Martin ist der Sohn des Mannes der Schwester meiner Mutter." Vermutlich ist Martin nicht der Sohn der Schwester von Lydias Mutter, also nicht Lydias Cousin.

In keinem dieser Fälle ist die Schlußfolgerung eine logische Konsequenz aus den vorhergehenden Äußerungen, selbst nicht in Verbindung mit Allgemeinwissen. Vielmehr ist jede dieser Folgerungen an Vermutungen über die Gründe der Person geknüpft: Warum hat er *das* gesagt? Warum hat sie das so und nicht anders ausgedrückt?

Der Philosoph Paul Grice erklärt solche Schlußfolgerungen, indem er Sprechen als rationale (Inter)Aktion betrachtet. Wir können also nicht nur aus den Meinungen, die Menschen tatsächlich äußern, unsere Schlüsse ziehen, sondern auch aus der Art und Weise, wie sie sich als Teilnehmer in diesem gemeinsamen Kommunikationswagnis verhalten. Präziser gesagt: Grice schlägt vier "Maximen" der *Gesprächskooperation-* vor, deren Einhaltung Gesprächspartner voneinander erwarten können:

Kasten 1
Semantische Intrige

Das "Zuschreibungsschema" legt die Bedingungen für die Zuschreibung mentaler Zustände fest, wenn ein System erst einmal spezifiziert ist, nicht jedoch, für welche Art Systeme eine solche Zuschreibung überhaupt vorgenommen werden kann. Dies zeigt sich z.B., wenn wir von der Mäusepsychologie überwechseln zur

MAUSEFALLEN-PSYCHOLOGIE: Die Falle *will* Mäuse töten und *glaubt,* daß sie das auch kann, sobald eine Maus am Köder knabbert. Darüberhinaus ist sie immer dann, wenn sie *spürt,* daß sich ihr Auslöser bewegt, der Überzeugung, daß in diesem Augenblick eine Maus am Köder nagt. Weil sie dieses Gefühl hat, *handelt* sie auf der Stelle.

Gewissenhafte Beobachtung bestätigt, daß die Überzeugungen der Falle größtenteils wahr und ihre Wahrnehmungen in den meisten Fällen zuverlässig sind; darüber hinaus handelt sie rational und im Einklang mit ihren Wahrnehmungen und Überzeugungen und erreicht dabei ihre Ziele mit beneidenswertem Erfolg. Trotzdem ist das Ganze zweifellos völlig absurd und unbegründet. Dem Zuschreibungsschema zu genügen, reicht also zur Rechtfertigung mentaler Zuschreibungen nicht aus.

Was ist außerdem erforderlich? Stellen wir uns *Superfalle* vor, ein System mit einem vielseitigeren Repertoire. Wenn das Fell einer Maus benzindurchtränkt ist, zündet Superfalle ein Streichholz an; wenn eine Maus unter dem Bücherregal sitzt, läßt sie ein Wörterbuch fallen; ist eine Maus im Mixer, schaltet sie diesen ein; und wenn eine Maus am Köder nagt, schnappt sie selbstverständlich zu. All diese Gewohnheiten lassen sich nur (und nur) dadurch verallgemeinern, daß man ihnen ein beharrlich verfolgtes, perfides Ziel zuschreibt: Mäuse zu töten. Ohne böse Absicht wäre es lediglich ein schauerlicher (und unglaublicher) Zufall, daß jede einzelne Geste potentiell tödlich ist und daß dieses Potential noch dazu durch ein derart ausgezeichnetes Timing realisiert wird.

Mentale Zuschreibungen sind wie Revolutionskämpfer: Entweder sie hängen aneinander oder sie hängen allein. Im günstigsten Fall wird sich jede Zuschreibung - in verschiedenen Kombinationen mit anderen Zuschreibungen - unter mehreren Aspekten vernunftgemäß erklären lassen. So wie die Zuschreibung der Mordabsicht in Verbindung mit diversen Überzeugungen über Benzin, Mixer und dergleichen die Grundlage für die Erklärung verschiedener Intentionen bildet, sollten diese Überzeugungen außerdem auch eine Basis zur Erklärung anderer Zielsetzungen bilden können, beispielsweise, wie Superfalle ein Freudenfeuer entzündet oder einen Milchshake zubereitet. Durch raffiniertere Kombinationen läßt sich dann auch zeigen, warum sie es ablehnt, Katzen und Schleiereulen zu verletzen, selbst wenn sie am Köder nagen oder nach Benzin riechen sollten. Eine derart verwickelte "Konspiration" rationaler Erklärungen (die sich durch all ihre gemeinsamen Bestandteile hindurchzieht) nenne ich *semantische Intrige*; ich meine damit die Art und Weise, wie Zuschreibungen "zusammenhängen" (kohärent sind). Diese Kohärenz ist (noch vor dem Zuschreibungsschema und ihm übergeordnet) eine Bedingung, damit die Zuschreibung nicht willkürlich ist.

Zuschreibung ist wie Interpretation eine Methode, Ordnung (Nichtzufälligkeit) zu erkennen, die andernfalls unbemerkt bliebe oder unbeschreibbar wäre. Das entdeckte Muster braucht natürlich nicht vollkommen zu sein; Fehler sind jedoch nur vor dem Hintergrund eines im großen und ganzen klaren und zuverlässigen Gesamtbildes erkennbar. (Im Chaos kann es keine Fehler geben.) So ermöglicht die semantische Intrige - das Muster, das intelligentem, nichtzufälligem Verhalten zugrunde liegt - auch die Zuschreibung (vereinzelt vorkommender) *Irrtümer*. Angenommen, ich löse den Mechanismus einer Mausefalle mit einer Feder aus, und sie schnappt zu. Sollen wir nun sagen, die Falle hätte versucht, "diese Maus" zu töten, da sie an das unwahrscheinliche Diktum "Zermalme eine Feder, töte eine Maus" geglaubt hat, oder daß sie die Gelegenheit zu einer Zielübung nutzte? Beides ergibt nicht mehr Sinn als der Rest der Mausefallenpsychologie. Wenn wir jedoch zu Superfalle übergehen und noch dazu unabhängige Beweisgründe haben, daß sie einigen besonders listigen Mäusen Tarnungen zutraut, außerdem weiß, wo diese sich vielleicht mit Federn versorgen könnten, dann wäre dieses Wissen möglicherweise ausreichend komplex, um die Unterstellung eines (einzelnen) Irrtums zu rechtfertigen.[2]

1. Liefere so viele Informationen, wie zweckmäßig und angemessen ist.
2. Achte darauf, keine Unwahrheiten zu sagen.
3. Sei relevant (bleibe beim Thema, etc.).
4. Sei deutlich (drücke dich klar, verständlich, kurz usw. aus).

Diese Punkte sind als allgemeine Richtlinien für die Praxis der Konversation gedacht. Natürlich sind sie weder vollständig noch unantastbar. Sie stellen jedoch einen groben Maßstab bereit, nach dem wir uns unter normalen Umständen richten können.[3]

Hieraus ergeben sich bemerkenswerte Konsequenzen. Da Mary annimmt, daß Peter kooperativ ist (es besteht kein Grund, daran zu zweifeln), nimmt sie insbesondere an, daß er sich nach besten Kräften an die erste Maxime hält. Wenn er gewußt hätte, ob sich Paul in Neustadt am Rübenberge oder Neustadt an der Weinstraße aufhält, hätte er das also höchstwahrscheinlich gesagt. Entsprechendes gilt für unsere Feinschmeckerin: Da sie darauf achtet, nicht die Unwahrheit zu sagen, würde sie eine Quiche nicht tadeln, wenn sie sie nicht zuvor probiert hätte. Die Bemerkung des Vaters über den ungemähten Rasen würde die dritte Maxime verletzen (Relevanz), wenn sie sich nicht auf das Geldproblem des Sohns beziehen würde; also kann der Sohn getrost davon ausgehen. Und welchen Grund sollte schließlich Lydia haben, das Verwandtschaftsverhältnis zu Martin derart umständlich zu erklären, wenn sie es mit dem einfachen Ausdruck "Cousin" umschreiben könnte? Offenbar kann sie das also nicht. Wenn man den pragmatischen Sinn mitberücksichtigt, werden tatsächlich mehr Informationen vermittelt, als durch den Gesamtinhalt der Symbole gegeben sind (einschließlich aller verdeckten Implikationen)? Und doch geschieht diese Vermittlung nur durch Worte und nicht etwa durch das Mienenspiel, durch eine verräterische Änderung des Tonfalls oder ähnliches. Die Informationen könnten ohne Verlust auch über einen Fernschreiber vermittelt werden.

Grice bezeichnet solche Implikationen, die auf der Vermutung beruhen, daß der Gesprächspartner kooperativ ist, als "Gesprächsimplikaturen" *(conversational implicatures)*. Beispiele wie die soeben erwähnten sind uns vielleicht am geläufigsten; noch viel eindrucksvoller ist es jedoch, wenn ein Sprecher absichtlich gegen diese Maximen verstößt, um sie dadurch voll *auszuschöpfen*. Nehmen wir an, ein potentieller Arbeitgeber bittet mich um die schriftliche Beurteilung eines früheren Studenten. Ich schreibe: "Ich kenne Herrn Bönhase seit sechs Jahren. Er ist immer still und unauffällig und hat keine schlechten Gewohnheiten. Hochachtungsvoll..." Hier habe ich die Erwartung, so viele Sachinformationen weiterzugeben, wie ich besitze, in eklatanter Weise verletzt. Der Leser wird dies nicht nur bemerken, sondern sich außerdem darüber im klaren sein, daß ich weiß, daß er dies bemerkt. Offenkundig weiß ich etwas, von dem ich annehme, daß er es "kapiert", nämlich die versteckte Mitteilung, daß Bönhase zwar nett, aber nicht gerade ein großes Licht ist.

Die Verbindung von pragmatischem mit symbolischem Sinngehalt trägt jedoch leider nichts zur Klärung des zugrunde liegenden Vorgangs der "sinnvollen Deutung" bei. Tatsächlich erscheint ein Überblick hier sogar noch vertrackter, da weniger Hoffnung besteht, ein vereinheitlichendes Thema wie Wahrheit, Rationalität oder Kompetenz zu finden. Schlimmer aber ist, daß diese Komplikationen erst der Anfang sind. Ein kohärentes, verständliches Gespräch z.B. ist alles andere als eine willkürliche Folge wahrer Äußerungen und/oder erfolgreicher Sprechakte: Wahrheitssalat und Erfolgssalat ergeben ebensowenig einen Sinn wie Wortsalat. Woraus bestehen nun aber Kontinuität, Entwicklung, zulässige Abschweifungen etc. bei einem gewöhnlichen Gespräch (vom Alltagsleben ganz zu schweigen)? Obwohl diese Probleme natürlich ausgiebig erforscht wurden, hat man bisher keine klaren Kriterien aufstellen können. Auch ich bin nicht in der Lage, eine präzisere allgemeine Charakterisierung als diese zu formulieren:

UNSINNS-VERMEIDUNGSREGEL: Ein beständiges System ergibt insoweit einen Sinn, als es, so wie es verstanden wird, nicht lauter Unsinn produziert.

Kasten 2
Metakognition

Die meisten unserer kognitiven Zustände betreffen Gegenstände und Ereignisse in der "Außenwelt". Einige beziehen sich jedoch auf andere kognitive Zustände - unsere eigenen oder die anderer Menschen. Unsere Überzeugungen, Hoffnungen, Ängste etc. kreisen also nicht nur um äußere Fakten, sondern auch um andere Überzeugungen, Hoffnungen oder Ängste. Diese Form des Denkens bezeichne ich als *Metakognition,* um ihren besonderen Status als Kognition der Kognition hervorzuheben.

Bestimmte Schlüsse auf das Wissen und die Motive anderer Menschen zu ziehen, indem man von ihren Handlungen ausgeht, ist ein Beispiel für Metakognition; und "Gesprächsimplikaturen" zu verstehen, ist ein Spezialfall davon. Was andere Menschen bewegt, können wir außerdem auch aus dem folgern, was sie sonst noch tun, was sie uns explizit mitteilen oder in welchen Situationen sie sich befinden (bestimmt hoffte sie, dieses Ekel würde sie in Ruhe lassen), und aus unserem allgemeinen Wissen, was "man so denkt".

Da Menschen das wichtigste, uns vertrauteste und komplizierteste "lebende Inventar" unseres Alltagslebens sind, müssen wir dazu imstande sein, ihre Aktionen und Reaktionen in verschiedenen möglichen Umständen vorauszuahnen. (Hieraus ergibt sich übrigens eine besondere Spielart des Rahmenproblems.) Diese Fähigkeit zum Vorausahnen verlangt jedoch eine ziemlich umfassende Einschätzung ihrer persönlichen Standpunkte, Wertvorstellungen und Ziele. (Indirekt ist dies eine Lektion der "Semantischen Intrige".) Deshalb ist Metakognition eine entscheidende Voraussetzung für intelligentes Handeln und natürlich auch für intelligentes Sprechen.

Wir denken aber nicht nur über die Gedanken anderer Menschen nach, sondern *reflektieren* auch unsere eigenen. So haben viele Philosophen Reflexion sogar als die Essenz des Bewußtseins - oder zumindest des (spezifisch menschlichen) *Selbstbewußtseins* - betrachtet. Unabhängig davon, ob dies tatsächlich zutrifft (und ich bin davon nicht überzeugt), ist reflektives Ichbewußtsein sicherlich ein entscheidendes Element in vielem, was wir als besonders ausgereift, klug, tiefgründig, scharfsinnig und dergleichen empfinden. Selbstverständlich könnte ein System, das zu dieser Metakognition nicht imstande wäre, auch nicht reflektieren."[4]

Geistige Bilder

Ein Würfel mit 3 cm Kantenlänge wird auf zwei gegenüberliegenden Seiten blau und auf einer Seite (die blauen Seiten "überbrückend") rot angestrichen. Wenn dieser Würfel in siebenundzwanzig Würfel mit 1 cm Kantenlänge zerschnitten würde, wieviele der kleineren Würfel hätten dann exakt eine rote und eine blaue Seite?

Stellen Sie sich das Haus vor, das Sie am besten kennen (vielleicht das, in dem Sie aufgewachsen sind oder in dem Sie heute leben). Wie viele Fenster hat die Rückseite dieses Hauses?

Stellen Sie sich vor, Sie ritten auf einer Giraffe; genauer noch, stellen Sie sich vor, Sie würden quer durch die afrikanische Savanne verfolgt, und Ihre treue Giraffe würde Sie in vollem Galopp befördern. Wo befinden sich in diesem Phantasiebild Ihre Arme?[5]

Die meisten Menschen sagen, daß sie bei der Beantwortung solcher Fragen nicht in Worten nachdenken, sondern sich *geistige Bilder* formen und diese betrachten. Versuchspersonen lösen also das Würfelproblem, indem sie sich "ein Bild" des zerschnittenen Würfels "machen" und dann die kleineren Würfel an den beiden Kanten, an denen blau und rot zusammenstoßen, zählen. Das Fensterbeispiel hat mehr mit Gedächtnis als mit Problemlösen zu tun; interessant ist es vor allem, weil sich die Befragten in zwei Lager spalten. Die einen stellen sich vor, das Haus vom Hintergarten aus zu betrachten und die Fenster zu zählen, während die anderen im Geiste von Raum zu Raum gehen und die rückwärtigen Wände betrachten, um die Fenster von innen zu zählen.[6]

Die Giraffenvorstellung ist wieder anders: Hier ist weder ein Rätsel zu lösen (z.B. durch eine richtige Antwort), noch ist damit (für die meisten von uns) eine Erinnerung an eine frühere Erfahrung verbunden. Und doch sagt fast jeder, seine Arme seien um den Hals der Giraffe geschlungen. Dies kann keinesfalls eine Extrapolation vom gebräuchlicheren Reiten auf Pferde- oder Kamelrücken sein, da normalerweise kein Reiter die Hälse von Pferden oder Kamelen umklammert. Ich vermute, daß Menschen sich diese Szene nicht nur visuell vergegenwärtigen, sondern sich irgendwie "in" die Situation hineinversetzen - wobei sie sich dann vor dem Problem sehen, nicht hinunterzufallen, während vor ihnen ein langer Hals aufragt, an dem sie sich festklammern können.

Natürlich werden nicht alle Fragen (nicht einmal anscheinend) mit Hilfe innerer Bilder beantwortet. Wenn ich frage: " Wie viele Groschen bilden eine Mark?" oder "Ist Arsen gut für Hamster?", wären Bilder nicht besonders hilfreich oder relevant. Andere Fragen nehmen eine Zwischenstellung ein: Sie können, aber müssen nicht anhand innerer Bilder beantwortet werden. Zum Beispiel können die meisten Erwachsenen sagen, wie viele Ohren ein Tiger hat, ohne sich ein inneres Bild zu formen und zu zählen (obwohl sie letzteres könnten, wenn sie wollten). Würde man sie dagegen fragen, welche Form Tigerohren haben, müßten sie höchstwahrscheinlich das innere Bild überprüfen. Würde man jedoch noch weiter gehen und z.B. fragen, wieviele Streifen der Tiger hat, würde wahrscheinlich auch die Vorstellung nichts nützen.

Deshalb gibt es offenkundig (mindestens) zwei verschiedene Arten von geistiger Repräsentation:

QUASISPRACHLICHE Repräsentationen sind komplexe Symbole, deren Bedeutungen durch ihre syntaktische Struktur und die Interpretationen ihrer einfachen Bestandteile (z.B. deutsche Sätze, KI-"Stereotypen", Computerprogramme) zusammen festgelegt werden.

QUASIBILDLICHE Repräsentationen "bilden" ihre Objekte "ab", indem sie ihnen in einer bestimmten, schwer zu beschreibenden Art und Weise ähneln oder sie nachahmen; wichtige Beispiele sind Gemälde, maßstabgetreue Modelle und (vielleicht) geistige Bilder.

Dies entbehrt nicht einer gewissen Ironie, wenn wir uns daran erinnern, daß sich Hobbes und Descartes mit allen Kräften um die Überwindung der aristotelischen "Abbild-Theorie" der Repräsentation bemühten, als sie das Konzept der Symbolmanipulation entwickelten. Am Ende aber könnte es sein, daß wir beides brauchen. Die Rehabilitation geistiger Bilder begegnet jedoch signifikanten Schwierigkeiten, die mit historischer Ironie nichts zu tun haben.

Am schwersten ist die Frage nach ihrer Beschaffenheit zu beantworten. Sie können keine eigentlichen *Bilder* im Gehirn sein, da im Schädel kein drittes Auge existiert, um sie zu betrachten (davon abgesehen ist es dort drinnen dunkel, und auch Chirurgen haben selbst mit Operationsleuchten nichts dergleichen entdecken können, usw.) Na und? Ebensowenig existiert ein inneres Auge (oder ein Homunkulus), um quasisprachliche Symbole zu lesen, die im Gehirn "geschrieben" sind; wir wissen aber jetzt, daß das auch gar nicht notwendig ist. Das Computermodell beweist prinzipiell, daß es ausreicht, wenn innere Strukturen (ob neural oder elektronisch) vorhanden sind, die bestimmte *grundlegende Merkmale* der Sprache erhalten (digitale Syntax, Unterscheidung zwischen Modus und Gehalt, semantisches Kompositionsprinzip usw.) und die *Operationen* ausführen können, die diese Merkmale adäquat berücksichtigen. Könnte dies auch für geistige Bilder gelten?

Welches sind die grundlegenden Merkmale bildlicher Darstellungen, und welche Art Operationen berücksichtigen sie? Betrachten wir den Grundriß eines Hauses:

1. seine *Bestandteile korrespondieren* mit relevanten Bestandteilen des Hauses (Linien mit Wänden, Rechtecke mit Räumen usw.); und
2. die *Struktur der Relationen* zwischen den korrespondierenden Teilen ist die gleiche (da sich die Diele zur Küche verhält wie das Bad zum Schlafzimmer, verhält sich das Dielenrechteck zum Küchenrechteck wie das Badrechteck zum Schlafzimmerrechteck).

Die zweite Bestimmung ist wesentlich, da andernfalls alles mit jedem "korrespondieren" könnte. So könnten wir beispielsweise sagen, daß das Treppenhaus mit der Schale eines Granatapfels korrespondiert und das Wohnzimmer mit drei in ihm verstreuten Kernen etc.; dann aber wäre die "Struktur der Relationen" nicht gewahrt.[7]

Kasten 3
Imagination und Perzeption

Ein "inneres Bild" vor sich zu haben, ähnelt subjektiv der Erfahrung, das imaginierte Objekt tatsächlich wahrzunehmen, jedoch in einer schwächeren und weniger definitiven Form. Sich die Rückseite eines Hauses vorzustellen, ist eigentlich so, als würde man das Haus tatsächlich betrachten (mit dem "geistigen Auge"), und die Vorstellung von Trompetenklängen läßt sich damit vergleichen, konkrete Trompeten zu hören usw. Dies legt den Schluß nahe, daß Bereiche unseres Wahrnehmungsvermögens auch an der Formung geistiger Bilder beteiligt sind.

Davon unabhängig bestehen jedoch weitere Gründe, die diese Vermutung bekräftigen. Zum einen ist es ein wohlbekanntes Phänomen, daß Imaginationen (Träume, Halluzinationen etc.) fälschlich für Perzeptionen gehalten werden können, und Experimente haben bestätigt, daß Versuchspersonen auch der umgekehrten Täuschung unterliegen können (also Perzeption fälschlicherweise für Imagination halten). Außerdem hat man herausgefunden, daß gleichzeitiges Wahrnehmen und Imaginieren in derselben Sinnesmodalität viel schwieriger ist als z.B. simultanes Wahrnehmen und Imaginieren in verschiedenen Modalitäten (z.B. Sehen und Hören). Dies läßt darauf schließen, daß Perzeption und Imagination auf einer für die betreffende Modalität spezifischen Ebene um dieselben Ressourcen konkurrieren. Ferner deutet auch die Tatsache, daß manche Menschen, die einen Schlaganfall erlitten haben und an Beeinträchtigungen des Sehvermögens leiden, genau den gleichen Beeinträchtigungen in ihrer Fähigkeit zur Formung und Benutzung visueller Vorstellungen unterliegen. Daraus folgt, daß das durch den Schlaganfall geschädigte Gehirngewebe an beiden Prozessen beteiligt gewesen sein muß.

Ist das Problem dadurch nicht gelöst? Wenn das Sehvermögen nicht "bildlich" ist, was ist es dann? (Schnelle Antwort: Bilder). Doch so einfach liegt die Sache leider nicht. Angenommen, die Erfahrung, ein Haus zu betrachten, ähnelt tatsächlich der Erfahrung, das Bild eines Hauses zu betrachten; dies würde höchstens zeigen, daß Haus und Bild einander gleichen, nicht jedoch, daß die Erfahrung (oder die geistige Darstellung) beidem ähnelt. Insbesondere läßt sich dadurch eben nicht nachweisen, daß Perzeption so etwas wie die Formung geistiger Bilder ist. Nehmen wir noch einmal an, es sei etwas ähnliches, sich ein Haus vorzustellen und ein Haus zu sehen; daraus ergibt sich noch lange nicht, daß die Repräsentation überhaupt einem Haus ähnlich ist (noch, daß sie dem Bild eines Hauses gleicht).

> Mit einem Wort: Perzeption und Imagination scheinen in bezug auf quasibildliche Repräsentationen im gleichen Boot zu sitzen; dies sagt aber noch nichts über das Boot aus.

Die Relationen in einem Plan entsprechen denen in einem Haus auf nahezu triviale Weise: Bis auf den Maßstab sind alle relevanten Merkmale im wesentlichen die gleichen. Es gibt jedoch kompliziertere Fälle. Manche Landkarten beispielsweise repräsentieren Höhenverhältnisse nicht durch maßstabgerecht verkleinerte Erhöhungen, sondern durch farbliche Abstufungen. Der Kartograph muß dabei sicherstellen, daß die relationalen Strukturen gewahrt bleiben. So muß beispielsweise immer, wenn A höher als B dargestellt ist und B höher als C, A auch höher als C sein. Wie werden vorgestellte Entfernungen, Formen etc. im Gehirn repräsentiert? Niemand weiß es; denkbar wäre aber, daß dabei weder maßstabgetreue Modelle noch Farbabstufungen eine Rolle spielen, denn Gehirne gleichen nun einmal oberflächlich betrachtet eher Granatäpfeln als Papierbögen.[8]

Zu typischen, mit Bildern verbundenen *Operationen* (denken wir wieder an den Grundriß) würden gehören:

- den Brennpunkt der Aufmerksamkeit von einem Teil auf den anderen zu lagern (Abtasten und/oder Schwenken);
- die Ausrichtung des Bildes zu verändern (Drehen);
- seine Größe zu verändern (Zoomen);
- wichtige Teile hinzuzufügen, zu entfernen oder woanders anzubringen ("Zerschneiden und wieder Zusammenfügen";
- wichtige Teile oder Merkmale wiederzuerkennen (und zu zählen;
- zwei Bilder zum Vergleich übereinanderzulegen.

Solche Operationen sind leicht zu begreifen bei Bildern, die auf Papier gedruckt sind, in die Hand genommen und betrachtet werden können; wie aber hat man sie sich bei geistigen Bildern vorzustellen? Wie kann beispielsweise ein geistiges Bild gedreht oder gezoomt werden, ohne daß ein Stück Gehirngewebe gedreht oder gedehnt wird? Wie kann das "geistige Auge" etwas abtasten, wenn es kein Lager hat, in dem es sich drehen kann?

Erstaunlicherweise scheinen jedoch all diese Operationen und einige mehr mit geistigen Bildern möglich zu sein, wobei sie bestimmten, interessanten Beschränkungen unterliegen. Beginnen wir mit dem *Vorstellungsfeld,* auf dem Bilder betrachtet werden (und das dem gewöhnlichen Gesichtsfeld bemerkenswert ähnlich ist):

- Form und Größe sind meßbar (an den Rändern allerdings verschwommen) und entsprechen ungefähr dem realen Gesichtsfeld;
- seine Schärfe (Auflösungsvermögen) ist begrenzt; im Zentrum ist sie schärfer (allerdings nicht so scharf wie die reale Sehkraft).

Innere Bilder und dieses Gesichtsfeld sind nicht dasselbe, denn die Bilder können relativ zu diesem Feld, das unverändert bleibt, gedreht, gezoomt und verschoben werden. Wenn

Sie sich zum Beispiel ein Bild Ihres Fernsehers formen, so sticht der Bildschirm deutlich hervor, während die seitlichen Bedienungsknöpfe kaum sichtbar sind. Wenn Sie diese Knöpfe jedoch "hereinzoomen", werden sie größer und deutlicher, während der restliche Fernseher nun vergrößert wird und nicht mehr zu sehen ist. Auflösung und Gesichtsfeld bleiben also gleich, während die sichtbaren Details und Bereiche je nach Vergrößerung variieren.

Woher haben Psychologen dieses Wissen? Zweifellos zum Teil durch eigene Erfahrung und durch das Sammeln introspektiver Berichte anderer. Darüber hinaus aber gibt es eine Reihe von Experimentaltechniken, die eine eindrucksvolle (wenn auch indirekte) Bestätigung dieser Annahmen liefern und zugleich für präzisere und definitivere Ergebnisse sorgen. Der gebräuchliche (in der psychologischen Forschung häufig angewandte) Trick besteht darin, eine Versuchsanordnung so zu gestalten, daß *Zeit* die entscheidende abhängige Variable wird - im wesentlichen, weil sie bei allem eine Rolle spielt und leicht zu messen ist. Andere Faktoren können dann systematisch verändert werden, um festzustellen, welchen Einfluß sie - einzeln oder kombiniert - auf zeitliche Abläufe haben.

Ein berühmtes und verblüffendes Beispiel ist das von Shepard und Metzler (1971) konzipierte Experiment mit der "im Geiste vorgenommenen Rotation". Sie zeigten Versuchspersonen Paare von Strichzeichnungen (siehe Abb. 1) und fragten sie, ob die beiden Zeichnungen dasselbe Objekt darstellten. Manchmal waren es dieselben Objekte, nur aus einem anderen Blickwinkel, in anderen Fällen waren die Objekte unterschiedlich. Die Teilnehmer behaupteten, daß sie für ihre Antworten ein Objekt *in ihrem Geist drehten*, bis es in der gleichen Position wie das andere war, um dann zu vergleichen, ob die beiden Objekte übereinstimmten. Um diese Behauptung zu überprüfen, notierten die Experimentatoren die Zeit, die die Probanden für ihre Antworten benötigten, und stellten sie in einem Diagramm den Drehwinkeln gegenüber, die erforderlich waren, um die jeweiligen Paare in die gleiche Position zu bringen. Die Reaktionszeit (abzüglich einer kleinen Konstante) verhielt sich *direkt proportional* zu der notwendigen Rotation.[9] Dies wäre schwer zu erklären, wenn die Versuchspersonen die Bilder nicht wirklich drehen würden, so daß der Schluß naheliegt, daß sie dies tatsächlich tun - und dies darüber hinaus mit einer konstanten Winkelgeschwindigkeit. (Die Geschwindigkeit schwankt von Person zu Person, beträgt aber durchschnittlich ungefähr 60 Grad pro Sekunde oder 10 Umdrehungen pro Minute.)

Spätere Experimente erhärteten diese Interpretation durch die Bestätigung, daß rotierende Bilder durch Winkel gedreht werden, so als wären sie an einem rigiden Drehmittelpunkt befestigt. Doch nichts geht ohne Mühe: Es hat sich nämlich herausgestellt, daß größere und/oder komplexere Bilder langsamer rotieren. Wenn Versuchspersonen außerdem gebeten werden, ein Bild von etwas schwerem zu drehen (vielleicht einen Gegenstand, den sie zuvor noch in der Hand hielten), dann ist die Drehgeschwindigkeit nicht konstant. Es dauert eine Weile, das Bild zu beschleunigen, ebenso, es am Ende wieder zu verlangsamen - fast so, als ob das Bild selbst schwer wäre. Die Rotation geistiger Bilder muß also etwas anderes als das Drehen eines Fotos sein.

Das Beste aber habe ich mir bis zuletzt aufgehoben. Das ursprüngliche Experiment Shepards und Metzlers umfaßte zwei verschiedene Arten von Rotation: Rotation in einer planen Senkrechte zur Blickrichtung (wie ein Rad, das man von der Seite aus betrachtet)

Abbildung 1 Geistige Rotation
Shepard und Metzler zeigten Versuchspersonen 1600 verschiedene Paare perspektivischer Zeichnungen und fragten, ob beide Zeichnungen dasselbe Objekt darstellten. Drei dieser Paare sind oben abgebildet: Das erste zeigt dasselbe Objekt, auf der Ebene des Papiers gedreht, das zweite zwei Zeichnungen, die ebenfalls dasselbe Objekt darstellen, dieses Mal jedoch in einer zum Papier senkrecht stehenden Ebene gedreht; die Zeichnungen im dritten Paar bilden zwei verschiedene Objekte ab (keine Drehung könnte sie zur Deckung bringen).

und Rotation in einer planen Parallele zur Sichtlinie (wie ein hochkant betrachtetes Rad). Letzteres ist weit komplizierter, weil es alle drei Dimensionen einbezieht. Verschiedene Teile des Objekts kommen in Sicht und verschwinden wieder, wenn sie auf den Betrachter zu oder von ihm weggedreht werden oder wenn vorübergehend ein Teil von einem anderen verdeckt wird. Überraschenderweise führten die Versuchspersonen jedoch beide Rotationsarten praktisch mit derselben Geschwindigkeit aus. Dies läßt darauf schließen, daß die Versuchspersonen in beiden Fällen nicht eine innere Kopie der Zeichnung des Experimentators drehen, sondern ein vollständiges dreidimensionales Bild (inneres "maßstabgetreues Modell"?) des dargestellten Objekts. Um diese Entdeckung rational zu erklären, könnte man mit vollem Recht einwerfen, daß sich geistige Bilder in einer 3-D-Welt entwickelt haben usw.; verblüffend finde ich die Sache trotzdem.[10]

Obwohl Hunderte, wenn nicht Tausende von Experimenten mit geistigen Bildern beschrieben wurden, ist noch vieles ungeklärt. Wir wissen so gut wie nichts darüber, wie das Gehirn diese großartigen Leistungen vollbringt, und es gibt keine künstliche Entsprechung, die auch nur annähernd so überzeugend ist wie der Computer bei quasisprachlichen Repräsentationen. Tatsächlich ist noch immer strittig, wodurch sich (falls überhaupt) quasisprachliche und quasibildliche Repräsentation letztlich unterscheidet;[11] ebensowenig existiert ein zwingender Grund für die Annahme, wir besäßen nur diese beiden Modalitäten geistiger Darstellung. Unterdessen wissen wir bedrückend wenig darüber, wie diese beiden Darstellungsformen möglicherweise interagieren; vielleicht ist "Mustererkennung" lediglich ein Spezialfall dieses Problems. Und nicht zu vergessen, es ist alles andere als klar, welche Grenzen der Vorstellungskraft gesetzt sind (s. die Spekulation in Kasten 4).

Warum ist bildliche Vorstellungskraft für die Künstliche Intelligenz von Bedeutung? Einerseits können Computer mit Sicherheit Bilder erzeugen und manipulieren, wie die "Computergraphik" anschaulich demonstriert. Andererseits würde es jedoch nichts ausmachen, wenn sie dies nicht könnten, da kognitive Prozesse nicht alles zu erklären brauchen, was mit dem Geist zusammenhängt. Die Antwort auf den ersten Punkt ist bekannt, aber grundlegend: Nicht jede Computersimulation ist GOFAI. Prozesse der Künstlichen Intelligenz (in unserem strikten Sinn) sind notwendigerweise kognitiv, d.h., sie sind mehr oder weniger rationale Manipulationen komplexer quasisprachlicher Symbole.[12] Techniken der Computergraphik besitzen solche Merkmale auch nicht im entferntesten und sind deshalb völlig irrelevant.

Deshalb ist der zweite Punkt wichtig. Wieviel würde GOFAI einbüßen, wenn es auf den Aspekt "Vorstellungskraft" verzichtete? Die Antwort darauf ist weit weniger klar. Wenn sich erweisen sollte, daß Bildmanipulation immer auf einer niedrigen Stufe angesiedelt und ziemlich stupide ist, könnte die Kognitionswissenschaft getrost ohne weiteres dem folgenden zustimmen:

SEGREGATIONSSTRATEGIE: Nimm an, daß Kognition und "Phänomen X" (z.B. die Formung geistiger Bilder) in völlig unterschiedlichen Geisteskräften verwirklicht sind und daß sie nur über eine exakt definierbare kognitive Input/Output-Schnittstelle interagieren.

Kasten 4
Dynamische Vorstellungskraft und das Rahmenproblem

Das Interessante an Abbildern ist, daß sich (räumliche) Nebeneffekte von allein ergeben. Wenn ich mir vorstelle, auf einer Giraffe zu reiten, sind meine Füße "automatisch" nah an ihrem Bauch und mein Kopf nah an ihrem Hals. Wenn ich ein maßstabgetreues Modell meines Wohnzimmers habe und die Modellcouch in den Erker stelle, steht sie "automatisch" unter dem Erkerfenster und gegenüber der Eingangstür. Ich brauche diese Ergebnisse nicht bewußt zu planen oder vorher auszuknobeln, weil sie sich ganz von selbst durch die Form der Bilder ergeben.

Wie weit kann eine solche Nachahmung gehen? Wenn ich die kleine Lampe auf dem Modelltisch stehenlasse, während ich ihn zur Couch hinüberstelle, wird sie dann mittransportiert? Wahrscheinlich. Wenn ich die Modellfenster offenstehen lasse, werden sich dann nachts kleine Diebe einschleichen und das winzige Radiogerät mitgehen lassen? Wahrscheinlich nicht. Wie steht es damit in der Vorstellungskraft? Zweifellos können wir uns ohne weiteres Einbrecher vorstellen, die das Radio mitnehmen, aber darum geht es im Grunde nicht. Die Frage ist, was in Anbetracht der Struktur der Bilder und der ausgeführten Operation *automatisch* geschieht. Ein Raub würde in meiner Vorstellung ebensowenig automatisch erfolgen wie in einem maßstabgetreuen Modell. Die Couch in den Erker zu stellen, wird dagegen *ipso facto* zum Ergebnis haben, daß sie unter dem Fenster steht, selbst in meiner Vorstellung. Interessanter wird die Frage bei weniger eindeutigen Fällen: Wird die Lampe in einem geistigen Bild "automatisch" mit dem Tisch mittransportiert, wie es in einem maßstabgetreuen Modell der Fall wäre?

Ich weiß es nicht, möchte aber dennoch zwei Dinge hervorheben. Zum einen ist die relevante Relation zwischen Lampe und Tisch nicht nur eine räumliche; entscheidend ist, daß die Lampe physisch auf dem Tisch ruht und von ihm getragen wird. In maßstabgetreuen Modellen werden räumliche Relationen durch räumliche Relationen nachgebildet (maßstabgerecht verkleinert), und dynamische (physische) Relationen durch (maßstabgerecht verkleinerte) dynamische Relationen; aus diesem Grund funktioniert das Modell. Wir wissen nicht, wie etwas in der Gehirnphysiologie der inneren Vorstellungen durch etwas anderes nachgebildet wird; es erscheint jedoch ziemlich unwahrscheinlich, daß räumliche Relationen direkt in Form von (maßstabgetreu verkleinerten) räumlichen Relationen repräsentiert werden. Hier muß ein ausgeklügelteres System im Spiel sein; und wenn das so ist, existiert meines Erachtens kein einleuchtender Grund, warum dieses ausgefeiltere System nicht ebensogut auch dynamische Relationen nachbilden könnte. Der zweite

Punkt wäre in diesem Falle einfach: Vielleicht ist die automatische Nachbildung dynamischer Nebeneffekte genau das, was uns zur Lösung des Rahmenproblems fehlt.

Intelligenz wäre also die eine Sache und bildliche Vorstellungskraft eine andere - GOFAI aber interessiert sich nur für ersteres. Das heißt nicht, bildliche Vorstellungskraft wäre irreal oder unwichtig, sondern nur, daß sie nicht unser Problem ist. Wie im Falle der Perzeption hätte die Kognitionswissenschaft nur mit dem "Inneren" der symbolischen Schnittstelle zu tun. Dies alles setzt jedoch voraus, daß Bildmanipulation im Grunde nur eine Randerscheinung der Intelligenz ist. Sollte die bildliche Vorstellungskraft an hochentwickelten Formen des Problemlösens und der Alltagskompetenz doch in stärkerem Maße beteiligt sein, würde sie zu einem ernstzunehmenden Eindringling in das Territorium der GOFAI und folglich zu einer Herausforderung für das Postulat der grundsätzlichen Angemessenheit des Kognitivismus werden. Es könnte sein, daß Intelligenz *nicht* in der Hauptsache Symbolmanipulation ist.[13]

Gefühle

Es ist ein verbreitetes Vorurteil, Roboter hätten keine Gefühle. Sie mögen zwar rational sein, aber ansonsten kalt, logisch, effizient und unsensibel. In der Science-fiction-Kultur herrscht eine merkwürdige Unsicherheit darüber, ob das ein Segen oder ein Fluch ist - ob Denkmaschinen von hinderlichen Stimmungsschwankungen und Gefühlsausbrüchen verschont sind oder ob sie stattdessen alles missen, was das Leben lebenswert macht. Beiden Haltungen liegt jedoch die Ansicht zugrunde, daß Denken und Fühlen zweierlei ist, daß Verstand und Affekt von Grund auf verschieden und unvereinbar sind. Auch die Künstliche Intelligenz scheint von dieser Annahme auszugehen, da sie sich nur mit kognitiven Prozessen beschäftigt. Gerade das unterstreicht aber die Frage, um die es geht: *Könnte* KI auch den Bereich der Gefühle einbeziehen? *Muß* sie das überhaupt?

Wie alle allgemeinen Vermutungen über den menschlichen Geist reichen die Wurzeln der Trennung zwischen Denken und Fühlen bis tief in die Geschichte der Philosophie; sie lassen sich bis mindestens zu Platon zurückverfolgen und wurden von Hobbes und Descartes scharfsinnig formuliert. Um sie zu erforschen, müßten wir eine genauere Vorstellung von dem haben, was Gefühle eigentlich sind; auch heute ist die Psychologie der Gefühle noch relativ unterentwickelt. Der Entwurf und die Auswertung von Experimenten stoßen auf große Probleme, da die Variablen schwer zu messen und zu kontrollieren sind; oft sind die Theorien auch nur Ausläufer oder Adaptationen von Ideen, die aus anderen Disziplinen stammen. Ein Philosoph beispielsweise würde vielleicht versuchen, einen emotionalen Zustand mit Hilfe einer *Begriffsanalyse* zu erklären (P bereuen = P kennen plus P nicht wünschen), während ein Behaviorist das *S-R-Modell* vorziehen würde (Furcht = Beunruhigung plus Fluchtdisposition). Psychoanalytiker sehen in heftigen Gemütsbewegungen einen Schlüssel zum *Unbewußten* (Abscheu = unterdrückte ödipale Aggression), während Psychobiologen die Erregung des *autonomen Nervensystems* betonen (Lust = entflammtes Mittelhirn plus feuchte Hände). Und die Kognitionspsychologen suchen - wie zu erwarten war - nach *Symbolstrukturen*, die sinnvoll mit Wissen und Entscheidungsprozessen interagieren können (Eifersucht = Stereotyp "besitzen" mit übersteigerten Werten für "Bedrohung" und "Verteidigung"). Dies soll nicht heißen, daß über Affekte/Gefühle nichts bekannt ist, sondern nur, daß ein gesicherter Überblick unmöglich ist.[14]

Dieser Abschnitt verfolgt deshalb nur ein bescheidenes Ziel: Ich biete lediglich eine grobe, intuitive Einteilung von Gefühlen in sieben Kategorien an - zum einen, damit die *Vielfalt* der Phänomene sichtbar bleibt (und nicht einfache Antworten verlockend erscheinen), und zum anderen, um einen äußeren Rahmen für einige vorsichtige Bemerkungen über Gefühl und Künstliche Intelligenz zu schaffen. Die Klassifizierung ist weder vollständig noch präzise, und sie soll auch nicht zur Unterstützung einer methodischen Beweisführung oder zur Ableitung irgendwelcher Konsequenzen dienen (s. die Tabellen 1 und 2).[15]

EMPFINDUNGEN (wie Farbe oder Schmerz) sind "unmittelbare Inputs" von Sinnesorganen oder anderen Körperteilen. Einwirkungsort und -modalität sind immer eindeutig festgelegt und an bestimmte Reizbedingungen (von denen ihre Wirkungsdauer abhängt) gebunden, so daß sie auch im Laboratorium mühelos und exakt hervorgerufen werden können. Empfindungen sind an spezifische physiologische Funktionen geknüpft und von der Kognition wie auch voneinander bemerkenswert unabhängig. Ein Mensch kann also in einem Bereich empfindungslos (farbenblind, nicht kitzlig, schmerzunempfindlich) und ansonsten völlig normal sein. Auch Tiere verfügen in diesem Sinne über ein breites Spektrum von Empfindungsmöglichkeiten, sogar solche, die wir nicht haben (z.B. Ultraschallortung).

REAKTIONEN (HEFTIGE GEMÜTSBEWEGUNGEN) sind wie Empfindungen "automatische" Antworten auf einen gegenwärtigen Input. Anders als Empfindungen sind sie jedoch nicht an bestimmte Input-Organe oder -modalitäten gebunden; der Input kann aus Neuigkeiten, aus entfernten Ereignissen oder sogar aus einer plötzlichen Erkenntnis bestehen. Dennoch sind diese Reaktionen in der Regel kurzlebig, unmittelbar, unwillkürlich und oftmals "instinktiv". Wissen spielt für sie insofern eine Rolle, als es zum Erkennen relevanter Umstände beiträgt (man kann kein Grauen über ein Gemetzel empfinden, wenn man nicht die zerfetzten Körper wahrnimmt), nicht jedoch, um sorgfältige Unterscheidungen zu treffen oder um Schlüsse zu ziehen. Diese Reaktionen sind als solche nie gerechtfertigt; bestenfalls sind sie angemessen, schlimmstenfalls unverhältnismäßig.

Das, was ich als EMOTIONEN bezeichne, ist dagegen maßvoller, differenzierter. Emotionen sind nicht etwa weniger intensiv - Furcht und Ärger sind keine abgeschwächten Formen von Entsetzen und Wut - sondern intelligenter, Argumenten und Beweisen zugänglicher. Ärger und Furcht können vollkommen gerechtfertigt sein (oder auch nicht) und sind dennoch offenbar schwer zu kontrollieren. Da Emotionen mehr an gegenwärtige Überzeugungen als als einen gegenwärtigen Input geknüpft sind, können sie sich langsamer bilden und länger anhalten. Wie Reaktionen unterscheiden sich auch Emotionen in ihrer Heftigkeit *im Hinblick auf* ein Ereignis oder eine Situation; dagegen ist der Unterschied bei den Empfindungen lediglich von der scheinbaren Intensität der jeweiligen Reize abhängig.

Tabelle 1 Sieben Arten von Gefühlen

Empfindungen

Rot sehen	Hunger/Durst	Schmerz (Stechen,
Klänge hören	Atemlosigkeit	Verbrennen, Schlagen)
Salzgeschmack	volle Blase/	Elektroschock
Wärme-, Druck-	Erleichterung	Magenkrämpfe
gefühle	Kribbeln (ein-	hämmernder Kopfschmerz
gefühlte Be-	geschlafener	müde, schmerzende Muskeln
schleunigung	Fuß)	zu laut, zu hell
Übelkeit	Orgasmus	Jucken
Schwindel		

Reaktionen (heftige Gemütsbewegungen)

Begeisterung	Abscheu	Verwunderung
Anziehung	Schreck	Wut
Mitleid	Entsetzen	Bestürzung
Lust	Zorn	Verblüffung

Emotionen

Dankbarkeit	Bedauern	Eifersucht
Zufriedenheit	Ärger	Neid
Eifer	Gram	Mitgefühl
Jubel	Furcht	Entrüstung
Befriedigung	Kummer	Sorge

Zwischenmenschliche Gefühle

Liebe	Zuneigung	Ergebenheit
Freundschaft	Wohlwollen	Vertrauen
Haß	Feindschaft	jemanden satt haben

Gefühl für die Vorzüge anderer

Achtung	Wertschätzung	Bewunderung
Verachtung	Groll	Geringschätzung
Anerkennung	Mißachtung	Verehrung

Gefühl für die eigenen Vorzüge

Stolz	Verlegenheit	Selbstgefälligkeit
Selbstachtung	Scham	Bescheidenheit
Selbstgerechtigkeit	Schuldgefühle	Gekränktsein

Stimmungen

Freude, Hochstimmung, sich	Trübsal, Niedergeschlagen-
wie im siebten Himmel fühlen	heit, Mutlosigkeit
vergnügt, froh, ausgelassen	Melancholie, Schwermut,
sein	"den Blues haben"
Interesse, Spaß, Unterhaltung	Langeweile, Ennui, Unbehagen
sich wohlfühlen, liebenswürdig,	Mißmut, "miese Laune",
nett sein	mürrisch sein
Geduld, Toleranz, Ausgeglichen-	Gereiztheit, Reizbarkeit,
heit	Verdrossenheit
Heiterkeit, Gelassenheit, innere	Unruhe, Nervosität, "Bammel"
Ruhe	angespannt, überängstlich,
sich frei, unbeschwert, ungezwun-	verbissen sein
gen fühlen	Pessimismus, Resignation,
Optimismus, Zuversicht, Mut	Entmutigung

Tabelle 2 Sieben Arten von Gefühlen: Vergleich

	"Objekt", auf das sich Gefühle beziehen	Feines Gespür für die für die betreffenden Objekte	Rationale Gründe sind relevant	Variationsdimension	Dauerhaftigkeit	Tiere (Hunde) können sie empfinden
Empfindungen	Reizqualität	Nein	Nein	Intensität	Kurz	Ja
Reaktionen (heftige Gemütsbewegungen)	Ereignis oder Situation	Nur ein wenig	Nein	Heftigkeit	Kurz	Nur ein wenig
Emotionen	Ereignis oder Situation	ziemlich	ziemlich	Heftigkeit	Mittel	Nur ein wenig
Zwischenmenschliche Gefühle	Vertraute Person	Ja	Nur ein wenig	Tiefe	Lang	Nur ein wenig
Gefühl für die Vorzüge anderer	Personen und Handlungen	Ja	Ja	Gewißheit	Lang	Nein
Gefühl für die eigenen Vorzüge	Selbst und Handlungen	Ja	Ja	Gewißheit und Tiefe	Lang	Nein
Stimmungen	Alles und Nichts	???	Nein	Tiefe	Mittel	Nur ein wenig

ZWISCHENMENSCHLICHE GEFÜHLE richten sich nicht auf Ereignisse oder Situationen, sondern auf bestimmte, vertraute Individuen. Gefühle wie Zuneigung, Freundschaft und Haß sind nur indirekt Gründen und Beweisen zugänglich: Man kann - völlig irrational - einen Schuft lieben. Dafür sind sie in hohem Maße für die Ausstrahlung und die Besonderheit des anderen Menschen empfänglich und schätzen ihn rückhaltlos als ganzes Individuum. Deswegen halte ich bei diesen Gefühlen - obwohl sie in ihrer Stärke gewiß (vor allem kurzzeitig) schwanken können - *Tiefe* für eine signifikantere Dimension: der Grad, in dem eine aufrichtige Empfindung für den anderen Menschen in die eigene Gefühlswelt und damit in einen selbst integriert ist. Wir kennen die Fehler und Schwächen und lieben auch sie, in guten und in schlechten Tagen. Solche Gefühle sind für uns von existentieller Bedeutung und können ein Leben lang anhalten.

Im Vergleich dazu ist unser GEFÜHL für die VORZÜGE eines anderen (Achtung, Verachtung usw.) spezifischer und objektiver. So kann ich die Eloquenz eines Mannes bewundern und zugleich seine Ansichten verachten, ohne an beidem innerlich besonders beteiligt zu sein. Rationale Erwägungen sind hierbei höchst relevant und in der Regel subtil und scharfsinnig. Diese Gefühle variieren deshalb nicht so sehr in der Tiefe als vielmehr im Grad der Gewißheit: Meine Wertschätzung kann zuerst zögernd sein, später aber entschlossen und dauerhaft. Das Urteilsvermögen spielt hier tatsächlich eine so große Rolle, daß daneben der affektive Faktor zu verblassen droht. Dennoch sind Achtung, Verehrung und Geringschätzung in der Hauptsache zweifellos Gefühle; sie sind nicht einfach kognitive Beurteilungen oder unbeteiligte Bewertungen (als würde man Socken oder Toaster beurteilen), sondern starke, manchmal bewegende Reaktionen auf andere Menschen und ihre Handlungen.

Unser GEFÜHL für unsere eigenen VORZÜGE gleicht in hohem Maße unserem Gefühl für die Vorzüge anderer Menschen, außer daß es eben uns selbst betrifft. Dieser Unterschied ist jedoch entscheidend, so daß wir auf ihn noch zurückkommen werden.

STIMMUNGEN sind die komischen Vögel in dieser Menagerie. Anders als die anderen Kategorien beziehen sich Launen nicht auf etwas Bestimmtes, sondern "färben" irgendwie die ganze Welt. Wenn jemand melancholisch ist, so ist der ganze Himmel trüb: Schönwetterwolken werden bestenfalls gar nicht wahrgenommen und schlimmstenfalls als böse Verhöhnung aufgefaßt. Obwohl Stimmungen durch Ereignisse (und) Chemikalien beeinflußt werden können, sind sie weder zwangsläufige Reaktionen auf bestimmte Reize, noch sind sie überhaupt rational oder gerechtfertigt (obwohl sie möglicherweise, wie die "heftigen Gemütsbewegungen", "unverhältnismäßig" sein können). Wenn wir beschreiben wollen, wie Stimmungen einsetzen, greifen wir zu Wendungen wie "sie überfallen uns", "sie erfüllen" oder sie "überkommen" uns. Sie sind wie Nebel, die einsickern und alles, was wir tun, bedecken, unser Denken, unsere Wahrnehmung, unsere Wünsche, unsere Bestrebungen und unsere Ziele. Stimmungen sind von mittlerer Dauer (Stunden bis Wochen) und variieren weder in Heftigkeit noch in innerer Gewißheit, sondern wieder in einer Art von Tiefe. Existentialisten lieben sie.

Es ist erstaunlich schwierig, die Tragweite dieser Dinge für die Künstliche Intelligenz abzuschätzen. Selbst die Empfindungen, die eigentlich noch am ehesten greifbar sein müßten, sind äußerst kompliziert. Unbestreitbar können Maschinen ihre Umgebung "empfinden", wenn dies lediglich bedeutet, daß sie ein gewisses Unterscheidungsvermögen an den Tag legen, indem sie in unterschiedlichen Situationen unterschiedliche symbolische Reaktionen zeigen. Licht-, Temperatur- und Berührungssensoren sind gebräuchliche Input-"Organe" in allem von elektronischem Spielzeug bis zu Industrierobotern. Dennoch ist es schwer vorstellbar, daß diese Systeme tatsächlich etwas "fühlen", wenn sie auf Außenreize ragieren. Obwohl wir es mit einem allgemeinen Problem zu tun haben, ist unsere Intuition im Fall von Schmerz am klarsten: Viele hochkomplizierte Systeme können innere Beschädigungen oder Funktionsstörungen entdecken und sogar korrigierende Schritte unternehmen - empfinden sie aber jemals Schmerz? Es ist unwahrscheinlich - doch was genau fehlt? Je mehr ich über diese Frage nachdenke, desto weniger bin ich davon überzeugt, daß ich überhaupt weiß, was sie bedeutet (was nicht heißen soll, daß ich sie für bedeutungslos halte).[16]

Doch so vertrackt die Sache auch sein mag, vielleicht ist sie ja gar nicht wichtig. Wenn Roboter genügend "empfinden" können, um ihre Arbeit zu tun und sich in der Welt zurechtzufinden, wen kümmert es dann, ob sie irgendwelche subjektiven Gefühle (welcher Art auch immer) verspüren? Oder, um es in der Sprache der Psychologie auszudrücken: Wenn die Qualität von Empfindungen für intelligentes Verhalten nur insoweit eine Rolle spielt, als sie eine Quelle von Inputs ist, dann ist sie auch kein Problem für die Kognitionswissenschaft. Die bereits erwähnte *Segregationsstrategie* könnte auch hier angewandt werden: Empfindungen sind zwar konkret vorhanden und wichtig. Sie sind aber nichtkognitiv und können deshalb getrost einem anderen inneren Bereich zugeschrieben werden. Natürlich würden sie dennoch unsere Gedanken und Ziele beeinflussen, aber nur durch die Erzeugung spezieller quasisprachlicher Inputs für den Kognitionscomputer: "Hier jetzt eine Rötung" oder "momentan grimmiger, stechender Schmerz im linken Schienbein". Denken würde dann erst an diesem Punkt einsetzen.

"Heftige Gemütsbewegungen" lassen sich nicht so schnell abhandeln. Zunächst mag man die Vorstellung eines Roboters, der wütend oder begeistert ist oder gar Lust oder Abscheu empfindet, für noch absurder halten als elektronische Schmerzen und Visionen; sie scheinen in ihrem Kern aber eher kognitiv zu sein als bloße Inputmodalitäten. Dennoch ließe sich diese Sache möglicherweise durch eine subtilere Segregation in den Griff bekommen, denn es könnte sein, daß heftige Gemütsbewegungen grundsätzlich aus mehreren Komponenten bestehen; eine davon könnte in der Säugetierphysiologie verankert sein, eine andere dem Empfindungsvermögen, wie oben vorgeschlagen, zugeordnet werden, während eine dritte Komponente wirklich kognitiv wäre. Dies würde den offenkundigen Erregungsaspekt, die machtvolle affektive Qualität und das Element des Wiedererkennens mühelos miteinander in Einklang bringen und zugleich durch den physiologischen Faktor die Unsinnigkeit von Computerlust erklären.[17] Darüber hinaus läßt es die notwendige Segregation zu, ohne diesen Zuständen die kognitive Qualität ganz zu nehmen; vielmehr werden die kognitiven und nichtkognitiven *Komponenten* voneinander getrennt und interagieren (bidirektional) nur über entsprechende Input/Output-Kanäle. Übrigens wird oft vermutet, daß die kognitiven Komponenten viel zu der Differenzierung zwischen heftigen Gemütsbewegungen beitragen, wobei die Erregungs- und Affektkomponenten vergleichsweise unspezifisch sind; für die Segregation ist das jedoch unwesentlich.

Nun, wenn diese Taktik des "Teile-und-Herrsche" für heftige Gemütsbewegungen funktioniert, kann sie vielleicht auch auf Emotionen und Gefühl für Vorzüge angewandt werden. Nicht nur die Parallele selbst wäre erfreulich, sondern wir hätten vielleicht auch eine Grundlage, Ähnlichkeiten und Kontraste zwischen den verschiedenen Kategorien zu erklären. So ist beispielsweise die Komponente der Erregung in Verehrung und Gering-schätzung weniger auffällig als in Entsetzen oder Grauen, während sich eine durchdachte Beurteilung in letzteren weniger bemerkbar macht. Dankbarkeit und Kummer liegen indessen auf beiden Skalen in der Mitte, was vielleicht darauf hindeutet, daß sich diese Affektklassen durch schwankende Anteile innerhalb der Zusammensetzung unter-scheiden. Für uns aber ist von Interesse, daß Intellekt in diesem Fall auch ohne sie alle auskommen könnte, ihre kognitiven Komponenten ausgenommen. Selbstverständlich würde die Fähigkeit, Mitleid, Furcht, Bewunderung und dergleichen zu empfinden, einen gewaltigen Unterschied zu KI-Systemen ausmachen; müßte das jedoch auch für ihre Intelligenz einen Unterschied machen? Das oben erwähnte verbreitete Vorurteil unterstellt das Gegenteil, und eine entsprechende Segregation könnte gerade diese Ansicht unterstützen.

Und was ist mit den zwischenmenschlichen Gefühlen? Warum ist eine "verliebte" Maschine eine so abwegige Idee? Wohl nicht, weil ihr die Hormone und das Mittelhirn fehlen, denn Erröten und Zittern sind bestenfalls Nebensachen. Ebensowenig kann es daran liegen, daß Überzeugungen und Ziele an diesen Zuständen nicht beteiligt sind. Unter einem bestimmten Aspekt erscheinen Freundschaft, Feindschaft und Verehrung tatsächlich wie kognitive Strukturen: komplexe Kombinationen aufeinander abge-stimmter Werte und Einschätzungen, Hoffnungen und Pläne, Vermutungen und Bindungen. Das Spezifische daran ist die Art und Weise, wie diese Beziehungen unser eigenes Leben mit Substanz und Sinn erfüllen. Ein Dasein ohne Freundschaft oder Liebe, oder zumindest Haß oder Feindschaft, wäre hoffnungslos armselig und leer, als ob man in Wirklichkeit gar nicht existieren würde - außer als nichtssagende kognitive Hülse. Zwischenmenschliche Gefühle setzen offenkundig eine Persönlichkeit voraus; um jeman-den zu lieben, ihm zu trauen oder ihn zu hassen, muß man jemand mit einem eigenen "Leben" sein, das man ausfüllen und jemandem widmen kann. Ob Intelligenz und Ego segregiert werden können, ist das Thema des nächsten Unterkapitels.

Stimmungen, so scheint mir, sind am schwierigsten von allem, wenn auch nur durch ihre Eigenartigkeit. Da sie nicht generell an bestimmte Reize oder Bedingungen gebunden sind, können sie kaum als Inputs (etwa: "Hier jetzt Melancholie") begriffen werden. Da sie aber auch nicht mit bestimmten Themen oder Inhalten verknüpft sind, ist es ebenso schwierig, ihre kognitive Relevanz auf eine eindeutig bestimmbare kognitive Komponente in ihnen zurückzuführen. Dennoch beeinflussen Stimmungen in ihrer unfreiwilligen, irrationalen und seltsam durchdringenden Art und Weise tiefgreifend Inhalt und Art unseres Denkens. Deshalb findet die Segregationsstrategie hier nicht die gleiche Art von plausibler Ausgangsbasis, die sie in anderen Fällen anscheinend hat: Es gibt keine offenkundige "Verbindungsstelle", an der sich eine "Zerlegung" anbieten würde. Ich vermute, daß sich Stimmungen möglicherweise als ein wichtiges Problem für die Kognitionswissenschaft herausstellen werden; was dies für GOFAI bedeuten könnte, ist jedoch ziemlich unklar.

In diesem Abschnitt habe ich Zurückhaltung geübt. Dem Vorschlag, daß (manche) Affekte möglicherweise aus mehreren Komponenten zusammengesetzt sind oder der damit verbundenen Vorstellung einer Segregation zwischen Denken und Fühlen schließe ich mich weder an, noch verwerfe ich ihn; ebensowenig wage ich es, irgendeiner der oben erwähnten Schwierigkeiten größere Bedeutung beizumessen. Was ich glaube, ist folgendes: (1) Affektive Phänomene sind komplex und vielfältig. (2) Ihre Beziehung zu Intellekt und Kognition ist alles andere als klar; und (3) bedürfen sie deshalb einer umfassenden weiteren Erforschung, auch in der KI.

Ichbeteiligung

MINZ: Warum hat der Computer seine Königin auf dieses Feld gezogen?
MAUNZ: Vermutlich, um meinen Turm und meinen Bauern anzugreifen.
MINZ: Ach so; aber warum greift er deinen Turm und deinen Bauern an?
MAUNZ: Nun, sie sind der Schlüssel zu meiner ganzen Verteidigung; wenn er an ihnen vorbeikommt, ist mein König ungedeckt.
MINZ: Und warum will er das?
MAUNZ: Um zu gewinnen. Den gegnerischen König zu schlagen, heißt zu gewinnen.
MINZ: Natürlich, natürlich; aber warum versucht der Computer zu gewinnen?
MAUNZ: Oh, (Gemurmel)
- er hofft, einen guten Eindruck auf alle seine neuen Freunde zu machen;
- sein Gewissen (er spendet den Geldpreis den Anonymen Hackern.);
- er ist ein reizbarer kleiner Bastard mit einem Minderwertigkeitskomplex;
- er kann nichts dafür, er ist eben so gebaut.

Was will MAUNZ sagen? Ich denke, unsere intuitiven Erklärungen sind widersprüchlich. In gewissem Sinne "versucht" der Computer tatsächlich zu gewinnen (so daß die ersten drei Antworten plausibel erscheinen); daneben mutet allerdings die letzte Entgegnung, daß ihm die Sache im Grunde "völlig schnuppe" ist, sonderbar an. Offenkundig kann etwas ein hochgestecktes Ziel verfolgen und diesem Ziel dennoch gleichgültig gegenüberstehen. Könnte ein GOFAI-System jemals wirkliches "Interesse" an etwas zeigen?[18]
Die meisten praktischen Gründe und Handlungen sind *instrumental:* Wir tun etwas, um etwas anderes zu erreichen. Ich gehe in einen Laden, um Brot zu kaufen, weil ich mir ein Butterbrot schmieren will, usw. Natürlich läßt sich diese Kette vernunftgemäßer Erklärungen nicht endlos fortsetzen - einige Ziele müssen in dem Sinne "elementar" sein, daß sie nicht aus anderen Gründen verfolgt werden. Wie ist das möglich? Einige Ziele haben ihre Gründe in der biologischen "Verdrahtung": Unter bestimmten Bedingungen wird mich mein Körper hungrig machen, ob mir das recht ist oder nicht (ich bin eben so gebaut). Gelegentlich handeln wir auch nach unseren Launen: Zum Teufel auch, wir fahren jetzt einfach die landschaftlich schönere Strecke. Öfter noch folgen wir blinden Gewohnheiten oder sozialen Verhaltensweisen: Wie halten *Sie* eine Gabel oder sprechen das Wort "Balkon" aus, und warum? "Verdrahtung", Laune, Gewohnheit und Brauch - es scheint, daß diese Phänomene gar nicht so schwer zu automatisieren sind. Ist das nun aber der gesamte Umfang der "elementaren Gründe"?
Wir kommen dazu auf unser Schachbeispiel zurück, ersetzen aber den Computer durch einen schlaksigen Draufgänger aus Kreuzberg. Warum versucht *er* zu gewinnen? Darauf gibt es sicherlich viele mögliche Antworten. Typisch wären vielleicht folgende:

1. Um die Achtung und Anerkennung seiner Mitmenschen zu erringen und dadurch seine Selbstachtung zu bestätigen oder zu steigern. (Würde er geschlagen, könnte er sein Gesicht verlieren, sich schämen und an sich zweifeln.)
2. Wegen des Stolzes und der persönlichen Befriedigung, die daraus entspringen, etwas Schwieriges zustandezubringen (vielleicht als Gegengewicht zu Frustrationen und Mißerfolgen).
3. Um anzugeben, mit seinem Können zu prahlen oder um zu zeigen, was in ihm steckt (die Kehrseite von Eitelkeit ist Demütigung und Versagensangst).

All diesen Gründen ist gemeinsam, daß das *Selbstbild* des jungen Mannes auf dem Spiel steht, daß sein *Ich* betroffen ist. Seine Leistung hat also einen Einfluß darauf, wer er ist und wie er sich möglicherweise sieht - eine Sache, die für ihn nicht im Hinblick auf irgendein Fernziel (also nicht instrumental), sondern *um ihrer selbst willen* wichtig ist. Uns allen ist die Rolle des "Ichs" als starke, motivierende Kraft in großen und kleinen Dingen geläufig; trotzdem kommen Maschinen und auch Tiere völlig ohne aus.[19] Vielleicht ist das einer der Gründe, warum den Computer weder sein Schachspiel noch irgendetwas anderes wirklich "kümmert"?

Was hat das Ich aber mit Kognition und Intellekt zu tun? Manchmal offenbar gar nichts. Indem wir darlegen, daß Schachcomputern die persönliche Anteilnahme fehlt, die ihre menschlichen Gegner auszeichnet, zeigen wir zugleich, daß sie diese nicht brauchen, weil sie trotzdem exzellent Schach spielen. Dies gilt vom einfachen Taschenrechner bis zum hochentwickelten Expertensystem: Jedes ist in seinem Bereich kompetent und dabei völlig "selbstlos". Kann die KI also sicher sein, daß Verstand und Ich im Prinzip unabhängig sind, daß Intellekt und Selbst segregiert werden können? Ich glaube nicht.

Eine Freundin erzählt eine Geschichte aus ihrer Collegezeit. Sie hielt eine weiße Ratte als Haustier, die so zahm war, daß sie ihr über den ganzen Campus folgte. Eines Tages wurde sie von einem Hund erschreckt und flüchtete blitzschnell weit oben in ihr Hosenbein. Ungücklicherweise klemmte sie sich in ihrem Versteck so fest ein, daß sie nicht mehr herauskonnte; meine Freundin wagte indessen nicht, sich zu bewegen, weil sie befürchtete, das Tier zu erdrücken. Nach kurzem Zögern ließ sie dann verlegen* ihre Jeans herunter und befreite das zitternde Nagetier. Die Passanten applaudierten begeistert.

Die meisten Menschen finden diese Anekdote amüsant. Warum? Zum großen Teil natürlich deswegen, weil wir uns mit der jungen Heldin identifizieren und stellvertretend ihre offensichtliche Verlegenheit teilen, während wir gleichzeitig erleichtert sind, daß uns die Sache nicht passiert ist. Verlegenheit (und die damit korrespondierende Erleichterung) können jedoch nur von einem Wesen erfahren werden, das ein gewisses *Selbstgefühl* besitzt - ein Gefühl, das für dieses Wesen von Bedeutung ist und gelegentlich in peinlicher Weise bloßgestellt werden kann. Wenn keine Persönlichkeit oder kein "Selbstbewußtsein" auf dem Spiel stünden, gäbe es keinen Anlaß, verlegen (oder erleichtert) zu sein. Das Interessante aber ist, daß nicht nur das Ich meiner Freundin durch ihre selbsterlebte Verlegenheit betroffen war, sondern daß auch unser *Ich* betroffen ist, wenn wir die Geschichte hören, an der Verlegenheit teilhaben und lächeln.

---

* Haugeland benutzt im Original *"sheepishly"*, wörtl. "wie ein Schaf". Diese (im folgenden noch wichtige) Bedeutungsvariante kann nicht ins Deutsche übernommen werden. Anm. d. Üb.

Meiner Ansicht nach ist diese Ichbeteiligung wahrscheinlich ein integraler Bestandteil des Verstehensprozesses. Damit meine ich nicht lediglich eine Variante des Empirismus - daß man nicht wissen kann, was "Verlegenheit" bedeutet, bevor man sie nicht selbst erfahren hat (wie: man kann sich Lakritzen erst vorstellen, wenn man sie gekostet hat). Nein, der Gedanke ist radikaler: Diese konkreten, gegenwärtigen Gefühle (z.B. peinlich berührt zu sein, sich "stellvertretend" aufzuregen usw.) sind vielleicht wesentliche Faktoren des unmittelbaren Verstehens. Menschen werden in das, was sie hören, einbezogen, und ihre Reaktionen beeinflussen wiederum, wie sie zuhören - worauf sie besonders achten, wie sie eine Sache auffassen, woran sie etwas erinnert usw. Geschichtenerzähler rechnen mit diesen Reaktionen, so wie sie auch mit dem gesunden Menschenverstand rechnen; beides machen sie sich im Hinblick auf Wirksamkeit, Verständlichkeit und Effekte zunutze.

Als ich zum Beispiel die Erzählung von der Ratte erzählt habe, habe ich das Wort *"sheepishly"* benutzt. War das zweideutig gemeint? Offensichtlich wollte ich damit nicht sagen, meine Freundin hätte sich wie ein Schaf *(sheep)* verhalten; diese Möglichkeit schaltet der gesunde Menschenverstand sofort aus. *'Sheepish'* kann jedoch einfältig oder sanft wie auch stark eingeschüchtert oder verlegen bedeuten. Dies spiegeln alternative Übersetzungsmöglichkeiten wider, zum Beispiel ins Deutsche (wo man sich wohl am ehesten für "verlegen" entscheidet, so daß die anderen Bedeutungen wegfallen.) Fehldeutungen durch rationale Enscheidungsprozesse auszuschließen, würde einen ziemlich verwickelten Denkvorgang erfordern; jede Übersetzungsmaschine, die dazu nicht in der Lage wäre, hätte die Geschichte jedoch nicht verstanden. *Wir* haben dieses Problem nicht, weil wir uns in die Rolle der Heldin versetzen und die Verlegenheit selbst mitfühlen.

Ein weiterer Aspekt wird durch das illustriert, was geschah, als Ralf seinen neuen Freund Luzifer fragte: "Warum bist du eigentlich aus dem Himmel geflogen, wo du doch so toll, brillant und überhaupt der Größte bist?" Statt direkt zu antworten, schlug Luzifer ein kleines Spiel vor. "Ich setze mich jetzt auf diesen Felsen", sagte er, "und du machst einfach mit deinen wundervollen Lobpreisungen weiter." Gut, Ralph fuhr also fort und verströmte so viel Lob und Schmeicheleien, wie ihm nur einfiel. Nach einigen Stunden wurde ihm die Sache jedoch lästig, so daß er schließlich vorschlug: "Schau, warum ändern wir das Spiel nicht ein wenig ab - sagen wir, indem wir die Rollen tauschen?" "Siehst du", "seufzte Luzifer", "genau das habe ich auch nur gesagt."[20]

Hier fühlen wir sowohl mit als auch für Ralf, da wir wie er von Luzifers geschicktem Trick manipuliert werden. Zuerst werden wir in die langweilige Sinnlosigkeit des Anbetungsspiels einbezogen und sehen Ralphs schließliche Ungeduld ohne weiteres ein. Dann schnappt plötzlich die Falle über uns zu, die für Ralph gestellt wurde, und wir befinden uns in Luzifers Haut und sind des Paradieses überdrüssig. Hilflos teilen wir dann auch seine unschuldige Entrüstung über "unseren" maßvollen Vorschlag, der nur durch Gottes unendliche Eitelkeit zum Verbrechen der Jahrhunderte aufgebauscht wird. Diese Reaktion ist jedoch tabu; indem wir zu ihr getrieben werden, vollziehen wir nicht nur Luzifers unmögliche Rationalisierung nach, sondern auch das unerträgliche Schamgefühl, das dahinter steht - also lachen wir.

Eine letzte Beispiel soll die Tragweite des Phänomens demonstrieren, auf das ich hinauswill, und außerdem illustrieren, was für eine persönliche Beteiligung des Lesers außerdem wesentlich sein kann. Es ist eine Fabel von Äsop.

Eines Tages trat der Sohn eines Bauern versehentlich auf eine Schlange und wurde von ihr gebissen, so daß er starb. Der aufgebrachte Vater nahm ein Beil und verfolgte die Schlange. Es gelang ihm, ihr den Schwanz abzuschlagen. Aus Rache biß die Schlange fast alle Tiere auf dem Bauernhof, so daß der Ruin drohte. Nachdem der Bauer über die Sache nachgedacht hatte, brachte er der Schlange Süßigkeiten und sagte: "So wie ich deinen Zorn verstehen kann, verstehst du gewiß meinen. Aber jetzt, da wir quitt sind, laß uns vergeben und vergessen und wieder Freunde sein." "Nein, nein", sagte die Schlange, "behalte deine Geschenke. So wie du niemals deinen toten Sohn vergessen kannst, so werde ich nie meinen fehlenden Schwanz vergessen können."

Offenkundig hat diese Geschichte eine Moral, die ein Leser erfassen muß, um das Ganze zu verstehen.

Eine Moral zu erfassen, ist jedoch mehr, als sie herauszufinden und auszuformulieren, denn sonst hätte Äsop sein Anliegen direkter vorbringen können. Er hätte sich z. B. die Allegorie schenken und unmittelbar sagen können, was er gemeint hat:

Ein Kind ist wie ein Teil von einem selbst, wie ein Gliedmaß. Die Ähnlichkeiten umfassen:

1. eines zu verlieren, ist schrecklich;
2. wenn man eines verliert, bekommt man es nie mehr zurück;
3. es gibt keinen adäquaten Ersatz; und folglich
4. sind sie buchstäblich unbezahlbar.

Das Aufrechnen von Einbußen als "fairen Tausch" oder "Abrechnung" zu betrachten, hieße deshalb, ein Narr zu sein.

Dies ist aber nichts weiter als eine Aufstellung von Platitüden. Sie verdreht die Moral nicht einmal, sondern sie enthält überhaupt keine, weil sie völlig platt und leblos ist. Äsops Version dagegen lebt: Sie hat eine Moral, weil wir uns als Leser mit dem Bauern identifizieren. So läßt die Zurechtweisung durch die Schlange auch uns aufhorchen und uns nach unserer eigenen Haltung fragen.

Das Schreckliche am Verlust, sagen wir, der Beine, ist nicht der Vorfall selbst oder der Schmerz, sondern der Gedanke, für den Rest des Lebens ein Krüppel ohne Beine zu sein. Mit dem Verlust eines Sohnes ist es dasselbe, richtig? Falsch. Manche Eltern würden tatsächlich mit Freuden beide Beine hergeben, um ein kleines Mädchen oder einen kleinen Jungen, die sie verloren haben, wiederzubekommen. Kinder können einem noch mehr bedeuten als der eigene Körper. Wer sind wir also, und was ist in unserem Leben wirklich wertvoll? Die Torheit - um die es in der Fabel eigentlich geht - ist die, dies nicht zu wissen.

"Aber," so könnte man einwenden, "Sinn für Humor, Religiosität und/oder literarische Bildung dürfen nicht mit *reiner* Intelligenz verwechselt werden." Die Vorstellung eines reinen Intellekts - die Idee, daß Vernunft Charakter und Gültigkeit an sich besitzt, unabhängig von Lebenssituationen - ist so alt wie die reine Logik und die reine Mathematik. Wie können wir das jedoch überprüfen? Wichtig dabei ist, daß die KI selbst bereits an diesem Traum gerüttelt hat, indem sie auf die entscheidende Rolle der

Kasten 5
Könnte nicht eine Theorie genügen?

Mit den Beispielen sollte gezeigt werden, daß die persönliche Anteilnahme der Zuhörer und ihre Reaktionen ein integraler Bestandteil im Prozeß des Verstehens sind. Dies impliziert, daß ein System ganz ohne Ich oder Persönlichkeit zu dieser Form des Verstehens nicht in der Lage wäre. Ist dieser Schluß jedoch wirklich zwingend?

Würde es nicht ausreichen, über die Rolle der Persönlichkeit (und ihren Einfluß auf die Menschen) Bescheid zu wissen, ohne tatsächlich eine eigene Persönlichkeit zu besitzen? Stellen wir uns einmal Tick vor, ein kognitives System ohne eigenes Ich, aber mit einer umfassenden, detaillierten Theorie über *Trick,* Ich und all diese Dinge ausgestattet. Könnte Tick rein intellektuell Geschichten verstehen, indem er auf seine Theorie zurückgreift, herausfindet, wie Trick reagieren würde, und daraus entsprechende Schlüsse zieht?

Dieser Gedanke führt sich merkwürdigerweise selbst ad absurdum. Nehmen wir einmal an, eine entsprechende Theorie könnte formuliert werden, und betrachten wir, wie sie angewandt würde. Als erstes ist festzuhalten, daß keine Theorie Tricks Reaktionen vorhersagen könnte, ohne sich durch seine unterdessen erfolgenden Denkprozesse hindurchzuarbeiten (die Input/Output-Funktion eines Menschen läßt sich nicht einfacher als ihr Entstehungsprozeß beschreiben). Mit anderen Worten, die Theorie muß die Form eines Modells annehmen - zwangsläufig Track genannt - das seine Vorhersagen hervorbringt, indem es Trick in allen Einzelheiten "simuliert". Insbesondere muß die Simulation Tricks kognitive Prozesse im Zusammenhang mit seinem Ich einschließen, da kognitive Zustände die Ichbeteiligung entscheidend formen und leiten.

Aber was haben wir jetzt bekommen? Tick hat kein eigenes Selbst und kann deshalb bestimmte Geschichten nicht verstehen, wenn er nicht Track aktiviert. Er wiederum kann Tricks unmittelbare Reaktionen nicht simulieren, ohne nicht auch seine Gedanken zu simulieren; so muß Tick im Grunde die ganze Geschichte an Track weitergeben und dann einfach seine Reaktion plagiieren. Mit anderen Worten, die Idee, daß Tick die Geschichten kognitiv versteht, indem er gelegentlich auf seine Theorie des Selbst zurückgreift, ist nichts als ein fauler Trick. Track (in dem keine derartige Segregation stattfindet) macht die ganze Arbeit, während Tick nichts dazu beiträgt.

Was ist also mit Track? Simuliert er Trick lediglich (so wie Computermodelle Hurrikane simulieren), oder versteht er die Geschichten tatsächlich und fühlt sich davon betroffen? Das kommt darauf an; wir wissen nicht, welche Art von Theorie Track verkörpert. Ein hervorragendes Merkmal automatischer formaler Systeme ist ihre Unabhängigkeit von dem sie verkörpernden Medium: Ein solches System zu simulieren, heißt eines zu *sein*. Wenn Track also auf einer Theorie Tricks vom GOFAI-Typ beruht, besitzt er tatsächlich einen eigenen Geist und versteht im buchstäblichen Sinn. Aus dem gleichen Grunde hat er dann aber auch ein eigenes Selbst - und nicht nur eine Theorie darüber.

Wissensdarstellung für eine Simulation des gesunden Menschenverstandes hingewiesen hat. Ebensowichtig ist, daß diese fundamentale Entdeckung nicht in dem sterilen Kontext von spielerischen Rätseln und Mikrowelten gemacht wurde (und auch nicht gemacht werden konnte). Nur wenn ein Gespräch völlig ungekünstelt ist, kann sich der verborgene Reichtum des natürlichen Verstandes wirklich entfalten. Anders gesagt, jeder Test, der geringere methodische Anforderungen als der Turing-Test stellt, bringt die Gefahr mit sich, daß die schwierigsten Probleme soweit "auf ihren Kern reduziert werden", bis sie gar nicht mehr vorhanden sind.

Die Beispiele in diesem Abschnitt sind zwar keine Mitschriften spontaner Dialoge, sie sind aber ebensowenig anspruchsvolle Literatur oder undurchsichtige transzendentale Philosophie. Völlig durchschnittliche Menschen verstehen diese Passagen ohne große Anstrengung; ein künstliches System, das sie nicht verstehen könnte, bliebe deshalb hinter dem Niveau des durchschnittlichen menschlichen Verstandes zurück. Interessant ist dabei, daß die hier angewandte Taktik eine viel größere Reichweite haben könnte. So haben wir gegen die Segregation von Selbst und Intellekt mit der Begründung argumentiert, daß unmittelbare Ichbeteiligung ein integraler Faktor im Verstehensprozeß eines gewöhnlichen Gesprächs sein kann; im wesentlichen sind dies die gleichen Gründe, die zuvor schon die Segregation von Intelligenz und Wissen torpedierten. Alltägliche Gespräche sind jedoch mit Leben und all seinen Risiken gespickt, so daß die Beteiligung des Zuhörers über gemeinsames Wissen und Selbstbild weit hinausgeht. Ein guter Erzähler versteht es, unsere Emotionen und Leidenschaften zu wecken; wir lieben die Helden und verachten die Schurken, deren Abenteuer uns über Optimismus zur Spannung und Bedrückung und wieder zurückjagen. Ich sehe keinen Grund, daran zu zweifeln, daß diese üblichen und vorhersagbaren Reaktionen zum Prozeß des normalen Verstehens beitragen können. GOFAI wird nicht erfolgreich sein, bevor seine Systeme nicht von den Dramen des Alltags ergriffen und gefesselt werden können.

Die Idee an sich

Meckernförde -- Die ehemalige plastische Chirurgin und Grundstücksmagnatin Roswitha Schindmähr gab heute ehrgeizige Pläne zur Produktion von Kunstwein in einigen norddeutschen Fenngebieten

Kasten 6
Künstliches Ich

Angenommen, es wäre wahr, daß kein System ohne eigenes Selbst -
kein System, das nicht irgendjemand wäre - natürliche Sprachen verstehen könnte. Würde dies das GOFAI-Projekt zu Fall bringen? Nicht
unbedingt. Es verkompliziert das Problem lediglich, indem es erfordert,
daß KI-Systeme auch künstliche Ichs umfassen. Was das zur Folge
haben könnte, ist schwer zu sagen.

Offensichtlich muß ein System mit einem "Selbstbild" zu
Selbstrepräsentation und Reflexion imstande sein; genaugenommen
braucht es ein volles Repertoire an metakognitiven Fähigkeiten (s. Kasten
2), wenn z.B. sein öffentliches Ansehen irgendwann relevant sein
sollte. Um die motivierende Kraft der Ichbeteiligung zu erklären, muß
außerdem der gegenwärtige Zustand oder die Kondition dieses Selbst-
bildes von besonderer Wichtigkeit und besonderem Wert und dennoch
für das Auf und Ab von Leistung und Wahrnehmung empfänglich sein.
Und dies impliziert wiederum, daß das System über bestimmte Kriterien
verfügt, anhand deren es persönlichen Wert - sowohl seinen eigenen als
auch den anderer - beurteilt.

Das Selbst umfaßt jedoch mehr als nur das; es setzt eine Form von
Kontinuität und anhaltender Besitzerschaft voraus. Ein einzelnes Ereignis
kann nicht isoliert beschämend, peinlich oder lächerlich sein, sondern nur
als eine Episode in der Biographie eines verantwortlichen, historischen
Individuums - einer kontinuierlich existierenden Person, deren
Persönlichkeit und deren Charakter dieses Ereignis entblößt, weswegen
es auch als bedrohlich empfunden werden kann. Bei Verlegenheit, ob
unmittelbar erlebt oder "stellvertretend" mitgefühlt, ist es im wesentlichen
und notwendigerweise dasselbe Ich, das hier stottert und dort errötet.
Nur ein Wesen, das sich etwas daraus macht, was es als beständig exi-
stierendes, gleichbleibendes Individuum ist, kann sich auch etwas aus
Schuld oder Torheit, Selbstachtung oder Leistung, Leben oder Tod
machen.

Ich vermute, daß da noch mehr ist: Ich vermute, daß auch moralische
Integrität, Bewußtsein und Zivilcourage - oder wenigstens die Möglichkeit
dazu - für die Struktur des Selbst unerläßlich sind. Und wer weiß, was
sonst noch alles?

bekannt. Wie Dr. Schindmähr erklärte, soll
der neue Wein zu nahezu hundert Prozent
aus Sumpfwasser und Steinkohlenteer syn-
thetisiert werden. Seine Qualität wird vermutlich hervorragend und sein Preis
konkurrenzfähig sein. Die Bundes-
regierung hat bereits Subventionen für die
Erschließung...

Natürlich wirbelt Dr. Schindmährs Ankündigung ziemlich viel Staub auf. Die Reaktionen
lassen sich im großen und ganzen in vier Kategorien einteilen:

ENTHUSIASMUS: "Heh, phänomenal. Ist die Wissenschaft nicht phantastisch? Ich
werde gleich ein Dutzend Kisten Krypto-Karbonett vorbestellen."

ABSCHEU: "Diese empörende Ungeheuerlichkeit gefährdet nicht nur Tausende von
Arbeitsplätzen in der Weinindustrie, sondern auch Millionen anspruchsvoller Gaumen
zukünftiger Generationen; darüber hinaus ist sie garantiert krebserzeugend."

ENTLARVUNG: "Alles Schwindel. Ganz gleich, wie das Zeug schmeckt - selbst wenn
es mit einem guten Bordeaux identisch wäre, könnte es niemals *Wein* sein, weil (es nicht
vergoren ist, nicht aus Trauben besteht...)."

SKEPSIS: "Nun, die Zeit wird es zeigen, aber ich wäre überrascht, wenn es sehr viel anders
als Kerosin schmecken würde: Steinkohlenteer und Sumpfwasser sind nicht nur schrecklich kontaminiert, sondern ihnen fehlen auch sämtliche organischen Moleküle, die für
richtigen Wein notwendig sind."

Nicht von ungefähr finden sich Entsprechungen zu diesen Standpunkten auch in den
öffentlichen Stellungnahmen zur Künstlichen Intelligenz. Enthusiasmus und Abscheu - sie
reichen von den Wunschträumen permanenter Freizeit bis zu Alpträumen von super-
schlauen Robotern, die die Herrschaft über die Menschen an sich reißen - sind sich darin
ähnlich, daß sie die Möglichkeit "realer" KI als gegeben ansehen.[21] Diese Betrachtungsweise wirft viele schwierige und wichtige Fragen auf, die den Rahmen unserer
Erörterungen aber leider sprengen würden. Entlarvung und Skepsis dagegen sehen nichts
als gegeben an, sondern konzentrieren sich stattdessen auf die prinzipielle Frage, ob
GOFAI wirklich möglich ist.
     Unter *Entlarvung* verstehe ich die Behauptung, *a priori* beweisen zu können, daß KI
nicht möglich ist. *Apriori*-Argumente gründen auf allgemeinen Prinzipien und/oder
intuitiven Konzepten und sind folglich von empirisch gewonnenen Ergebnissen mehr oder
weniger unabhängig. So behaupten "Entlarver" auch, daß der Turing-Test irrelevant sei.
Ihre These lautet im wesentlichen: Ganz gleich, wie gut KI-Systeme wirkliche (menschliche) Intelligenz auch irgendwann simulieren können, sie werden doch immer nur
Imitationen sein - Fälschungen, Nachahmungen, nicht die Sache selbst. Ihre Argumenta-
tion sieht meistens so aus:

1. Nichts kann intelligent sein ohne X (wobei X für irgendetwas steht); aber
2. kein GOFAI-System kann jemals X besitzen; daraus folgt:
3. Kein GOFAI-System kann jemals intelligent sein.

Wofür steht nun X? Es ist eine weitverbreitete Ansicht, daß Gefühle, Kreativität, Persönlichkeit, Lerneifer, Freiheit, Intuition, Moral usw. darunter fallen. Ist X aber erst einmal spezifiziert, erweist sich die notwendige Erhärtung einer oder beider Prämissen in der Regel als ziemlich fadenscheinig. So ist es z.B. überhaupt nicht selbstverständlich, daß nichts ohne Gefühle intelligent oder daß kein GOFAI-System jemals kreativ sein könnte; und sich dessen "instinktiv sicher" zu sein, ändert daran eben gar nichts.[22]

Der weitaus populärste Anwärter für X ist jedoch das *Bewußtsein* - ein Thema, an dem auffällt, daß es sowohl in diesem Buch als auch in der Fachliteratur der Kognitionswissenschaft nicht auftaucht. Tatsächlich drängt sich die Vermutung auf, daß solch ein ohrenbetäubendes Stillschweigen ein garstiges kleines Geheimnis verbergen soll, und möglicherweise trifft das auch zu. Bevor wir uns jedoch ins Fäustchen lachen, sollten wir uns vergegenwärtigen, daß auch keine andere psychologische Theorie rechtes Licht in die Sache bringt; wie man sie auch betrachtet, sie bleibt ziemlich mysteriös. Der springende Punkt ist nicht nur, daß alle Erklärungsversuche gleichermaßen unzulänglich sind (obwohl das zutrifft), sondern vielmehr, daß wir die Phänomene so wenig im Griff haben, daß die Prämissen 1 und 2 auch aus diesem Grund sehr schwer aufrechtzuerhalten sind. Dies heißt nicht, daß das Problem als erledigt betrachtet werden kann, sondern, daß es äußerst schwer zu fassen ist. (Ist Bewußtsein vielleicht eine theoretische Zeitbombe, die im Innern der KI tickt? Wer will das sagen?)

Wir halten es trotzdem für verfehlt, Intuition gänzlich abzuwerten, denn in der Philosophie und auch in der Wissenschaft basiert vieles auf einem feinen Gespür für das "Sinnvolle". Nur, wie können wir unsere Intuitionen verfeinern? Zuweilen ist es eine hilfreiche Strategie, *Gedankenexperimente* anzustellen, um die Grenzen eines Konzepts zu erkennen. Hier ein Beispiel: Angenommen, jemand hätte ein GOFAI-System entworfen, das (vermeintlich) über Bewußtsein, Emotionen usw. verfügt. Wie wir wissen, würde dieses System auf einer Beschreibungsebene aus inneren Spielern bestehen, die formale Zeichen nach formalen Regeln manipulieren und auswechseln; außerdem wissen wir, daß derartige Systeme prinzipiell medienunabhängig sind. Stellen wir uns nun also vor, die Stadt Engelskirchen würde für die erforderlichen Interaktionen neu verkabelt, und alle Engelskirchener würden rekrutiert, um Zeichen diesen Regeln entsprechend zu manipulieren. Per definitionem wäre dann diese auswuchernde Monstrosiät - nennen wir sie Gabriel - eine Verwirklichung des entworfenen GOFAI-Systems mit all seinen relevanten Eigenschaften.[24]

Fragen Sie sich nun selbst: Könnte Gabriel - nicht die Menschen in ihm, sondern das gesamte System als Einheit - Bewußtsein besitzen? Der Gedanke läßt nach Atem ringen; auf den ersten Blick erscheint er derart grotesk, daß er uns auch die zugrunde liegende Behauptung mit Argwohn betrachten läßt. Genauso funktionieren Gedankenexperimente: Indem sie unsere Intuitionen übertreiben, klären sie sie manchmal. Dennoch können sie in die Irre führen. In diesem Fall zum Beispiel entsetzt mich wie jeden anderen der Gedanke an ein bewußtes Engelskirchen; warum, kann ich jedoch nicht genau sagen - und

Kasten 7
Kognition und Bewußtsein

Der Philosoph Daniel Dennett zeichnet sich unter den kognitivistischen Sympathisanten durch seine Bemühungen aus, in einem KI-ähnlichen Modell Bewußtsein unterzubringen.[23] Er geht von der Beobachtung aus, daß Bewußtsein eine Form von *Zugriff* ist: Wir können *sagen*, was in unserem Kopf vorgeht. Dies impliziert zweierlei: Erstens sind wir der *Introspektion* fähig (wir wissen, was wir denken), und zweitens können wir das, was in uns vorgeht, *mitteilen* (wir sagen, was wir denken). Diese beiden Phänomene sind eng miteinander verbunden, da Introspektion so etwas wie eine "Mitteilung an sich selbst" ist, wenn auch nicht unbedingt in einer bekannten Sprache und möglicherweise offener.

Natürlich sind wir uns all dessen, was in unseren Köpfen vorgeht, weder bewußt noch in der Lage, es zu artikulieren; den meisten Theorien zufolge ist faktisch nur ein kleiner Bruchteil unserer gesamten geistigen Inhalte und Prozesse überhaupt mitteilbar (uns selbst oder anderen) - eben der Bruchteil, der uns bewußt ist. Deshalb schlägt Dennett ein spezielles Gedächtniselement vor, M genannt, das diesen besonderen Teilbereich unserer Gedanken enthalten soll. M dient hauptsächlich als eine intermediäre oder Pufferzone zwischen Perzeption, verbalen Äußerungen und (über den inneren Schiedsrichter) den restlichen Gehirnfunktionen: Problemlösen, Langzeitgedächtnis, Folgerungen des gesunden Menschenverstandes etc.

Dann folgt der entscheidende Schritt: Wir irren uns, sagt Dennett, wenn wir annehmen, wir könnten das, was in unseren Köpfen vor sich geht, deswegen mitteilen, *weil* wir irgendein "inneres Licht" (Bewußtsein oder was auch immer) haben, das uns einen Zugriff auf die Inhalte von M erlaubt. Stattdessen beruht der Zugang unserer verbalen und sonstigen Fähigkeiten zu diesen Inhalten schlicht und einfach darauf, daß wir eben so konstruiert sind; und genau dieser Zugang *ist* das Bewußtsein. Anders gesagt, alles, was das Bewußtsein ausmacht, ist eine "eingebaute" Fähigkeit, die Inhalte eines bestimmten Gedächtnispuffers "mitzuteilen" - eine Fähigkeit, die Dichter und Philosophen dann als inneres Licht usw. beschreiben, ohne sie dadurch zu erklären.

Diese Idee ist zwar bestechend, aber doch, so glaube ich, nicht wirklich befriedigend. Zum einen ist sie allzu glatt: Das Bewußsein hat Inhalte, also machen wir es zu einem Behälter. Simsalabim - schon haben wir eine Theorie! Was erklärt sie jedoch? Warum z.B. sollten Perzeption, Gefühle, Reflexionen und Verbalisierungen denselben Puffer durchlaufen? Warum ist sorgfältiges, gründliches Denken immer bewußt? Was hat M mit Selbstkontrolle, "Selbstbewußtsein" (mangelndem Selbst-

> vertrauen), Absicht, Aufgewecktheit, Scharfsinn, Geistesgegenwart usw.
> zu tun? Noch näher zum Kern des Problems: Warum scheint M sich von
> all meinen anderen Gedächtnispuffern so stark zu unterscheiden - oder
> vielmehr, warum ist M der einzige von ihnen, der überhaupt irgendwie "in
> Erscheinung tritt"?

das löst bei mir ein Gefühl des Unbehagens aus. Vielleicht zeigt das Beispiel weniger die Grenzen des Möglichen als vielmehr die Grenzen meiner Vorstellungskraft.

Entlarver wollen die KI abschießen, bevor sie überhaupt gestartet ist; ohne die konkreten Forschungsprojekte zu berücksichtigen, halten sie die Idee an sich für irgendwie verrückt oder unlogisch. Es erscheint mir jedoch ebenso fragwürdig, mühelose Siege zu erwarten. Wie ich es sehe, stützt sich die Kognitionswissenschaft auf eine tiefgreifende und spezifische *empirische* Hypothese: daß jede Intelligenz, ob menschlich oder nicht, durch rationale, quasisprachliche Symbolmanipulation realisiert wird. Diese Hypothese kann wahr oder falsch sein (oder vielleicht auch teilweise wahr und teilweise falsch).

Skeptiker erkennen an, daß die Hypothese empirisch und nicht durch "Biertisch-Philosophie" zu klären ist, sind sich jedoch über das Ergebnis nicht sicher. Die Probleme und offenen Fragen, die in diesem Kapitel zur Sprache gekommen sind, mögen so manchen nachdenklich stimmen; und die gleichen intuitiven Verwicklungen, die die Entlarver beflügeln, können ebensogut gemäßigtere Zweifel speisen. (Selbst wenn ich hinsichtlich Gabriels im Prinzip unvoreingenommen bin, kann ich dennoch in der Praxis meine Zweifel hegen.) Entscheidend ist jedoch, daß wir die Antworten letzten Endes aus dem Laboratorium erwarten.

Die meisten Menschen, die viel über KI wissen, sind sehr beeindruckt - und das zu Recht, denn sie verkörpert den bisher mächtigsten und erfolgreichsten Ansatz zur Erforschung des Denkens. Metaphysische Paradoxa wurden mit offenkundiger Leichtigkeit vom Tisch gewischt; konkrete Theorien von beispielloser Reichweite und Detailliertheit wurden formuliert; und es wurden viele tiefgreifende technische Entdeckungen gemacht. Darüber hinaus umgibt sie ein "Flair von Zukunft"; auf ihrer Erfolgswelle schwimmen weitsichtige Progressive, die kühn und unvoreingenommen sind. Dennoch hat die Künstliche Intelligenz ihr "Versprechen" in gewisser Hinsicht nicht gehalten. Es gibt bis heute keine Maschinen, die man zu Recht als intelligent bezeichnen könnte ("Mikro-Experten" nicht mitgerechnet); kein plausibler Bruchteil des gesunden Menschenverstandes ist jemals programmiert worden; keines der gegenwärtigen Systeme besitzt auch nur die Sprachkompetenz eines dreijährigen Kindes - und nichts von alledem ist in Sicht.

Was aber hätte man erwarten sollen? Nun, im Jahre 1957, gerade achtzehn Monate nach der Bekanntmachung des *Logic Theorist* (und sechs Wochen nach dem ersten Sputnik), sagte Herbert Simon, was er und Allen Newell erwarteten:

1. daß in spätestens zehn Jahren (nämlich 1967) ein Digitalcomputer Schachweltmeister wird, falls ihn die Regeln nicht von der Teilnahme ausschließen;
2. daß in spätestens zehn Jahren ein Digitalcomputer ein neues, wichtiges mathematisches Theorem entdecken und beweisen wird;

3. daß in spätestens zehn Jahren ein Digitalcomputer Musik komponieren wird, der Kritiker einen erheblichen ästhetischen Wert zuerkennen;
4. daß in spätestens zehn Jahren die meisten Theorien der Psychologie die Form von Computerprogrammen oder von qualitativen Aussagen über die Charakteristika von Computerprogrammen haben werden;

Es ist nicht meine Absicht, Sie zu überraschen oder zu schockieren - wenn das im Zeitalter der Kernspaltung und des voraussichtlichen interplanetaren Reiseverkehrs überhaupt möglich ist; aber einfach zusammengefaßt läßt sich sagen, daß es nunmehr in der Welt Maschinen gibt, die denken, lernen und schöpferisch tätig sind. Darüber hinaus wächst ihre Fähigkeit auf diesen Gebieten zunehmend, bis - in absehbarer Zukunft - der Bereich von Problemen, die sie bearbeiten können, sich mit dem Bereich deckt, der bis jetzt dem menschlichen Denken allein vorbehalten war.[25]

Ob schockierend oder nicht, übereifrig waren die Vorhersagen sicherlich. Selbst heute sind die besten Schachcomputer kaum auf Meisterschaftsniveau; kein Computer ist jemals in die Nähe einer wichtigen mathematischen Entdeckung gekommen; und vom maschinellen Komponieren hört man fast gar nichts mehr. Es muß jedoch eingeräumt werden, daß in psychologischen Theorien tatsächlich immer öfter komputationale Konzepte auffallen (obwohl man dies interessanterweise mehr als soziologischen denn als fachtheoretischen Erfolg deuten könnte.)

Trotzdem sind die nicht eingetroffenen Vorhersagen nicht von der Art, daß sie Theorien widerlegen. Wenn Kepler die Position des Mars vorhersagt und sich diese Vorhersage als falsch erweist, spricht das gegen seine Theorie, weil die Vorhersage eine Konsequenz aus ihr ist. Die Vorhersagen Simons und Newells waren jedoch weniger Konsequenzen ihrer Methode als vielmehr ihres Enthusiasmus. Sie verkannten nicht die Welt, sondern die Forschung.[26] Die Lehre, die sich daraus ziehen läßt, ist deshalb indirekt: Wenn sich eine Wissenschaft entwickelt, läßt sich kaum im voraus sagen, was man von ihr erwarten kann. Deshalb läßt sich auch schwer feststellen, wann eine Disziplin den Erwartungen nicht gerecht wird. Die Lösung schwieriger Probleme erfordert Zeit und Ausdauer: "Auch wenn man zunächst erfolglos ist,... usw." Vermutlich ist es auch aus diesem Grund so schwierig, lähmende Mängel als solche zu erkennen, bevor man nicht über eine bessere Methode und damit über eine Vergleichsmöglichkeit verfügt.

Fultons Besessenheit ist unser Erbe. Obwohl er seinerzeit verspottet wurde, verfolgte der couragierte Fulton beharrlich seine Ziele - und setzte sich durch. "Es ist unmöglich" zu sagen, widerstrebt uns allen, weil wir Angst haben, als engstirnige Neinsager zu gelten, als verknöcherte Hinterwäldler, die dann am Ende klein und häßlich aussehen. Die Helden sind die, die glauben - und gewinnen. Es mag richtig sein, an solchen Leitbildern festzuhalten - doch die Skeptiker sind nicht *immer* die Verlierer. So gelang es niemandem, ein Perpetuum mobile zu bauen; dafür stellte sich die Erklärung des Problems, der Energieerhaltungssatz und der Entropiesatz, schließlich als wichtig heraus. Ebensowenig hat es jemand fertiggebracht, das "Phlogiston" zu wiegen oder die absolute Erdgeschwindigkeit zu messen; und diese "Mißerfolge" waren signifikante Schritte für die Entdeckung des Sauerstoffs und der Relativitätstheorie. Entdeckungen überwinden nicht nur Unwissenheit, sondern ebensooft auch falsche Auffassungen.

**Kasten 8
Paradigma-Schwindel?**

Es fällt schwer, eine lebendige Wissenschaft zu kritisieren. Ein Blick in die Geschichte kann uns jedoch zu einer Perspektive verhelfen. Bevor der Kognitivismus aufkam, herrschte an amerikanischen Psychologiefakultäten fast unangefochten der Behaviorismus. Er konnte fundierte Experimentalmethoden, eine Unmenge gutgesicherter Ergebnisse, Fachzeitschriften mit ausführlichen Forschungsberichten, Texte und Lehrpläne für Lehrpersonal, um diese Berichte zu lesen und zu schreiben, und eine kohärente "Philosophie" aufweisen, in deren Rahmen das Ganze als umumstößlich erschien. Kurz gesagt, der Behaviorismus hatte die institutionellen Merkmale einer fortschrittlichen und florierenden Wissenschaft. Rückblickend trug der Behaviorismus jedoch wenig zu unserem Wissen über das menschliche Verhalten - geschweige denn über den menschlichen Geist - bei und erscheint zur Lösung dieser Aufgabe auch absolut ungeeignet.

In der Terminologie des Historikers Thomas Kuhn (1962/70) ist ein *Paradigma* ein großer wissenschaftlicher Triumph, der so eindrucksvoll ist, weil er Neuland erschließt und zugleich so viele noch zu verwirklichende Möglichkeiten eröffnet, daß er zum Mittelpunkt und Modell eine wissenschaftlichen Forschungstradition wird, die sich um ihn herum vereinigt.

Die bahnbrechenden Leistungen von Thorndike und Pawlow z.B. regten eine lebhafte und anspruchsvolle Erforschung der Konditionierung von Vögeln, Hunden und Ratten an - und auch, soweit Übereinstimmungen bestehen, von Menschen. Wirklich intelligentes Verhalten, so ist erwiesen, umfaßt jedoch Prozesse, die sich in qualitativer Hinsicht von konditionierten Reflexen etc. unterscheiden. Wenn man also das Paradigma des Behaviorismus auf die gesamte Psychologie ausdehnt, wird es zu einer Art *Schwindel:* Ein Standpunkt und eine Methode, die in einem bestimmten Gebiet angemessen sind, geben vor, in einem ganz anderen Gebiet ebenso angemessen zu sein, obwohl sie dort keinerlei Referenzen vorweisen können.

Der Kognitivismus ist das natürliche Kind des Behaviorismus. Ebenso wie dieser ist er objektiven Experimenten, mechanistischen Erklärungsmodellen und dem Ideal der "wissenschaftlichen" Psychologie stark verhaftet. Mit seinem Begriffsapparat der Symbolmanipulation, Wissensrepräsentation und heuristischen Steuerung stellt er jedoch ein ungemein wirkungsvolleres Erklärungssystem bereit. Dementsprechend hat er mittlerweile die institutionellen Merkmale einer fortschrittlichen und florierenden Wissenschaft erlangt - mit phantastischer Ausstattung, einem eigenen Jargon und Datenmaterial. Dies ist geeignet, fast jeden einzuschüchtern.

Könnte auch die Kognitionswissenschaft auf einem "Paradigma-Schwindel beruhen? In den klassischen Implementationen von Newell, Shaw und Simon haben symbolische "Expertensysteme" ein Vorbild, das zu Recht Anregung bietet, und es hat den Anschein, daß auf diesem Gebiet beträchtliche Fortschritte erzielt wurden.[27] Damit ist jedoch noch nicht die Frage beantwortet, ob dieser begrenzte, aber konkrete Erfolg in eine adäquate Methode zur Erforschung der menschlichen Intelligenz und Psyche umgesetzt werden kann.

Wie ihre Vorgänger haben die Kognitionswissenschaftler nicht zu leugnende Beiträge zum Wissen über uns selbst geleistet. Aber auch ihre Beiträge sind bemerkenswert karg und im Vergleich zur Tiefe und Reichweite des vortheoretischen Gesichtskreises der Psychologie geradezu gering. Damit wir uns vom Glanz des Erreichten nicht für die umgebende Dunkelheit blenden lassen, wollen wir uns ins Gedächtnis rufen, wie viele Schatten noch immer aufgehellt werden müssen. Wie kommt es z.B., daß wir vertraute Gesichter erkennen, von den ihnen eingeprägten Lebensspuren oder etwa der Kraft in Rembrandts Porträts ganz zu schweigen? Wieso verstehen wir die Umgangssprache, ganz zu schweigen von Metaphern, Witzen, Aristoteles oder Albee? Was ist gesunder Menschenverstand, und was sind gar Genie, Geist oder guter Geschmack? Was ist Charakter, was gar sind Schizophrenie, Neurosen oder moralische Integrität? Wenn wir glauben, daß es auf diese Fragen wissenschaftliche Antworten gibt, wenden wir uns der Psychologie zu; und falls sie dort nicht zu finden sind, wo dann?

Kognitivisten sind angesichts solcher Fragen ebenso vage und impressionistisch, wie Psychologen es immer waren. Natürlich können auch sie mit dem altbekannten "Nur Geduld, wir stehen gerade erst am Anfang (obwohl diese und jene vorläufigen Resultate bereits sehr vielversprechend sind)" Zeit gewinnen, und in lebendigen Wissenschaften ist es durchaus legitim, Wechsel auf die Zukunft zu ziehen; eine zu hohe Verschuldung heizt jedoch nur die Inflation an. Möglicherweise ist der Gedanke der automatischen Symbolmanipulation am Ende doch der Schlüssel zum Verständnis des menschlichen Geistes; vielleicht aber ist der programmierbare Computer eine genauso vordergründige Analogie wie die dressierbare Taube - und die bedingte Verzweigung psychologisch ebenso unfruchtbar wie der bedingte Reflex.

Es widerstrebt uns, mit unserem Urteil hinterm Berg zu halten: Skeptizismus ist intellektuelle Anämie. Wieviel vergnüglicher, vitaler und freimütiger ist es, Partei zu ergreifen! Manchmal ist es aber noch zu früh zu einer Stellungnahme. Ich bin mir nicht völlig sicher, daß GOFAI unmöglich ist; auf der anderen Seite bin ich alles andere als überzeugt davon, daß sie unumgänglich ist. Ich bin unschlüssig: Soweit ich es beurteilen kann, sind die schwierigen Fragen nach dreißig Jahren immer noch offen.

Anmerkungen

Einleitung

1. Vielleicht sollte Künstliche Intelligenz "Synthetische Intelligenz" genannt werden, da diese Bezeichnung eher mit dem im Wirtschaftsleben üblichen Sprachgebrauch übereinstimmt. Unter künstlichen Diamanten beispielsweise versteht man ja nur Imitationen, während synthetische Diamanten wirkliche Diamanten sind, die lediglich durch ein Herstellungsverfahren und nicht durch den natürlichen Abbau gewonnen wurden (vgl. auch künstliches Vanillearoma mit beispielsweise synthetischem Insulin). Trotz ihres Namens strebt die KI zweifellos nach wirklicher Intelligenz und nicht nur nach einer Imitation.

2. Turing erwähnt nicht, ob der Fragesteller weiß, daß ihm statt des Manns ein Computer antwortet; für die Art des Fragens würde dies sicherlich eine Rolle spielen. Wie der nächste Abschnitt jedoch zeigt, geht es bei dem Test um eine viel einfachere Sache, so daß dieses Problem im Grunde unwichtig ist.

3. Man könnte diesen Vergleich mit der Begründung ablehnen, daß sich *unsere* Gedanken in *immateriellen* (vielleicht unsterblichen) Seelen abspielen und höchstens in nebensächlichen Beziehungen zu unseren Gehirnen stehen. Eine solche Position würde jedoch die Künstliche Intelligenz von vornherein ausschließen. Um eine Diskussion überhaupt erst zu ermöglichen, muß und will dieses Buch deshalb voraussetzen, daß menschliche Intelligenz in Materie - so wie Gehirnen - realisiert ist (oder zumindest sein könnte).

4. Besonders der Philosoph Dan Dennett hat diese Ansicht in einer Vielzahl von Zusammenhängen beharrlich vertreten (s. z.B. Dennett 1978 und 1984).

5. Es war im wesentlichen dieses Argument, das McCarthy (1959) ein Vierteljahrhundert zuvor anführte: "Wir stützen uns auf die Idee, daß ein Programm, das lernfähig sein soll, zunächst etwas enthalten muß, das aufnahmefähig ist." (Minsky 1968, S. 405). Die Zeit hat McCarthy recht gegeben; s. jedoch Schank (1983), der befürwortet, daß das Lernen wieder als ein zentraler Forschungsgegenstand reaktiviert wird.

Kapitel 1

1. Diese Auffassung der Himmel ging hauptsächlich auf den griechischen Astronomen Ptolemäus (2. Jhdt. n. Chr.) zurück, der sic zu cincr ausgefeilten mathematischen Theorie entwickelt hatte, die deshalb allgemein als das Ptolemäische Weltsystem bekannt ist.

2. Zitiert bei Kuhn (1962/70), S. 69, und in leicht abgewandelter Form bei Koestler (1967). Mein Kollege B.R. Goldstein wies mich jedoch darauf hin, daß die Geschichte höchstwahrscheinlich eine Verleumdung mit politischem Hintergrund war; Gegner, die Alfons den Thron streitig machten, hätten sie in Umlauf gesetzt und sich dabei sowohl Alfons' Hang zur Astrologie als auch eine alte Prophezeiung zunutze gemacht, die besagte, daß es mit Alfons wegen seiner Blasphemie noch ein schlimmes Ende nehmen würde. Die älteste vorhandene Version ist offenkundig jene, die Jerry Craddock in einer Chronik aus dem Jahr 1344 gefunden hat. Ob die Anekdote nun stimmt oder nicht, die Tatsache, daß sie erzählt (und geglaubt) wurde, soll uns hier genügen.

3. Galilei (1623) *Il Saggiatore (Die Goldwaage)*, Abschnitt 6; s. Barbera (1968), Bd. VI, S. 232.

4. Galilei (1638), *Unterredungen und mathematische Demonstrationen über zwei neue Wissenszweige, die Mechanik und die Fallgesetze betreffend. Darmstadt 1973, S. 158 f.* Dies ist Galileis Hauptwerk über Bewegung, das erst vier Jahre vor seinem Tod veröffentlicht wurde.

5. Mathematisch vorgebildete Leser werden in diesem Gedanken der "Summe" von "Linien" eine Antizipation der Integralrechnung bemerken, die fünfzig Jahre später von Newton und Leibniz entwickelt wurde.

6. Beim freien Fall aus der Ruhelage ist die zurückgelegte Entfernung dem Quadrat der verstrichenen Zeit proportional. (Dies ist im wesentlichen Theorem II, das direkt auf Theorem I folgt, das in Kasten 1 dargestellt ist.)

7. Galilei (1623), *Il Saggiatore (Die Goldwaage)*, Abschnitt 48; s. Barbera (1968), Bd. VI, S. 350.

8. Locke übernahm diese Begriffe möglicherweise von dem Chemiker Robert Boyle.

9. Hobbes (1656), Kapitel 1, S. 3. Zitiert nach: Thomas Hobbes: Grundzüge der Philosophie. Erster Teil. Lehre vom Körper. In Auswahl übersetzt und herausgegeben von Max Frischeisen-Köhler. Leipzig 1915, S. 28. Nebenbei: Wenn Hobbes der "Großvater" der KI war, wie ich vermute, dann war Turing der Vater, der den Keim gelegt hat, und McCarthy der Taufpate, der ihr einen Namen und einen Platz in der Gesellschaft gab; Newell, Shaw und Simon aber brachten sie tatsächlich zur Welt (s. "Heuristische Suche" in Kapitel 5).

10. Hobbes (1651). Leviathan oder Stoff, Form und Gewalt eines kirchlichen und bürgerlichen Staates. Hrsg. und eingeleitet von Iring Fetscher. Frankfurt a. M. 1984, S. 32.

11. Hobbes (1651). Leviathan ..., S. 11 f.

12. Hobbes (1656). Grundzüge der Philosophie..., S. 39.

13. Descartes (1637). Geometrie. Deutsch hrsg. v. Ludwig Schlesinger. Darmstadt 1969, S. 1.

14. Descartes (1637). Von der Methode. Hamburg: Meiner 1960, S. 16 f.

15. Descartes (1637). Von der Methode. S. 46. Nebenbei: Descartes bezog also auch Tiere in die Kategorie der vernunftlosen Maschinen ein, so daß sich in dieser Passage auch seine Stellungnahme zu der Frage, ob Tiere eine Seele (einen Geist) haben, findet.

16. Natürlich gelten solche "Regeln des Verstandes" nur bei eindeutigen Zusammenhängen in gleicher Weise wie die exakten Regeln der Logik oder Mathematik; für unsere gewöhnlichen Gedankengänge und Diskurse ist "Vernünftigkeit" weitaus flexibler, obwohl vielleicht dennoch von Regeln gelenkt.

17. Hume (1739-40). David Hume's Traktat über die menschliche Natur (Treatise on Human Nature). I. Teil. Über den Verstand. Hamburg und Leipzig 1895.

18. Hume (1749). Eine Untersuchung über den Menschlichen Verstand. Hamburg 1973, S. 14.

19. Hume (1739-40). David Hume's Traktat über die menschliche Natur. I. Teil. Über den Verstand. Hamburg und Leipzig 1895, S. 23.

20. Newton wollte damit sagen, daß er vieles in der Physik leisten konnte, indem er wußte, *daß* das Gravitationsgesetz gültig war, ohne zu wissen, *warum* es gültig war. Aber da er nicht an Fernwirkungen glaubte, dachte er, es gäbe eine Antwort auf die "Warum"-Frage, und er hätte sie gern gewußt. Hume dagegen sah deutlich, daß in jeder Wissenschaft einige Prinzipien einfach auf der Basis der Erfahrung und ohne weitere Erklärung akzeptiert werden müssen; siehe zum Beispiel die Schlußabschnitte in seiner Einleitung zum *Traktat*.

Kapitel 2

1. Kartenspiele und viele Brettspiele (wie Backgammon, Scrabble und Monopoly), die ein Zufallselement enthalten (z.B. Würfeln oder Mischen und Abheben), lassen sich vielleicht am besten als formale Spiele mit einem zusätzlichen "Input" auffassen; aber für unsere Zwecke ist dies nur eine ablenkende Komplikation, die wir deshalb beiseitelassen.

2. Ein Schachproblem (etwa der Art: Weiß zieht und setzt im zweiten Zug matt) kann als ein formales Spiel betrachtet werden, das im Großen und Ganzen dem Schach gleicht, mit der Ausnahme allerdings, daß es von nur einer Person gespielt wird und es viele verschiedene Ausgangsstellungen gibt.

3. Die Zugregeln legen implizit fest, wie die Konfigurationen aussehen; d.h., wenn die Zulässigkeit irgendeines Zuges jemals von Merkmal X abhängt, dann gilt Merkmal X als Teil der formalen Konfiguration. (Dies macht die Geschlossenheit nicht zu etwas Trivialem, weil formale Systeme außerdem digital und endlich spielbar sein müssen.) Man beachte, daß geschlossene Systeme *unhistorisch* sind; die bisherige Abfolge der Züge hat also keinen Einfluß darauf, was momentan erlaubt ist, außer über den Einfluß, den sie auf die momentane Spielstellung hat (deshalb braucht ein völlig formalisiertes Schachsystem einige zusätzliche Zeichen die festhalten, ob König und Turm bereits bewegt worden sind und dergleichen).

4. Welche Toleranzen die Schreibtechniken haben können, hängt voll und ganz von der Präzision der Lesetechniken ab und umgekehrt; es ist der Schreib-/Lese-Zyklus als Ganzes, der positiv und zuverlässig sein muß.

5. Dies ist freilich ein ziemlich rigider Begriff der Äquivalenz; für Mathematiker gelten oft auch Systeme als äquivalent, die diese Bedingungen nicht ganz erfüllen. Die verschiedenen möglichen Definitionen sind jedoch ziemlich theoretisch und verzwickt und tragen zur Grundidee nicht viel bei.

6. Von diesen dürften viele schwieriger zu verstehen oder zu "spielen" sein als andere, weil die Regeln verwirrende Komplikationen aufweisen oder weil es den Konfigurationen an einer sichtbaren Struktur mangelt. Unser Chip-Spiel z.B. ist wahrscheinlich anstrengender als das äquivalente Steckspiel, weil es so schwierig ist, zu überblicken, welche Chips nach den Regeln ausgetauscht werden können (es sei denn, man legt sie aus und imitiert das Muster auf dem Spielbrett). Unter dem Gesichtspunkt der "Spielbarkeit" können formal äquivalente Systeme deshalb signifikante Unterschiede aufweisen.

7. Daß alle Algorithmen Inputs erfordern, läßt sich jedoch nicht eindeutig sagen; so könnte man die geometrische Prozedur, mit Hilfe von Zirkel und Lineal ein regelmäßiges Fünfeck zu konstruieren, auch als Algorithmus betrachten - obwohl er anscheinend keinen Input braucht.

8. Unbestreitbar ist dagegen, daß eine orakelähnliche Einrichtung (etwa ein Würfel) einen Input zu einem vollkommen endlichen Spiel liefern könnte.

9. An dieser Stelle bietet sich an, noch einmal über die Bedeutung des Digitalprinzips nachzudenken: Wenn die Operationen auf unterster Ebene nicht positv und absolut zuverlässig wären, dann ließe sich nicht sagen, was mit den umfangreichen und verwickelten Strukturen passieren würde, deren Grundlage sie bilden (erinnern wir uns an die Pokerchips und den Sand).

10. Es gibt andere Arten der Analyse, wie z.B die Erklärung, auf welche Art ein Algorithmus über eine festgelegte Folge von Schritten sein Ergebnis erreicht; die Erklärung der Eigenschaften einer chemischen Verbindung im Hinblick auf ihre Molekularstruktur; oder die Erklärung der Bedeutung eines Satzes durch die Wortbedeutungen. Außerdem gibt es neben der Analyse selbstverständlich noch andere Erklärungsarten. (Für einige Vergleiche siehe Haugeland (1978) und die dort angeführte Literatur).

Kapitel 3

1. Obgleich die Auffassung einer generellen Analogie zwischen Denken und Sprechen seit Jahrhunderten geläufig ist, wurde die spezielle Terminologie in diesem und den beiden folgenden Abschnitten (mit Modifikationen) von Searle (1983), Kapitel 1, übernommen.

2. Nicht immer existieren solche direkten Entsprechungen. Wenn jemand ein Versprechen gibt, drückt er damit nicht nur eine Absicht aus, sondern geht möglicherweise auch eine (offiziell bindende) Verpflichtung ein, die in manchen Fällen einklagbar ist. Andere Sprechakte, etwa ein Hochzeitspaar zu Mann und Frau erklären, beim Skatspiel reizen oder Fußballspielern Kommandos zuzurufen, ziehen andere Komplikationen nach sich.

3. Der Begriff "Syntax" wird zuweilen auch enger gefaßt. Er bezeichnet dann nur die "Grammatik" der komplexen Ausdrücke eines Systems (z.B. WGAs; s. dazu Kasten 6).

4. Tatsächlich gab es kein streng formales System der Geometrie (d.h., als geometrisches interpretierbar), bevor David Hilbert (1862 - 1943), der große Pionier der formalen Axiomatik, 1899 ein solches System schuf.

5. Diese Darstellung vernachlässigt verschiedene wichtige axiomatisch-technische Möglichkeiten wie etwa Axiomenschemata, Beweise durch Widerspruch usw.; darauf einzugehen, würde die Sache jedoch für unsere Zwecke zu kompliziert machen.

6. Der Begriff "Computer" wird auf verschiedene Weise gebraucht. Oft versteht man darunter generell alle automatischen formalen Systeme, ob interpretiert oder nicht; in anderen Fällen wird die Bezeichnung nur für programmierbare Systeme benutzt (siehe Kapitel 4), etwa um "einfache" Taschenrechner auszuschließen; manchmal aber bezeichnet man auch interpretierte automatische Systeme, die keine formalen Systeme sind, mit diesem Begriff (z.B. sogenannte "Analog-Computer"). Wir bleiben bei der Definition "interpretierte formale Systeme", weil sie im Grunde die Künstliche Intelligenz inspirierten. Der Hauptgedanke entspricht etwa dem, was Newell und Simon (1976) mit "physikalischen Symbolsystemen" gemeint haben; meine Ausdrucksweise ist durch Smith (1982), Kapitel 1, beeinflußt.

7. Meines Wissens war Dreyfus (1965), S. 59f., der erste, der diese grundsätzliche Unterscheidung (wenn auch mit anderen Begriffen) gemacht hat.

8. Diese tiefgreifende und wichtige Konzeption läßt sich wahrscheinlich auf Fodor (1968) zurückführen. Ähnliche Auffassungen entwickelten u.a. Simon (1969/81), Dennett (1975), Haugeland (1978) und Lycan (1981).

9. Cummins (1983), S. 92, führt ein sehr ähnliches Argument an (aber nicht ganz das gleiche, weil er Semantik, Interpretation und Kognition auf etwas andere Weise unterscheidet).

Kapitel 4

1. Schickards Pläne und seine teilweise fertiggestellte Maschine wurden durch ein Feuer vernichtet und sind deshalb nie der Öffentlichkeit bekanntgeworden. Wir wissen nur deswegen davon, weil sich im Nachlaß Johannes Keplers einige Briefe befinden, in denen Schickard sie seinem Astronomenkollegen beschreibt. Schickard automatisierte nicht nur Addition und Subtraktion, sondern baute in seinen Automaten eine Version des Napierschen Rechenstäbchen ein, einer Vorrichtung zur Vereinfachung von Multiplikation und Division. Leibniz war dann der erste, der Multiplikation und Division voll automatisierte; sein grundlegender Mechanismus wurde noch bis in die jüngste Zeit hinein benutzt. (Diese Geschichten und verschiedene der noch folgenden stützen sich auf Goldstine 1972 und Augarten 1984).

2. Eine exzellente Beschreibung der mechanischen Konstruktion und Funktionsweise der Analytischen Maschine gibt Bromley (1982); meine Beschreibung stützt sich größtenteils auf diesen Artikel.

3. Augustas Übersetzung der Menabraeschen Zusammenfassung (komplett mit Anmerkungen) ist bei Morrison und Morrison (1961) abgedruckt. Dieses Werk enthält außerdem ausgewählte Abschnitte aus Babbages Autobiographie und ein kurzes Kapitel über die Analytische Maschine.

4. Leider wurden wichtige Teile dieses Werks aufgrund von Sicherheitsbestimmungen der Regierung erst sehr viel später (oder überhaupt nicht) freigegeben; tatsächlich wurde sogar der Vorwurf erhoben, daß durch übertriebene Sicherheitsvorschriften Großbritanniens frühe Führungsposition in der Computertechnologie verlorenging.

5. Ungefähr zur gleichen Zeit, 1936, hatte Emil Post (1897 - 1934), ein amerikanischer Mathematiker, einige sehr ähnliche Ideen; sie waren jedoch nicht so vollständig bzw. gut ausgearbeitet wie die Turings.

6. Turings These ist der These Churchs äquivalent (Alonzo Church machte einen äquivalenten Vorschlag, den er lediglich anders formulierte); manche Autoren beziehen sich heute auf beide, indem sie von der Church-Turing-These sprechen.

7. Technisch gesehen können Babbages Programme Unterprogramme enthalten, auf die dann allerdings ausschließlich relativ zugegriffen werden kann; sie sind jedoch viel umständlicher zu implementieren. Üblicherweise wird von Neumann das Konzept des "gespeicherten Programms" zugeschrieben - d.h., daß der Programmcode zusammen mit den Daten in ein und denselben Hauptspeicher geladen wird - als sein hauptsächlicher Beitrag zur Computerarchitektur. Abgesehen davon, daß hierbei übersehen wird, daß Turing-Maschinen auf dem gleichen Prinzip basieren, wird die Hauptsache außer acht gelassen: da sich das Programm im Hauptspeicher befindet, können die Adressen in den Steueranweisungen (z. B. der Rücksprung aus dem Unterprogramm) während des Programmablaufs verändert werden.

8. "The Dartmouth Summer Research Projekt on Artificial Intelligence" (Dartmouth, 1956). Zu den Teilnehmern gehörten John McCarthy, Marvin Minsky, Trenchard More, Allen Newell, Nathaniel Rochester, Arthur Samuel, Oliver Selfridge, Claude Shannon, Herbert Simon und Ray Solomonoff (s. McCorduck 1979, S. 93f.)

9. "LISP" ist ein Akronym aus "LISt Processing", einem charaktcristischen Merkmal, das McCarthy von einer Reihe früherer Systeme, sogenannter "IPLs" (Information Processing Languages) übernahm, die von Allen Newell, Cliff Shaw und Herbert Simon entwickelt worden waren. In der Tat war LISP in verschiedener Hinsicht von den IPLs inspiriert, die auch bereits rekursive Definitionen verwendeten und eine gemeinsame Struktur für Programm und Daten aufwiesen. Für LISP wurden diese Prinzipien jedoch gründlich überdacht, und das Resultat war ein System, das wesentlich sauberer und eleganter war. Es enthält eine an die Algebra angelehnte "zeitlose" Schreibweise (Funktionsanwendung), eine theoretisch begründete besondere Funktionsdefinition (den Lambda-Operator) und eine effiziente Speicherverwaltung (garbage collection - "Freispeichersammlung", die die Wiederbenutzung von nicht mehr benötigtem Speicherplatz ermöglicht). Nebenbei bemerkt ist das LOGO-System, das von Seymour Papert am MIT entwickelt wurde und heute für Heimcomputer weithin erhältlich ist, ein Ableger von LISP und ihm in vieler Hinsicht ähnlich.

10. Auf Babbages Speicher (das "Lager") kann *nur* über "Etiketten" zugegriffen werden; anders als bei den anderen Formen der Speicherorganisation wären seine Becher gar nicht in einer Reihe angeordnet, sondern ohne bestimmte Ordnung verstreut.

11. Dies setzt eine wichtige technische Einschränkung voraus: Y-Konnektoren kreisförmig zu verbinden, ist nicht zulässig; ebensowenig dürfen die Verzweigungen des Baumes irgendwelche geschlossenen Schleifen enthalten.

12. Allgemein-rekursive Funktionen, die eindeutig berechenbar sind, wurden von Kurt Gödel (1934) definiert; lambda-definierbare Funktionen, die ebenfalls eindeutig berechenbar sind, wurden ungefähr zur gleichen Zeit von Alonzo Church und Stephen Kleene beschrieben. Church (1936) bewies, daß diese beiden Ansätze dieselbe Klasse von Funktionen beschreiben und schlug vor, alle eindeutig berechenbaren Funktionen dieser Klasse zuzuschlagen. Ein Jahr später bewies Turing, daß sich diese Klasse mit der Klasse der durch seine Maschinen berechenbaren Funktionen deckte; deswegen erweisen sich "Churchs These" und "Turings These" als äquivalent.

13. Die Universität, die Newell verließ, war allerdings Princeton - die auch schon (zwischen 1935 und 1950) Gödel, Church, Turing, von Neumann, McCarthy und Minsky (aber leider nicht Babbage) beherbergt hatte. Andererseits stellte die Rand Corporation Princeton in den Schatten, indem sie die erste Von-Neumann-Maschine ("Johnniac" genannt) tatsächlich baute und in Betrieb nahm.

14. Symbolmanipulation war ein integraler Bestandteil ihrer "Information Processing Languages", der Vorläufer von LISP (s. Anm. 9); ihr Programm "Logic Theorist" wird im nächsten Kapitel ausführlicher

beschrieben. Natürlich entwickelten andere Menschen ähnliche Ideen, allerdings weniger erfolgreich. Weitere historische Einzelheiten sind bei McCorduck (1979), Kapitel 6, nachzulesen.

15. Mehr noch als von Neumann- und LISP-Maschinen sind Produktionssysteme das Ergebnis vieler Gehirne. In den zwanziger Jahren erdachte Emil Post (der außerdem fast ein Miterfinder der Turing-maschinen war; s. Post 1936) eine Art von formalem System, das auf "Produktionen" basierte (s. Post 1943); Chomskys (1957) "Neuschreibregeln" sind im Grunde Posts Produktionen. Markov (1954) erweiterte diese Konzeption um eine deterministische Steuerungsstruktur, die die Verwendung von Algorithmen ermöglichte. Einige frühe Sprachen zur Zeichenkettenmanipulation (COMIT, SNOBOL) benutzen Produktionen faktisch als Programmier-Einrichtungen; dennoch ist es vor allem Newell, der Produktionssysteme entwickelt und als eine allgemeine Computerarchitektur (wie sie besonders für KI-Programmierung relevant ist) verfochten hat.

16. Konflikt-Lösungs-Pläne können noch viel komplizierter als diese sein; so gestatten ausgefeiltere Systeme auch, daß mehrere Produktionen zugleich agieren oder daß eine Produktion gleichzeitig an mehreren Mustern arbeitet. Die Hauptbedingung für solche Verbesserungen ist ein ausgeklügelterer und aktiverer (teurerer) Schiedsrichter.

17. Die Turing-Architektur unterstützt keine Form von Modularität (obwohl sie natürlich, da sie universell ist, alles *simulieren* kann). Von-Neumann-Maschinen unterstützen Modularität durch Subroutinen und Schleifen, *vorausgesetzt, daß* die Eingangs- und Ausgangsbedingungen genau definiert und die Interaktionen sorgfältig gesteuert sind, eine Grundvoraussetzung des sogenannten "strukturierten Programmierens".

Kapitel 5

1. Die britische Maschine "Colossus", mit einem Zehntel der Größe ENIACs, war bereits zwei Jahre früher einsatzfähig. Sie hatte jedoch eine Spezialarchitektur, die ausschließlich dem Zweck des Codebrechens diente; außerdem (was noch wichtiger war) unterlag sie aus militärischen Gründen strenger Geheimhaltung, so daß sie bereits veraltet war, bevor ihre Existenz überhaupt bekannt wurde. Der in der *Moore School of Electrical Engineering* an der Universität von Pennsylvania konstruierte *Electrical Numeral Integrator and Calculator* wurde im Februar 1946, schon einige Monate nach seiner Fertigstellung, stolz der Öffentlichkeit präsentiert und löste umgehend eine Fülle weiterer Entwicklungen aus.

2. Einen Eindruck von diesem Rummel vermittelt ein Blick in alte Zeitungen: *Newsweek,* 12. November 1945, S. 93; *Business Week,* 16. Februar 1946, S. 50; *Science Newsletter,* 23. Februar 1946, Titelseite und S. 118; *New Republic,* 23. Juni 1947, S. 14-18; und *Time,* 23. Januar 1950, Titelseite und S. 54-60.

3. ENIAC hatte einen Datenspeicher für zwanzig "Wörter" (jedes mit zehn Dezimalziffern) und einen weiteren Speicher für dreihundert Instruktionen (von denen jede etwa 2 Ziffern entsprach); er kostete knapp eine halbe Million Dollar. Ein Cray 1 oder Cyber 205 kann pro Sekunde zwanzig bis einhundert Millionen Multiplikationen ausführen (65-Bit-Fließkomma; also mehr Arbeit als ENIACs Divisionen); voll ausgestattet haben sie vier Millionen Wörter (jedes mit 64 Bits, gleichwertig mit etwa zwanzig Dezimalziffern) und kosten ungefähr fünfzehn Millionen Dollar (= drei Millionen Dollar 1946). Einen Überblick über diese Maschinen gibt Levine (1982).

4. Nachzulesen in der Einleitung zu Locke und Booth (1955), S. 5.

5. Siehe Bar-Hillel (1960), vor allem Appendix III.

6. Ein spannendes Portrait dieser Zeit zeichnet McCorduck (1979) in den Kapiteln 5 und 6. Die frühen Forschungsprojekte werden am ausführlichsten von Feigenbaum und Feldman (1963) dargestellt und von Dreyfus (1972/79) in Kapitel 1 am gründlichsten kritisiert.

7. Eigentlich kamen NS&S erst durch das nachträgliche Überdenken einiger früher Programme und ihrer Funktionsweise dazu, *Suche* als ein allen gemeinsames Merkmal zu betrachten; das Vertrauen auf Heuristiken jedoch wurde von Anfang an ausdrücklich betont.

8. Dies sind ein paar Techniken, die Suche einzugrenzen, ohne in Gefahr zu geraten, etwas zu übersehen. Bestimmte Redundanzen können z.b. ignoriert werden, desgleichen die Folgen bereits eliminierter Möglichkeiten. Diese Eingrenzungsmethoden reichen jedoch selten aus, die kombinatorische Explosion zu vermeiden.

9. Semantik, wie wir in Kapitel 3 gesehen haben, befaßt sich mit den Bedeutungen von Symbolen und den Beziehungen zu dem, was sie symbolisieren. Die Programme von NS&S (als Problemlöser interpretiert) sind deshalb im wahrsten Sinne des Wortes so "semantisch" wie alle anderen. Sie hatten jedoch relativ wenig Strukturen, die (interpretiert) detaillierte Informationen über spezifische Aspekte der Welt transportieren; Programme, die von mehr Informationen dieser Art abhängen, sind in einem strikteren Sinne "semantisch".

10. Arbeiten, die für diesen Zeitraum repräsentativ sind, werden von Minsky (1968) beschrieben; einiges davon ist außerdem bei Minsky (1966) zusammengefaßt und von Dreyfus (1972/79) in Kapitel 2 kritisiert.

11. Für diesen Zeitraum repräsentative Arbeiten beschreiben Minsky und Papert (1972), Bobrow und Collins (1975) und Winston (1975); gute Zusammenfassungen finden sich bei Boden (1977), Kapitel 6, 8 und 10; Dreyfus (1972/79) in der Einleitung zur bearbeiteten Auflage; und Waltz (1982).

12. Die "Handlungs"-Routinen sind etwas komplizierter, da sie weder die Plazierung zweier Klötze an derselben Stelle noch die eines Klotzes auf der Spitze einer Pyramide zulassen. (Wenn SHRDLU aufgefordert wird, etwas auf eine Pyramide zu stapeln, wird er es "versuchen" und dann mitteilen, daß es nicht geht, so als ob er tatsächlich mit der Schwerkraft in Konflikt geraten wäre.) Andere Programme aus dieser Zeit versuchten, innerhalb der Klötzchenwelt "reale" Wahrnehmungen und Handlungen zu simulieren; sie waren in gewisser Weise erfolgreich, litten aber letztlich unter den gleichen inhärenten Mängeln: SHRDLUs Welt war zu speziell und ließ deshalb keine Verallgemeinerungen zu. Dieses Problem soll nun dargestellt werden.

13. Außerdem erübrigt sich wohl der Hinweis, daß die neuen Wörter nicht die einzigen Probleme wären, die SHRDLU mit diesem Dialog haben würde.

14. Forscher, die sich mit Mikro-Welten beschäftigten, waren jedoch nicht die ersten, die darauf hinwiesen. Philosophen wie Husserl, Heidegger, Dewey und dem späteren Wittgenstein war dieses Problem wohlbekannt, auch wenn es nicht empirisch bewiesen war.

15. Yorick Wilks (1974) zieht ein ähnliches Beispiel heran, um ein Übersetzungssystem zu testen. Für eine Übersetzung ins Französische beispielsweise wäre es wesentlich, die Ambiguität aufzulösen, da "sie" feminin sein muß, wenn es sich auf Äpfel, aber maskulin, wenn es sich auf Kinder bezieht.

16. Selbstverständlich könnte es bizarre Umstände geben, unter denen solche Argumente des gesunden Menschenverstandes nicht gelten; schon die Schwierigkeiten, auf die wir im Normalfall stoßen, reichen jedoch aus, um uns Kopfzerbrechen zu bereiten.

17. Es existiert keine festgelegte Terminologie. Ungefähr das gleiche, was ich als "Stereotype" bezeichne, wurde auch "Noemata" (Husserl, 1913), "schemata" (Bartlett, 1932), "frames" (Minsky, 1974), "preference structures" (Wilks, 1974), "scripts" (Schank, 1975) genannt und noch mit zahlreichen anderen Bezeichnungen belegt.

18. Charniak (1974) (zitiert in Minsky, 1974) gibt ein anderes Beispiel, das ungefähr den gleichen Punkt illustriert:
Eine Ziege lief in den Hof, wo Jack gerade beim Anstreichen war. Die Ziege wurde über und über mit Farbe bekleckert. Als Mutter die Ziege sah, fragte sie: "Jack, hast du das getan?"
Obwohl das Demonstrativpronomen *das* nicht wirklich zweideutig ist, läßt sich schwer feststellen, worauf es sich bezieht. Sicherlich steht es nicht für ein einzelnes Wort oder einen Satz in der Geschichte, sondern eher für etwas Abstraktes wie "eine Ziege über und über mit Farbe bekleckern".
Wie soll *das* einer "Enzyklopädie des gesunden Menschenverstandes" entlockt werden?

19. McCarthy und Hayes (1969) beschrieben (und benannten) das Problem als erste; aktuelle Diskussionen darüber finden sich in den Essays in Pylyshyn (im Erscheinen); der vorliegende Abschnitt basiert auf meinem Beitrag zu diesem Werk.

20. Meines Erachtens sind es vor allem diese Faktoren, die das Rahmenproblem so kompliziert machen; dabei müssen wir uns jedoch darüber im klaren sein, daß sie in konkreten Situationen weitgehend durch kontinuierliche und/oder unregelmäßige Veränderungen (die Ratte und der Mungo sausten unaufhörlich um das Puppenhaus), gleichzeitige Ereignisse mit interagierenden Nebenwirkungen (Ajax verschüttete das Terpentin genau in dem Moment, als Comet die Laterne anzündete), kumulative Wirkungen (der letzte Tropfen, der das Faß zum Überlaufen bringt) usw. gebildet werden.

21. Hauptfakten sind also nicht in dem Sinne unabhängig, daß alle Kombinationen erlaubt sind, sondern nur in dem Sinne, daß eine erlaubte Veränderung keine Veränderungen anderer Hauptfakten nach sich zieht. (z.B. ist es weder erlaubt, zwei Schachfiguren auf dasselbe Feld zu setzen, noch den König ins Schach zu stellen; wenn eine Figur bewegt wird, bleiben die anderen an ihrem Platz.)

22. Die Überlegungen in den letzten beiden Abschnitten stammen von Dennett (1978), S. 118.

Kapitel 6

1) Das Zuschreibungsschema ist die gestraffte Version einer Bedingung, die Dennett (1971) folgendermaßen formuliert:
Das Verhalten (der Lebewesen) "manifestiert" ihre Überzeugungen, wenn man es als die Handlungen betrachtet, die in Anbetracht der Wünsche der Lebewesen solchen Überzeugungen wie auch der Stimulation durch die Umwelt angemessen sind. Wünsche wiederum "manifestieren" sich im Verhalten als die (in Anbetracht der Bedürfnisse der Lebewesen) angemessenen Wünsche, welchen die Handlungen des Lebewesens in Anbetracht seiner Überzeugungen angemessen sind.

In meiner Rezension (1982) Dennetts (1978) habe ich diese Bedingung als "rationale Gestaltung" bezeichnet. (Verschiedene andere Punkte in dem vorliegenden Abschnitt entstammen ebenfalls dieser Rezension.)

2. Philosophen erkennen die Möglichkeit, auch Irrtümer korrekt zuzuschreiben, als ein Zeichen für die "referentielle Hermetik" der Zuschreibung an; wir sehen hier, daß sie im Grunde auf semantischer Intrige beruht.

3. Dies basiert auf einem unveröffentlichten, aber bekannten Manuskript der William-James-Vorlesungen von Grice (1967). (Grice (1975) ist eine gekürzte Fassung dieses Manuskripts.) Ich habe mir - größtenteils im Einklang mit Maxime 4 - in bezug auf Grices exakte Formulierung Freiheiten erlaubt.

4. Was ich "Metakognition" nenne, wird manchmal auch als Überzeugungen und Wünsche "zweiter Ordnung (oder höherer Ordnung)" bezeichnet. Sie wurden in vielen Zusammenhängen erörtert; s.z.B. Frankfurt (1971), Dennett (1976, 1983) und Smith (1982).

5. Das erste Beispiel stammt von Simon (1972), der es George Baylor zuschreibt; das zweite ist aus einer Vorlesung, die H.L. Dreyfus (vor vielen Jahren) gehalten hat.

6. Block (1983) enthält eine gute Zusammenfassung der philosophischen Aspekte geistiger Bilder; Block (1981) ist eine Sammlung wichtiger Aufsätze verschiedener Philosophen und Psychologen zu diesem Thema; Cooper und Shepard (1984) und Kosslyn (1983) sind lesenswerte Übersichten der jüngsten experimentellen Ergebnisse (letzterer skizziert außerdem eine psychologische Theorie zur Erklärung dieser Ergebnisse.)

7. Die jeweiligen Relationen im Modell und im Original müssen tatsächlich unabhängig voneinander (nicht ad hoc) definierbar sein, da andernfalls das Granatapfel-"Bild" noch immer nicht ausgeschlossen ist.

8. Im Vorhergehenden wurden lediglich Ideen skizziert, denen Shepard (1975), Palmer (1978) und Kosslyn (1983) viel gründlicher nachgegangen sind. Der Begriff "quasibildlich" stammt von Kosslyn.

9. Die geringfügige Konstante, die von jeder Reaktionszeit abgezogen wurde, ist genau die Zeit, die erforderlich ist, um zu entdecken, daß ein Paar (ganz ohne Rotation) direkt übereinstimmt; die Reaktionszeiten zur Feststellung der Ungleichheit eines Paars waren generell länger.

10. Andere Ergebnisse (z.B. Pinker 1980, Pinker und Finke 1980) unterstützen die Behauptung, daß vollständige 3-D-Bilder geformt und manipuliert werden, so als wären sie tatsächlich dreidimensional. Interessant ist, daß von einem gewissen Standpunkt aus sogar in der Vorstellung unser *Zugang* zu diesen Modellen auf zweidimensionale Projektionen beschränkt zu sein scheint - genau wie bei der visuellen Wahrnehmung der 3-D-Welt.

11. Pylyshyn (1973, 1978, 1981, 1984) argumentiert überzeugend, daß *jede* geistige Repräsentation (einschließlich jeder Form an ihr beteiligter Vorstellungskraft) im Grunde quasisprachlich sei. Anderson (1978) behauptet, daß es unmöglich ist, sie auseinanderzuhalten.

12. Zu beachten ist, daß ein Bild nicht automatisch quasisprachlich ist, nur weil es "digitalisiert" oder als Datenstruktur in einem quasisprachlichen Programmsystem implementiert ist. Eine quasisprachliche Repräsentation muß ein regelgerechtes Symbol in einem Symbolsystem sein: ein komplexes interpretiertes Zeichen, dessen Bedeutung *in bezug auf die Welt* von seiner Syntax und den Bedeutungen seiner Einzelelemente abhängig ist. Ein aus Rasterpunkten bestehendes Bild ist keine solche Zusammensetzung, ganz gleich, woraus die Rasterpunkte bestehen.

13. Block (1983) entwickelt diesen Gedankengang in einer interessanten Weise.

14. In Clarke und Fiske (1982) findet sich eine Sammlung aktueller Übersichten über Affekt in Relation zur Kognition.

15. Ich habe diese Listen nicht aus irgendeiner Quelle übernommen, obwohl ich vermute, daß sie kennzeichnend für viele und undurchdachter als manche sind.

16. Eine weitere relevante Diskussion der Empfindungen findet sich z.B. bei Shoemaker (1972), Dennett (1987 a) und Block (1980).

17. Kunstgriffe wie dieser sind unter Psychologen populär. Nur zu sagen, daß Zustände zusammengesetzt sind, ist allerdings etwas ganz anderes als eine Theorie, *wie* sie zusammengesetzt sind - was die einzelnen Elemente miteinander zu tun haben, was sie zusammenhält usw.

18. In diesem Abschnitt beziehe ich mich größtenteils auf die letzten Seiten von Haugeland (1979).

19. Glauben Sie, daß Katzen verlegen sind, wenn ihnen etwas mißlingt, oder daß Hunde zerknirscht sind, wenn man sie beim Stehlen ertappt? Ich bin mir unschlüssig, halte es jedoch nicht für ausschlaggebend.

20. Dies ist eine zweifellos nicht ganz authentische Fassung einer Geschichte, die ich vor Jahren gehört habe und die wahrscheinlich aus dem Film *Mephisto 67* stammt.

21. Tatsächlich argumentiert Joseph Weizenbaum (1976) eloquent, daß KI auch dann bedrohlich enthumanisierend sein könnte, wenn Menschen nur an ihre Möglichkeit glauben. (Er verabscheut KI also, ohne ihre Realisierung als erwiesen anzusehen).

22. John Searle (1980) bemüht sich energisch, KI zu entlarven, indem er für X die ursprüngliche Bedeutung einsetzt (von ihm als "intrinsische Intentionalität") bezeichnet. Die erste Prämisse setzt er ohne Begründung voraus und konstruiert dann sorgfältig viele raffinierte Beispiele zur Erhärtung der zweiten Prämisse. Unser Abschnitt "Paradoxon und Mysterium entschleiert" im dritten Kapitel ist zum Teil eine Antwort auf Searle.

23. S. vor allem Dennett (1978b); es versteht sich von selbst, daß diese knappe Skizze Dennetts Position grob vereinfacht.

24. Dieses Bild ist eine Zeitlang herumgegangen. Dennett (1978) schreibt es Davis (1974) zu; es taucht auch bei Block (1978) auf, und das zentrale Beispiel Searles (1980) ist eine Variation dieses Themas.

25. Aus einer Ansprache an die *Operations Research Society of America* vom 14. November 1957. Obwohl Simon den Vortrag hielt, hatte er ihn zusammen mit Newell verfaßt, und der Text wurde unter beider Namen veröffentlicht (Simon und Newell 1958).

26. In späteren Interviews (offenbar um 1977 oder 1978; s. McCorduck 1979, S. 187-91), schrieben Simon (und auch Minsky) die Mißerfolge einer Unterschätzung der tatsächlich zu investierenden Arbeit zu. Simon räumte außerdem eine Unterschätzung der erforderlichen Wissenrepräsentation ein.

27. Ich sage "es hat den Anschein", weil Erscheinungen täuschen können. In einem erhellenden neuen Buch argumentieren Dreyfus und Dreyfus überzeugend, daß selbst der offensichtliche "Sachverstand" engbegrenzter Spezialistensysteme oft illusorisch und nie mit menschlichem Sachverstand vergleichbar ist.

Bibliographie

Adam, Charles, und Paul Tannery, Hrsg. (1987-1910). *Oeuvre de Descartes,* Paris: Léopold Cerf (Neuauflage 1973, Paris: Librairie Philosophique J. Vrin).

Alt, F. L., Hrsg. (1960). *Advances in Computers,* Bd. 1, New York: Academic Press.

Anderson, Alan Ross, Hrsg. (1964). *Minds and Machines,* Englewood Cliffs, NJ: Prentice-Hall.

Anderson, John R. (1978): "Argument Concerning Representations for Mental Imagery", *Psychological Review,* 85, 249-277.

Augarten, Stan (1984). *Bit by Bit,* New York: Ticknor & Fields.

Augusta, Ada (s. Menabrea, 1842).

Babbage, Henry Prevost, Hrsg. (1889). *Babbage's Calculating Engines,* London: E. und F.N. Spon. (Dies ist eine Sammlung von Charles Babbages Aufsätzen, die posthum von seinem Sohn veröffentlicht wurden; eine Faksimile-Ausgabe mit einer neuen Einleitung von Allan G. Bromley wurde 1982 publiziert, Los Angeles: Tomash Publishers.)

Barbera, G., Hrsg. (1968). *Le Opere de Galileo Galilei,* Nuova Ristampa della Edizione Nazionale, Rome: Ministero della Pubblica Istruzione.

Bar-Hillel, Yehoshua (1960): "The Present Status of Automatic Translation of Languages" (in Alt, 1960).

Bartlett, F.C. (1932/61). *Remembering: A Case Study in Experimental and Social Psychology,* Cambridge, England: The University Press.

Bauer-Mengelberg, Stefan (1966). Review of Davis, 1965, *Journal of Symbolic Logic,* 31, 484-494.

Blake, D.V., und A.M. Uttley, Hrsg. (1959). *Proceedings on the Symposium on Mechanization of Thought Processes,* National Physical Laboratory, Teddington, England. London: H.M. Stationery Office.

Block, Ned (1983). "Mental Pictures and Cognitive Science", *The Philosophical Review,* XCII, 499-541.

------ Hrsg. (1981). *Imagery,* Cambridge, MA: Bradford Books/The MIT Press.

------ (1980). "Are Absent Qualia Possible?" *Philosophical Review,* 89, 257-274.

------ (1978). "Troubles with Functionalism" (in Savage, 1978).

Bobrow, Daniel, und A.M. Collins, Hrsg. (1975). *Representation and Understanding.* New York: Academic Press.

Boden, Margaret (1977): *Artificial Intelligence and Natural Man,* New York: Basic Books.

Bromley, Allan G. (1982). "Charles Babbabe's Analytical Engine, 1838", *Annals of the History of Computing,* 4, 196-217.

Chomsky, Noam (1957). *Syntactic Structures,* Den Haag: Uitgeverij Mouton.
deutsch: *Strukturen der Syntax* (1975). Übers. v. Klaus P. Lange. Mouton de Gruyter.

Church, Alonzo (1936). "An Unsolvable Problem of Elementary Number Theory", *American Journal of Mathematics,* 58, 345-363 (Nachdruck in Davis, 1965).

Clark, Margaret Syndor und Susan T. Fiske, Hrsg. (1982). *Affect and Cognition: The Seventeenth Annual Carnegie Symposium on Cognition,* Hillsdale, NJ: Lawrence Erlbaum Associates.

Cooper, Lynn A., und Roger N. Shepard (1984). "Turning Something Over in the Mind", *Scientific American,* 251:6, 106-114 (Dezember 1984).

Cummins, Robert (1983). *The Nature of Psychological Explanation,* Cambridge, MA: Bradford Books/ The MIT Press.

Davidson, Donald, und Gilbert Harman, Hrsg. (1975). *The Logic of Grammar,* Encino, CA: Dickenson Publishing.

Davis, Martin, Hrsg. (1965). *The Undecidable. Basic Papers on Undecidable Propositions, Unsolvable Problems, and Computable Functions,* Hewlitt, NY: Ravens Press. (S. Bauer-Mengelberg, 1966, für Korrekturen.)

Dennett, Daniel C. (1984). *Elbow Room,* Cambridge, MA: Bradford Books/The MIT Press.
deutsch: *Ellenbogenfreiheit. Die erstrebenswerten Formen freien Willens* (1985). Aus dem Amerik. von Uta Müller-Koch. Hain.

------ (1983). "Intentional Systems in Cognitive Ethology: the 'Panglossian Paradigm' Defended", *Behavioral and Brain Sciences,* 6, 343-390.

------ (1978). *Brainstorms,* Cambridge, MA: Bradford Books/The MIT Press.

------ (1978a). "Why You Can't Make a Computer that Feels Pain", *Synthese,* 38, 415-456 (Nachdruck in Dennett, 1978).

------ (1978b). "Toward a Cognitive Theory of Consciousness" (in Savage, 1978; und Nachdruck in Dennett, 1978).

------ (1976). "Conditions of Personhood" (in Rorty, 1976; und Nachdruck in Dennett, 1978).

------ (1975). "Wy the Law of Effect Won't Go Away", *Journal of the Theory of Social Behavior,* V, 169-187 (Nachdruck in Dennett, 1978).

------ (1971). "Intentional Systems", *Journal of Philosophy,* LXVIII, 87-106 (Nachdruck in Dennett, 1978 und in Haugeland, 1981).

Dertouzos, Michael L. und Joel Moses, Hrsg. (1979). *The Computer Age: A Twenty-Year View,* Cambridge, MA: The MIT Press.

Descartes, René (1673). *Essaies Philosophiques,* Leyden: L'Imprimerie de Ian Maire; zitiert nach der Edition von Adam und Tannery, 1897-1910, Bd VI (1902).
deutsch: *Geometrie.* Deutsch hrsg. von Ludwig Schlesinger. Darmstadt 1969.
Von der Methode. Übersetzt von Lüder Gäbe, Hamburg 1960.

Dreyfus, Hubert L. (1972/79). *What Computers Can't Do*, New York: Harper & Row.
deutsch: *Die Grenzen künstlicher Intelligenz. Was Computer nicht können*. Aus dem Amerikanischen von Robin Cackett u.a. Königstein/Ts. 1985.

------ (1965). "Alchemy and Artificial Intelligence", RAND Corporation Technical Report P-3244 (Dezember 1965).

Dreyfus, Hubert, und Stuart Dreyfus (1985). *Mind Over Machine*, New York: Macmillan/The Free Press.

Edwards, Paul, Hrsg. (1967). *The Encyclopedia of Philosophy*, New York: Macmillan.

Feigenbaum, Edward, und Julian Feldman, Hrsg. (1963). *Computers and Thought*, New York: McGraw-Hill.

Fodor, Jerry A. (1981). *RePresentations*, Cambridge, MA: Bradford Books/The MIT Press.

------ (1968). "The Appeal to Tacit Knowledge in Psychological Explanation", *Journal of Philosophy*, LXV, 627-640 (Nachdruck in Fodor, 1981).

Frankfurt, Harry (1971). "Freedom of the Will and the Concept of a Person", *Journal of Philosophy*, LXVIII, 5-20.

Galilei, Galileo (1638). *Intorno a due Nuove Scienze (Dialogs on Two New Sciences);* zitiert nach der Edition von Barbera, 1968, Bd VIII.
deutsch: Galileo Galilei. *Unterredungen und Mathematische Demonstrationen über zwei neue Wissenszweige, die Mechanik und die Fallgesetze betreffend.* Hrsg. von Arthur von Oettingen. Darmstadt 1973.

------ (1623). *Il Saggiatore (The Assayer);* zitiert nach der Edition von Barbera, Bd VI.

Gödel, Kurt (1934). "On Undecidable Propositions of Formal Mathematical Systems". Vervielfältigte Mitschriften von Stephen Kleene und Barkley Rosser der Vorlesungen, die Gödel 1934 am Institute for Advanced Study in Princeton gehalten hat (Nachdruck in Davis, 1965).

Gödel, Kurt. "Über formal unentscheidbare Sätze der Principa Mathematica und verwandter Systeme, I." Monatshefte für Mathematik und Physik, 38 (1931), S. 173-198.)

Goldstine, Herman H. (1972). *The Computer from Pascal to von Neumann*, Princeton, NJ: Princeton University Press.

Gregg, L.W., Hrsg. (1972). *Cognition in Learning and Memory*, New York: John Wiley.

Grice, Paul (unveröffentlicht). "Logic and Conversation", The William James Lectures, Harvard, 1967.

------ (1975). "Logic and Conversation" (in Davidson und Harman, 1975, 64-75; dies ist ein Teil des vorhergehenden.)

Haugeland, John (im Erscheinen) . "An Overview of the Frame Problem" (in Pylyshyn).
------ (1982). "The Mother of Intention", *Nous*, XVI, 613-619.

------ Hrsg. (1981). *Mind Design*, Cambridge, MA: Bradford Books/The MIT Press.

------ (1979). "Understanding Natural Language", *Journal of Philosophy*, LXXVI, 619-632.

------ (1978). "The Nature and Plausibility of Cognitivism", *the Behavioral and Brain Sciences*, 1, 215-226 (Nachdruck in Haugeland, 1981).

Hobbes, Thomas (1656). *Elements of Philosophy;* zitiert nach der Edition von Molesworth, 1839-45, Bd 1.
deutsch: *Grundzüge der Philosophie. Erster Teil. Lehre vom Körper.* In Auswahl übersetzt und hrsg. von Max Frischeisen-Köhler. Leipzig 1915.

------ (1651). *Leviathan;* zitiert nach der Edition von Molesworth, 1938-45, Bd 3.
deutsch: *Leviathan oder Stoff, Form und Gewalt eines kirchlichen und bürgerlichen Staates.* Hrsg. und eingel. v. Iring Fetscher. Übersetzt von Walter Euchner. Frankfurt a. M. 1984.

Hume, David (1749). *An Enquiry Concerning Human Understanding;* zitiert nach der Edition von Selby-Bigge, 1902.
deutsch: *Eine Untersuchung über den Menschlichen Verstand.* Hrsg. v. Raoul Richter. Verlag von Felix Meiner in Hamburg (Philosophische Bibliothek Band 35, Unveränderter Nachdruck 1973).

------ (1739-40). *A Treatise of Human Nature;* zitiert nach der Edition von Selby-Bigge, 1888.
deutsch: David Hume's Traktat über die Menschliche Natur. I. Teil. Über den Verstand. Übersetzt von E. Köttgen. Die Übersetzung überarbeitet und mit Anmerkungen und einem Register versehen von Theodor Lipps. Hamburg und Leipzig 1895.

Husserl, Edmund (1913). *Ideen zu einer reinen Phänomenologie und phänomenologischen Philosophie, I. Buch: Allgemeine Einführung in die reine Phänomenologie,* Halle: Max Niemeyer Verlag.

Koestler, Arthur (1967). "Kepler, Johannes" (in Edwards, 1967).

Kosslyn, Stephen M. (1983). *Ghosts in the Mind's Machine,* New York: W.W. Norton.

Kuhn, Thomas S. (1962/70). *The Structure of Scientific Revolutions,* Chicago: University of Chicago Press.

Levine, Ronald D. (1982). "Supercomputers", *Scientific American,* 246:1, 118-135 (Januar 1982).

Locke, William und Donald Booth, Hrsg. (1955). *Machine Translation of Languages,* Cambridge, MA: The MIT Press.

Lycan, William G. (1981). "Form, Function, and Feel", *Journal of Philosophy*, LXXVIII, 24-50.

Markov, A.A. (1954). Translation: "The Theory of Algorithms", *American Mathematical Society Translations* (Series 2) 15, 1-14 (1960).

McCarthy, John (1959). "Programs with Common Sense" (in Blake und Uttley, 1959, 75-84; erweiterter Nachdruck in Minsky, 1968, 403-418).

McCarthy, John, und Pat Hayes (1969). "Some Philosophical Problems from the Standpoint of Artificial Intelligence" (in Meltzer und Michie, 1969).

McCorduck, Pamela (1979). *Machines Who Think,* San Francisco: W.H. Freeman.

Meltzer, B., und D. Michie, Hrsg. (1969). *Machine Intelligence,* Bd 4, Edinburgh: Edinburgh University Press.

Menabrea, L. F. (1842). "Sketch of the Analytical Engine Invented by Charles Babbage" (in Französisch), *Bibliothèque Universelle de Genève*, 82 (Oktober 1842). (Übersetzung mit ausführlichen Anmerkungen von Ada Augusta, Gräfin Lovelace, Nachdruck in Morrison und Morrison 1960, 225-297.)

Minsky, Marvin (1979). "Computer Science and the Representation of Knowledge" (in Dertouzos und Moses, 1979, 392-421).

------ (1974). "A Framework for Representing Knowledge", MIT AI Lab Memo #306 (Nachdruck verschiedener gekürzter Fassungen in Winston, 1975, TINLAP-75, und Haugeland, 1981).

------ (1968). *Semantic Information Processing,* Cambridge, MA: The MIT Press.

------ (1967). *Computation: Finite and Infinite Machines,* Englewood Cliffs, NJ: Prentice-Hall.

------ (1966). "Artificial Intelligence", *Scientific American,* 215, 247-260 (September 1966).

Minsky, Marvin, und Seymour Papert (1972). "Progress Report on Artificial Intelligence", MIT AI LAB Memo #252.

Molesworth, Sir William, Hrsg. (1839-1945). *The English Works of Thomas Hobbes of Malmesbury,* London: John Bohn.

Morrison, Philip, und Emily Morrison, Hrsg. (1961). *Charles Babbage and His Calculating Engines*, New York: Dover Publications.

Newell, Allen, und Herbert A. Simon (1976). "Computer Science as Empirical Inquiry: Symbols and Search", *Communications of the Association for Computing Machinery,* 19, 113-126 (März 1976; Nachdruck in Haugeland, 1981).

------ (1961). "GPS, A Program that Simulates Human Thought", *Proceedings of a Conference on Learning Automata,* München: Oldenbourg KG (Nachdruck in Feigenbaum und Feldman, 1963).

Palmer, Stephen E. (1978). "Fundamental Aspects of Cognitive Representation" (in Rosch und Lloyd, 1978).

Pinker, Steven (1980). "Mental Imagery and the Third Dimension", *Journal of Experimental Psychology: General,* 109, 354-371.

Pinker, Steven, und Ronald A. Finke (1980). "Emergent Two-Dimensional Patterns in Images Rotated in Depth", *Journal of Experimental Psychology: Human Perception and Performance,* 6, 244-264.

Post, Emil (1943). "Formal Reductions of the General Combinatorial Decision Problem", *American Journal of Mathematics,* 65, 197-215.

------ (1936). "Finite Combinatory processes - Formulation 1", *Journal of Symbolic Logic,* 1, 103-105 (Nachdruck in Davis, 1965).

Pylyshyn, Zenon (im Erscheinen). *The Frame Problem and Other Problems of Holism in Artificial Intelligence,* Norwood, NJ: Ablex Publishing.

------ (1984). *Computation and Cognition,* Cambridge, MA: Bradford Books/The MIT Press.

------ (1981). "The Imagery Debate: Analogue Media versus Tacit Knowledge", *Psychological Review,* 88, 16-45 (Nachdruck in Block, 1981).

------ (1978). "Imagery and Artifical Intelligence" (in Savage, 1978).

‑‑‑‑‑‑ Pylyshyn, Zenon (1973). "What the Mind's Eye Tells the Mind's Brain: A Critique of Mental Imagery", *Psychological Bulletin*, 80, 1-24.

Rorty, Amelie O., Hrsg. (1976). *Identities of Persons*, Berkeley: University of California Press.

Rosch, Eleanor, und Barbare B. Lloyd, Hrs. (1978). *Cognition and Categorization*, Hillsdale, NJ: Lawrence Erlbaum Associates.

Savage, C. Wade (1978). *Perception and Cognition: Issues in the Foundations of Psychology* (Minnesota Studies in the Philosophy of Science, Vol. IX), Minneapolis: University of Minnesota Press.

Schank, Roger (1983). "The Current State of AI: One Man's Opinion", *AI Magazine*, 4:1, 3-17 (Winter-Frühjahr 1983).

Schank, Roger, und die Yale AI-Gruppe (1975). "SAM - A Story Understander", Yale Computer Science Research Report Nr 55.

Searle, John R. (1983). *Intentionality, an Essay in the Philosophy of Mind*, Cambridge, England: Cambrigde University Press.
deutsch: (1986). *Intentionalität. Eine Abhandlung zur Philosophie des Geistes*. Übers. v. Harvey P. Javagai. Suhrkamp.

‑‑‑‑‑‑ (1980). "Minds, Brains, and Programs", *Behavioral and Brain Sciences*, 3, 417-424 (Nachdruck in Haugeland, 1981).

Selby-Bigge, L.A., Hrsg. (1902). *Enquiries Concerning the Human Understanding and Concerning the Principles of Morals* (von David Hume), Oxford: Clarendon Press.

‑‑‑‑‑‑ Hrsg. (1888). *A Treatise of Human Nature* (von David Hume), Oxford: Clarendon Press.

Shepard, Roger N. (1975). "Form, Formation, and Transformation of Internal Representations" (in Solso, 1975).

Shepard, R.N., und J. Metzler (1971). "Mental Rotation of Three-dimensional Objects", *Science*, 171, 701-703.

Shoemaker, Sydney (1972). "Functionalism and Qualia", *Philosophical Review*, 81, 159-181.

Simon, Herbert A. (1969/81). *The Sciences of the Artificial*, Cambridge, MA: The MIT Press.

‑‑‑‑‑‑ (1972). "What is Visual Imagery? An Information Processing Interpretation" (in Gregg, 1972).

Simon, Herbert A., und Allen Newell (1958). "Heuristic Problem Solving: The Next Advance in Operations Research", *Operations Research*, 6, 1-10.

Smith, Brian Cantwell (1982). *Reflection and Semantics in a Procedural Language*, MIT Laboratory for Computer Science, Technical Report #272 (Dissertation).

Solso, R. L., Hrsg. (1975). *Information Processing in Cognition: The Loyala Symposium*, Hillsdale, NJ: Lawrence Erlbaum Associates.

TINLAP-75 (1975). *Theoretical Issues in Natural Language Processing*, Berichte einer Konferenz vom 10.-13. Juni 1975 in Cambridge, MA.

Turing, Alan (1950). "Computing Machinery and Intelligence", *Mind,* 59, 434-460 (Nachdruck in Feigenbaum und Feldman, 1963, und in Anderson, 1964).

------ (1936-37). "On Computable Numbers, with an Application to the *Entscheidungsproblem"*, *Proceedings of the London Mathematical Society,* Series 2, 42, 230-265 (Nachdruck in Davis, 1965).

Waltz, David (1982). "Artificial Intelligence", *Scientific American,* 247:4, 118-133 (Oktober 1982).

Weaver, Warren (1949). "Translation" (privat rund 200 Lesern zugänglich gemacht; zum ersten Mal in Locke und Booth, 1955, veröffentlicht).

Weizenbaum, Joseph (1979). "Once More: The Computer Revolution" (in Dertouzos und Moses, 1979, 439-458).

------(1976). *Computer Power and Human Reason,* San Francisco: W.H. Freeman.
deutsch: *Die Macht der Computer und die Ohnmacht der Vernunft.* Übersetzt von Udo Rennert. Frankfurt a. M., 1977.

Wiener, Norbert (1948a). *Cybernetics,* New York: John Wiley and Sons.

------ (1948b). "Cybernetics", *Scientific American,* 179:5, 14-19 (November 1948).

Wilks, Yorick (1974). "Natural Language Understanding Systems within the AI Paradigm", Stanford AI Memo #237.

Winograd, Terry (1971). *Procedures as a Representation for Data in a Computer Program for Understanding Natural Language,* Project MAC (MIT) Technical Report #84 (Dissertation); überarbeitete Fassung später veröffentlicht unter dem Titel "Understanding Natural Language", *Cognitive Psychology,* 3 (1972) 1-191, und *Understanding Natural Language,* New York: Academic Press (1972).

Winston, Patrick, Hrsg. (1975). *The Psychology of Computer Vision,* New York: McGraw-Hill.

Index

Abbildungsnachweis

S.1   Charles Babbage. In: *Babbage's Calculating Engines*, Bd 2 der Charles Babbage Institute Reprint Series for the History of Computing, o.J.

David Hume. Porträt von Allan Ramsay, 1754. Mit freundlicher Genehmigung der Scottish National Portrait Gallery.

John von Neumann. Sammlung Marina von Neumann Whitman.

Allen Newell. Foto, Abdruck mit freundlicher Genehmigung der Carnegie-Mellon University.

Alan Turing bei der Wahl zum Mitglied der Royal Society. Mit freundlicher Genehmigung des King's College, Cambridge University.

S. 74   Der Wiederaufbau des Sonnentempels in Sippar, Babylon. Steintafel aus dem 9. Jahrhundert. Mit freundlicher Genehmigung von The Bettman Archives.

S. 108   Deutsche Bundespost, 1971.

S. 112/113 Zeichnung des Autors nach einer Vorlage von Babbage im Illustrationsteil von *Babbage's Calculating Engines*, Bd 2, in der Charles Babbage Institute Reprint Series for the History of Computing, o.J.

S. 144/145 Foto, mit freundlicher Genehmigung der Moore School, University of Pennsylvania.

S. 163   Mit freundlicher Genehmigung T. Winograds und der Academic Press, New York.

S. 197   In: Lynn A. Cooper und Roger N. Shepard, "Turning Something Over in the Mind". *Scientific American* 251:6 (Dezember 1984), S. 110.